U0015447

不能忘卻的紀念

FOREWORD

「台灣古來好所在。」民族歌手陳達用力撥弄著手的月琴，遊唱詩人般的低吟。

這是二十多年前的憶往，老先生從台灣尾的恆春來，恆春，舊名曰：「瑯嶠」，隸屬西拉雅人所稱之「阿猴」（**Akauw**）。歌手所唸所吟，皆是台灣老地名，少人能曉；台北民歌咖啡店，盡是時髦人，只知陳達是彼時「鄉土之寶」，說來僅是湊個熱鬧。

我在離他十尺之遠的闇暗角隅，歌手已半盲，舞台燈太亮，生命太老，聽眾開始喧嘩，想是不耐這國寶歌手喃喃自唱，聽慣瓊貝絲、鮑比達倫的反戰歌謠，隨風而逝落花飄零，你老陳達唱什麼「思相枝」？聽不懂啦！

「我要回瑯嶠去！我要返去！」忽地，他錚然一聲，執拗不唱了，對著麥克風悲愴的呼喊，想是目盲心明的了然台北人一向的裝飾性情，不唱了！不唱就是不唱，陳達要回恆春。

二十多年後，我仍清晰的憶起這一段。他的「瑯嶠」在哪？我亦陌生如面對白紙一張。可見自己如此之淺薄，不識台灣老地名，何以明白陳達老先生所吟：「台灣古來好所在？」

台灣史一直在曚曨未開的迷霧中。

台灣人一直在新世紀的政爭、民粹。

有心的出版社名曰：「遠足」。就是揹起行囊，尋找曾經故意被淡忘的老台灣。宣稱擁有一千億以上的外匯存底，政客靠一只嘴巴瞞騙兩千三百萬台灣人；真正的台灣在哪？

去得中央山脈，原住民的部落，從「忠孝、仁愛、信義、和平」數起，漢人彷彿只在道德重整；不曾問過原住民願不願意？沒有人知悉「仁愛鄉」是原為泰雅之賽德克亞族與布農族卡社群；「信義鄉」共處著布農與鄒族。北部桃園之「復興鄉」舊名角板山？等等。

舊地名之深刻乃在於昔時草莽初開，人、事、地、物所具有的描繪性質，翻看史料多少可知其歷史、風土之獨特。日本領台五十一年，嘗以內地（日本本土）之郡縣之名賦予台灣，如美濃、豐原等等，而今仍沿用之；國民政府則更制式化的以「三民」、「八德」試圖教化台灣人。只有老一輩的人，會在廟口、店仔頭時而告知後人：「咱庄頭古早叫……。」譬如：圳頭、水尾、車城、竹山、四腳亭、哈瑪星、牡丹、方壺、火燒島等。這般映象的壯闊形影，浮現人心，一目了然的知道開台先民，胼手胝足的拓墾台灣，說來壯麗中自有悲涼。

這本書，足以讓所有台灣人明確的以古鑑今，原貌重回，對照老地名，思之歲月悠悠，朝代更遞，父祖之愛，源遠流長。

歷史如何的偽裝，台灣永永遠遠存留。今人嘆曰：「年少世代缺乏歷史之感。」這話說對一半，另一半是我們不夠努力去還原四百年來的島嶼初啟；這本以「舊地名」為題材的尋根之書，幸能彌補前代之憾，是值得感謝。翻開扉頁，真實的母親如此殷切呼喚，昔時古名，今而變換，總要交代好身世，讀者當要以虔誠之心，蒙受先祖之教義，台灣，我們永生所愛所依的母親，連眠夢都難以忘卻的，我們予以紀之、念之。

古老地名說的是開台先民的壯美史詩，印證今日自有一番風情於心，如同出版社名之：「遠足」，遠足，用腳去行踏母親台灣大地，島雖不大，卻是你我生死以之的永恆之土。

讓我們翻開「遠足」之書，尋台灣去。

台灣文學作家 林文義

——二〇〇三年十一月上旬

台北大直雨夜

原《台灣的舊地名》推薦序

目錄 CONTENTS

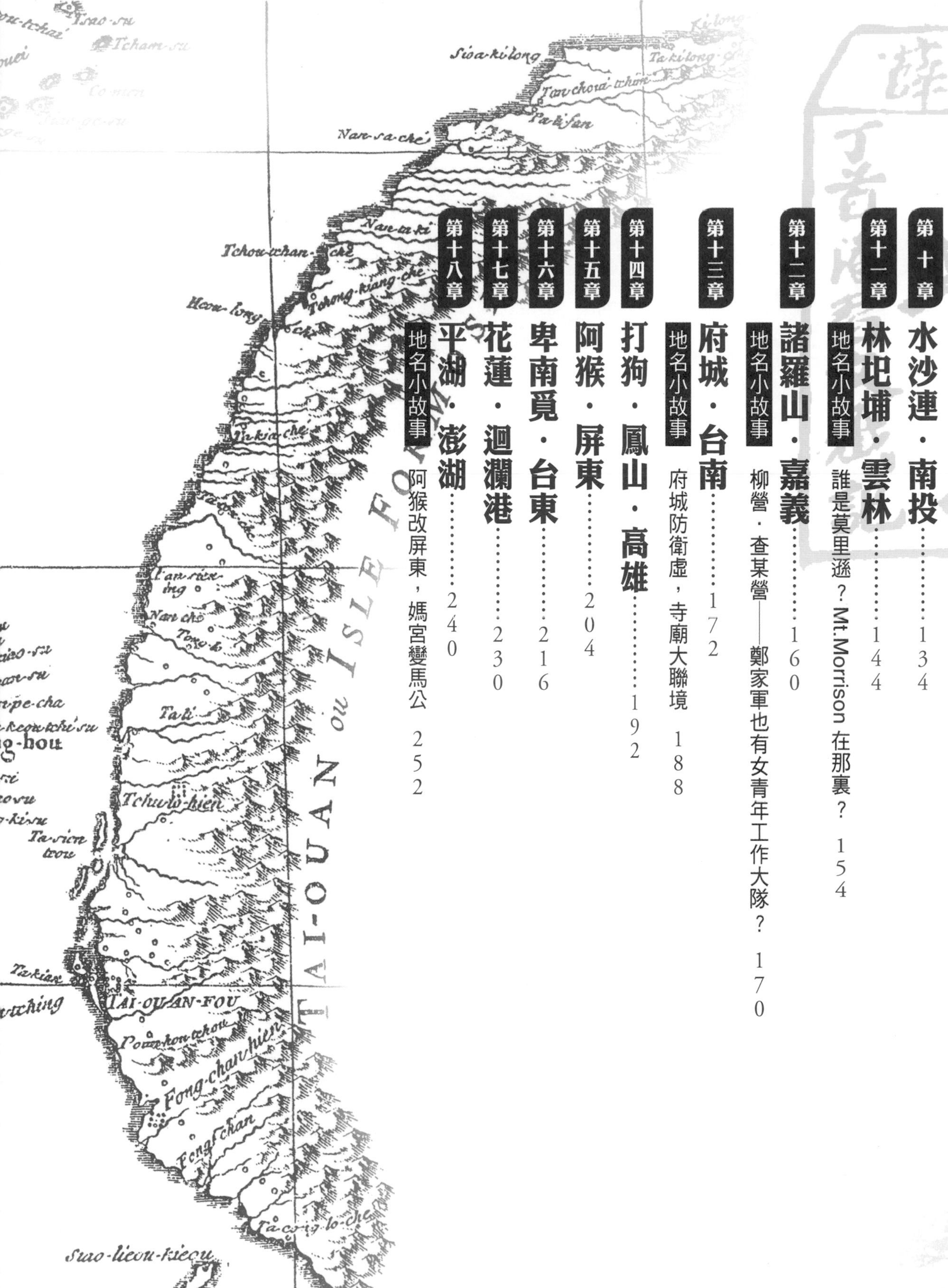
Sioa-kilong
Ta-ki-long
Nan-sa-che
Nan-tai
Tchou-tchan-che
Tchong-kiang-che
Heou-long
Tchulo-hien
TAI-OUAN-FOU
Fong-chan-hien
Fong-chan
Suao-lieou-kieou
TAI-OUAN ou ISLE FORMOSE

舊地名新觀點

台灣地名的今昔與未來

當我們理解地名的歷史文化意義以及先民拓墾、政府更迭、族群差異等等造成地名變換的原因之後，不禁要問，台灣舊地名與我們自身有什麼關係？為什麼要知道台灣舊地名？

除了廣博知識、豐富視野外，舊地名顯然存在著與個體自身的牽繫。本書介紹了許多地名的由來，舉出了許多有趣的小故事。原來台灣各地以「大同」為名的地名最多，台灣地名中以動物為名者，最常以「鹿」命名，其次為「豬」與「猴子」。

本書在分區介紹中，更透過簡要的文字、豐富的圖像，具體而微的一覽台灣全島各縣市的開發史與鄉鎮概述，彷彿得以壓縮時空，縱走四百年，橫越台灣三百一十九個鄉鎮。

在此，我們更要提出幾個看待台灣舊地名的觀點。首先，我們可以從地名的更迭看台灣開發重心的轉變，在台灣發展過程中主要經濟產業以及交通動脈的轉變，附帶影響了政治重心的北移。其次，凡是講到地名，必定指涉存在著實體的自然位置，以及人們對當地地理空間與人文空間的利用。

此外，我們更要回顧台灣光復迄今，比較重要的地方正名運動。從介壽路到凱達格蘭大道，從吳鳳鄉到阿里山鄉，呈現出的意義，不只是改個名字如此簡單，探究其中，可以看出族群意識從虛無中被喚起的生命力。

更積極的態度是，我們可以藉著對台灣舊地名的探索，開始認識家鄉的歷史。

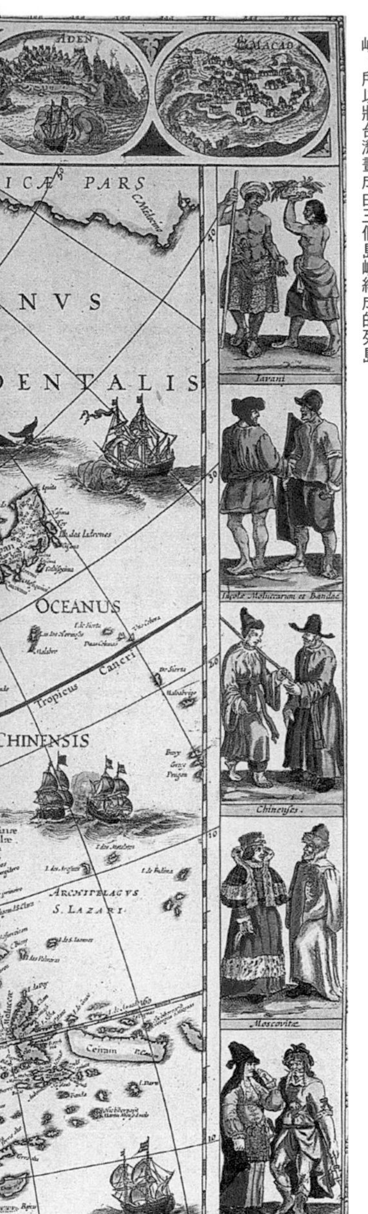

〈亞洲新圖〉Willem Janszoon Blaeu繪製。這張地圖代表十七世紀初荷蘭人對亞洲地理與人文的知識。當時他們航行經過台灣海峽時，將濁水溪等溪流的出海口誤以為是海峽，所以將台灣畫成由三個島嶼組成的列島

從地名看開發重心的改變

地名的註記與調整，通常與主政者對該處土地的掌控強度有關。因此，從政權對土地的命名，可以得知台灣開發重心的改變，比如明鄭以及清朝中葉，台灣府所轄區域一直是指台南台江內海一帶。但由於河道淤積，航運便利不再，且清朝的拓墾已擴及北台灣及埔里化外番社，故將台灣府治北遷，在彰化縣設置台灣府治，而原來台江內海一帶則以相對位置於台灣府南方之故，更名為台南。鴉片戰爭後，開放滬尾（今淡水）為通商口岸，加

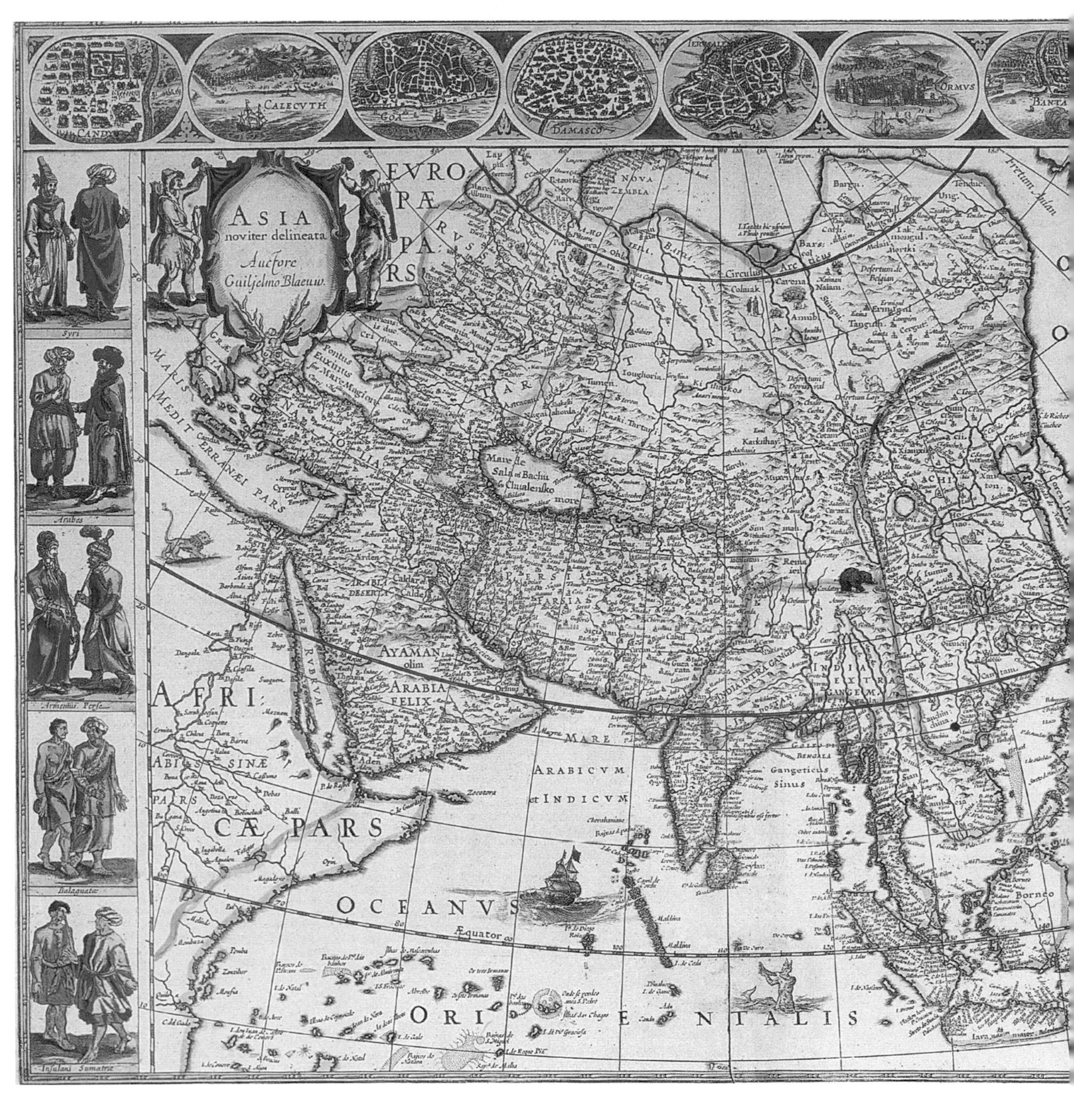

上茶葉與樟腦的生產與製造多在北台灣丘陵地帶，台灣對外經貿轉而北移，台灣巡撫邵友濂乃於光緒二十年（一八九四）將省會遷至台北，台北自此成為台灣經貿重心之所在。

另一個從地名與地圖註記可以看出交通工具、開發史實影響的，則為東台灣。台灣的開發過程受制於地形及當時的交通工具，呈現出由南向北、由西向東的趨向與差異，東台灣乃是最後一處開發的處女地。然而，荷蘭與西班牙等海權國家，雖然實際治理台灣的時間不長，但由於航運發達，從荷蘭人與西班牙人所留下的史料與地圖，明確的記載了台灣東部及東部外島的名稱。加上對於東台灣金礦的高度期待（或是錯誤判斷），荷蘭人於一六三八年前後，為了探查金礦而來到後山，雖然採金未成，卻建立行政組織以管轄該地。當時荷蘭人的註記已明確區分了蘭嶼、綠島等外島地區，而台東則於現今卑南鄉的位置，註記了 **Alanger** 等地名。隨著統治權力的擴張，則陸續出現了許多小社地名，如 **Lupoe**、太麻里等。其後的明鄭時期，鄭成功雖也以海上勢力稱霸，但偏重於台灣海峽，對於台灣東部諸地、諸島並無明確的指稱。清朝初期稱台灣東部為後山，至康熙年間平復明鄭勢力，統治權力擴及台灣之後，對台灣東部有進一步的瞭解，方才對後山之地名有所細分。隨著開發腳步的擴張，陸續記載了番社歸順的事件，如後山歸順的崇爻九社與卑南覓六十五社，並以崇爻稱呼花蓮、卑南覓稱呼台東。

地理空間與人文空間

時間的縱軸與空間的橫軸構成了我們所認知的大千世界，人類對於生活的聚落、仰望的山脈、孕育的河川、耕作的田野、走過的道路所給予的名稱，透過特定的稱呼，山川萬物變成了人類的世界，地名承載了人類的生活、故事、歷史與記憶，也敘述了人文活動的軌跡。台灣島嶼，向來美麗，原始部族生活其中已有數千年的歷史了，雖無文字記載讓我們完全追溯往昔原住民生活遺跡，但所有的原住民族，也都將他們對土地的認識轉化成了當今地理位置的印記。

以總統府前介壽路更名為凱達格蘭大道為例，更名的目的除了追念曾經活躍於台北盆地的平埔族之外，也不無藉更名的行動追溯台灣開發史，而其他如苗栗（貓貍）得名於平埔族舊社；傳言葡萄牙人對台灣寶島「**Formosa**」的讚嘆，使「福爾摩沙」成了台灣美麗的代稱；西班牙人曾經泊岸的三貂角，據推測可能為西班牙語「**San Diego**（聖地牙哥）」之漢字譯名等等的事蹟，更是台灣的珍貴寶藏。

地名必定含括自然地理位置以及人們對土地的利用兩個重要概念。愈是密集開發，居住人口愈多的地方，其地名的分野往往愈細緻。想像一下台北寸土寸金，每一塊地、每一條路櫛比鱗次，莫不標示路街巷道之名。而台灣未見開發之處，諸如占了全島大部分的面積的崇山峻嶺，我們叫得出名號的，不過是玉山、雪山、合歡山、大霸尖山等特定大山大水而已。

當歷史文化逐漸變得沉重的今天，都市街區還存在著那些印記？傳衍著都市的歷史、城鄉的變遷。地名毫無疑問的，不只是一個稱呼，不只指涉著特定的地域，它還承載著地方的歷史，連結了地方的生命，蘊涵了豐富、深刻的意義。

清代來往於福州與淡水間的商船「金源順」。

當瑠公圳變成新生南路，台北盆地曾經綠波良田的時代終結了，也預告了台北終將蛻變成現代化的大都會。在霧社成為仁愛鄉的當下，霧社事件的斑斑血跡將騰空飄散，脫離莫那魯道誓死捍衛土地的實在。無怪乎，胡適便曾對台灣地名動輒更動之舉，非常不滿。民國四十一年胡適曾經遊歷其父胡鐵花經營過的台東縣，有兩件小故事可以看出他對地名與歷史聯繫的尊重與在意。根據台東縣政府的資料，胡適與當時台東縣長吳金玉前往知本溫泉途中，行經馬蘭橋，見橋頭書有「中華民國二十一年建」的字樣，胡適馬上意會到，民國二十一年，中華民國並未治理台灣，橋頭上文字應該寫著昭和七年建才是，胡適脫口說：「民國二十一年中華民國尚未統治台灣，如何寫中華民國建……」，不一會，當他得知台東外島紅頭嶼，因島上盛產蝴蝶蘭且得獎，民國三十五年省政府乃將紅頭嶼更名為蘭嶼。胡適更加不滿：「以具數百年歷史之地名，竟因一朝蘭花得獎而改名，實在不可思議，現今西歐數百年前小說中之地名街道，仍然可以按圖索驥而得，國人對文化資產之保存，亟待建立共識。」

地名乃是生活於該處土地上的社

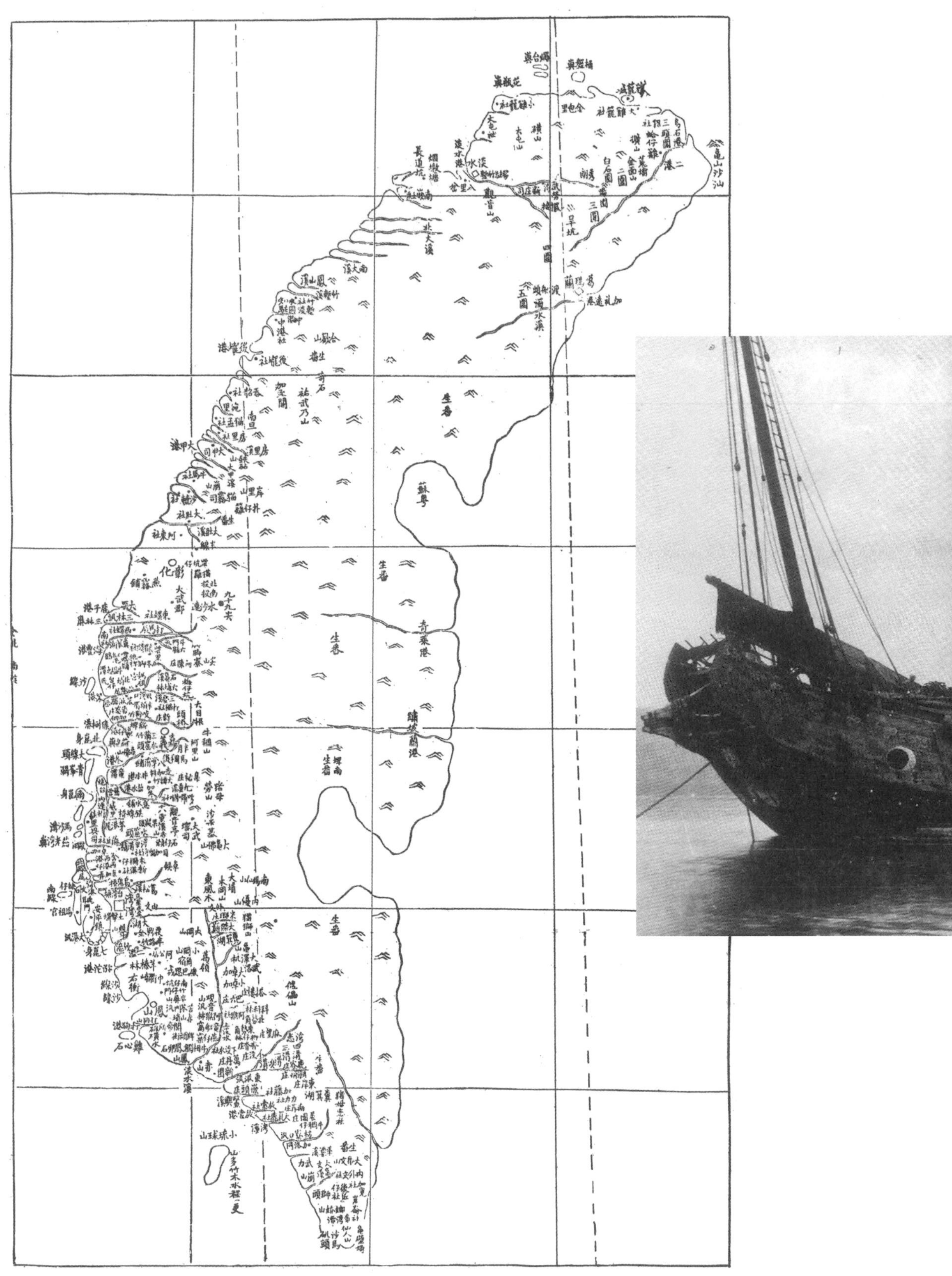

同治《皇朝中外一統輿圖・台灣圖》

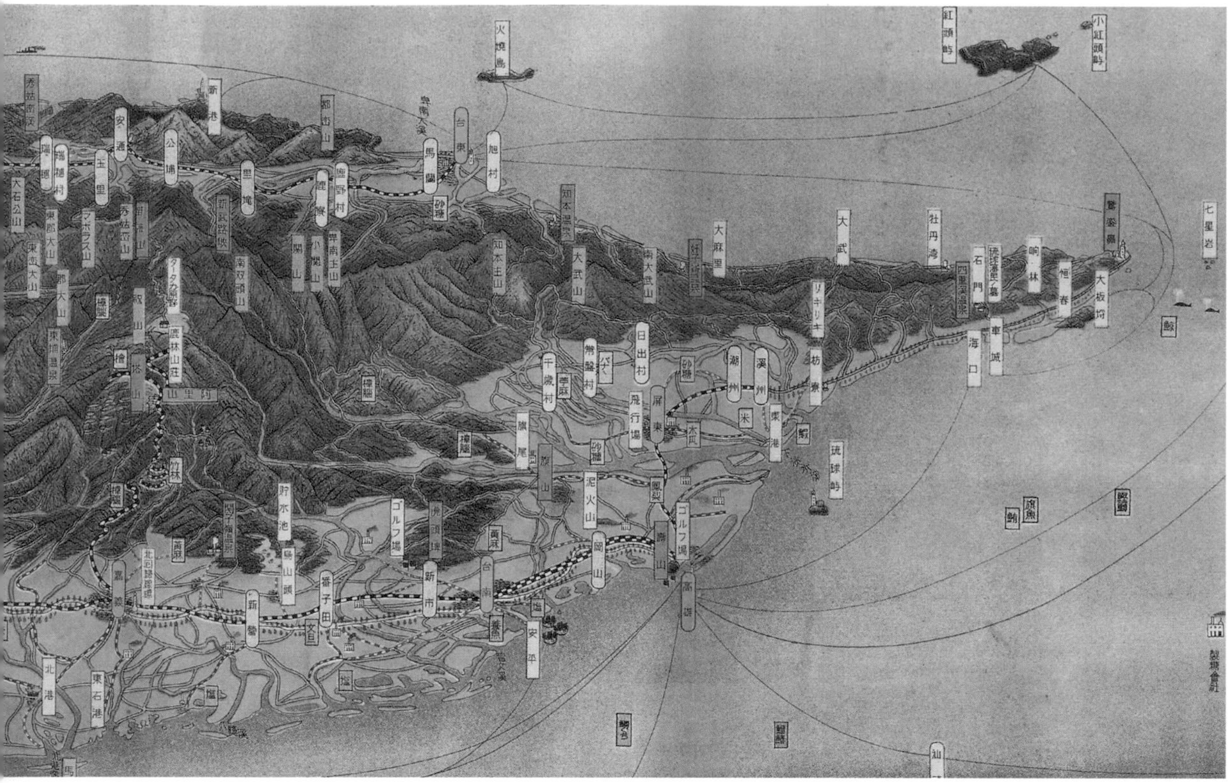

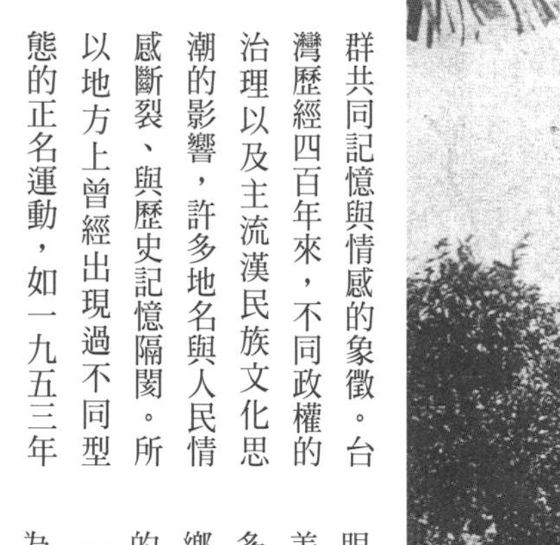

群共同記憶與情感的象徵。台灣歷經四百年來，不同政權的治理以及主流漢民族文化思潮的影響，許多地名與人民情感斷裂、與歷史記憶隔閡。所以地方上曾經出現過不同型態的正名運動，如一九五三年台東關山鎮將「里壟」正名為「關山」、一九九二年屏東「三地鄉」正名為「三地門鄉」、一九八八年「吳鳳鄉」更名為「阿里山鄉」。目前南投縣的「仁愛鄉」醞釀正名為「霧社鄉」。正名的原因或許不盡相同，然而，正本清源的想法是一致的。

花蓮港廳吉野日人移民村，之前為知卡宣（七腳川）社舊地。

嘉義縣的吳鳳鄉正名為阿里山鄉廣為人知，吳鳳的故事曾經占據了國小教科書的某些篇幅。然而，吳鳳作為一個通事買辦，他的行徑在鄒族人眼裡與教科書的描述出現了重大落差，為了突顯當時國小教科書欠缺多元文化觀點，為了強調以吳鳳為鄉名，對生活在阿里山上的鄒族人的壓迫，民國七十六年原住民抗議「吳鳳神話」，要求將吳鳳鄉改名為阿里山鄉，並於民國七十七年正

《台灣鳥瞰圖》1935年金子常光繪。

日籍學者伊能嘉矩與原住民少年

式更名為阿里山鄉。

霧社鄉正名運動正如火如荼的進行著。南投縣仁愛鄉的正名運動乃由仁愛鄉公所發起，他們認為正名為霧社鄉，一則突顯霧社事件的歷史意義；二則回應原住民族對於土地與大自然的聯繫。

從認識家鄉的地名開始

許多時候，人們往往著眼於當下的環境空間，忽略了腳下的土地承載著千千萬萬年來先祖生活的遺跡。本書圖文並茂的介紹台灣各地的昨日風華，是不是引發了更進一步瞭解在地人文與歷史的衝動？那麼，從腳開始，走出戶外找蛛絲馬跡去。

宗教信仰是人們的心靈依託，先民墾拓之餘，總希望透過冥冥之中未知的力量，祈求護祐，因此到了廟宇，可以先觀察所奉祀的神祇，其次觀察廟宇沿革，三則觀察石碑、匾額、楹聯及其上敬獻者落款。

神祇與籍貫通常存在著大關聯：

台東卑南族以板輪牛車運送甘蔗。

諸如廣東潮州客籍奉祀「三山國王」、福建汀州客籍奉祀「鄞山寺」（淡水鄞山寺為二級古蹟）、福建漳州人信奉「開漳聖王」，而福建泉州人因地域差別，如同安人信奉「保生大帝」、安溪人信奉「清水祖師」。到了廟寺，祈求平安之外，更可理解先民典故。例如新北市永和區如今已是全世界人口密度最高的地方，現代建築櫛比鱗次，然而位於仁愛路的保福宮卻為永和保留一片靜謐。保福宮主祀「保生大帝」，考其永和開發歷程，即知泉州移民為拓墾初期主力。

廟宇沿革往往記載著先民活動與地方歷史。以北港朝天宮為例，建廟沿革提到「康熙六十年（一七二一）朱一貴抗清事件發生後，清福建水師提督施世驃、南澳總兵藍廷珍率兵入台。台南、高雄、屏東一帶，備受蹂躪，朱一貴最後雖然於笨港附近之溝仔尾庄楊旭家被縛，然兵未波及笨港，生民未受塗炭，地區仍得發展。」「乾隆五十一年底（一七八六），林爽文抗清事件發生，笨南港頭厝等七庄居民起而響應。」短短二段文字所傳達的訊息卻非常豐富。我們得知了清初台灣二次大規模的民變；也知道了康熙年間稱為「笨港」之地，到了乾隆年間，約莫六十年的時間，出現了「笨南港」之地名。若能針對「笨港」與「笨南港」的差異進一步探索，我們將會發現隱藏在地名轉變間，自然環境的改變與漳泉移民的爭鬥。

此外，信眾敬獻楹聯時，通常在敬獻者的名字之上，會冠上地域名稱及敬獻時間，透過這些紀錄，我們一方面知道信仰圈擴及的領域，另一方面得知奉祀當時的地名，藉此與現在地名作比對。

實際的走訪之外，網路世界讓「秀才不出門能知天下事」成為可能。台灣研究網路化的工作於民國八十五年起由中央研究院分文化、自然、歷史、社會四個主題建立網路資料庫，因此透過台灣研究網路化所建置的各項網站，可以快速的找到許許多多的歷史文件。與台灣舊地名相關的網站，諸如：「漢人村庄社會文化資料庫」、「台灣古地圖舊地名考釋」、「戰後台灣歷史年表」等等，只要抽空上網瀏覽，肯定滿載而歸。

政權轉移與台灣重要機關位置變遷一覽表					
時　間	政權	重要機關	當時地名	現在地名	變　遷　主　因
理宗寶慶元年（1225）	南宋				趙汝适所著之《諸蕃志》曾提及「泉有海島，曰澎湖，隸晉江縣」。明確記載澎湖。
世祖至元18年（1281）	元朝	澎湖巡檢司	澎湖	澎湖	中國行使管轄權（派兵駐守）擴及台灣（澎湖隸福建泉州同安）。
太祖洪武21年（1388）	明朝				朱元璋登基，側重北江邊防，無意治理台澎，乃於洪武21年，將澎湖居民遷返漳泉，撤廢巡檢司。
1624	荷蘭	熱蘭遮城	大員（一鯤身）	台南市安平區	原先占領澎湖島的荷蘭人（東印度公司）為明軍驅逐，轉以台灣為經商根據地。熱蘭遮城為今日的安平古堡。
永曆15年（1661）	明鄭	承天府	赤嵌	台南市中區	鄭成功擊退荷蘭人，治理台灣。
康熙23年（1684）	清朝	台灣府	台灣府	台南市中區	鄭克塽降清，隔年，清朝正式設台灣府隸於福建省。行政區劃為一府三縣，即「台灣府」轄鳳山縣、台灣縣、諸羅縣。
光緒13年（1887）	清朝	台灣府	台灣縣	台中市	清朝漢民族對台灣的墾拓由南而北、由西而東，由平原而番地，北部貿易日盛，加以開山撫番政策，台灣東西部陸路貫通。乃增設北部與番地諸廳，行政區劃調為一省三府十一縣三廳加上台東直隸州。光緒13年台灣正式設省，劉銘傳請奏省城設於台中大墩。
光緒20年（1894）	清朝	台灣省	台北府	台北市	光緒20年台灣巡撫邵友濂將省會遷至台北。將巡撫衙門、布政司衙門設於今中山堂現址。
明治28年（1895）	日本	總督府	新北市（台北縣）	台北市	中日甲午戰爭，清廷戰敗，簽訂馬關條約割讓台灣。
民國34年（1945）	民國	行政長官公署	台北市	台北市	第二次世界大戰結束，日本戰敗，中、美、英簽訂開羅宣言，宣示戰後日本應歸還中國東北、台灣、澎湖等地。民國34年日本無條件投降，國民政府組行政長官公署來台接收。民國36年設台灣省政府。
民國38年（1949）	民國	總統府	台北市	台北市	國共內戰，國民黨主政的國民政府播遷來台。1949年退居台灣，設總統府於台北。

第一章 噶瑪蘭・宜蘭

宜蘭舊稱噶瑪蘭（蛤仔難）
乃是以原住民族名音譯而來
清朝官員雅化其名，
加「宜」字，改稱宜蘭

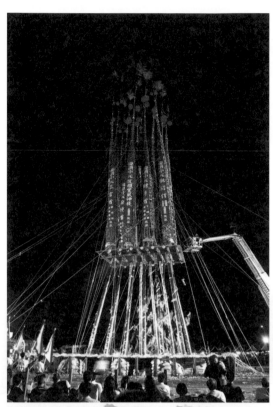

搶孤是宜蘭的知名民俗活動。

宜蘭位於台灣東北部，西臨雪山山脈，南有中央山脈相阻，蘭陽溪自二山之間竄出，東流入太平洋，其水勢沖積而成三角洲，即為蘭陽平原。宜蘭山、海環抱，地形封閉，遲至嘉慶年間，吳沙入墾此地，才見漢民族蹤影。然而，宜蘭自古為平埔族噶瑪蘭（**Kavalan**）人之聚居地，因此宜蘭開發史就是一頁漢民族入墾與當地原住民（噶瑪蘭族及泰雅族）爭鬥的血淚史。

宜蘭舊稱噶瑪蘭（蛤仔難）乃是以原住民族名音譯而來。清朝官員為雅化其名，加「宜」字，改稱宜蘭。嘉慶元年（一七九六），清人吳沙率漳州、泉州及粵（廣東）籍人士，由淡蘭古道入蘭陽拓墾。漢民族入墾範圍擴增，民招民墾拓出頭城、礁溪、壯圍、宜蘭城等溪北地區；官招民墾則拓及員山等溪南地區。嘉慶元年占烏石港南方，建立頭圍；嘉慶二年，由吳沙之姪吳化等人逐漸向外拓墾，續建二圍、三圍、四圍，至嘉慶七年三籍人數日增，乃由漳人吳表、楊牛、林盾、簡東來、林膽、陳一理、陳孟蘭，泉人劉鐘、粵人李先等九氏率眾進墾金包里股、員山仔、大三鬮地，四鬮、渡船頭地、溪洲，以及一結至七結等地，嘉慶十七年（一八一二）清朝設置噶瑪蘭廳隸屬台灣府治理。

短短十五、六年的時間，漢人大量移入蘭陽平原，噶瑪蘭人被迫出走，南移至花東一帶。宜蘭人生性純樸，受到拓墾社會遺風影響，以農漁為業，自然美景未遭現代工業破壞，蘭陽八景猶在，而以觀光立縣的宜蘭縣政府，也為北台灣保留了最美的一片後花園。歷年來擘建了冬山河親水公園、羅東運動公園、河濱公園、森林公園等親水、親民、親土的建築空間，規劃了大大小小的藝文與生態活動，舉凡童玩節、親水節、綠色博覽會皆吸引了來自台灣各地的觀光人潮，成為各縣市仿效的典範。

《台灣省縣市行政區域圖．宜蘭縣》1955年。

蘇澳港夜景。蘇澳港是蔣經國主政時期的十大建設項目之一，成效似乎有限，有人說主要是為了建軍港。

織布的噶瑪蘭婦人。

礁溪鄉：吳沙入墾蘭陽，範圍漸漸擴大，拓墾至二圍、三圍等地，皆為山谷環繞，水源較缺，漳、泉二籍墾民稱為乾溪（以福佬話發音），其意為乾燥之河谷，語音訛傳，乃稱為礁溪。

一結：宜蘭市茭白里。

瑪僯：礁溪鄉玉光村。

武暖：礁溪鄉光武村。

大埤：礁溪鄉龍潭村。

四結：礁溪鄉吳沙村。

匏杓崙：礁溪鄉匏崙村。

二結：礁溪鄉二結村。

茅埔：礁溪鄉玉田村。

辛仔罕：礁溪鄉光武村。

車路頭：礁溪鄉玉田村。

踏踏：礁溪鄉玉田村。

大塭：礁溪鄉時潮村。

奇利丹：礁溪鄉德楊村。

三十九結：礁溪鄉二龍村。

抵百葉：礁溪鄉德楊村。

六結：礁溪鄉六結村。

淇武蘭：礁溪鄉二龍村。

五股：礁溪鄉二龍村。

七結：礁溪鄉三民村。

湯圍：礁溪鄉德楊村。

礁溪：礁溪鄉大中、大義村。

林尾：礁溪鄉林美村。

番割田：礁溪鄉三民村。

柴圍：礁溪鄉白鵝村。

塭底：礁溪鄉時潮村。

十六結：礁溪鄉三民村。

壯圍鄉：壯圍原名民壯圍、鄉勇圍。吳沙拓墾宜蘭時為保護墾民，招攬鄉勇組織衛隊。拓墾成功後，鄉勇衛隊亦可分得土地，而鄉勇所建立的村落被稱鄉勇圍、壯圍。

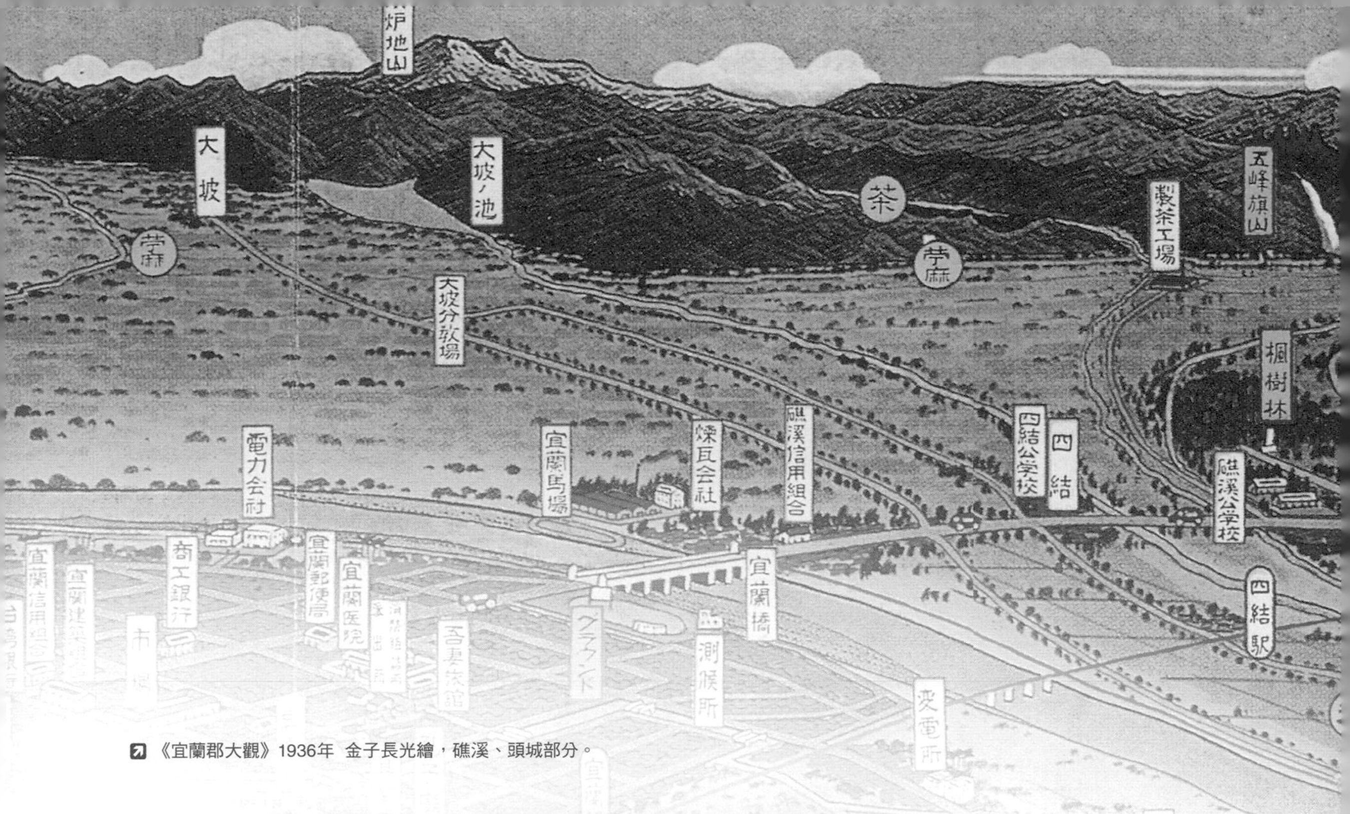

《宜蘭郡大觀》1936年 金子長光繪，礁溪、頭城部分。

宜蘭傳統藝術中心上演〈鯽仔魚要取某〉。

新發：壯圍鄉新社村。

古亭笨：壯圍鄉古亭村。

土圍：壯圍鄉美城村。

抵美：壯圍鄉美城村。

五間：壯圍鄉美城村。

頭城鎮：頭城為吳沙開墾蘭陽平原的第一站，舊名頭圍。嘉慶元年（一七九六）吳沙率眾計劃開墾蘭陽，合漳、泉、粵三籍流民千餘人之力，由烏石港入墾蘭陽。開墾之初，漢、原之間迭生爭鬥，為了防禦所需，乃於聚落四週以刺竹、土石圍居以成護衛。這類墾民村落稱之為「圍」，頭圍即第一個墾民村落。一九〇〇年日人完成土地調查後，劃定頭圍堡轄頭圍街及十六個庄。

福成：頭城鎮二城里。

金面：頭城鎮金盈、金面里。

中崙：頭城鎮中崙里。

下埔：頭城鎮下埔里。

白石腳：礁溪鄉白雲村。

二圍：頭城鎮二城里。

頭圍街：頭城鎮城東、城西、城南、城北里。

拔雅林：頭城鎮拔雅林、武營里。

新興：頭城鎮新建里。

龜山：龜山島。

大坑罟：頭城鎮大坑里。

三抱竹：頭城鎮竹安里。

大福：壯圍鄉大福村。

港澳：頭城鎮外澳、港口里。

梗枋：頭城鎮更新里。

大溪：頭城鎮大溪里。

大里簡：頭城鎮石城里。

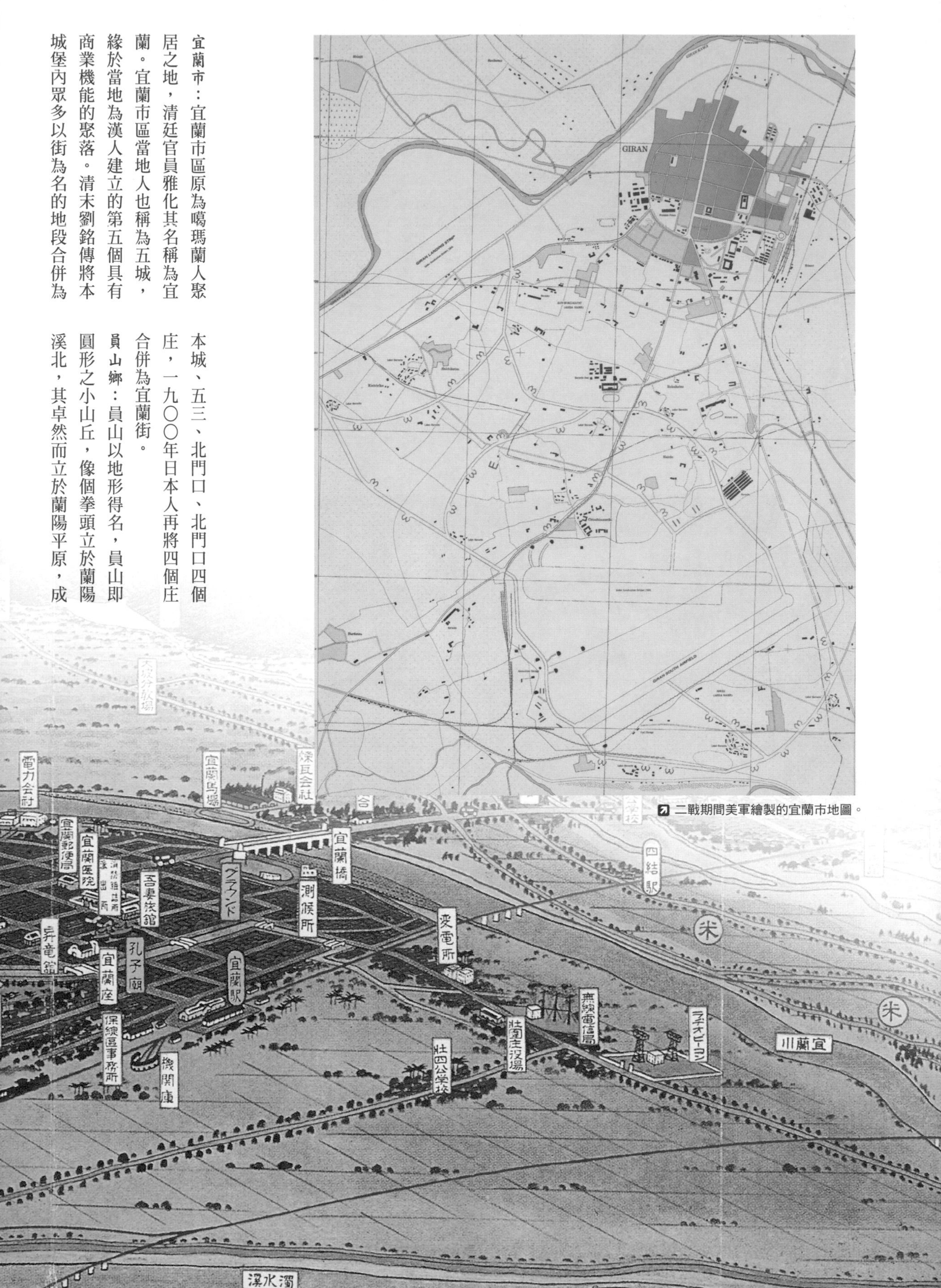

二戰期間美軍繪製的宜蘭市地圖。

宜蘭市：宜蘭市區原為噶瑪蘭人聚居之地，清廷官員雅化其名稱為宜蘭。宜蘭市區當地人也稱為五城，緣於當地為漢人建立的第五個具有商業機能的聚落。清末劉銘傳將本城堡內眾多以街為名的地段合併為本城、五三、北門口、北門口四個庄，一九〇〇年日本人再將四個庄合併為宜蘭街。

員山鄉：員山以地形得名，員山即圓形之小山丘，像個拳頭立於蘭陽溪北，其卓然而立於蘭陽平原，成為明顯地標，故稱之為員山。員山鄉清末有二十五庄。日人完成土地調查後合併為十二庄。

外員山：員山鄉員山村

三鬮：員山鄉尚德、內城、三鬮村。

深溝：上深溝為員山鄉蓁巷村，下深溝為員山鄉深溝村。

金六結：併入宜蘭市，改為建軍里

珍仔滿力：併入宜蘭市，改為進士里。

吧荖鬱：員山鄉惠好村。

四鬮：併入宜蘭市，改為建業里。

日治時代的宜蘭孔廟。

大湖：員山鄉湖東、湖西、湖北、逸仙村。

內員山：員山鄉永和村。

結頭份：員山鄉頭份村。

新城：員山鄉同樂村。

枕頭山：員山鄉枕山村。

溪洲：員山鄉七賢村。

洲仔：員山鄉深溝村。

壯圍鄉：宜蘭河南岸部分之聚落。

篰後：壯圍鄉東港村。

公館：壯圍鄉復興村。

壯一：宜蘭市慈安、新興、和睦里。

壯二：宜蘭市南津、凱旋里。

壯三：宜蘭市東村里。

壯四：宜蘭市黎明里。

壯五：壯圍鄉忠孝村。

壯六：壯圍鄉吉祥村。

壯七：宜蘭市延平里。

過嶺：壯圍鄉過嶺村。

三塊厝：壯圍鄉永鎮村。

十三股：壯圍鄉忠孝村。

功勞：壯圍鄉功勞村。

南興：壯圍鄉新南村。

霧罕：壯圍鄉新南村。

美福：壯圍鄉美福村。

新興：壯圍鄉新南村。

七張：宜蘭市七張里。

《宜蘭郡大觀》1936年 金子常光繪。宜蘭市部分。

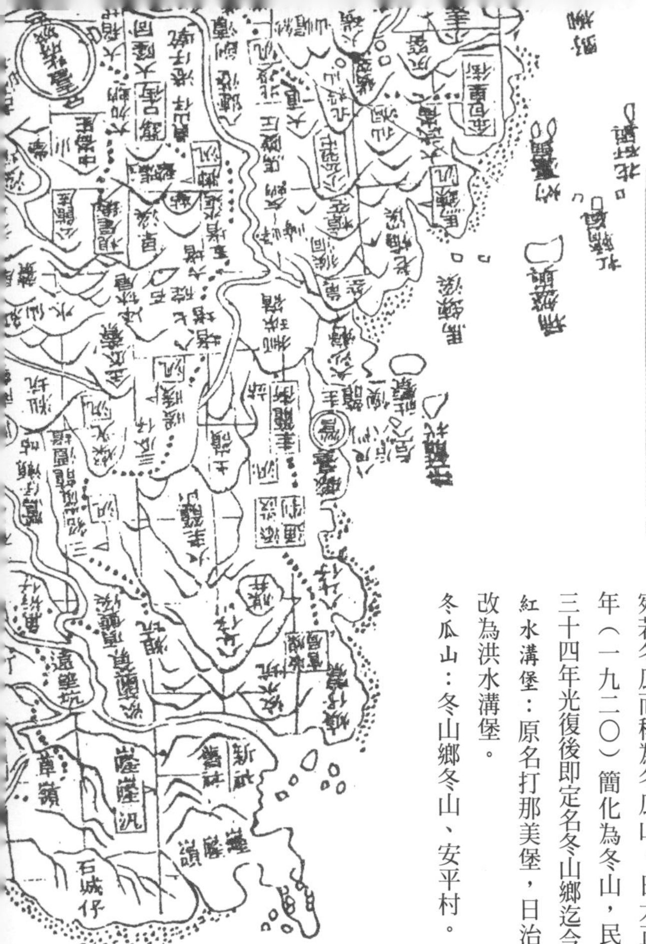

馬偕牧師乘船到宜蘭傳教。

三星鄉：三星鄉原名叭哩沙，噶瑪蘭族叭里沙社之故地，叭哩沙原意為竹子。大正九年因其位於三星山下，改稱三星庄，光復後改制為鄉。

浮洲堡：原名溪洲堡，日治後改為浮洲堡。

大洲：三星鄉大洲、大義村。

中溪洲：三星鄉尚武村

紅柴林：三星鄉萬德、貴林村

叭哩沙：三星鄉月眉村。

阿里史：三星鄉拱照村。

尾塹：三星鄉尾塹村。

冬山鄉：冬山鄉乃以冬瓜山得名，此地位於蘭陽溪南端，因山形迤邐宛若冬瓜而稱為冬瓜山，日大正九年（一九二〇）簡化為冬山，民國三十四年光復後即定名冬山鄉迄今。

紅水溝堡：原名打那美堡，日治後改為洪水溝堡。

冬瓜山：冬山鄉冬山、安平村。

阿兼城：冬山鄉大興、東城村。

鹿埔：冬山鄉鹿埔、得安村。

順安：冬山鄉順安、清溝村。

打那美：冬山鄉永美村。

員山：冬山鄉丸山村。

太和：冬山鄉太和村。

香員宅：冬山鄉香員村。

廣興：冬山鄉廣興、廣安村。

小南澳：冬山鄉大進村。

三堵：冬山鄉武淵村。

九份：冬山鄉群英村。

武淵：冬山鄉武淵村。

武罕：冬山鄉群英村。

補城地：冬山鄉補城村。

奇武荖：冬山鄉三奇村。

珍珠里簡：冬山鄉珍珠村。

羅東鎮：羅東是平埔族噶瑪蘭族加禮宛社之土語，意指「猿猴」。相傳羅東市集中心原為一大片榕樹，裡面住著一大群的猴子，而加禮宛社人稱猴子為「老董」，此後入墾之漢人取諧音而雅稱為「羅東」。

羅東街：羅東鎮老街區。

北成：羅東鎮北成里。

歪仔歪：羅東鎮仁愛里

阿里史：羅東鎮漢民里、西安里

竹林：羅東鎮竹林、樹林、信義、公正、賢文、集祥里。

十六份：羅東鎮羅莊、南昌、南豪里。

十八埒：羅東鎮東安、大新里。

月眉：羅東鎮新群里。

打那岸：羅東鎮新群里。

五結鄉：五結鄉顧名思義指第五個拓墾區。「結」是墾民組織的最小單位，入墾蘭陽之漳、泉、粵民以十佃為一結，通力合作。一、二、三、四、五結則為土地分段之名。

大埔：五結鄉協和村。

鼎撤社：五結鄉協和村。

松仔腳：五結鄉孝威村。

四百名：五結鄉孝威村。

一百甲：五結鄉錦眾村。

中一結：五結鄉協和村。

中二結：五結鄉孝威村。

茅仔寮：五結鄉錦眾村。

頂五結：五結鄉福興、五結村。

下五結：五結鄉五結村。

頂三結：五結鄉三興村。

下三結：五結鄉大吉村。

二結：五結鄉三興、二結、鎮安村。

四結：五結鄉中興、四結村。

頂清水：五結鄉秀新村。

下清水：五結鄉成興村。

蘇澳鎮：所謂「澳」指的是內寬外窄的海灣，蘇澳乃是生蕃地界，原稱為施八坑，此地離噶瑪蘭城（宜蘭）四十五里，相傳於嘉慶年間有

《台灣前後山輿圖》宜蘭部分。

蘇士尾統領之壯丁入墾而得名。
隆恩：蘇澳鎮隆恩里。
馬賽：蘇澳鎮永榮里。
功勞埔：蘇澳鎮存仁里。
港口：蘇澳鎮港邊、岳明里。
畚箕湖：蘇澳鎮聖湖里。
猴猴：蘇澳鎮龍德里。
隘丁圍：蘇澳鎮隘丁里。
新城：蘇澳鎮新城里。

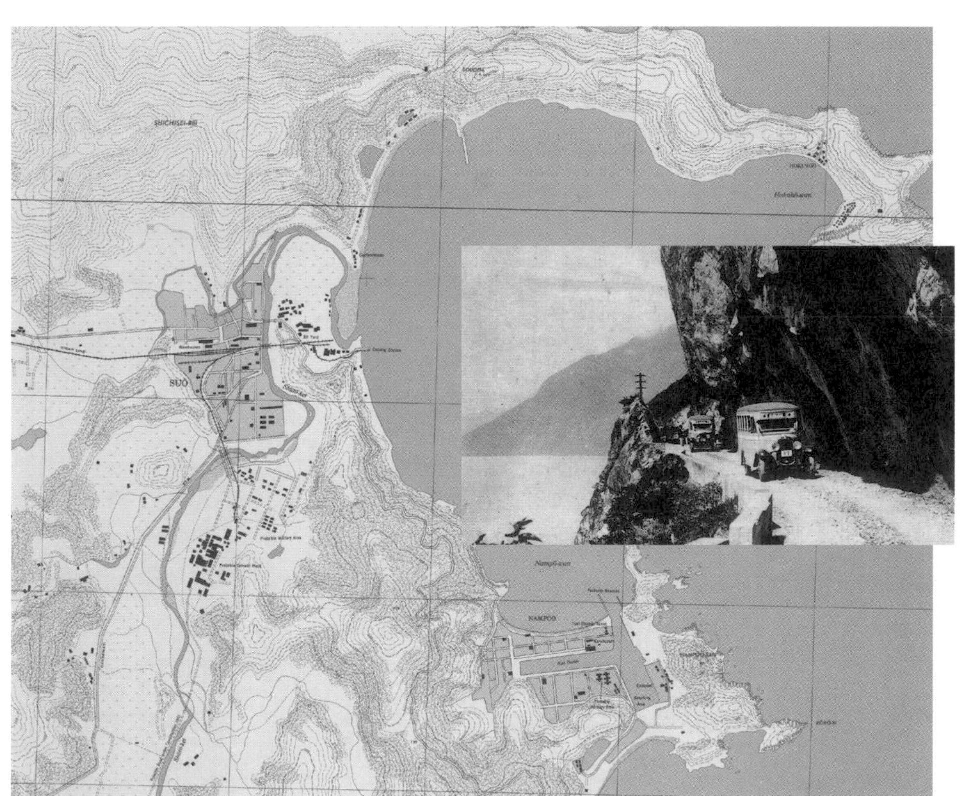

二戰期間美軍繪製的蘇澳地圖。

早年蘇花公路是單行道，上下行有固定的時間。

地名小故事

台灣有個千里達

一提起薩爾瓦多、多明各、聖地牙哥這些拉丁式的地名，一般人第一個想到就是中南美洲國家，或是度假勝地加勒比海上的小島，很少有人會將這些地名和台灣連在一塊，事實上這些地名極可能是台灣最早出現在地圖上的地名之一。

聖．多明各就是大名鼎鼎的淡水紅毛城，建於一六二九年。十七世紀初，中國人稱荷蘭人為紅毛番，紅毛番蓋的城堡，便稱為紅毛城。其實紅毛城並非荷蘭人創建，始建者是西班牙人。

聖．薩爾瓦多堡也是西班牙人建造，地點位於基隆和平島上，日治時代因為興建船塢，將聖．薩爾瓦多堡拆除的片瓦無存。

《重修台灣府志．台灣郡治八景．雞籠積雪》當時和平島上的薩爾瓦多堡仍相當完整。

聖地牙哥不是城堡，而是港灣的名稱。聖．多明各堡、聖．薩爾瓦多堡之名在台灣早已蕩然，惟獨聖地牙哥在台灣留存下來。如今新北市貢寮區卯澳附近的海岬還叫三貂角，三貂是聖地牙哥閩南語式的音譯。

三貂在清代時曾被寫成「山朝」，也是**S.Tiago**另一種閩南語式的音譯。三貂角在台灣現今正式的地名中，幾乎是唯一由西班牙人命名的。三貂最早以地名出現在文獻上，是一幅一六二六年繪製名為《福爾摩沙島、中國部分地區及馬尼拉地圖》的古地圖。

一六二六年，馬尼拉的西班牙組織了一支由中、西船艦組成的船隊，沿著台灣東部海岸由南向北航行，企圖尋找適合的港灣建立貿易站。第一個選擇地點是蘇澳，西班牙人命名為聖羅倫佐（**San Lorenzo**）。這是一個天然良港。

第二個選擇點是蘭陽溪口，西班牙人命名為聖．卡塔利納灣（**Ensenada de S.Catalina**）。西班牙人對此港灣不盡滿意，便繼續北上來到福隆一帶，命名為聖．地牙哥灣（**Ensenada de s. Tiago**），西班牙人還是不滿意，繼續北上。

當船隊進入雞籠時，西班牙人為這個形勢壯闊的天然港灣驚嘆不已，立即在隨船神父的祝聖下，舉行占領儀式，並將此港灣命名為神聖的無以復加的至聖三位一體港（**Santissima Trinidad**），算是對這座天然良港的最高禮讚。如果按現在翻譯的習慣，**Trinidad**會被音譯為千里達。所以台灣在十七世紀初，曾擁有一個叫千里達的地方。

西班牙占領雞籠之後，立即展開貿易站的建設工作。防禦工事當然首先要考慮的。和荷蘭人在台江內海的出海口處，一鯤鯓沙洲上建熱蘭遮城（**Zeelandia**）一樣，西班牙人也在雞籠灣的海口，和平島上建聖．薩爾瓦多堡（**San Salvador**）。後來西班牙人又在淡水建聖．多明各堡（**San Domingo**）和聖．薩爾瓦多堡互為犄角。西班牙人在淡水附近，可能不止建了聖．多明各堡。

根據**C.Imbault-Huart**《台灣島志》一書所附之〈淡水港圖〉，作者在地圖上八里區米倉里天后宮附近注記了**Ruies du Fort Espagnol**一語，意思是傾圮的西班牙人城砦。地點就在聖．多明各堡（紅毛城）的對岸。作用當然是與紅毛城共同

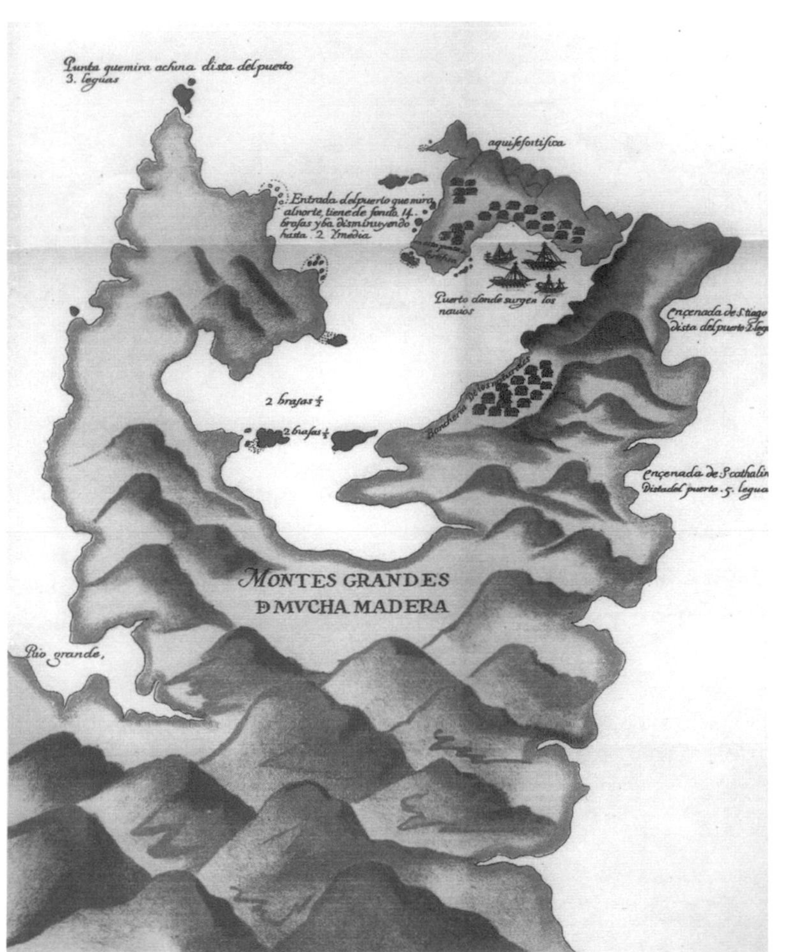

〈福爾摩沙島上的西班牙港口〉
1626年西班牙人Pedro de Vera 繪製。西班牙占領基隆後，見此地水深港闊，遂命名為至聖三位一體港。圖上只描繪了和平島及大沙灣的原住民聚落，還沒有聖薩爾瓦多堡，可見此圖繪於占領之初。

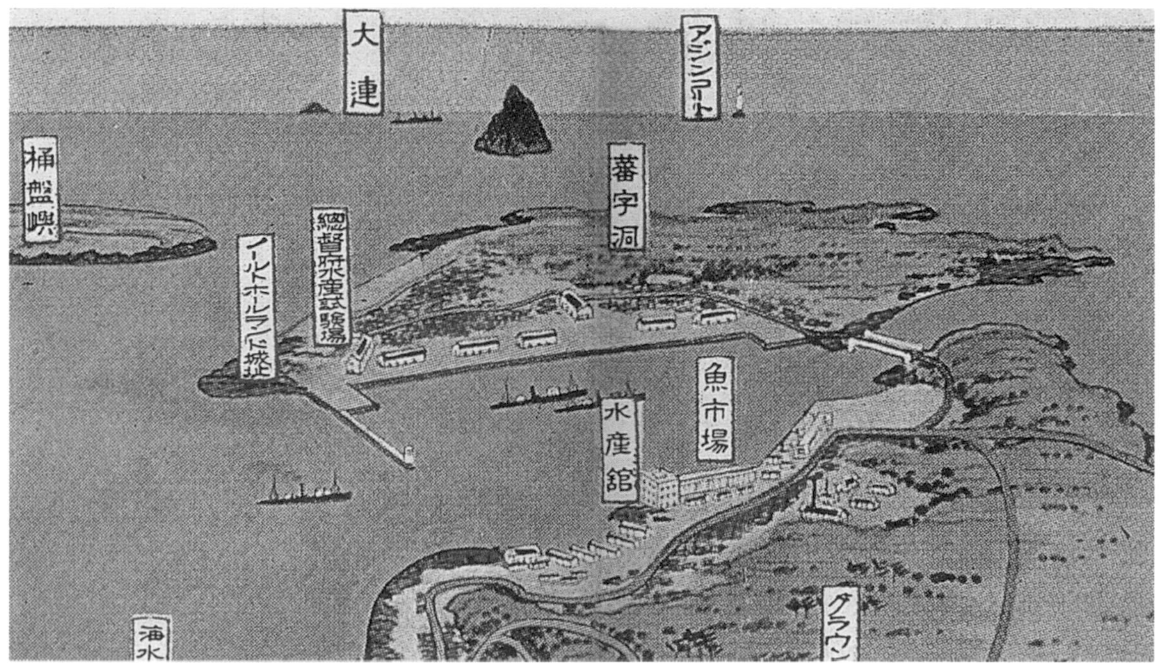

1935年金子常光繪製之《基隆市大觀》，當時和平島上的聖薩爾瓦多堡還未被拆除，地圖上以假名標示為北荷蘭堡（ノールトホールラノド），此為1641年荷蘭人占領後更改的名稱。

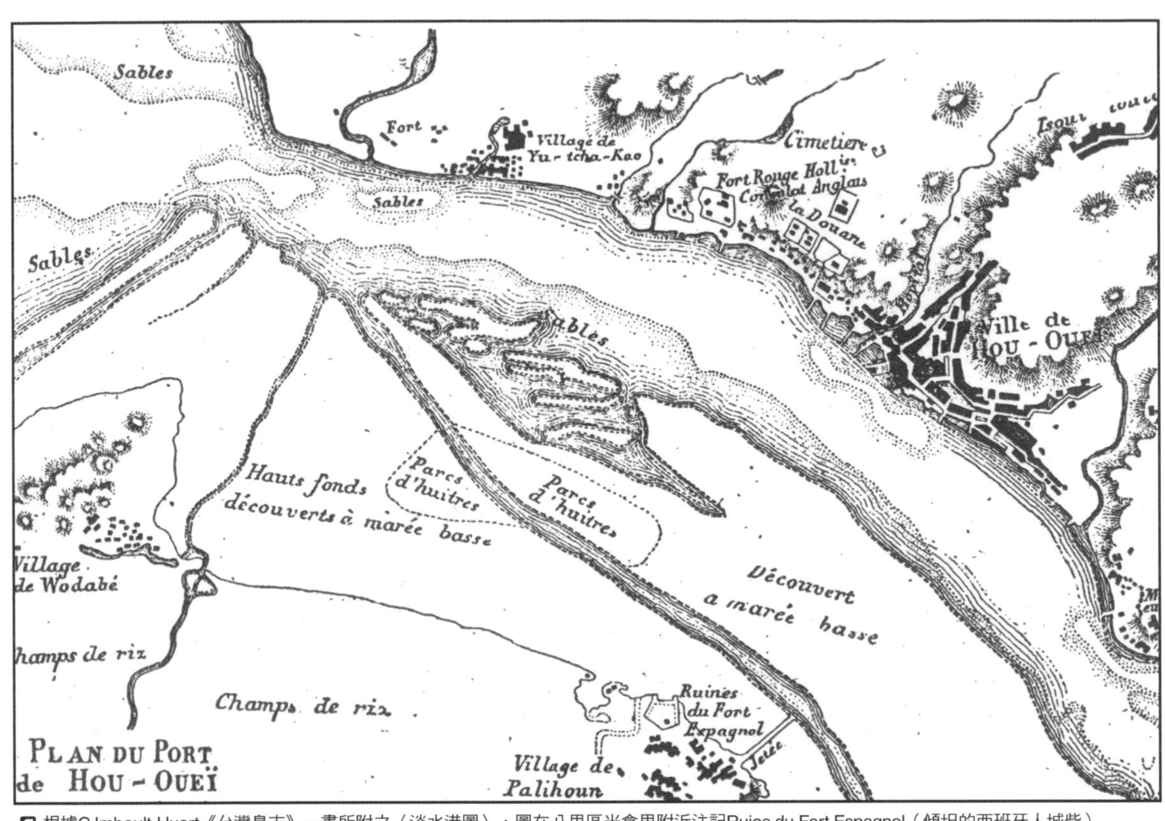

根據C.Imbault-Huart《台灣島志》一書所附之〈淡水港圖〉，圖在八里區米倉里附近注記Ruies du Fort Espagnol（傾圮的西班牙人城砦）

扼守淡水河口。如今此城砦也是片瓦無存。

但至聖三位一體港也好，聖・薩爾瓦多堡也好，都不能算是是基隆最早的地名。因為一幅一五九七年同樣是西班牙人繪製，名為《菲律賓群島、福爾摩沙島與部分中國海岸地圖》在台灣島的頂端便註明了雞籠港和淡水港兩個地名，時間比西班牙人正式佔領基隆還早了三十年。

這張地圖將台灣島繪製的極不準確，唯獨將基隆淡水兩地的海岸特徵描繪的非常清楚，顯然當時西班牙人曾親臨雞籠和淡水兩地。而且從中國人那兒知道這兩個地名，並且把它們標示在地圖上。中國人很早就在雞籠、淡水兩地和日本人、台灣原住民進行交易，所以對兩地的狀況一直很清楚。

一六二六年西班牙人正式占領雞籠時，船隊中還包括兩艘中國帆船，可能是西班牙人僱用他們充當嚮導以及運送補給品，也有可能是傭兵。十七世紀初，西班牙和荷蘭戰艦在馬尼拉外海大戰時，中國帆船也受雇參戰。西班牙船上也有不少日本傭兵。

十七世紀初，西班牙、荷蘭、英國在東亞、東南亞爭奪貿易利益時，相互交戰，常常雇用中國人和日本人充當傭兵。所以西班牙遠征船隊的指揮官應該不可能不知道此地的中文名稱。

一六二九年西班牙人沿著海岸進入淡水河，將淡水命名為卡西多（**Casidor**），並在當地構築聖・多明各堡，也就是紅毛城。現在，有些學者認為關渡可能是由**Casidor**演變而來的。

但是這些拉丁化的地名在基隆存在的時間並不長。一六三〇年代中期後，馬尼拉的西班牙總督開始覺得基隆是一個累贅了。因為此地始終無法吸引中國人、日本人前來進行交易，貿易站形同虛設。再加上此地腹地狹小，沒有甚麼有價值的出產，駐軍、建築城堡、教堂、房舍開銷又大，支出基本上無法回收。此後西班牙在基隆的駐軍與貿易站人員便逐漸撤回馬尼拉，留守人員甚至不足百人。

一六四二年台南的荷蘭人決定徹底解決基隆的西班牙據點。因為此地在貿易上雖不構成威脅，但西班牙戰艦隨時可以利用此地的港灣，襲擊航行於安平與長崎之間的荷蘭商船。於是決定北上攻打基隆和平

基隆港現貌。

島上的聖．薩爾瓦多堡。因為防衛薄弱，沒有遭遇太頑強的抵抗，荷蘭便攻克聖．薩爾瓦多堡，結束了西班牙人在基隆短暫的統治。

現在大家都知道一六六一年鄭成功率大軍進入鹿耳門，驅逐了台南的荷蘭人，卻很少提到荷蘭人離開台南後，並沒有完全退出台灣，荷蘭東印度公司仍保留基隆的據點，負隅頑抗。但荷蘭人在基隆碰上和西班牙人同樣的困境，沒生意！到了一六六八年沒等明鄭大軍來攻，荷蘭東印度公司便不堪損失，自動退出雞籠、淡水。如今看來真有點不可思議。

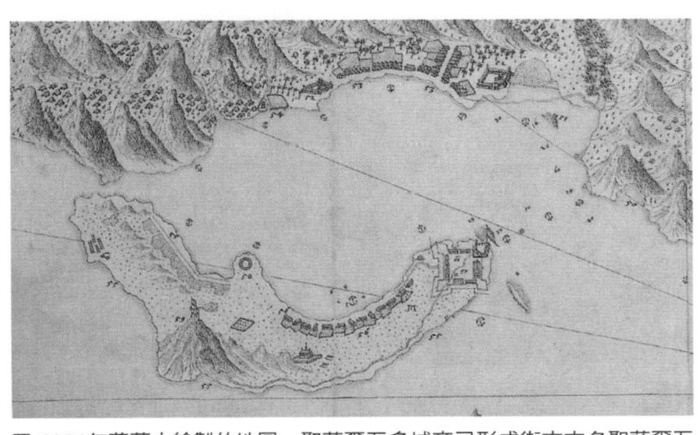

1654年荷蘭人繪製的地圖，聖薩爾瓦多城旁已形成街市亦名聖薩爾瓦多街。

但是故事還沒結束，淡水紅毛城在一八六一年被英國占用為領事館，一八六七年以一年十兩白銀的代價向清政府租借，可是就在當年，英國領事館便遷到高雄西子灣的小山上了，但英國人仍拒不歸還，直到一九五〇英國承認中共後，竟然將紅毛城轉手給和國民政府仍有邦交的澳洲。到了一九七二年澳洲也承認中共了，又轉手給同文同種的美國。

其實一八六七年英國領事館遷到高雄後，紅毛城就沒有多大的用途，不過是當作外交人員的渡假別墅罷了，可是這些同文同種的英語系國家，似乎還蠻看重這座台灣僅存的西式城堡，竟然聯手玩弄了中國政府一百多年，拒不歸還。

到了一九八〇年連美國都承認中共了，台灣再也沒有英語系的邦交國了，這才真正收回紅毛城的產權。當年還在紅毛城上立了一個大旗桿，升起一面超大的國旗，當作洗雪國恥般的熱鬧了一回，……但如今有多少人知道它的原名？還有那段不堪回首的國恥。

第二章 雞籠·基隆

基隆古名雞籠，因港外基隆嶼形似雞籠而得名

清光緒元年百姓希望此地「基地昌隆」

於是改雞籠為基隆

同治年版《淡水廳志》中的附圖

雨港基隆，據說是因為港口邊的基隆嶼形狀很像一個「雞籠」。另有說法是基隆三面環山，一面向海，地理形勢很像雞籠而得名。還有一種解釋，是取自於凱達格蘭族 **Ketagalan** 之首尾音節合成 **Kelan** 而來。清光緒元年（一八七五），因為希望此地「基地昌隆」，於是將雞籠改為基隆。

基隆是台灣北部重要的港口，西班牙人曾經在十七世紀時，在社寮島（今和平島）西南端修建聖．薩爾瓦多城（**San Salvador**），並且在附近建堡壘以守護基隆港。荷蘭人統治台灣期間，將聖薩爾瓦多城改為北荷蘭城（**Noord Holland**），附近的堡壘則稱為維多利亞（**Victoria**），也派兵在此駐守。

一六六二年，荷蘭人被鄭成功擊退，但仍有少數占據雞籠、淡水與清廷相通，意圖恢復台灣的統治權，直到鄭經再度討伐，將北部荷蘭人的勢力完全趕出台灣，此時雞籠正式隸屬明鄭政權轄下的天興州。

清康熙二十二年（一六八三），台灣納入清廷版圖，雞籠為台灣府諸羅縣轄地。當時台灣的政經中心還是在台南一帶，到此地開發的漢人仍是少數。康熙末期，漢人開始從淡水、八里進入台北盆地；雍正年間，相繼有福建漳州人由八里移居基隆牛稠港、虎仔山（今中山區一帶），在基隆港南岸崁仔頂附近（今仁愛區新店里一帶）形成市街。乾隆時期，陸續又形成新店街、暗街仔街（今仁愛區新店、文昌里一帶），漸漸形成繁榮的景象。嘉慶年間，由基隆進入宜蘭的陸路通行，奠定基隆的交通地位。

基隆的移民，以福建漳州、泉州二地為主。漳州人移民的時間較早，人數也較多，主要聚居在港口附近；而泉州人則因為進入的時間較晚，所以落腳的地區，以基隆河沿岸的七堵、暖暖一帶山區為主。早期移民經常因為爭奪墾地與水源而發生衝突，往往演變成大規模械鬥，現今基隆市安樂區的老大公廟，就是當時移民械鬥身亡者的聚葬之處。

日治時期，日本政府積極籌劃建港工程，明治三十二年（一八九九）正式動工；明治四十一年，台灣縱貫線鐵路全面通車，更加速了基隆的發展。大正五年（一九一六）以後，基隆港的貿易額已經超過淡水，成為台灣三個重要港口之一。

基隆外木山漁港夜景。

暖東峽谷童軍活動中心。（吳志學／攝）

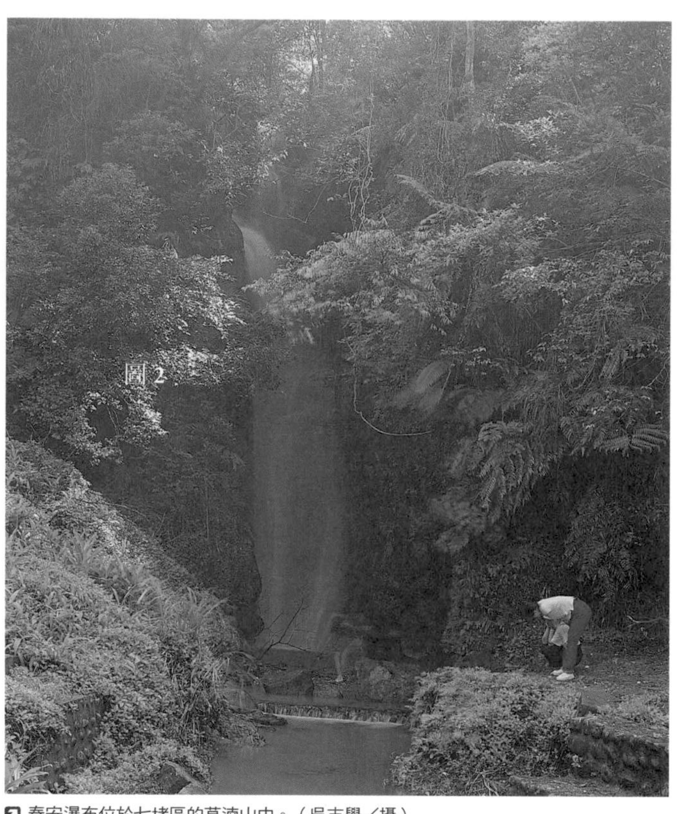

泰安瀑布位於七堵區的草湳山中。（吳志學／攝）

安樂區：日治初期的區劃為大武崙庄、蚵殼港庄，均屬基隆堡。昭和六年（一九三一），蚵殼港改為觀音町、寶町、西町，郊區仍設大武崙庄。民國三十五（一九四六）年始設「安樂區」。

大武崙：內寮、中崙、外寮、新崙里。大武崙砲台為知名景點，與槓仔寮、二砂灣砲台戶為犄角，但始建於何時已無可考，現已列為二級古蹟。

鶯歌石：鶯歌、外寮、三民、四維、五福、六合、七賢、七堵區自強里。地名源於安樂區三民里福德宮上一形似鶯歌鳥的山岩。

七堵區：七堵位於基隆市最西端，在清代屬於基隆廳石碇堡。大正九年（一九二〇）地方制度改正，廢庄改為大字，五堵、暖暖、瑪陵坑合併為七堵庄，隸屬台北州基隆郡。光復後，七堵隸屬新北市（台北縣），民國三十六年（一九四七）劃歸基隆市，改為七堵區。

草濫：泰安、長興里。草濫之名源於草濫溪上游之泥濘地，因土質鬆軟，人畜耕作無法站立而得名。

五堵：百福、實踐、堵北、堵南里。有人認為堵是利用地形所形成的防禦工事，但由地圖上觀察、比較，可明顯看出五堵、六堵、七堵、八堵都位於基隆河上的河曲凸出部，所以堵應該是對地形、地貌的描述，指得是像一「堵」牆一樣，造成河川改道的高地。五、六、七、八堵應該是基隆河上的第五、六、七、八道河曲。

六堵：六堵里。

七堵：長興、鄭光、正名、富民、永安、永平里。

瑪陵坑：瑪東、瑪西、瑪南里。瑪陵可能是西班牙、荷蘭紀錄資料中的**Quimaurie**社之音譯，所以此地和大砂灣一樣同是**Quimaurie**社之舊地。北部平埔族常在地名或社群名稱之前，加上**Qui**或**Ki**為前置，閩南人可能嫌囉嗦，常將前置詞省略。**Quimaurie**另一個閩南語式的音譯為金包里，就是沒有省去前置詞的譯法。

友蚋：友一、友二里。友蚋也是平埔語，意思不明。

暖暖區：暖暖區在清代的行政劃分為基隆廳石碇堡，日治初期於今七

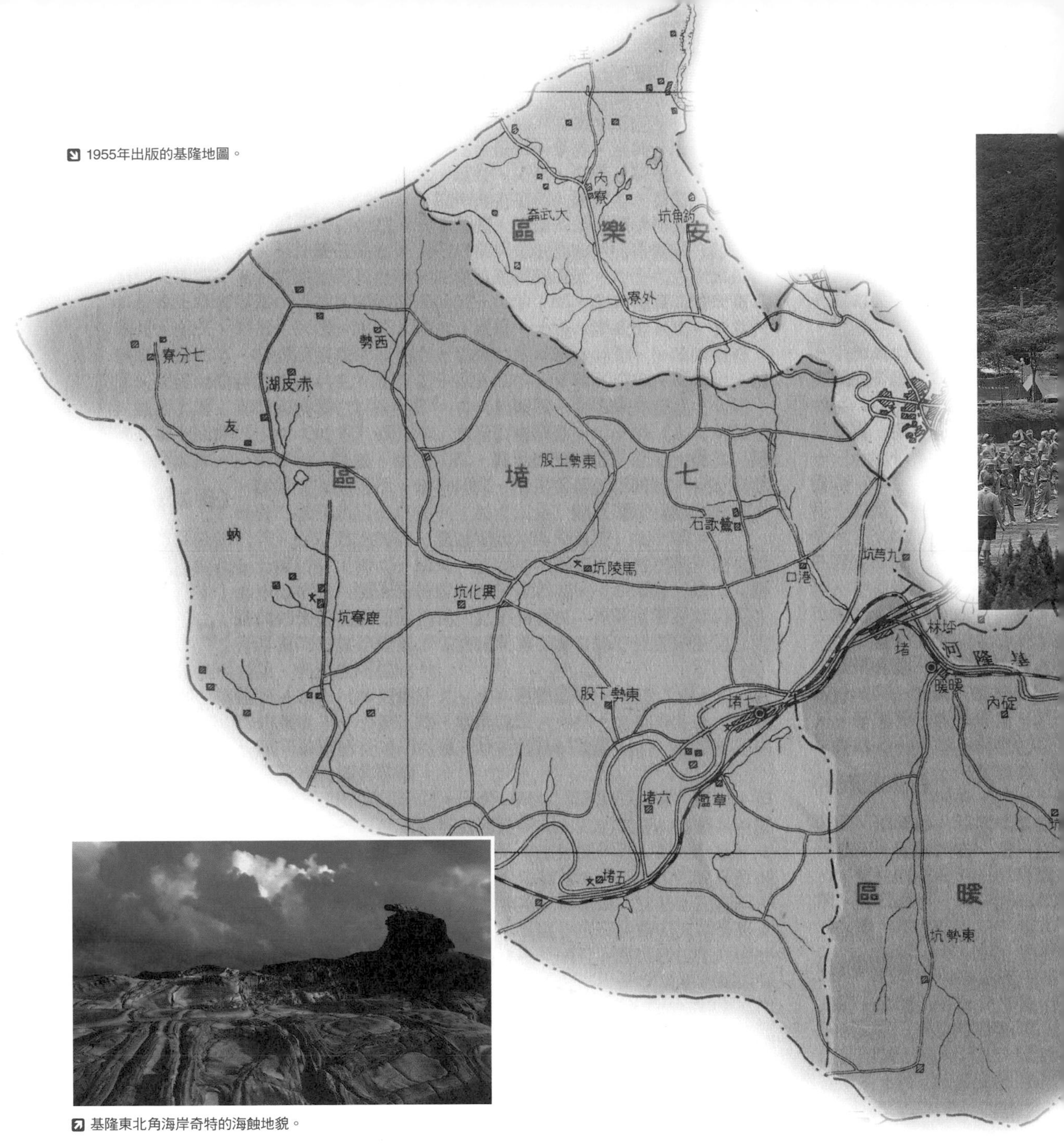

1955年出版的基隆地圖。

基隆東北角海岸奇特的海蝕地貌。

堵區、暖暖區、安樂區鶯歌石地段設新北市（台北縣）基隆支廳五堵、暖暖、瑪陵坑等三區。大正九年（一九二〇）地方制度改正，廢庄改為大字，五堵、暖暖、瑪陵坑合併為七堵庄，隸屬台北州基隆郡。光復後，七堵隸屬新北市（台北縣），民國三十七年劃歸基隆市，改為七堵區，民國三十八年劃出七里成立暖暖區。

八堵：八堵、八西、八中、八南里。

暖暖：暖暖、暖東、暖同、過港里。暖暖為平埔語，意思不明。清代早期暖暖是北台灣進入宜蘭的必經之路，地理位置十分重要。直到咸豐年之後鑿開新路，自基隆經柑仔瀨，由瑞芳而上，暖暖始沒落。

碇內：碇內、碇安、碇和、過港里。「碇」閩南語為堅硬岩石的意思，基隆河流經至此為堅硬的石頭河床，故以此命名。

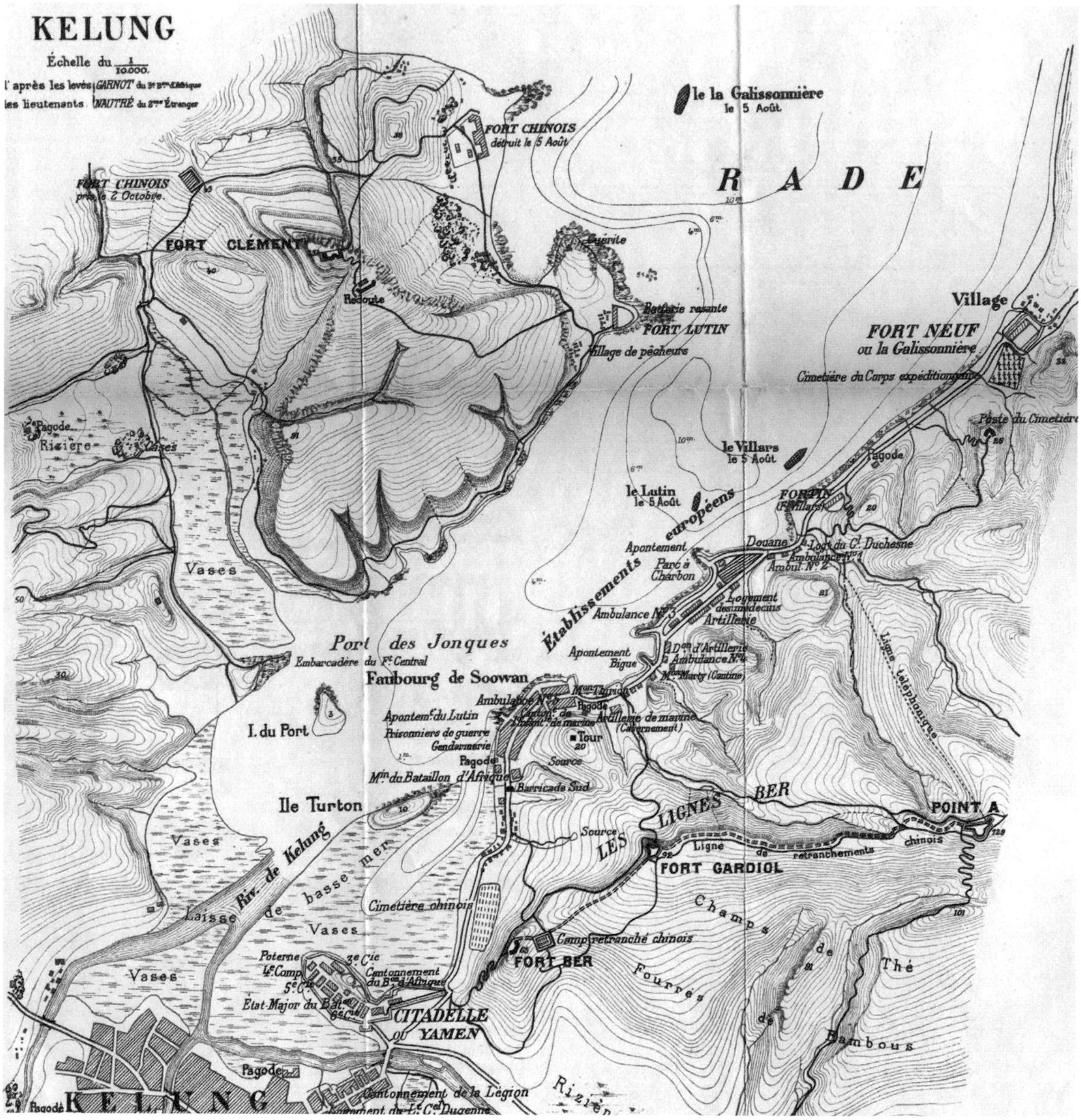

KELUNG

Échelle du $\frac{1}{10.000}$

d'après les levés GARNOT du 3e Bon d'Afrique
des lieutenants VAUTRÉ du 2me Étranger

le la Galissonnière
le 5 Août

FORT CHINOIS
détruit le 5 Août

FORT CHINOIS
pris le 2 Octobre

RADE

FORT CLÉMENT

Redoute

Guérite

Batterie rasante
FORT LUTIN

Village de pêcheurs

Village

FORT NEUF
ou la Galissonnière

Cimetière du Corps expéditionnaire

Poste du Cimetière

Pagode

Rizière

Vases

le Villars
le 5 Août

le Lutin
le 5 Août

Pagode

FORT PIN

Établissements européens

Apontement

Parc à Charbon

Douane

Logt du Gl Duchesne

Ambul. No 2

Ambulance No 3

Logement des médecins

Artillerie

Ligne téléphonique

Port des Jonques

Embarcadère du Ft Central

Apontement Bigue

Dot d'Artillerie

Ambulance No 4

Faubourg de Soowan

Ambulance No 1

Pagode

Apontemt du Lutin

Prisonniers de guerre

Gendarmerie

Artillerie de marine (Casernement)

I. du Port

Tour

Source

Mn du Bataillon d'Afrique

Barricade Sud

Ile Turton

LES LIGNES BER

POINT A

Source

Vases

Riv. de Keluṅg

Ligne de retranchements chinois

FORT GARDIOL

Laisse de basse mer

Cimetière chinois

Champs de Thé

Vases

Camp retranché chinois

FORT BER

Poterne

3e Cie

Cantonnement du Bon d'Afrique

Vases

Fourrés de Bambous

État-Major du Bat.

CITADELLE ou YAMEN

Pagode

Pagode

KELUNG

Cantonnement de la Légion

Rizière

1874年入侵台灣的法國遠東艦隊旗艦拜雅號停泊在基隆港內。

Chapter 2

建港地圖揭露被遺忘的老地名

1884 年入侵基隆港的法國遠東艦隊在孤拔元帥的率領下企圖奪下基隆港，以及附近的煤礦。在蒸汽機時代，良港加煤礦是十分重要的戰略據點，基隆便具備這兩項條件，因此成為列強虎視眈眈的焦點。孤拔搭乘的旗艦拜雅號停泊在基隆港中。曾參與 1884 年中法戰爭，入侵基隆戰役的 Garnot 艦長於 1894 年出版的《L'Expedition Francaise de Formose》書中附錄了十張北台灣與基隆港的地圖。其中〈Kelung〉一圖（右頁上圖），呈現了基隆港未建港前的原始面貌。

日本殖民政府於二十世紀初，開始對基隆港進行現代化建設，建港規劃的地圖（左頁上）無意間，記錄了基隆港口附近現已被遺忘的老地名。

中正區：中正區三面環海，不但是海運要區，也是北部漁業中心、造船中心。現今中正區的範圍，在清朝與日治時期，屬於社寮庄、八寸仔庄、大沙灣庄、二沙灣庄、三沙灣庄，以及基隆街的鼻仔頭街、哨船頭街、義重橋街等範圍。昭和六年（一九三一）改設社寮町、濱町、真砂町、入船町、日新町、義重町和八斗子，各設區會。光復後，為紀念蔣中正而改為現今的中正區。

雞籠街：早年雞籠街的舊地有中正區的二砂灣、三砂灣、鼻仔頭、哨船頭、義重橋；仁愛區的石牌、草店尾、新店、媽祖宮口、暗街仔、崁仔頂、後井仔、合興頭；以及中山區的罾仔寮。

社寮：社寮、平寮、和憲里。古名雞籠嶼或大雞籠嶼，為避免以小雞籠嶼（基隆嶼）混淆，清同、光年間改名社寮島。此地是大雞籠社的原址。

八尺門：正濱、海濱、中正、中濱里。八尺門西側的珠螺澳、田寮澳、拔死猴澳日治時代被填築為基隆漁港，即今正濱漁港及珠螺澳之所在。

大沙灣：真砂、中砂、正砂、沙灣、建國里。西班牙時代此地有平埔族 **Quimaurie** 社。

八斗仔：八斗、長潭、砂子、碧砂里。八斗子可能是平埔語北投的另一音譯，所以此地極可能也是雞籠社舊址。

信義區：清朝和日治初期的信義區範圍，屬田寮港庄、深澳坑庄、大水窟庄。昭和六年，田寮港運河整治完成通航，改町名為壽町、幸町、東町、綠町、曙町、田寮町等，深澳坑、大水窟為二個大字，各設區會。現名「信義區」為民國三十五年改名而來。

田寮港：仁壽、仁義、義昭、義幸、義民、義和、信綠、東信、智慧、智誠、禮儀、禮東、東光、東明、東安、仁愛區忠勇、和明、智仁、水錦、虹橋、花崗、林泉里。田寮港是信義、仁愛區的界河。信義區是日治時代的日人居住區。

大水窟：信義區智誠里。大水窟是山間的水池，清代即開採煤礦，地名為大水窟庄。

深澳坑：孝深、孝岡里。境內的槓仔寮砲台是基隆面積最大，最完整

的炮台，景觀甚佳，惜未妥善保存。

獅球嶺：獅球、兆連、書院、朝棟、光華、文安、重文、曲水里。此地山丘形似獅子戲球，故名。今高速公路及種種建設，已將山形破壞。

仁愛區：仁愛區是基隆市最熱鬧的商業區，在清代、日治初期屬於基隆街、田寮港庄、石硬港庄、獅球嶺庄。昭和六年（一九三一）改訂町名為旭、高砂、元、福德、玉日、雙葉、崛川、瀧川町，各設區會；於光復後改為仁愛區。

石硬港：曲水、德厚、龍門、福仁、誠人、吉仁、育仁、英仁里。石硬港原為山間小溪，日治後整治為運河，加上鐵公路之興建及煤礦之開採，已不復舊貌。

蚵殼港：西安、西定、西康、西華、西榮、安樂區新西、西川、定國、定邦、慈仁、干城、永康、安和、樂一、嘉仁里。蚵殼港現名西定河，地名由來和昔日盛產牡蠣有關。嘉仁里的老大公廟，每年農曆七月弔祭好兄弟，是基隆地區的一大盛事。

中山區：中山區因位於基隆港西邊，又有「西岸」之稱呼。日治初期，中山區沿襲清朝區劃，有仙洞庄、牛稠港庄、內木山庄、外木山庄、大竿林庄、基隆街罾仔寮一部分、西定河以東自安樂劃歸的蚵殼港庄等，均屬基隆堡。昭和六年（一九三一）更改地名，設明治、大正、昭和、仙洞、西町等各町，並各設區會，內木山、外木山、大竿林等不變，合設木山區會。光復後合併所有區會，改為中山區。

牛稠港：中山區中興、仁正、居仁、健民、通化、通明里。牛稠港源於外木山區之澗水，自坑仔內流經球仔山入海，形成一天然之港灣。日本時代築港，將其納入基隆港的一部分。

仙洞：和平、仙洞、太白里。仙洞位於仙洞鼻北側崖壁，原為海蝕洞穴，後洞內建有佛宮，現已封閉。境內尚有白米甕砲台。

內木山：德安、德和里。

外木山：文化、協和里。

大竿林：中和里。大竿林又名竿蓁林。

Chapter 2

基隆郡比基隆市大許多

1885 年劉銘傳任台灣巡撫時即看準基隆港之價值，並開始進行疏浚與築港，後因財政困難而停頓。日治時期，殖民政府共執行三期築港工程，花費近四千萬日圓。**1943** 年第三期工程完成時，年吞吐量達 **280** 萬噸，為當時台灣第一大港。二戰末期美軍為空襲而測繪的基隆港市地圖（左圖），顯示基隆港已大致呈現如今的輪廓，和平島上的造船廠已完成建設。

1935 年金子常光繪製之《基隆市大觀》（下圖），圖中標示了許多日治時代重要的公共設施，有些現在已消失。當時基隆為台北州轄下的郡，左頁的〈基隆郡市管轄圖〉顯示當時基隆郡的轄區比現在的基隆市大了許多。

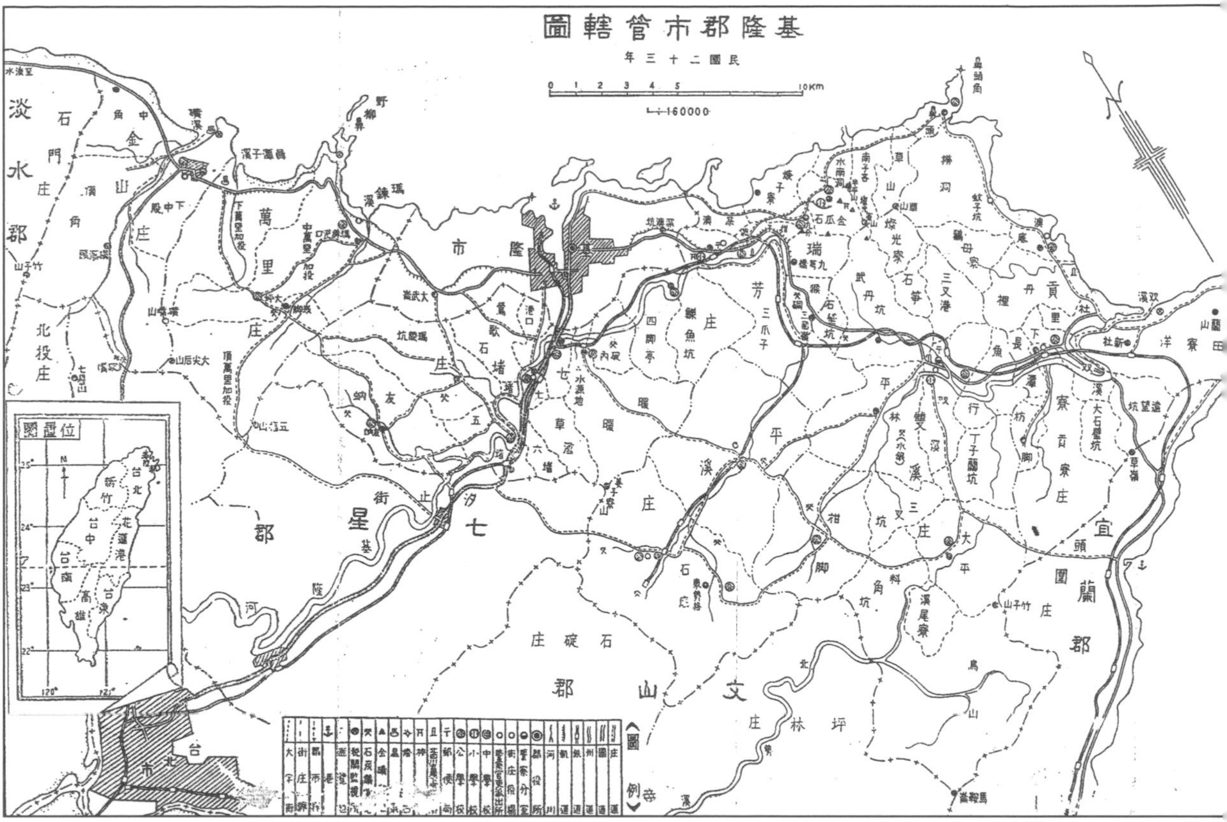

基隆郡市管轄圖

民國二十三年

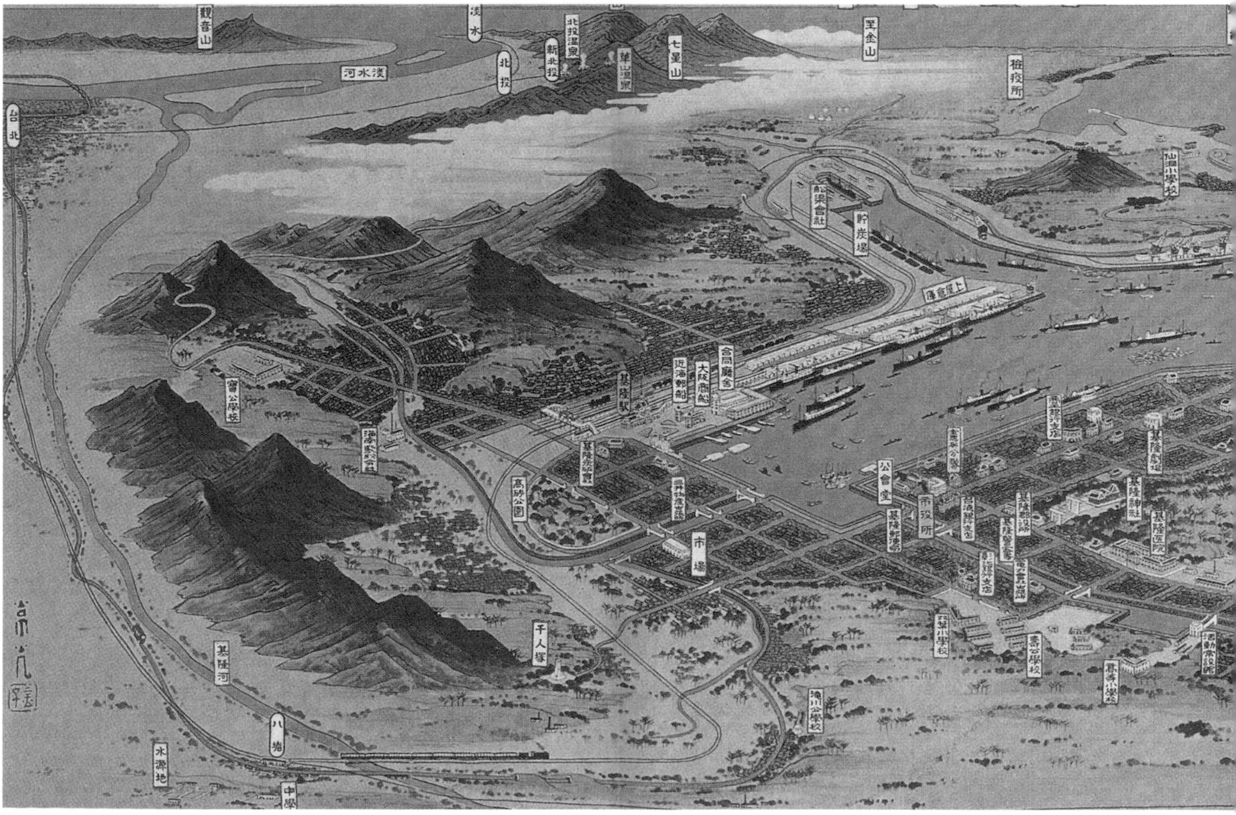

1:160000

地名小故事

如果台北改名大加蚋

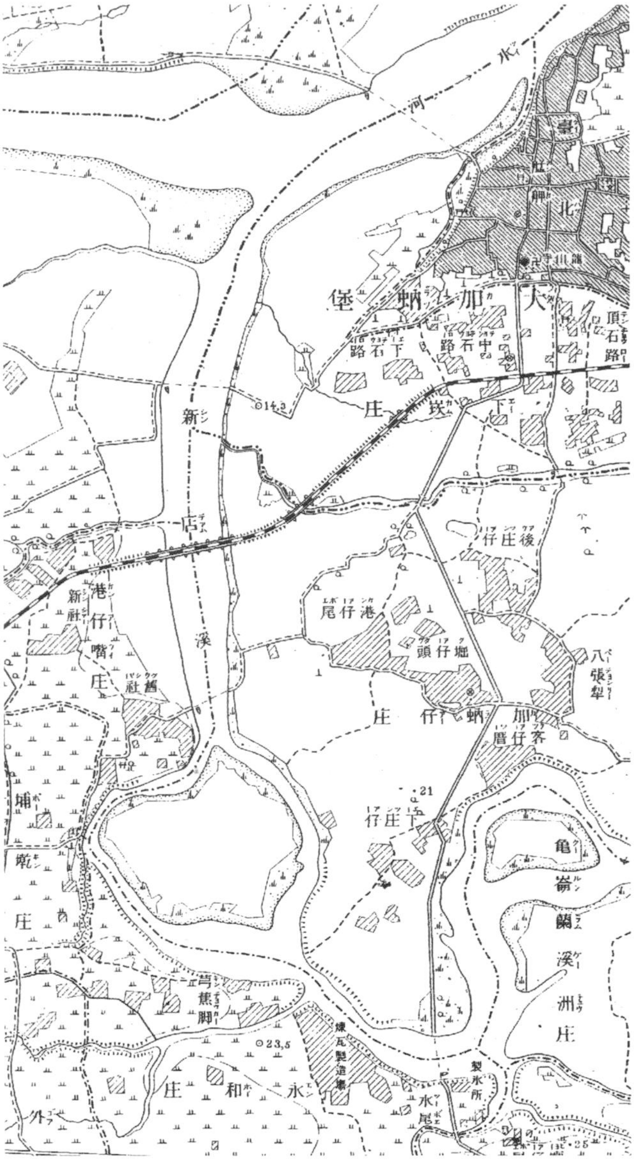

↗《台灣堡圖．23枋橋》1905年，當時加蚋仔庄在行政劃分上屬擺接堡而非大加蚋堡。因為清代新店溪主河道是萬華區的西藏路，隔開下坎庄、西藏路與加蚋仔庄。

幾年前台灣發生了一件離奇的刑事案件，萬華的角頭老大「加蚋慶」楊慶順被殺身亡，她的大小老婆「五粒珠」、「小青蛙」互控對方謀害親夫。「加蚋慶」身家財產數十億，還擁有龐大的賭場利益，竟然死於家庭恩怨，黑色、桃色、金錢全攪和在一塊兒，報刊雜誌追蹤報導，社會輿論喧騰一時。

早年萬華黑道據說多達十幾個角頭，如「芳明館」、「華西街」、「祖師廟口」、「崛江町」、「加蚋仔」、「頭北厝」、「會社尾」、「後菜園」等等。單從外號就可以看出「加蚋慶」和加蚋仔的淵源。

「加蚋慶」姓楊，楊姓家族算是加蚋仔的大姓、望族，地方上有「加蚋仔楊」之說。萬華區寶興街上的楊聖廟便是楊氏家族的宗祠、家廟，大畫家楊三郎也是這個家族的派下子弟。楊三郎世居永和溪洲和加蚋仔隔著一條新店溪，似乎風馬牛不相及，事實上是因為河道的變遷，才使得兩地疏遠，其實早年兩地關係是很密切的，楊氏家族在大稻埕茶葉輸出最興旺的年代，在加蚋仔的河灘地及永和的溪洲種植大片的香花，供大稻埕制茶業者窨製花茶。永和與加蚋仔都是泉州同安人的地盤和中和的漳州閩客不對盤，這也是永和始終獨立中和之外的原因。

在一般人的概念裡，艋舺大道以南，一直到華中橋，都可以算是廣義的加蚋仔。早年加蚋仔和艋舺隔著新店溪主河道(現在的西藏路)，當時加蚋仔庄在行政劃分上屬擺接堡而非大加蚋堡，兩者是不同的地理概念。直到日治時代初、中期後新店溪主河道轉成現在的路線，西藏路原來的主河道萎縮成一條小

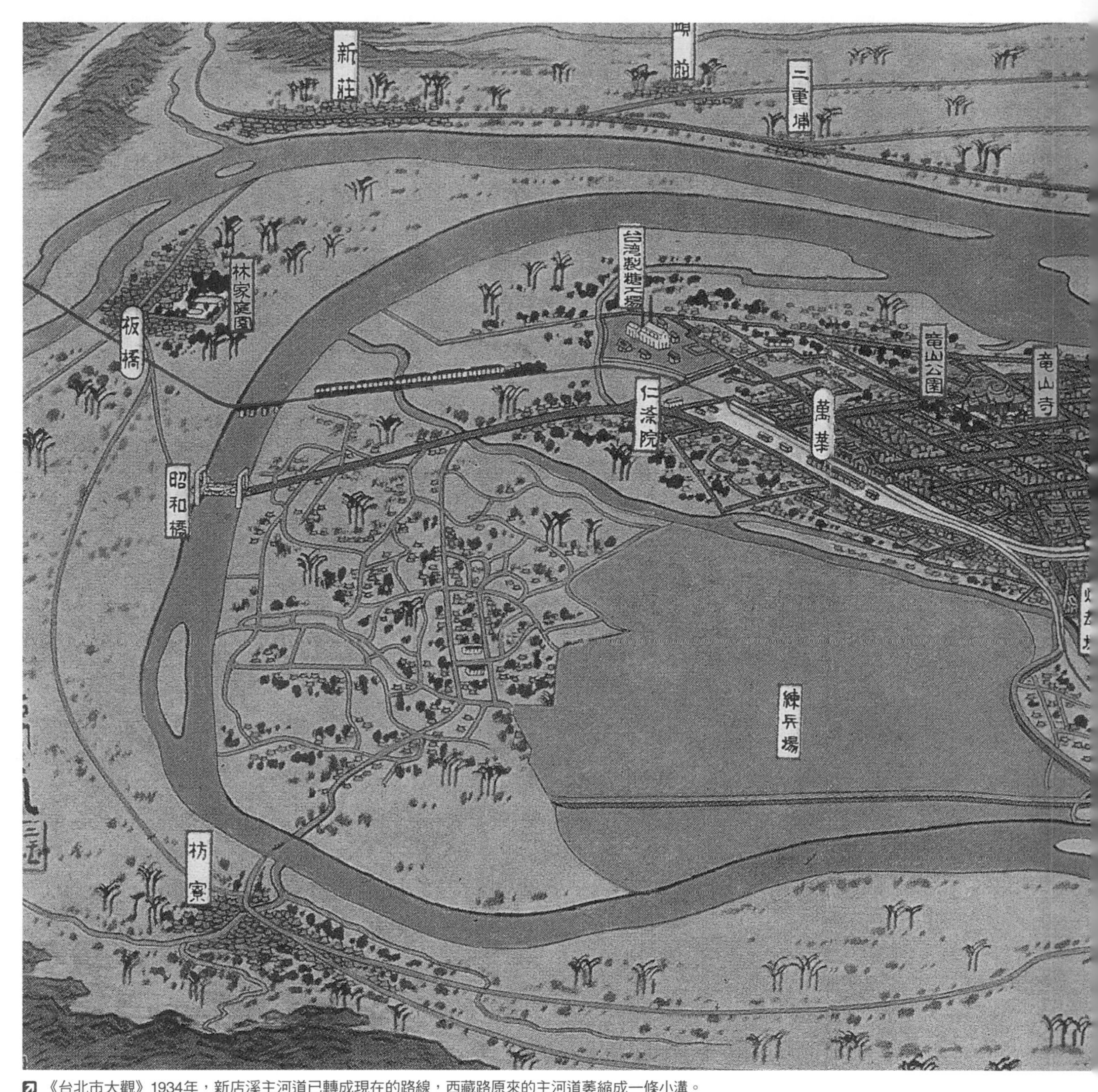

《台北市大觀》1934年，新店溪主河道已轉成現在的路線，西藏路原來的主河道萎縮成一條小溝。

溝，加蚋仔才又劃為台北市，分為東園町、西園町。光復後，萬華區也只包含艋舺，加蚋仔另劃為東園區、西園區，兩者算是對等的。後來西藏路、三元街被填平，雙園與萬華合併，統稱為萬華區，加蚋仔作為一個獨立地理、行政區位，逐漸在一般人的印象中模糊了。知道「加蚋慶」的人也未必知道加蚋仔曾是和艋舺對等的地名，搞不好還有人會認為加蚋仔只是艋舺的角頭之一。

但加蚋仔這個古老的地名是怎麼來的呢？據說加蚋原來是平埔語「沼澤地」的意思。加蚋仔閩南式的唸法是**gala-a**，「蚋」字讀音為「瑞」，不唸作「la」，為什麼閩南人老喜歡將**gala-a**寫成「加蚋仔」？是因為**gala-a**是平埔語的關係？還是因為沼澤地多蟲、蠅、蚊、蚋呢？

加蚋仔如果原意是沼澤地的話，這是相當符合當地地理環境的描述，早年此地位於新店溪、大嵙崁溪的交會處，新店溪河道也經常變更，形成沼澤地是必然的，以此為命名也是極為自然的事。但也有另一種說法：「仔」在閩南語的習慣用法中，用在名詞之尾，有「小」

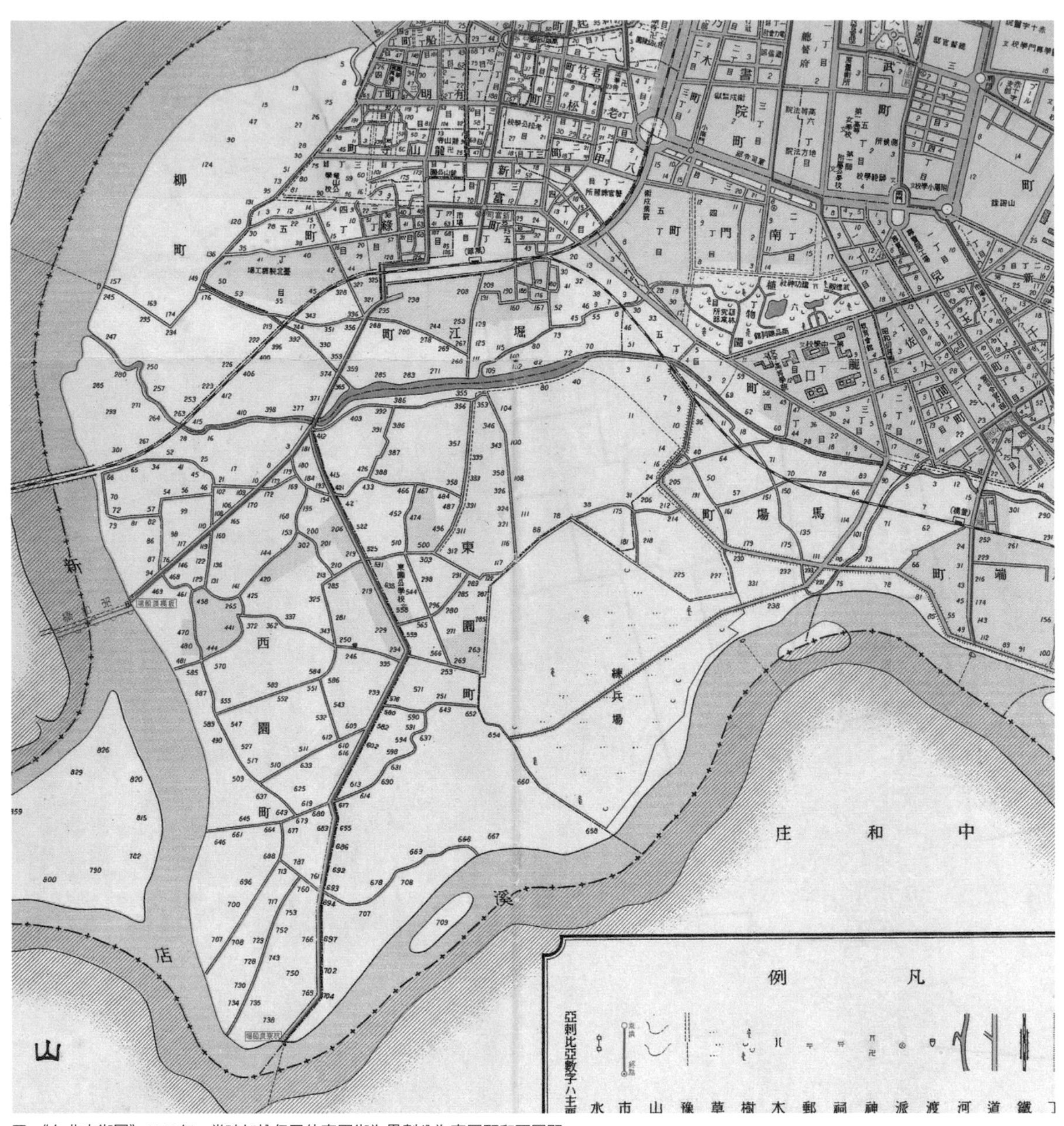

《台北市街圖》1932年，當時加蚋仔已依東園街為界劃分為東園町和西園町。

的意思，例如「查某囡仔」，小女孩的意思。加蚋仔就是小「大加蚋」的意思。所以加蚋仔與大加蚋的關係應該是很密切的。

「大加蚋」是「凱達格蘭」的閩南式音譯。凱達格蘭洋味十足，很難讓人將它和「大加蚋」聯想在一塊兒，但兩者確實指的是同一件事。北部平埔族習慣在地名族群稱呼之前加上**Ki**或**Ke**，很像是英文中的**The**，閩南人大概懶得重複這些前置、定冠詞，便一律將之歇掉，例如**Kimassauw**成了毛少翁，**Kippanas**成了峰仔嶼，凱達格蘭歇掉「凱」就成了「大加蚋」。

大加蚋是閩南人最早對台北盆地的總稱，後來更成了官方正式的地名「大加蚋保」，或「大嘉臘保」。康熙晚年官方發出台北盆地第一份墾荒告示的名稱即為「大嘉臘保墾荒告示」。「大加蚋保」在清代的範圍涵蓋極大，後來隨著人口增加，行政區畫細緻化，才逐漸縮小，但其作為地名則始終不變，甚至延用到日治初期。即使涵蓋的範圍縮小，但根據明治三十年（一八九七）台灣總督府出版的《台灣事情一班》上卷的註記，大加蚋保下轄區域，除了城內、大稻埕、艋舺、大

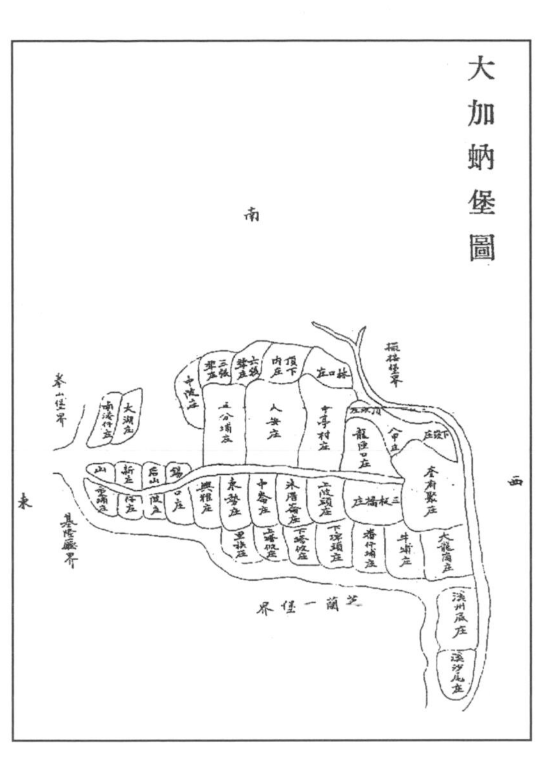

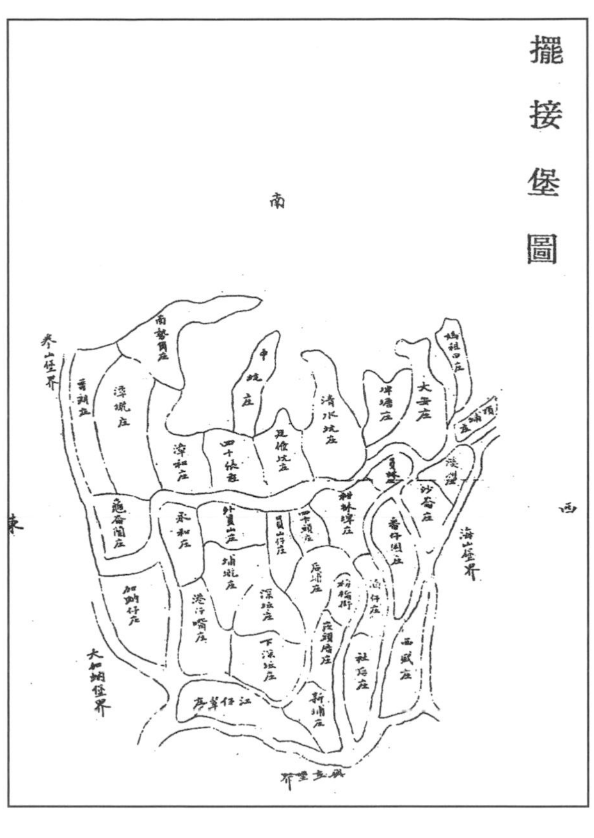

清代加蚋仔屬於擺接堡而非大加蚋堡，因為當時新店溪主河道穿過加蚋仔與下坎庄之間。

龍峒之外，還包括松山、南港，比台北市一九六八年升格為院轄市之前的轄區還大。

大加蚋保這個沿用了近兩百年的地名也是在明治三十年走入歷史的。一百年後，一九九六年陳水扁當選台北市長後，第一項重大市政變更便是將總統府前的介壽路改名為凱達格蘭大道，這是陳水扁在意識形態本土化，落實在具體行政上的第一步，後來各地爭相仿效，台南的西拉雅、高雄的馬卡道、花蓮的知卡宣、台東的馬亨亨，紛紛出籠，凱達格蘭大道算是引領風潮一時。但回頭看看歷史，大加蚋曾是整個城市的名稱，如今不過在短短的介壽路上重見天日，目的還是意識形態上的鬥爭，實在談不上對歷史的尊重。如果能將台北市改為凱達格蘭市或大加蚋市，那該是一件多麼美妙的事。

不過學者的看法也未必如此。日籍學者伊能嘉矩將台北的平埔族定名為凱達格蘭族，可是現在的人類、歷史、語言等多方的學者都十分懷疑這個說法。因為根據伊能嘉矩自己的說法，「凱達格蘭」只是某次訪談時，某一個平埔族人的說法，只能算是孤例，沒有更多的佐證，說服力是不足的。而且，從日治時代以來，學者主張的巴賽、龜崙、雷朗之說層出不窮，至今也沒有定論。學者似乎較關心平埔族群的分類，而非地名的由來。

如果凱達格蘭不是台北盆地內平埔族的族稱，那為什麼初到台北盆地的閩南人為何會將此地稱為「大加蚋」？清代官方為何也始終不逾的確認這個地名？這會不會也是小小的大員社（**Tayouan**）變成台灣的另一個版本？

從荷蘭時代東印度公司的文件，一直到清代的土地契約都很明確的將加蚋仔紀錄為雷里社（**Riruwrijck**），閩南人又為何獨獨稱呼此地為加蚋仔，而不是雷里？反而雷里社鄰近的了匣社（**Rouarouw**）以龍匣口、龍口市場之名留存了下來。

台北市鐵路地下化之後，加蚋仔的萬大路與艋舺的康定路打通了，兩地之間再無隔閡，連成一片。加蚋慶身故之後，加蚋仔作為地名也逐漸被人淡忘，或許將來，一提到加蚋慶，人們會說加蚋仔只是艋舺的一個角頭。

第三章 大加蚋堡・凱達格蘭 台北

台北過去曾是凱達格蘭人分布的地方
清代末台北市屬大加蚋堡
由於劉銘傳對台北城的重視
使台灣的政治中心逐漸北移
台北的重要地位日漸顯著，為台北奠下了現代化的基礎

台北101。

台北市過去曾是平埔族凱達格蘭（**Ketagalan**）人分布的地方，分別有沙帽廚、了阿八里、里末、雷里、奇武卒、大浪泵、塔塔悠、里族、麻里折口、毛少翁、唭里岸、內北投、嗄嘮別、秀朗等社。漢人來此地的時間大約是在明朝初年，不過在歷經十七世紀初西班牙人占領，荷蘭人與鄭成功的統治後，一直到清朝之前，現今的台北市一帶仍是一片荒蕪。

依清代末年台灣北部地區的行政區劃而言，現今的台北市在當時分屬大加蚋堡（大佳臘）、文山堡（拳山）、芝蘭一堡、芝蘭二堡轄域。清康熙四十八年（一七〇九），來自中國大陸泉州的戴伯歧、陳逢春、賴永和、陳天章等人，合股設立「陳賴章」墾號，並向當時所屬的台灣府諸羅縣申請開墾大佳臘，即為台北盆地開發之始。

明鄭時期，此處原隸屬於天興縣，後改為天興州。清康熙二十三年（一六八三）改隸諸羅縣，雍正元年（一七二三）改隸淡水廳。嘉慶匙三年（一八〇八），將新庄縣移到艋舺；光緒元年（一八七五）欽差大臣沈葆楨奏請在大加臘堡興建府治，以其位於台灣北部，於是

《台灣省縣市行政區域圖．台北市》1955年。

命名為「台北」。台北城於光緒八年（一八八二）動工，光緒十年完成，疊石為牆，周長一五〇六丈，東、西、南、北分設照正、寶成、麗正、承恩四個城門，以及重熙門（小南門）；管轄範圍包括新竹縣（原淡水廳）、宜蘭縣（原噶瑪蘭廳）、淡水縣。當時分布在台北盆地上的小村莊有艋舺、大稻埕、大龍峒、八芝蘭（今士林）、錫口（今松山）……等，其他地區仍多是稻田、沼澤、墓地或荒地。

劉銘傳擔任台灣巡撫期間，積極建設台北城，除了舖設道路，規劃街道之外，並且設置路燈，也興建民房、商店，自上海引進人力車、馬車，使得台北城的交通便利，貫通城內、大稻埕、艋舺三地，促進了台北街道的發展與成型。由於劉銘傳對台北城的重視，使台灣的政治中心逐漸北移，台北的重要地位日漸顯著，也為台北奠下了現代化的基礎。

明治二十九年（一八九六），此地改隸台北縣；明治三十四年廢縣置廳，改隸台北廳；大正九年（一九二〇）廢廳置州，改設台北州，台北市隸屬台北州管轄；民國三十四年改為省轄市，隔年劃台北市為松山、大安、古亭、雙園、龍山、城中、建成、延平、大同、中山等十區。民國五十六年改為院轄市，合併北投、士林、木柵、南港、內湖、景美等鄉鎮共十六區。民國七十九年，台北市行政區重劃，將原來十六區劃分為十二區，分別為松山、大同、內湖、士林、信義、萬華、大安、中山、南港、北投、中正、文山。

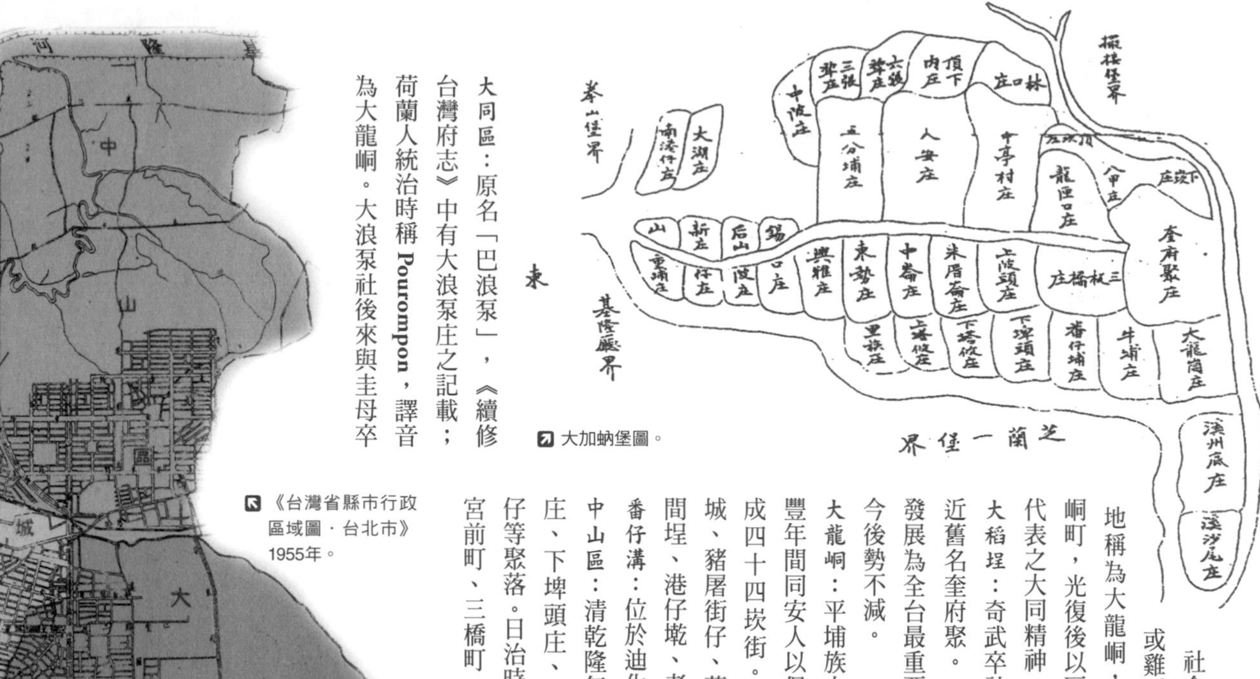

大加蚋堡圖。

《台灣省縣市行政區域圖．台北市》1955年。

大同區：原名「巴浪泵」，《續修台灣府志》中有大浪泵庄之記載；荷蘭人統治時稱**Pourompon**，譯音為大龍峒。大浪泵社後來與圭母卒社合併，改稱圭泵社或雞泵社。清朝年間此地稱為大龍峒，日治時期設大龍峒町，光復後以區內孔廟及大同路代表之大同精神，命名為大同區。

大稻埕：奇武卒社之舊址，圓環附近舊名奎府聚。一八六〇年後此地發展為全台最重要外貿商業區，至今後勢不滅。

大龍峒：平埔族大浪泵社舊址。咸豐年間同安人以保安宮為核心，建成四十四崁街。境內舊地名有土城、豬屠街仔、草厝、番社、土壟間埕、港仔墘、老師府等。

番仔溝：位於迪化汙水處理廠。

中山區：清乾隆年間，建有上埤頭庄、下埤頭庄、周厝崙庄、新庄仔等聚落。日治時期有圓山町、宮前町、三橋町、大正町、御成町、大宮町、上埤頭、下埤頭、朱厝崙、西新庄子、中庄子、大直等。末期合併為大正、御成、宮前、中園、大宮、下埤等六區會。光復後改隸台北市中山區，中山之名即紀念國父孫中山先生而來。

山仔腳：境內有圓山仔，庄頭在山下，故名。圓山仔又名大龍峒山。

西新庄仔：奇武卒社故地。早年市區的河溝多由此注入基隆河，行天宮至民族東路一帶河溝最彎曲，有九十九彎之稱。境內舊地名有瓦窯埔、頭湖、竹巷仔。

中庄仔：相當於中山區中庄、中吉、中原里。境內舊地名有粗糠窯、張厝、大厝內。

牛埔：中山區晴光市場一帶為荒埔，是大稻埕住戶的墓地，兼做牛群放牧之地，故名。境內舊地名有半山岩、下劉、雙連埤。

下陂頭：下陂相當於民族東路、敦化北路、慶城街形成的月牙型水池，境內老地名有拔仔埔、米粉寮、城仔內水尾分等。

朱厝崙：朱厝崙聚落相當古老，但當地並無朱姓人家，大姓為周，故朱可能是周之誤。

上陂頭：上陂又叫陂心陂，庄頭早年是台北基隆的中站之一，商旅熱絡，鐵路通車後沒落。

大直：地名出現甚早，明鄭時代即為天興州所屬庄頭。境內舊地名有瓦窯、虎頭陂、番社、大肚陂、內湖內、竹仔林等。

中正區：於清光緒初年劃為台北城之城內。民國七十九年行政區劃調整，將原來的城中區、古亭區合併成中正區，名稱取自區內中正紀念堂而來。

城內：即城牆之內。一八七五年台北升格為府城，清廷決定在此建城，台北城可能是中國最後一個府城。日治後城牆拆除，開闢林蔭大道，即今之忠孝西路、中山南路、愛國西路、中華路。

崁頂：與下崁毗鄰，因地勢較高，故名。永義宮為崁頂庄的核心地帶。境內老地名有尾竹圍、桂竹林。

龍匣口：平埔族了阿巴里社舊址，龍匣口為閩南語音譯。相當於福州街、中華路、愛國西路、三元街、羅斯福路所環繞之範圍。境內老地名有刣人埔、石橋仔頭、新店、竹花厝等。

古亭村：核心區為長慶宮一帶，鼓亭笨為早年農村之穀倉，應為地名之起源。境內舊地名有後厝、店仔口、百二番、崩溪、舊街仔。

林口：早年出了古亭村向南不遠便是森林，此地位在森林之外，故名。境內舊地名有赤牛稠、沈厝、虎口孔、觀音山（寶藏巖）等。

三板橋：核心區域在成功高中、台大法學院一帶。境內舊地名有東門店仔、莿仔埒、大竹圍、陂仔腳。

萬華區：萬華舊名為艋舺，又名蟒甲、莽甲、文甲等，是平埔族凱達格蘭語 **Banka** 的譯音，意思是小船。萬華區的範圍大致包括舊稱的艋舺、加蚋仔、西門町等地。民國三十四年，將加蚋仔庄與下崁庄的大部分劃為雙園區；原艋舺以龍山寺所在，改為龍山區。民國七十九年合併雙園、龍山，以及中華路以西為萬華區。

艋舺：平埔語艋舺為獨木舟之意，早年的音譯還包括莽葛、莽甲、蚊甲等。莽葛一詞最早出現於《裨海紀遊》。日治時代以日語語音相似的萬華代替艋舺，沿用至今。廣義的艋舺含中華路以西、廣州街以北的三角地帶。

下崁：西藏路與和平西路之間，境內的大理街古名為石路，是主要聚落所在。

加蚋仔：萬華火車站以南到華中橋為加蚋仔的範圍，境內的主要聚落有後庄仔、大竹圍、港仔尾、八張犁、崛仔頭、客仔厝、下庄仔。下庄仔在河堤外已成河濱公園的一部分。

大安區：大安地名源自大安圳，亦即昔日灌溉水道；因水圳在今大安、松山交界處形成彎曲狀，所以又稱為大灣庄。日治時期改為大安庄，取地方安寧之意。由於最初在大安庄開墾者，多來自福建泉州府安溪人，一說大安庄又代表偉大安溪人的住宅。

大灣：大安古稱大灣或大灣角，據說上陂在安和路、信義路口行程九十度轉角，故名。大灣角早年多沼澤，大灣境內的舊地名有龍安陂、十二甲、陂心等。

頂內埔：相當於台大實驗農場的範圍，蟾蜍山下富田社區的日式建築是日籍農技人員的宿舍。境內的舊地名有草花汴、永春厝、空仔內。

下內埔：庄頭在臥龍街土地公廟一帶。境內的義德居、義芳居是知名的古宅。境內老地名還有芳蘭、福州厝、大圳墘。

六張犁：最老的聚落在崇德街派出所一帶。崇德街是老和平東路，再早叫六張犁路，是松山往木柵唯一的道路。此地老住戶屬尪公廟祭祀圈，和平東路底大片農地以前多屬廟產。

文山區：為民國七十九年合併原景美區、木柵區而來。舊時以木樁圍柵以防範原住民，部落漸成，有木柵庄、霧里薛庄、內湖庄。日治時期分別劃歸台北州文山郡、深坑庄景尾街，隸屬深坑庄管轄。光復後原屬新北市（台北縣）深坑鄉，民國三十九年將深坑鄉分為景美、木柵、深坑三鄉鎮；民國五十七年改隸台北市，分木柵區、景美區，爾後合併之。

萬盛：地名以吉祥立名，無特別意思。境內又分為景尾街、溪仔口、公館街、頂公館、挖仔內、蕃婆厝、三塊厝等。

興福：又稱十五份庄，因開墾之初由十五人合股開發。相當於辛亥路、興隆路口一帶。

內湖：位於仙跡岩、景美溪南北兩岸，相當於木柵老街道與世新大學之間。

陂內坑：範圍包括昔日木柵區之東、北部，如政大、動物園、福德坑、萬芳社區。

台北故事館中的以塑像呈現凱達格蘭人駕著艋舺與漢人買賣番薯的情景

大龍峒保安宮舉行文化祭。

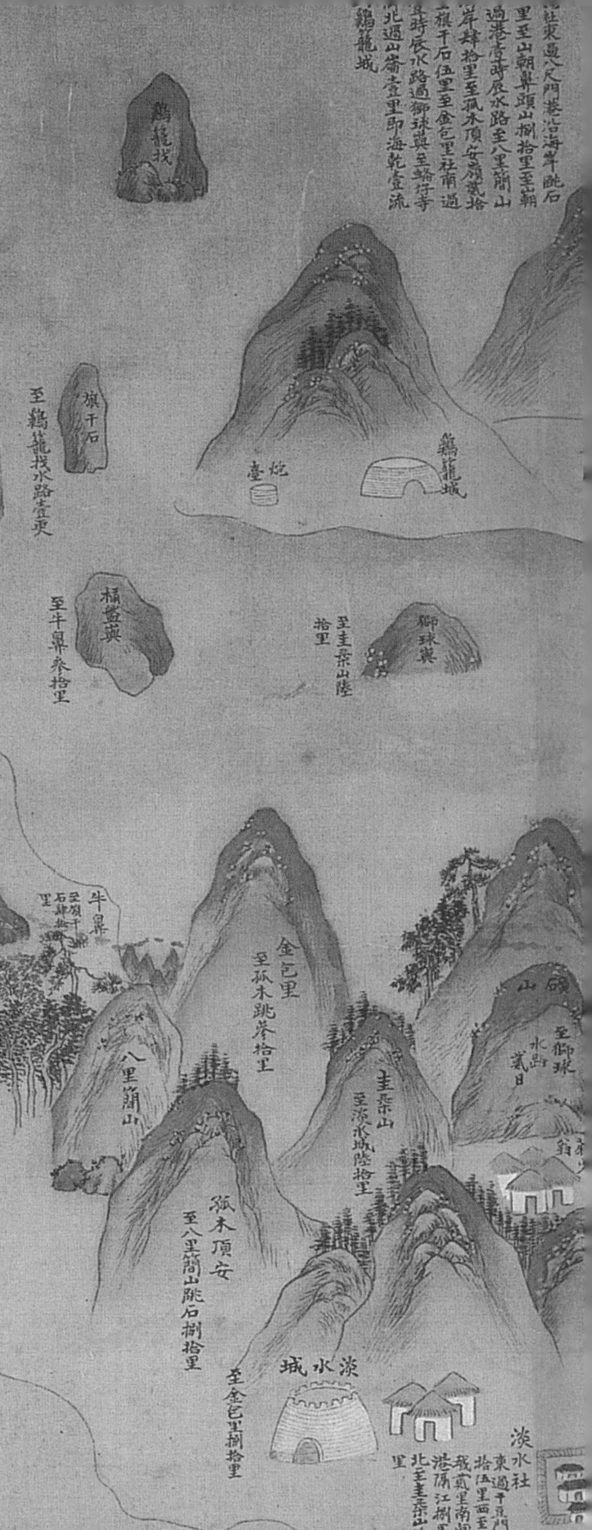

大龍峒就是大浪泵

臺北盆地因張裂作用，地層陷落而形成。《裨海紀遊》記載康熙 34 年（1695）前後台北發生一次大地震，台北盆地因地層下陷，形成一口大湖，學者稱之為康熙台北湖。這張康熙中晚期繪製的《台灣輿圖》雖然沒有描繪出這口大湖，但從基隆河北岸的平埔族部落標示的相對較詳盡，而盆地中則不甚了了這點看來，似乎也從側面反映了這次大地震造成的後果。地圖在台北盆地的中央標示了大浪泵社，大龍峒保安宮一帶便是大浪泵社的舊地。

因此漢人在台北盆地的開發也是從盆地周邊開始的。漢人對台北的開發十分依賴水運。基隆河、新店溪與大漢溪分別從周邊的山區注入盆地，由於氣候溫潤、雨量豐沛，匯流盆地的溪流，水量充足，利於舟楫航行，可說是台灣水運最發達的內陸地區。因此台北盆地的開發，說是得利於舟楫之利，一點也不為過。清代，除了淡水，新莊、艋舺、大稻埕都曾舶靠大型帆船外，小型舟艇甚至可以上溯到暖暖、新店、大溪等地。大型帆船將盆地生產的米谷運到大陸，換回民生用品，再由小型舟艇轉運各地，在盆地內形成一套產銷網路，也在河網內建構了一系列的城鎮聚落，為現代的大台北城市群扎下根基。

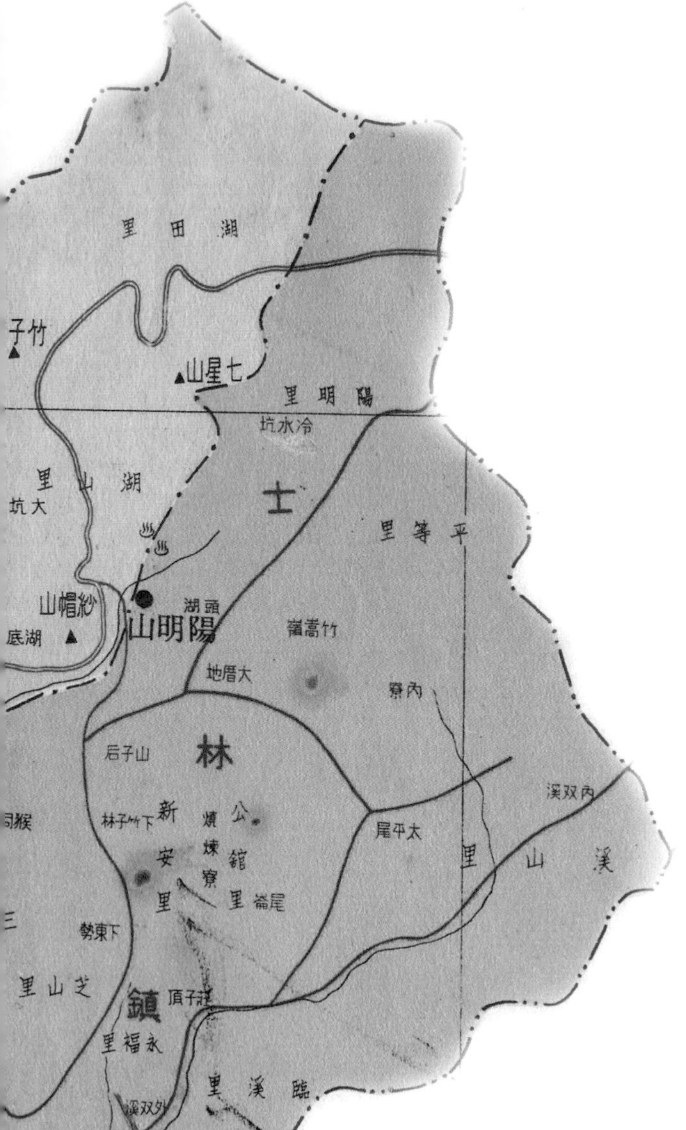

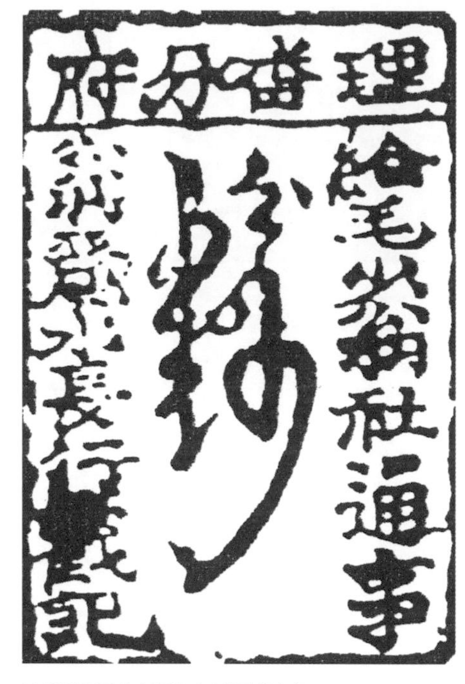

清代理番分府頒給毛少翁社的印鑑。

士林區：舊名八芝蓮林、芝蘭、芝林等。八芝蓮林為平埔族語**Pattsiran**譯音，意指溫泉。清朝仍稱芝蘭堡，日治時期以此地文風鼎盛，取雅字而命名為士林。民國五十六年併入台北市，名為士林區。

士林：舊名八芝蘭林，平埔語溫泉之義，後改稱八芝林、八芝蘭、芝蘭等。士林是雅化的稱呼。

三角埔：士林區三玉里。因為位於奇岩山、紗帽山、大崙尾山間之三角狀小盆地而得名，即今天母。

草山：陽明山之舊名。

永福：士林區永福里，拔仔埔、庄仔頂為境內兩聚落。

公館地：士林區新安、公館里。

福德洋：士林區舊佳、福林、福德、智勇、信忠里。閩南語「洋」是平原的意思。康熙末年開鑿福德洋圳後，士林舊街形成，後被泉州人燒毀，士林街移到船仔頭。

洲尾：士林區洲美里，位於雙溪下游進入基隆河之處，故名。

石閣：原名石角，現士林區岩山、芝山里。

湳仔：士林區蘭雅里。

下東勢：士林區芝山里，因位於士林街之東北方而得名。

林仔口：士林區福德、福林里，早年此處是森林的外圍。

雙溪：士林區臨溪、溪山里。臨溪里舊名外雙溪，溪山里為內雙溪。

社仔：士林區後港、葫蘆、社子、永平等里。原為平埔族毛少翁社的舊址，此地曾於康熙、乾隆年間因發生地震而陷落，毛少翁社址向山區遷移。

溪州底：士林區福安、富安里，因位於基隆河、淡水河之間沖積的沙洲而得名。

北投區：舊名北投社，原為凱達格蘭族內北投（**Kipatauw**）

清代的芝蘭二堡相當於現在的北投區與陽明山國家公園。

《台灣省縣市行政區域圖．陽明山管理局》1955年。陽明山國家公園是蔣介石生前經活動、居住的地方，所以特別成立陽明山管理局作為行政管理機構。

社址。凱達格蘭語 **patauw** 意指巫女，傳說過去曾有巫女住在此地而得名。清乾隆初年漸有漢人移墾；光緒元年（一八七五）設台北府，北投地區隸屬淡水鎮芝蘭二堡；日大正九年（一九二〇）劃為台北州七星郡北投庄。光復後改為台北縣七星區北投鎮，民國五十七年改隸台北市，設北投區。

北投：平埔語北投為女巫之意，北投社早年因出產硫磺，與外界接觸甚早，領域甚至到達淡水一帶。此處所說之北投是指北投區中央北路、清江街一帶的舊社。

竹仔湖：七星山與大屯山之間的小盆地，昔日因竹林茂密而得名，現為著名花卉產地。

夏勞別：位於捷運復興崗站北側坡地，夏勞別社原居八里坌，據說因荷蘭人壓迫而遷居於此。

奇里岸：捷運站附近的慈生宮是一座古廟，此地是台北市漢人最早形成聚落處之一，三百多年前郁永河可能在此煉製硫磺。

石牌仔：原為漢番交界之立石，境內有海防厝、番社、頂下湳仔等舊地名。

頂北投：北投區湖山、泉源、中和、秀山等里，因位於北投老街北方之高處，故名。

町被塑造成榮譽的標誌

1914年台北的市街雖然已經過現代化的改造，但地名仍維持清代的風貌。

1920 年是台灣區域規劃重大轉變的年代，不但行政區作了重大的調整，同時也出現大量的日式地名。傳統的街庄改為町，便是其中最大的改變。

大正八年（1919 年），田健治郎接任第八任台灣總督，是第一個文官總督。他的施政方針是採取同化政策，文武官分立，致力推動地方自治。改革地方行政制度是他任內最重要的改革。

田健治郎更重大的改變是一舉廢止施行了兩百多年的保、里基層行政區劃，改行街、庄制。同時在都會地區進行大規模的都市更新計畫，1926 年台北、台中的市區內的街庄改為純日式的町、丁目、番地。

雖然當時仍是殖民統治時代，行政裁量權至高無上，但許多地方改中式街庄為日式的町，並非官方強制改變，而是地方自行請願的。因為台灣總督府巧妙的將改町名塑造成為一種高度的榮譽標誌，並不輕易核許，反而觸動了地方的榮譽感，而競相爭取將街庄改町。

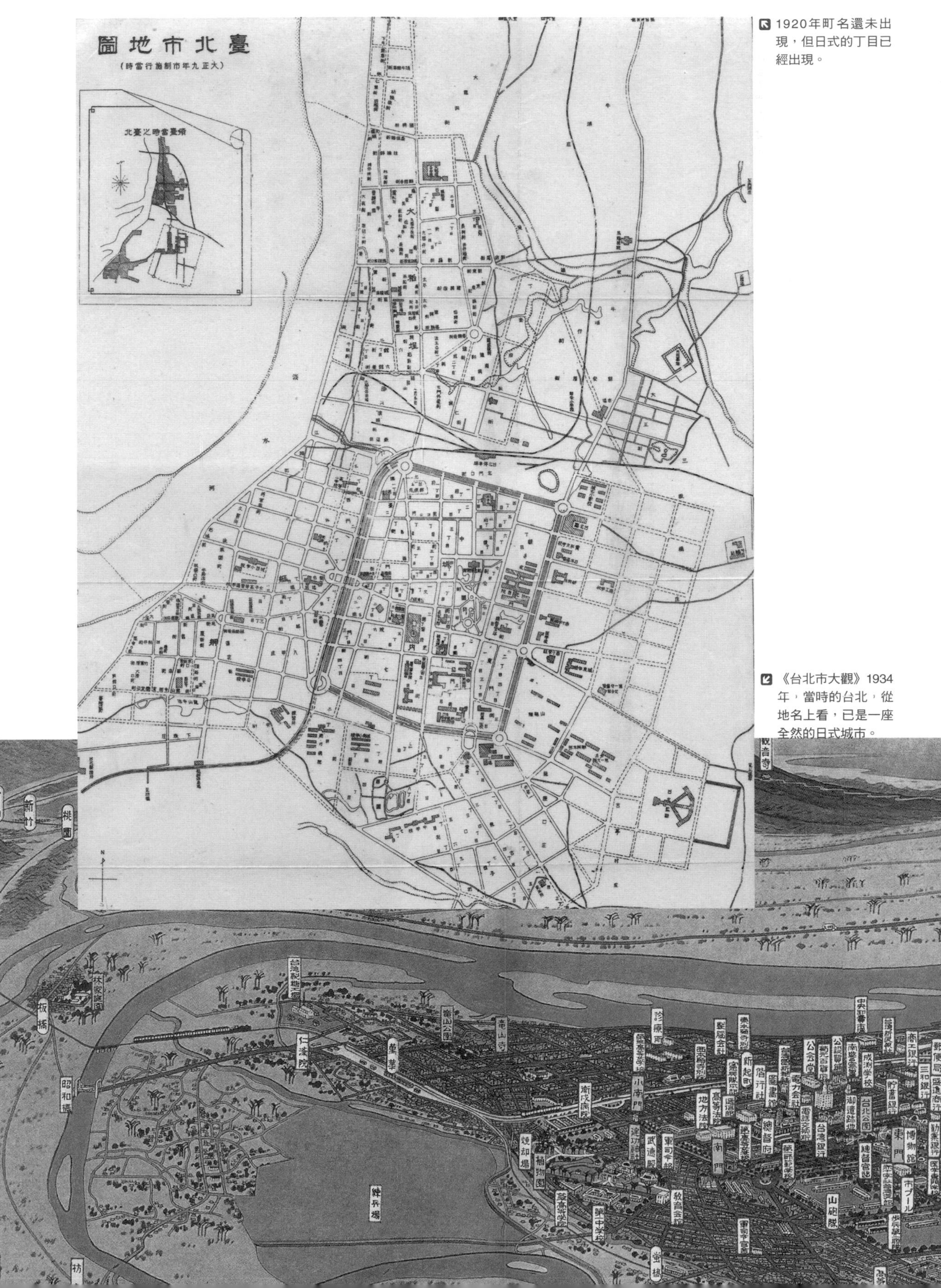

1920年町名還未出現，但日式的丁目已經出現。

《台北市大觀》1934年，當時的台北，從地名上看，已是一座全然的日式城市。

淡水河系是是台灣唯一有舟楫之利的河流，台北的發展和淡水河密切相關。

松山區：松山舊名錫口街，過去曾是凱達格蘭族貓里錫口社的居住地。錫口在平埔族語中意指「河流彎曲之地」，日大正九年（一九二〇），改錫口為松山，設松山庄，隸屬台北州七星郡。光復後易名松山區。

錫口：麻里錫口的簡稱，原是平埔族聚落。乾隆初年漢人來此開墾，鐵路開通前台北往返基隆主要靠河運，船隻大都在錫口過夜，因而發展成熱鬧的市街，有小蘇州之稱，現名松山。境內的舊地名還有頂街、下街、草店仔、草店尾。

里族：原是平埔族聚落，日治時代將松山的新聚、舊宗劃為舊里族，北岸的內湖為新里族。境內的老地名有番社、牛車埔、皮寮橋。

上塔悠：平埔族舊址，現大部份劃入松山機場範圍，撫遠街還有少數潘姓人家，據說是上塔悠社族人的後裔。

下塔悠：和上塔悠一樣同為平埔族舊址，地跨基隆河兩岸，南岸大部分被劃入松山機場。許姓為此地大族，是台北最早入墾的漢人後代，過去分為五大聚落，因基隆河截彎取直工程，五大聚落已不復舊貌。境內舊地名有番仔厝、土地公埔、灣仔內、頭前厝。

中崙：早年延吉街、健康路一帶有一小丘，被名為中崙。瑠公圳鑿通後形成聚落，現八德路上的市場仍以中崙為名。境內老地名有三角仔、店仔。

頂東勢：包含松山區東勢、東光、東昌、龍田、復勢、復盛等里，地名由來可能是位於中崙的東面而得名。為和下陂頭的東勢區分，改為頂東勢。境內舊地名有頂厝、中厝、尾厝、番仔圳墘、三間仔。

信義區：民國七十九年台北市政府調整行政區域，將原有十六區合併為十二區，其中原松山區內五分埔、中坡、興雅、三張犁等地另劃為信義區，也就是合併原松山區縱貫鐵路以南地區與大安區和平東路三段以北區域而成，近年來已漸發展成台北市的政經、文化中心。

中陂：範圍涵蓋信義區中陂、中行、大仁等里，早年為松山、信義農田主要水源，劃為商業住宅區後水埤無用武之地，瑠公水利會捐給市府建瑠公國中，境內舊地名有旗杆厝，為舊時有功名之家。

五分埔：地名源於五人合股開墾之荒埔，因永春陂之灌溉而形成。境內還有樟腦寮、永春陂等土名。

三張犁：三張犁的老聚落在吳興市場一帶。早年三張犁農田的灌溉水源除了瑠公圳之外，來包括柴頭陂、舊陂、新陂、陸軍陂。境內的舊地名有斗門埔、打銃埔、尾厝等。

興雅：一九三三年後此地陸續成立台北鐵道工廠、松山菸廠、台灣精機株式會社等大型工廠。現已全數拆除，成為全台地價最昂貴的商業區。但莊內最古老的聚落二張街道依然狹隘。境內的老地名還有車罾、九甲六、何厝。

南港區：清末屬淡水縣大加蚋堡；日大正九年（一九二〇）調整為台北州七星郡內湖庄；民國三十四年改隸為台北縣七星區內湖鄉，民國三十五年由內湖鄉分出，成立南港鎮，民國五十六年隨著台北市改制，改為南港區。

三重埔：相當於南港火車站一帶，舊稱南港三重埔，早年是大加蚋保內僅次於錫口的聚落。

新莊仔：南港區東新、西新里。為和西新庄仔區分，改名東新庄仔。

山豬窟：南港區舊莊里的一部分，早期山坑內野豬成群而得名。

後山陂：南港區成德、玉成里，因山間的後山埤而得名。

舊庄：南港區舊莊里，南港舊莊之

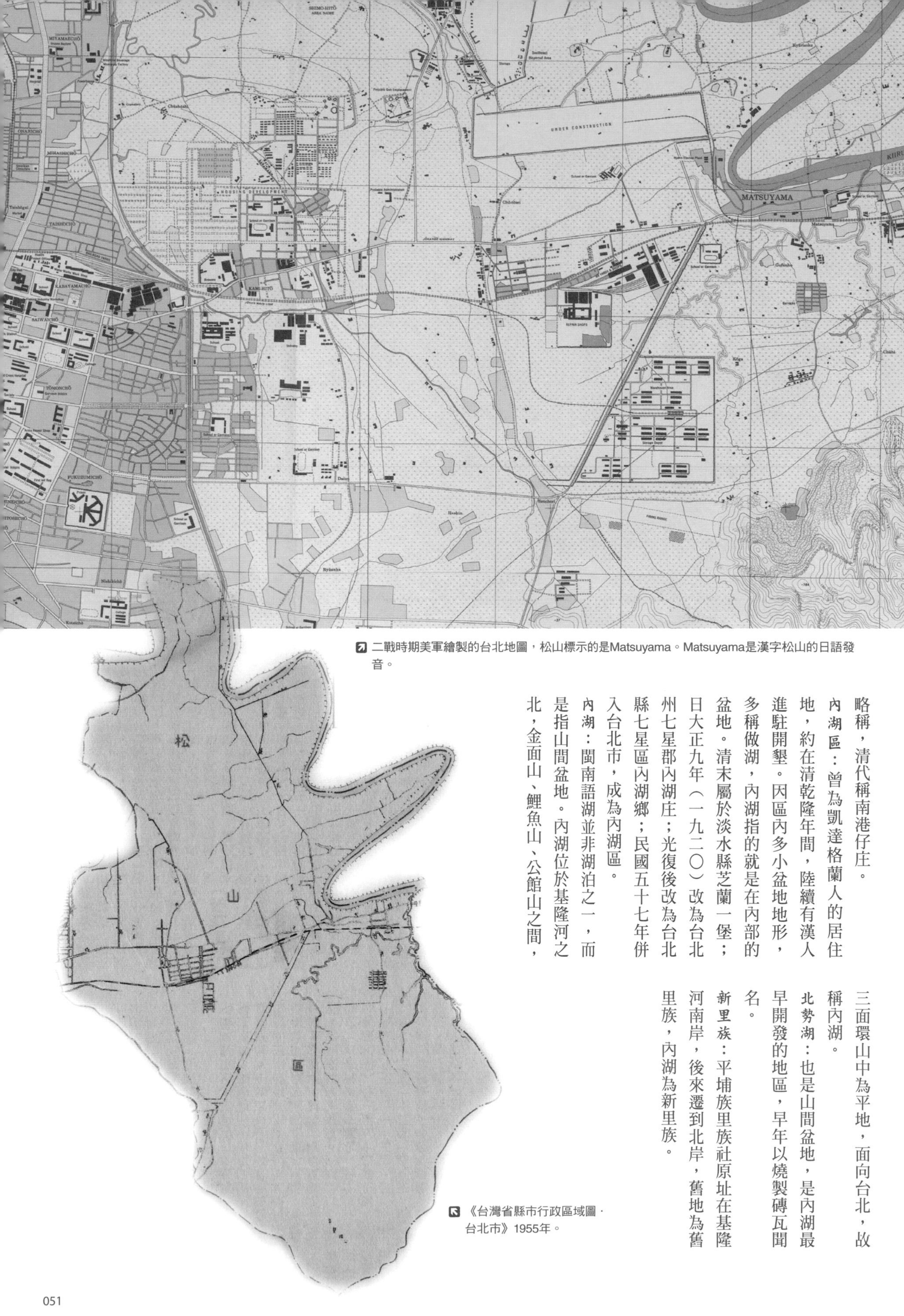

二戰時期美軍繪製的台北地圖，松山標示的是Matsuyama。Matsuyama是漢字松山的日語發音。

略稱，清代稱南港仔庄。

內湖區：曾為凱達格蘭人的居住地，約在清乾隆年間，陸續有漢人進駐開墾。因區內多小盆地地形，多稱做湖，內湖指的就是在內部的盆地。清末屬於淡水縣芝蘭一堡；日大正九年（一九二〇）改為台北州七星郡內湖庄；光復後改為台北縣七星區內湖鄉；民國五十七年併入台北市，成為內湖區。

內湖：閩南語湖並非湖泊之一，而是指山間盆地。內湖位於基隆河之北，金面山、鯉魚山、公館山之間，三面環山中為平地，面向台北，故稱內湖。

北勢湖：也是山間盆地，是內湖最早開發的地區，早年以燒製磚瓦聞名。

新里族：平埔族里族社原址在基隆河南岸，後來遷到北岸，舊地為舊里族，內湖為新里族。

《台灣省縣市行政區域圖．台北市》1955年。

地名小故事

大正町・六條通

台北城內的「大和街」

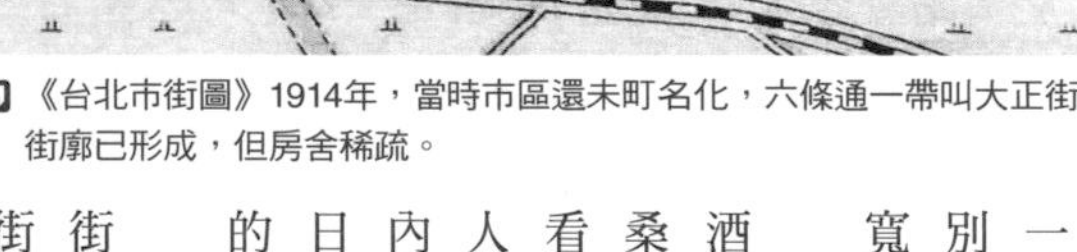

《台北市街圖》1914年，當時市區還未町名化，六條通一帶叫大正街，街廓已形成，但房舍稀疏。

六條通可能是台北，甚至是全台灣，日本味最濃的地方。

六條通現在正式的地址是中山北路一〇五巷以及林森北路一〇七巷。或許有人會說日本時代它總該是正式地名了吧！也對，也不完全對。日本時代，市區正式的地址是某某町幾丁目幾番地，不像現在以路街、巷弄為住址。當時六條通是大正町二丁目與三丁目之間的一條巷子，並沒有正式的名稱。

大正町相當於現在中山北路、南京東路、新生北路、市民大道之間的區塊，南北有十條東西向的小巷，日人稱之為一條通、二條通、一直到十條通。四條通、六條通比別的巷子稍寬，光復後，四條通拓寬成了長安東路。

六條通是現在年輕人淺嘗日式居酒屋文化的新去處，歐吉桑、社長桑則是常客，街頭巷尾還不時可以看見幾個一臉疲憊的日本商社駐外人員，拉著隨身行李，一頭鑽入巷內的小公寓，大概才剛下飛機，從日本母公司出差回來。他們是這兒的住民。

華人在海外聚居之處稱為唐人街，依此邏輯，六條通稱之為大和街似乎也不為過。此處和日本人的淵源很深。七、八十年前，這兒是日本有錢人、高官的住宅區。二十多年前，六條通粉味十足，店招上盡是一些腦滿腸肥的平假名字母，內外裝潢也是俗不可耐，出入其間的多是日本買春客、腰貨女郎、三七仔。近年經濟不景氣，銷金窟退色，反而顯現出一種的近乎滄桑感的日式風情。

六條通誕生於大正、昭和之際。那時三〇年代的世界經濟大恐慌還沒爆發，日本經濟欣欣向榮，國際地位已晉升為列強之林，台灣殖民地終於結束大規模的軍事討伐與血腥的鎮壓，開啟了所謂的大正開明時代。

大正八年（一九一九年），田健治郎接任第八任台灣總督，是第一個文官總督。他的施政方針是採取同化政策，文武官分立，致力推動地方自治。改革地方行政制度是他任內最重要的改革，廢廳改州，廢支廳改置郡市，全台分台北、新竹、台中、台南、高雄五州，及花蓮港、台東兩廳。後來民國政府推動的五都化，頗有田總督改制的味道。

田健治郎更重大的改變是一舉廢止施行了兩百多年的保、里基層行政區劃，改行街、庄制。同時在

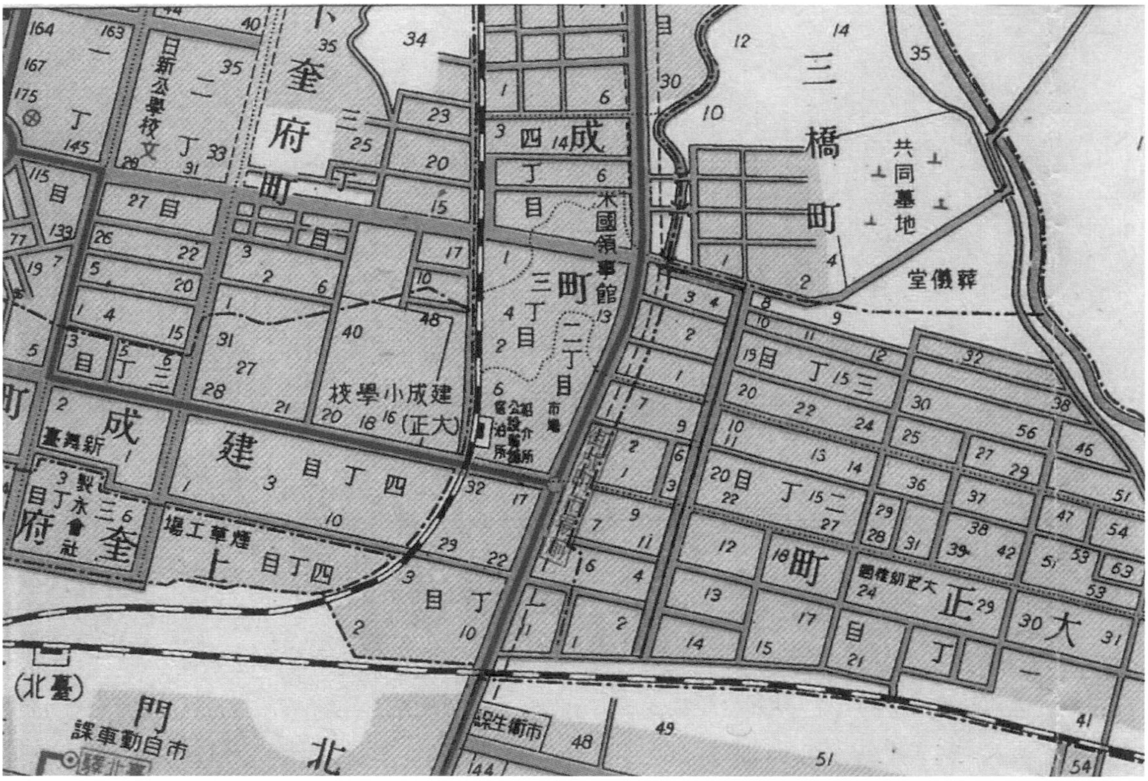

《台北市街圖》1932年，大正町已成房舍密集的日人區。

都會地區進行大規模的都市更新計畫，一九二六年，台北、台中市區內的街庄改為純日式的町、丁目、番地。六條通便誕生於此時。日治初期，日人住宅區大多在城南的植物園、廈門街一帶，大正町是當時唯一位於火車站北面的純日本人住宅區。

大正町原地名是三板橋庄大竹圍，住家不多，大概早期日本人壓根沒打算在這兒住人，便將此地規劃為日本人的公墓。第五任台灣總督，明石大將便葬在此地，現在成了十四號公園「還我河山」岳飛雕像的地基。後來東門外、南門外，都規劃完了，房子蓋滿了，日本人腦筋就動到這兒，和死人爭地了。

其實日本人將此地規劃為公墓，眼光實在不夠遠大。這個地段離台北車站不過咫尺之遙，西側是為參拜台灣神社專門修建的「敕使街道」（中山北路的前身），南面是台北州廳所在（現在的行政院），這麼好的地段，想不發展都難。弄個公墓在這兒，純屬添亂之舉。

陳水扁任台北市長期間為了徹底解決十四、十五號公園預定地上違建問題，鬧出了人命，付出了慘重的代價。

戰後，皇軍退出台灣，位於圓山的日本神社卻成了美軍招待所，中山北路、林森南路上的特種行業應運而生，不久，日本人也回來了。

一九六〇年代，台灣開始發展進口替代產業，日本歷經戰後的復興，產業需進一步擴展，資本輸出勢在必行。由於與台灣的歷史淵源，日本企業大舉進駐台灣，中山北路、林森南路成了日本企業的首選之地。六條通一帶食堂、小酒館迎來了昔日的住民。

日本時代台北城區被規畫為巴洛克式城市。

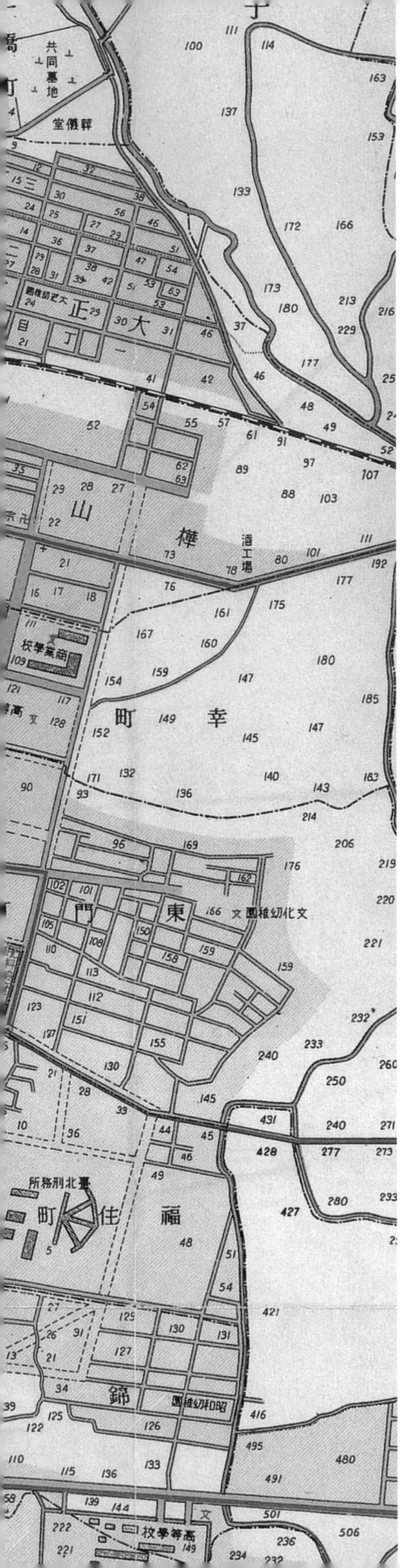

地名小故事

和風台北

日治時代台北市之町名

城內・古亭・大安

本町：中正區黎明里。
北門町：中正區光復里。
表町：中正區黎明里。
京町：中正區光復里。
大和町：中正區光復里。
明石町：中正區黎明里。
榮町：中正區建國里。
文武町：中正區建國里。
書院町：中正區建國里。
乃木町：中正區建國里。
東門町：中正區文祥、文北里。
樺山町：中正區梅花、幸福里。
幸町：中正區幸福、幸市、文化里。
旭町：中正區東門里。

龍口町：中正區龍口、龍興里。
佐久間町：中正區龍津里。
千歲町：中正區向榮里。
南門町：中正區南門、愛國里。
古亭町：中正區古亭、亭東里。
富田町：中正區富源、農場里。
水道町：中正區大學、國校、林興、林德、嘉禾、水源、富水、文盛里。
川端町：中正區螢圃、螢雪、營塘、網溪、清溪、堤苑里。
馬場町：中正區永儀、永順、永寬、永功、永昌、忠義、忠信、忠勤、忠恕、久安、久新、新和、新勝、忠貞、自立、騰霄、凌雲、球場、靜安、崇仁里。
新榮町：中正區新隆里。

艋舺・下崁・加蚋仔

末廣町：萬華區福星、萬壽里。
壽町：萬華區福星、萬壽里。
築地町：萬華區福星、萬壽里。
濱町：萬華區萬壽里。
西門町：萬華區西門里。
新起町：萬華區新起里。
元園町：萬華區菜園里。
若竹町：萬華區仁德里。
老松町：萬華區仁德里。
八甲町：萬華區富福里。
入船町：萬華區青山里。
龍山寺町：萬華區青山、富民里。
有明町：萬華區青山里。
新富町：萬華區富福里。
東園町：萬華區日善、全德、壽德、興德里。
西園町：萬華區合德里。

崛江町：萬華區頂碩、雙園、和平里。
綠町：萬華區糖廍、富福、富民、青山里。
柳町：萬華區綠柳、綠堤、華江、楊柳、治鄉、保鄉里。

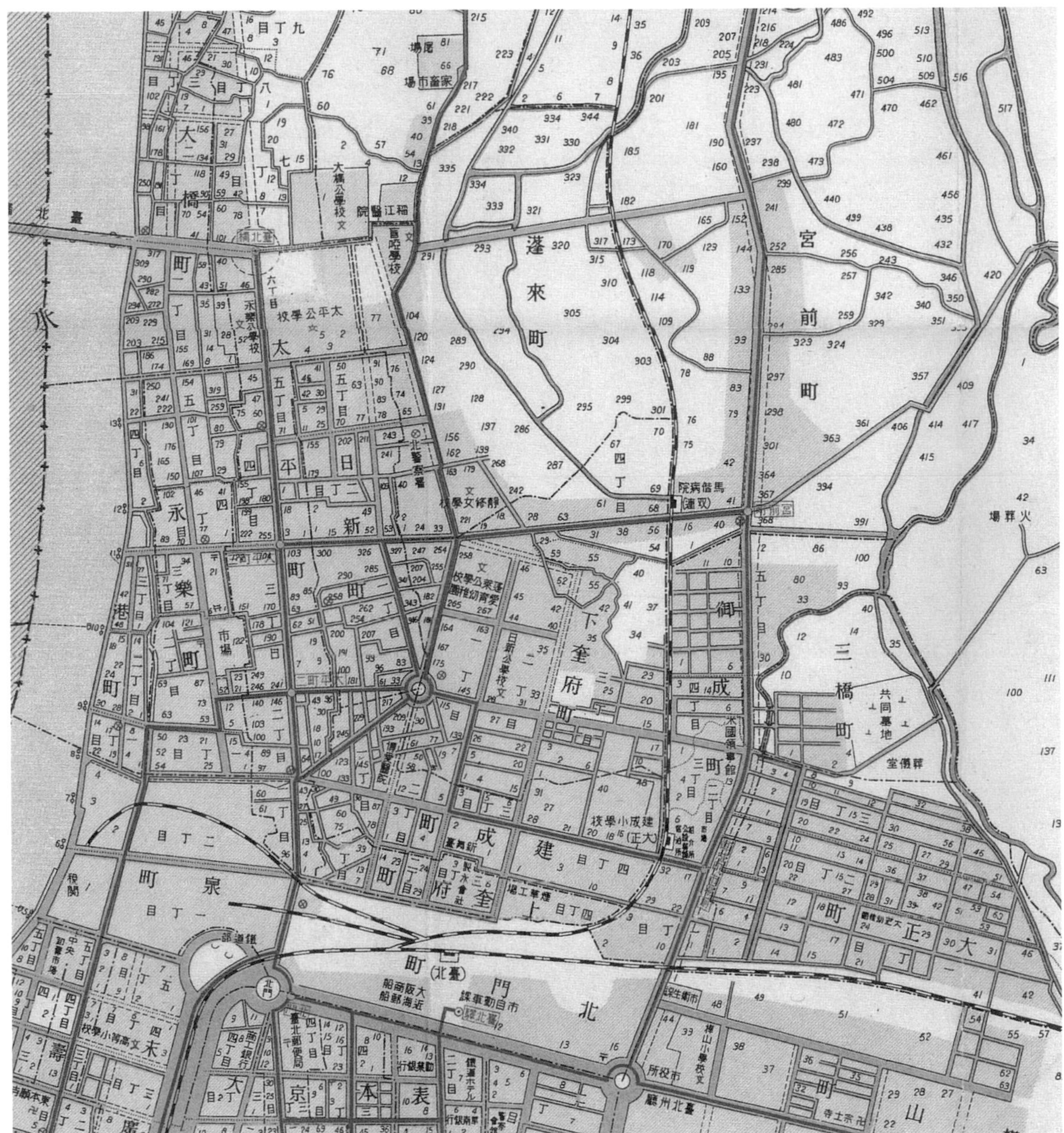

大稻埕・大龍峒

大橋町：大同區國昌、隆和、國順、國慶里

太平町：大同區朝陽、延平、大有、南芳里

河合町：大同區文昌、鄰江里。

大龍峒町：大同區老師、保安、重慶、揚雅、斯文、至聖里。

蓬萊町：大同區集英、蓬萊、斯文、至聖、揚雅里

日新町：大同區雙連、民權里。

永樂町：大同區永樂港、大有里。

港町：大同區永樂里。

建成町：大同區建明里。

上奎府町：大同區建明里。

泉町：大同區玉泉里。

下奎府町：大同區民權、雙連里。

御成町：中山區中山、民安、國泰、謙和里。

大正町：中山區正守、正仁、正義、正得、正自里。

三橋町：中山區富強、康樂里。

宮前町：中山區聚葉、聚盛、南山、恆安、長安、晴光、集英、永靜、大唐里；大同區星耀、景星里。

圓山町：中山區圓山、育樂里

大宮町：中山區劍潭、明勝、康寧、福樂里。

第四章 淡水・新北

新北市在漢人尚未大舉入墾之前
原屬凱達格蘭族活動生息之地
康熙四十八年陳賴章墾號，在北台灣進行開墾
包括八里坌、關渡、士林、艋舺、新莊等地
淡水、艋舺、大稻埕尚未興起之前
新莊、八里亦曾有過繁榮盛況
後來因為淡水河泥沙淤積，商船改駛滬尾

舊時為平埔族凱達格蘭人的分布地。明朝天啟六年（一六二六），西班牙人占據社寮島（今和平島）及基隆港沿岸一帶，並且在島上及港邊建築城垣和教堂。崇禎五年（一六三二），西班牙人沿著淡水河進入台北盆地，並到達三貂地方探勘。一六四二年，荷蘭人驅逐台灣北部的西班牙人勢力，統治台灣西海岸地區，並且將新北市境內的平埔族部落劃入北部評議會區，以方便管理。

一六六一年，鄭成功收復台灣，並設一府二縣，台北縣境屬天興縣管轄；一六六四年改天興縣為天興州，台北縣仍屬之。清康熙二十三年（一六八四），清廷頒布渡台禁令，將台灣劃歸福建省，下設一府三縣（台灣府、台灣縣、諸羅縣、鳳山縣），台北則為台灣府諸羅縣

道光年間淡水廳圖。

管轄。雍正元年（一七二三），清廷於台灣增設彰化縣及淡水廳，台北隸屬淡水廳，管轄區域包括大甲溪以北到基隆之間。光緒元年（一八七五），沈葆楨奏請增設台北府，以其地位居台灣北部而得名。光緒四年（一八七八）設府治於艋舺、大稻埕之間，裁撤淡水廳，新竹、淡水、宜蘭三縣隸台北府管轄，此為台灣設府治之始。

中法戰爭後，清廷在光緒十一年（一八八五）宣布台灣建省，命劉銘傳為第一任巡撫，建省工作到光緒十三年（一八八七）完成，此時期台灣分為三府，台北仍隸屬台北府淡水縣與基隆廳。光緒二十年（一八九四）淡水縣海山堡分設南雅廳，新北市（台北縣）境屬淡水縣基隆、南雅二廳。

日明治二十八年（一八九五），日本人治理台灣，將台灣分為三縣一廳，台北隸屬台北縣基隆、淡水二支廳。大正九年（一九二〇）實施地方制度改革，廢廳為州，廢支廳設郡市，廢區、堡、里、澳、鄉設街庄。此時台灣全島分為五州三廳，台北則隸屬台北州轄下之台北市、七星郡、淡水郡、基隆郡、文山郡、海山郡、新莊郡。目前新北市設治於板橋市，共轄有十市、四鎮、十五鄉。

新北市在漢人尚未大舉入墾之前，原屬凱達格蘭族活動生息之地，而烏來山區一帶則有泰雅族原住民聚居。清康熙二十二年（一六八三），台灣納入清廷版圖，漢人也開始渡海來台開墾。康熙四十八年（一七〇九），由陳天章、陳逢春、賴永和、陳憲伯、戴天樞等人組成的「陳賴章」墾號，在北台灣進行開墾，區域包括八里坌、關渡、士林、艋舺、新莊等地。在淡水、艋舺、大稻埕尚未興起之前，新莊、八里亦曾有過繁榮盛況，其中新莊原來是淡水河的貨物集散港，後來因為淡水河泥沙淤積，港口逐漸轉移至艋舺；而八里也是因為泥沙淤積，使得商船改駛滬尾（今之淡水）。

新北市人口已超過三百六十四萬，是台灣第一大縣，自古以來，即是移民出入、商船與貨物吞吐地，受到瀕海優勢的影響，而有今日之盛況，也成為台灣中、南部地區移民謀生的新天地，然而也因為過多的人口造成環境與社會的負荷，正如許多新都會區一樣，也面臨許多待解決的課題。

日治時代的滬尾港。

淡水區：淡水街區舊稱滬尾，其港口即稱為滬尾港或淡水港。當地位於淡水河尾端，昔時有漁民在此地設置石滬捕魚，因此將此地稱為滬尾。日治時期改為淡水，沿用至今。

小八里岎：八勢、福德、竹圍里。小八里岎社又稱夏嘮別社，原址在八里，為荷蘭人驅趕至此。

庄仔內：忠興、鄧公里。境內芝鄞山寺又名鄧公廟。

竿蓁林：竿蓁、鄧公里。

沙崙仔：沙崙里。

油車口：油車里。油車為榨油坊。

水碓仔：水碓里。

北投仔：北投里。境內有土名番社角，早年屬於北投社聚落。

三空泉：坪頂里。

樹林口：樹興里。境內另一舊地名為興福寮。

小坪頂：坪頂里。坪頂意為平坦之高地。

水梘頭：水源、光明里。水梘為木造之引水渠道。

中田寮：忠寮里。

蕃薯寮：蕃薯里。

草埔尾：忠河、蕃薯里。

林仔街：埤島、崁頂里。

圭柔山：義山、忠山里。雞柔社平埔族舊址位於境內之番仔厝，後遷屯山里之番社前，改稱圭北屯社。

興化店：興仁里。早年有福建莆田縣興化人士來此開店故名。

灰窯仔：賢孝里。

大屯：屯山里。大屯山又名大洞山，為平埔族大屯社舊址。

三芝區：曾經是凱達格蘭族的聚居地，舊時有小雞籠之稱，是從凱達格蘭族的族名譯音而來。清道光年間即稱為小雞籠社，隸屬芝蘭堡。光緒二十年（一八九四）時隸淡水縣芝蘭三堡；日大正九年（一九二〇）改隸台北州淡水郡三芝庄，光復後稱為台北縣三芝鄉。三芝之名，應來自清代舊名芝蘭三堡。

北新庄仔：埶子、田心、車埕里。境內包括店仔、龜仔山、菜公坑、楓仔林等聚落。

土地公埔：埔尾、濱海里。境內包括石槽仔坑、員山仔、三板橋、大水窟、尾崙等聚落。

後厝：北勢、陽住里。境內包括楊厝坑、番社後、番仔崙等聚落。

錫板：海尾、小坑里。錫板意思不明，應為平埔語，境內有番婆林、番仔崙、番社后等聚落。

小雞籠舊庄：埔頭、古莊里。平埔族小雞籠社舊址。

小雞籠新庄：新莊、埔坪、茂長、

《淡水郡管內圖》。1920年至1945年淡水郡函蓋淡水、八里、三芝、石門區。

《淡水郡要覽》繪製年代、繪製者不詳。

大坑、橫山里。

石門區：石門是台灣最北端的鄉鎮。《福建通志》中記載：「石門嶼，在旗干石西，一石中空如圓門，故名石門。」可知石門之名，與此地海蝕地形有關。日大正九年（一九二〇）設石門庄，光復後改為石門鄉。

老梅：老梅、七股、山溪里。小雞籠社舊地，老梅為平埔語。

石門：石門、重門、尖鹿里。

頭圍仔：德茂、富基里。包括下員坑、八甲、崁仔腳、楓林等部落。

下角：乾華、竹里、茂林、草里里。包括尖仔鹿、阿里磅、小坑、坪林、草埔尾、五爪崙、阿里荖、竹仔湖等聚落。

金山區：舊名金包里，是凱達格蘭族金包里社（**Kitapari**）的譯音，意思是「採硫磺的地方」。日治時期保留「金」字，以其依山而加「山」字作為地名。

金包里街：金山老街區。

下中股：和平、磺港、豐漁、美田、五福、南福里。包括龜仔山、水尾、磺港、社寮、田心子、崙仔頂、南勢、南勢湖等聚落。

頂中股：重光里。包括茅埔頭、林口、大孔尾、死橫仔坪、三重橋等聚落。

頂角：三和、兩湖、六股、三界里。包括磺溪頭、牛埔仔、倒照湖、葵扇湖、頂、下六股、潭仔內、曲尺坑等聚落。

中角：清泉、萬壽、西湖、永樂、民興里。包括清水、萬里阿突、尖山仔、西勢湖、跳石、噴水、大水堀等聚落。

萬里區：十七世紀時，西班牙人占據台灣北部，將基隆港口一帶已形成之漢人聚落稱為**Parian**，漢語音譯為「萬里」，因而得名。日大正九年（一九二〇）設台北州基隆郡萬里庄，民國三十九年始改為台北縣萬里鄉。

中萬里加投：萬里、龜吼、野柳里。萬里加投為平埔語，語意不明。

頂萬里加投：溪底、大坪、崁腳里。包括大坪、崙仔、苦苓坪、溪底、冷水堀、大尖山、土地公坑、鹿堀坪等聚落。

下萬里加投：國聖、大鵬、磺潭、雙興里。包括國姓埔、八斗子、七甲尾、頂、下寮、萬里加投、磺溪仔、員潭仔、清水溪、公館崙、更仔坪頂、坑頭、尪仔上天等聚落。

瑪鍊：萬里里。亦作馬賽，平埔族語，語意不明。

清代的芝蘭三堡不含八里區。

汐止區：舊名水返腳，由於基隆河的海潮水漲到此地即退返，故名之。日治時期，改地名為汐止。汐與潮之意同，止即終止之意，故汐止與水返腳意思相同。光復後，汐止為台北縣汐止鎮，直到民國八十八年升格為汐止市。

水返腳：仁德、智慧、禮門、義民、信望、街后里。峰仔寺社舊地。

保長坑：保長、長安、保安里。

鄉長厝：江北、鄉長里。

十三份：白雲里。

橫科：橫科里。

康誥坑：白雲里。

白匏湖：白雲里。

樟樹灣：樟樹里。包括樟樹灣、番仔寮，為麻里錫口社舊地。

北港：拱內、拱北里。

社後：北山、北峰里。

叭嗹港：八連里。平埔族峰仔寺社舊地。

鵠鵠崙：東山里。鵠鵠為斑鳩叫聲。

茄冬腳：茄冬、橋東里。

石空仔：東山里。

姜仔寮：東山里。

瑞芳區：據傳於清朝時，在今柑坪里有一家商店名為「瑞芳」，是來往民眾經常聚集、補給、休息之處。久而久之，傳為地方代名詞，爾後沿用成為此地地名。

柑仔瀨：柑坪里。古名澗仔歷，包括柑仔瀨、苧仔潭二村

龍潭堵：龍潭、龍鎮、龍山、龍安、龍興、龍川里。

深澳：深澳里。早年平埔族在此捕魚，又名番仔澳。

更仔寮：基山、永慶、長樂里。

九芎橋：弓橋、大山里。

猴硐：侯硐里。

南仔吝：南雅里。南仔吝、哩咾為平埔語。

水湳洞：濂洞、濂新、長仁里。

草山：石梯坑、草山、苦苓嶺三里。

傑魚坑：上天、傑魚里。

四腳亭：角亭、上天里。

大坑埔：吉慶、吉安里。

三爪仔：爪峰、光復、碩仁里。

雙溪區：原稱頂雙溪，與下游貢寮鄉境內的雙龍村（舊名下雙溪）相對應。雙溪指的是坪林溪與粗坑溪，此地因正好位於兩溪交會流處而得名。日大正九年（一九二〇）設台北州基隆郡雙溪庄，民國三十九年改稱台北縣雙溪鄉。

頂雙溪：雙溪、共和、新基里。

魚桁仔：魚行里。魚桁仔為捕溪魚的工具。

武丹坑：牡丹、三貂里。武丹為平埔語，語意不明。

石壁坑：三貂里。

三叉港：三港里。境內三溪匯流，故名。

石笋：燦光里。因一對石筍狀小丘而得名。

燦光寮：燦光里。燦光為菜公之訛轉。

平林：平林、上林里。古名九股二十四佃。

柑腳城：長源、外柑里。古名柑腳城，因河岸懸崖，嶙峋翠嶂，形勢天成，故名。

大平：泰平里。

烏山：泰平里。

溪尾寮：泰平里。

料角坑：泰平里。

平溪區：平溪意指水流平緩之溪流。基隆河發源於此地石底西端，上游谷地狹小、溪流湍急，流經今平溪村一帶，才稍見和緩，因此有平溪之名。清代有平溪仔庄；日大正九年（一九二〇）劃為台北州基隆郡平溪庄，民國三十九年改為台北縣平溪鄉。

十分寮：望股、十分、南山、平湖、新寮里。包括望古坑、石灼坑、六份乾坑、幼坑、粗坑、番仔坑、頂寮仔、月桃寮、五份寮、南山坪、石碇仔等聚落。

石底：薯榔、白石、菁同、石底、平溪、嶺腳、紫來、東勢里。包括

瑞芳區金瓜石。

薯榔寮、白石腳、菁桐坑、平溪仔、嶺腳寮、竿蓁林、火燒寮、番仔坑、東勢格等聚落。

貢寮區：舊名槓仔寮，昔時為凱達格蘭族三貂社所在。因此地常有山豬出沒，平埔族人常設陷阱捕獸，平埔語稱為**Kona**，漢語音譯為槓仔，又因附近有移民搭寮為舍，於是有槓仔寮之舊稱。

槓仔寮：貢寮、龍岡、吉林里。

大石壁坑：龍崗里。

枋腳：吉林里。

下雙溪：雙龍里。包括下洲仔、茅埔、大陡腳、坑仔內。

遠望坑：穗玉里。三貂四社之一。

田寮洋：穗玉、福建里。三貂四社之一。

舊社：龍門里。平埔族阿美那社舊地。

澳底：仁里、真理里。吳沙、日軍均在此登陸。

丹裡：仁里、五美里。地名與平埔族有關，但不明其義。

撈洞：和美里。包括南勢坑、北勢坑、蚊仔坑等地。

雞母嶺：豐珠里。包括雞母嶺、巫里岸、土地公嶺等地。

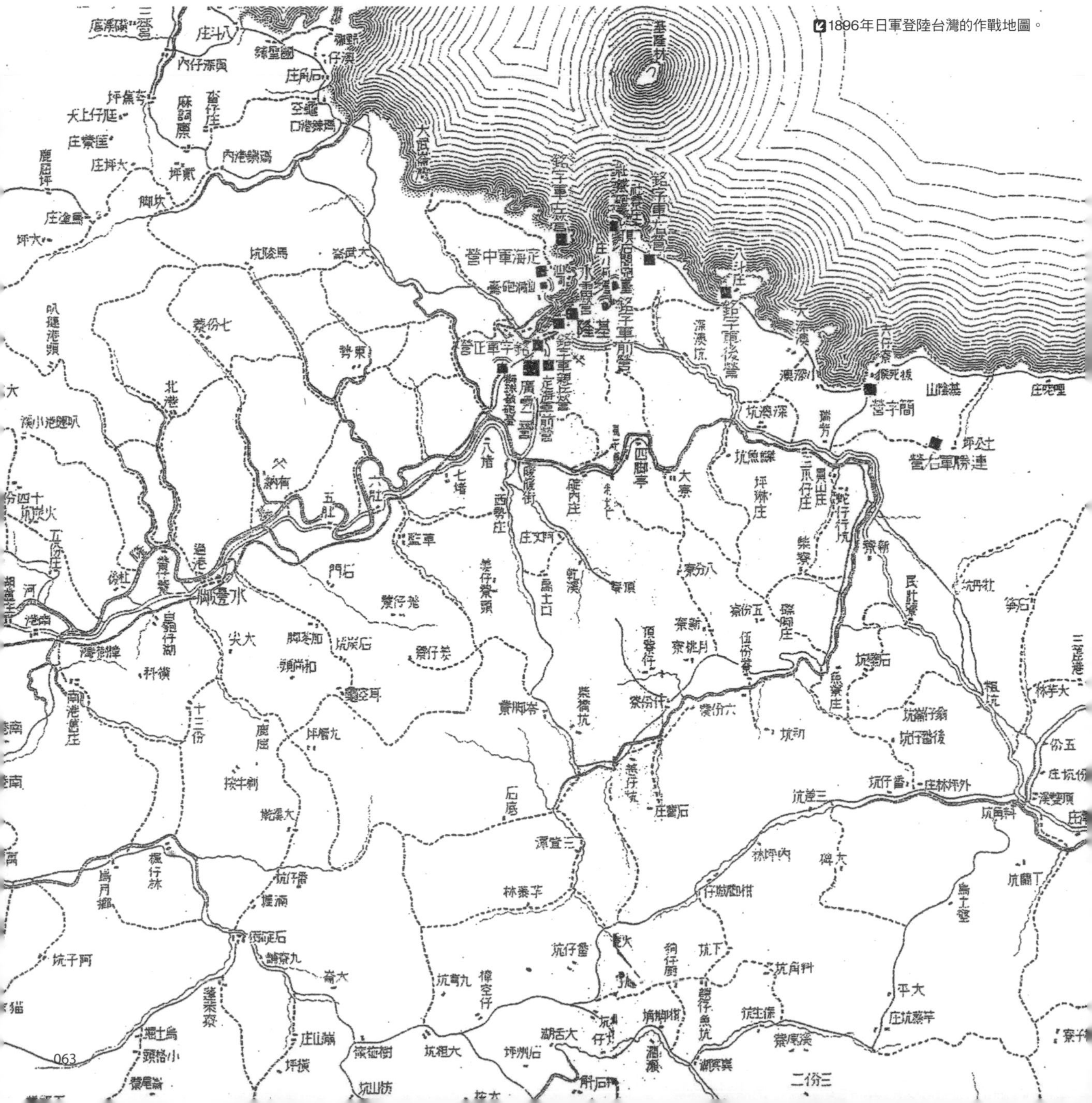

1896年日軍登陸台灣的作戰地圖。

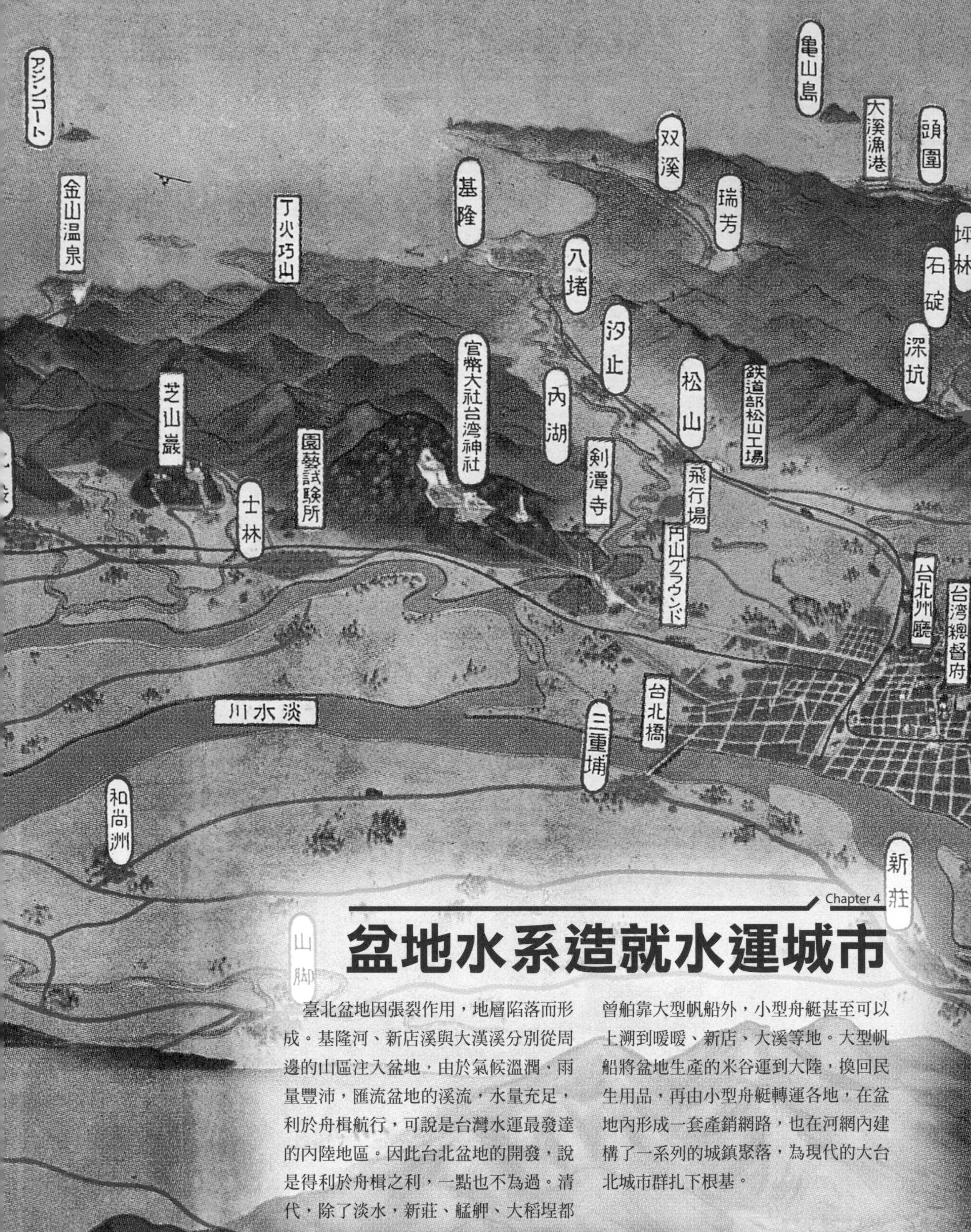

Chapter 4

盆地水系造就水運城市

臺北盆地因張裂作用，地層陷落而形成。基隆河、新店溪與大漢溪分別從周邊的山區注入盆地，由於氣候溫潤、雨量豐沛，匯流盆地的溪流，水量充足，利於舟楫航行，可說是台灣水運最發達的內陸地區。因此台北盆地的開發，說是得利於舟楫之利，一點也不為過。清代，除了淡水，新莊、艋舺、大稻埕都曾舶靠大型帆船外，小型舟艇甚至可以上溯到暖暖、新店、大溪等地。大型帆船將盆地生產的米谷運到大陸，換回民生用品，再由小型舟艇轉運各地，在盆地內形成一套產銷網路，也在河網內建構了一系列的城鎮聚落，為現代的大台北城市群扎下根基。

日治時代，中型帆船仍可停泊淡水河系的中游河岸。

《台北州大觀》1934年繪製

〈公館街〉明治二十八年（1895）臨時測量部・陸地測量部。

坪林北宜公路旁溪流的霧景。

新店區：漢人在新店地區較早開發建庄的地方在青潭，在乾隆年間已成聚落；清朝道光年間，有人在泰雅族屈尺群原住民居住地的出入口處設立新店舖，日漸繁華，更勝原青潭一帶，於是有新店之稱。

安坑：頂城、下城、柴埕、公崙、德安、雙城里。舊名暗坑，安坑為雅化之地名。

大坪林：新東、新西、張南、張北、廣明、寶斗、江陵、百忍里。包括七張、二十張、十四張、十二張、寶斗厝等。寶斗為賭具骰子。

青潭：青潭、員潭、雙坑里。

直潭：粗坑、屈尺、直潭、塗潭、廣興、龜山里。

坪林區：名稱源自境內坪林村舊地名坪林尾。坪林四周環山，中間河階面平坦，而墾荒時期又叢林密布，於是稱為坪林，即地勢平坦的林地，坪林尾則因位於接近平原之尾端，而稱為坪林尾庄。日大正九年（一九二〇）稱為坪林庄，光復後改為坪林鄉。

坪林尾：坪林、粗坑里。

灣潭：粗坑里。

坑仔口：尚德、平林里。

逮魚窟：粗坑、淵瀨里。

水聳淒坑：水德里。聳淒是水聲。

九芎林：石槽、大林里。

厚德崗坑：水德里。

大粗坑：新昇里。

鷺鷥岫：淵瀨里。

楣仔寮：淵瀨里。楣仔可能是箆仔之訛轉。

大舌湖：漁光里。大舌為曲流河階地形。

柑腳坑：淵瀨里。

淵瀨：淵瀨里。淵為溪谷，瀨為多砂石，水勢湍急處。

深坑區：舊名簪纓，據說最早來到深坑開墾的移民是許宗琴，許

平溪線火車。

新店區的碧潭吊橋。

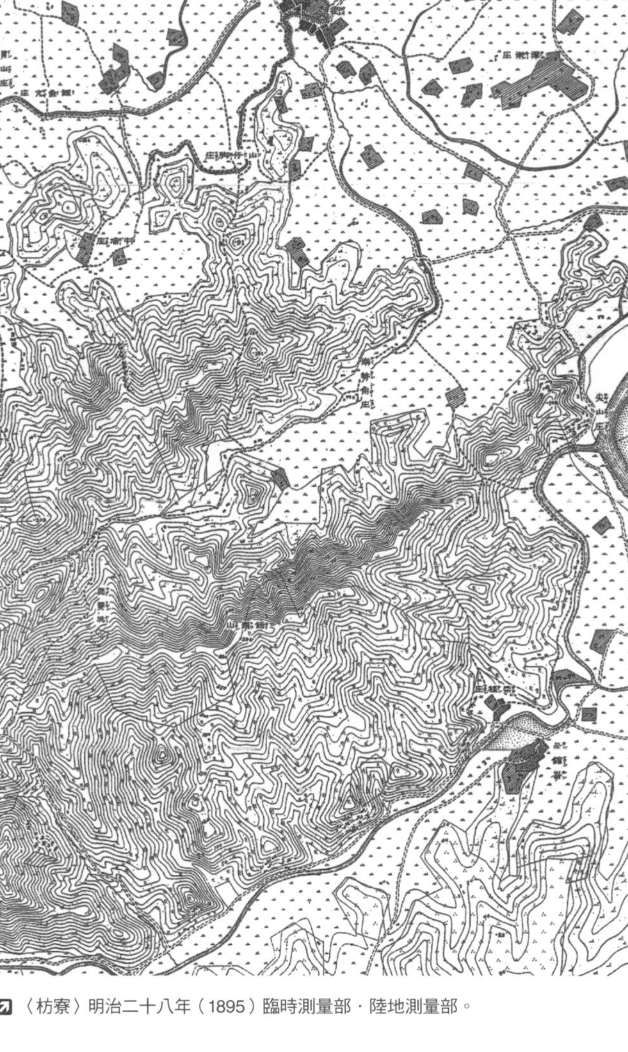

〈枋寮〉明治二十八年（1895）臨時測量部．陸地測量部。

氏族譜中載有：「乾隆二十年（一七五五），宗琴公一房播遷深坑子新坡內開墾。」「簪纓」一名或說是宗琴的福佬話音。深坑一名則因此地四周環山，景美溪下切，使兩岸形成高崖，看來坑谷深陷而得名。

深坑仔：深坑村。為茶菁集市。

土庫：土庫村。

昇高坑：昇高村。

萬順寮：萬順里。包括萬順寮、大坑、外股、三腳木、草地尾等。

阿柔坑：阿柔里。阿柔可能是平埔語，語意不明。包括向天湖、土巷、王軍寮、阿柔洋、公館後、大崙腳、梘腳坑、楠邦寮、大崙尾、炮仔崙等聚落。

石碇區：地名由來有二種說法。一說石碇溪切穿伏獅山脈形成谷地，溪中巨石遍布，昔時未建橋樑，居民必須經由溪谷進出，因跨越溪中大石就像跨過早期房屋的石質門檻（即福佬話之「戶碇」），於是將此地稱為石碇。另一說則是因清朝時石碇溪林木茂盛，船隻可溯河而上，因水流湍急而利用溪中巨石繫纜碇泊而得名。

小格頭：格頭、入底里。

蓬萊寮：烏塗里。原名菜寮庄。

烏塗坑：烏塗里。烏塗為煤炭。

楓仔林：楓林里。原名楓仔嶺。

雙溪：隆盛里。

大溪墘：永定里。

排寮：中民里。包括石碇子埔、番仔坑、十八重溪等聚落。

新興坑：隆盛里。

鹿窟：光明里。包括松柏崎、耳空龜、九增坪、頂紙寮坑等聚落。

石碇街：石碇里。

玉桂嶺：玉桂里。舊名肉桂嶺。

員潭仔坑：潭邊村。境內小廟皇帝殿，傳說和朱一貴有關。

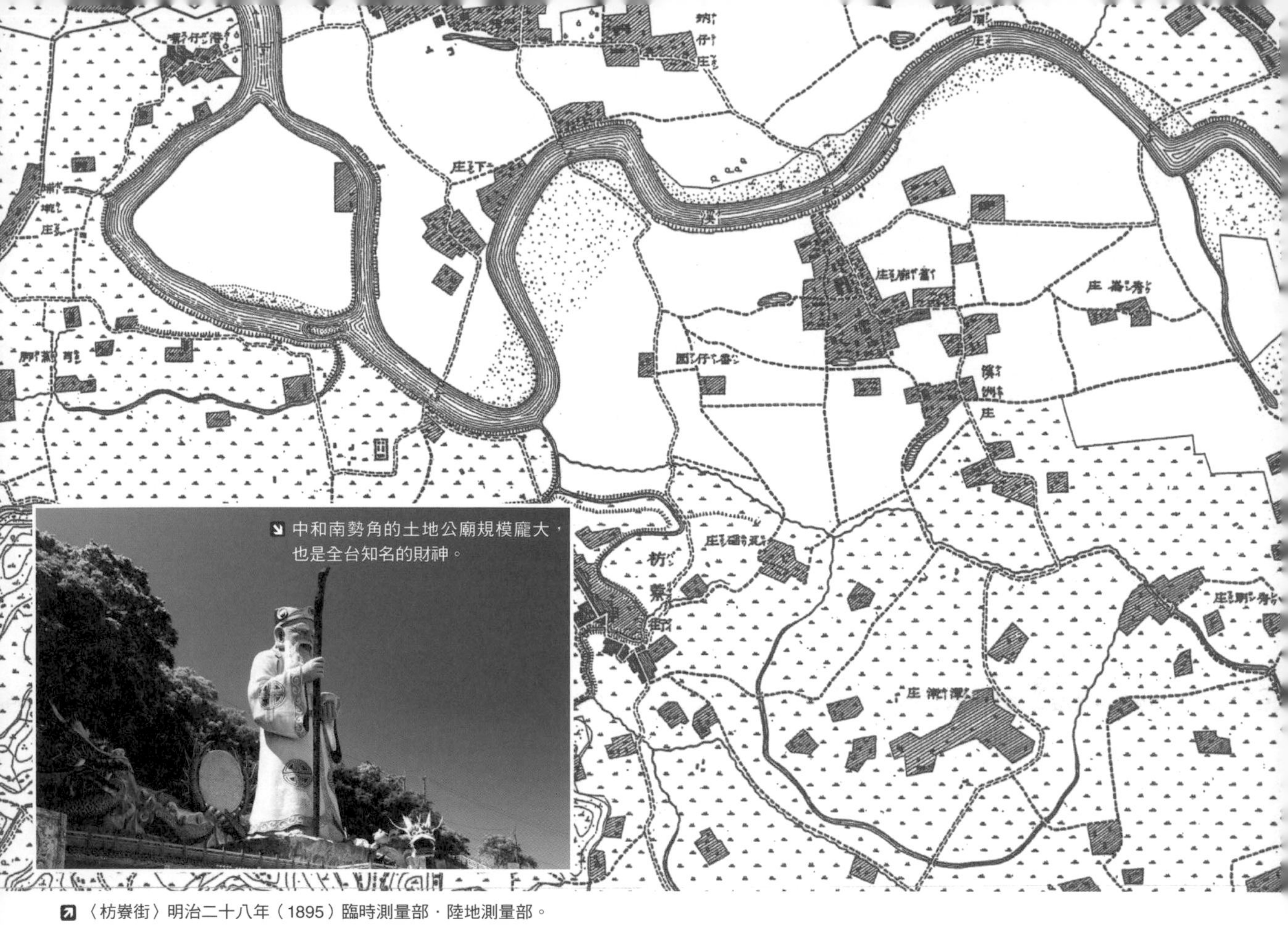
中和南勢角的土地公廟規模龐大，也是全台知名的財神。

〈枋藔街〉明治二十八年（1895）臨時測量部・陸地測量部。

板橋區：舊時有凱達格蘭族擺接社（**Peitsie**）居住，原稱為擺接。後來有人在湳仔溪上架設木板橋，初期有枋橋頭、枋橋之稱，後來因為枋與板字的福佬話發音相同，於日大正九年（一九二〇）改為板橋庄；光復後曾為板橋鎮，民國六十一年升格為板橋市。

後埔：景興、仁愛、福興、雲翔里。地名與前埔對稱而來。

四汴頭：廣福、廣德、和平、福德、福祿、福壽里。昔為大安圳第四個設堰門分水之處，故名。

湳仔：湳興、新興、華興、港尾里。因原為沼澤地，俗稱陷腳田。

番仔園：浮洲、復興、中山里。

沙崙：崑崙里。

溪洲：溪洲里。境內含番仔埔、溪洲、苦苓腳等散村。

深坵：深丘、福丘、香丘里。

埔墘：埔墘、玉光、埤墘、雙玉里。

港仔嘴：港嘴、振興、光復里。平埔族武勞灣社舊址。

江子翠：江翠、松翠、嵐翠、宏翠、聯翠、華翠、福翠里，為與番社港仔嘴區別，取同音異字地名。

新埔：新埔、百壽、幸福、公館、漢生、新民、忠誠里。

社後：社後、中正、自強、國光、民權、建國里。為擺接社舊址。

永和區：日大正九年（一九二〇）隸屬台北州海山郡中和庄，光復後改隸台北縣海山區中和鄉，民國三十九年屬台北縣中和鄉，民國四十七年再分出永和鎮，至民國六十八年升格為永和市。

潭墘：潭墘、水源、雙和、潭安、永安里。瓦窯溪在此形成彎潭得名

龜崙蘭溪洲：竹林、中興、網溪、復興、頂溪、上溪、中溪、下溪、後溪、成功里。秀朗、雷里社舊地。

秀朗：店街、秀朗、永貞、秀和、福和、智光、民智、得和、光明里，以及中和市秀山、秀峰、秀水、安樂、安平、中安、安和里，皆為平埔族秀朗社舊地。

中和區：中和之地名，一說取境內中坑莊與漳和莊各前後一字而來；一說與漳和發音近似，訛誤而成現今名稱。

漳和：平河、力行、枋寮、南山、廟美、福美、瓦窯里，境內老住戶祖籍多為漳州，故名。枋寮街早年是擺接堡內唯一街市。

中坑：牛埔、錦和、灰窯里。

四十張：積穗、嘉穗、瑞穗、清穗里，一張犁可耕五甲地，四十張相當兩百甲。

〈枋橋街〉明治二十八年（1895）臨時測量部．陸地測量部。

員山仔：積穗、嘉穗、瑞穗、清穗里各一部分。

南勢角：頂南、中南、崇南、內南、外南、華南、景南、景安、景平、景新、景福、合興、復興、橫路里。因位於台北盆地之南緣而得名。

芎蕉腳：中原里。又名水尾，境內的霹靂宮為康熙古廟，奉祀五雷元帥，俗稱雷公廟。

土城區：歷史上土城地區大規模的拓墾約開始於清朝乾隆初年。當時漢人與原住民、平埔族之間，經常發生爭執；為了順利開墾及安全顧慮，漢人在今天土城市公所、土城國小的附近，加築土牆做為防禦之用，後來演變為地名。

柑林埤：柑林、埤林里。早年廣植

員林：員林、長風里。因聚落在圓形小樹林之處，故名。

清水坑：清水、清化里。

藤寮坑：廷寮、峰廷里。早年居民入山搭寮採籐，故名。

埤塘：埤塘里。

頂埔：頂福、頂埔、頂新里。因地勢高且平坦，故名。

媽祖田：媽祖田里。因早年境內三百甲農田產權屬新庄媽祖宮所有，故名。

大安寮：大安、永寧里。境內海山煤礦因發生礦災而停採。

鶯歌區：鶯歌鎮東北方山坡上有一塊大石，形狀頗似鸚哥鳥，傳說這塊大石本來是妖鳥精，經常施放毒氣與濃霧傷害百姓，後來被鄭成功打死，才變成山坡上的大石頭。清朝稱此地為鶯哥石莊，日治以後改為鶯歌，並沿用至今。

鶯歌石：東鶯、西鶯、南鶯、北鶯、中鶯、建德里。原名鷹哥石。

大湖：鶯歌鎮東湖、中胡、鳳鳴里。境內包括圳仔頭坑、三界公坑、樟普坑、大竹圍、大湖等聚落。

南靖厝：南靖里。

二甲九：二甲里。

尖山埔：同慶、尖山、南靖里。

橋仔頭：二橋里。

阿南坑：建德里。境內有阿南坑、阿四坑、茶山等聚落。

三峽區：早期是泰雅族原住民居住活動的地方，漢人入墾以後，始稱三角湧，因此地位於三峽溪、大漢溪、橫溪交會之處而得名。日治時期稱為三峽庄，以三角湧之福佬話 **Samkayin** 與日語「三峽」（**Sankiyou**）發音相似而改稱。

三角湧：三峽、秀川、永館里。

隆恩埔：龍埔里。

劉厝埔：龍埔里。

新莊區：舊名新庄，意思是新形成的村莊，因位於出入山、海的要道（三峽、鶯歌一帶），所以又稱為海山口。新莊於清朝雍正至嘉慶年間，正位在淡水河帆船航線的中段，於是又有中港街之稱。早期淡水河尚未淤塞之前，商船可從八里坌沿河進入無礙，當時新莊即為貨物的集散地，繁華熱鬧。

新庄：海山、全安、文衡、興漢里。台北盆地內最早的河港、市街。原為平埔族武勞灣社舊地。

西盛：西盛里。地名起源不明。

頭前：頭前、化成、思源、福基里。此地新庄最北邊，故名。

中港厝：中港、恆安里。

海山頭：海山里。

營盤：營盤里。早年為汛塘所在。

柏仔林：柏林、後港里。早年此地烏柏繁茂故名。

泰山區：泰山原來是今新莊市的一部分，於民國三十九年從新莊鎮劃分出來，以當地泰山巖寺而命名之。

鬼仔坑：貴子里。貴子坑原名鬼仔坑，因荒涼陰森得名。

山腳：山腳、同榮里。

楓樹腳：楓樹里。

大窠坑：大科、黎明、同榮里。境內包括柯厝坑、錢厝坑、黎頭窠、橫窠仔等小聚落。窠為鳥巢之義。

義學：泰山鄉義學、明志里。地名源於胡焯猷捐宅建義學明志書院而得名，然書院已於乾隆年間遷往竹塹城。

八里區：原來是凱達格蘭族八里坌社（**Parrigon**）聚居地，舊名八里坌社即由此而來。八里的開發比淡水早，為昔日進入台北盆地的重要入口，曾經繁榮一時。後來由於淡水河氾濫，而且碼頭淤積，而漸被淡水取代其地。日大正九年（一九二〇）隸屬台北州淡水郡八里庄，民國三十九年改為台北縣八里鄉。

大八里坌：龍源、米倉里。

小八里坌：埤頭、頂古、舊城、訊塘、荖阡里。

長道坑：長坑里。

下罟仔：下古、長坑里。

林口區：曾經是平埔族八里坌社的活動區域，清朝時福建漳、泉等移民來此入墾定居，因此地是竹塹到八里坌街的樹林入口，因此舊名為樹林口，日大正九年（一九二〇）易名為林口庄，光復後改為林口鄉。

南勢埔：湖南、南勢里。境內還有頭湖、大牛稠、頭前莊等地名。

菁埔：東林、西林、湖北、菁湖里。菁為製造藍色染料的植物。

大南灣：嘉寶、寶斗里。嘉寶舊名加溪仔坑、寶斗舊名寶斗厝坑。

小南灣：頂福、下湖里。

瑞樹坑：瑞平、太平里。

大平嶺：太平里。舊名大坪頂。

蘆洲區：原來是關渡媽祖廟管理之地，廟中和尚每年渡河收租，所以有「和尚洲」之舊稱。又因其位於河上，而有「河上洲」之名。日治時期，因其地常有成群白鷺在溪畔棲息，於是稱為「鷺洲庄」。光復後，易名為蘆洲。

樓仔厝：樓厝、保和、德盛里。早年此地易淹水，居民多蓋樓房。

水湳：水湳、水河、保佑里。地勢低，土質鬆軟故名。

中路：中路里位於八里坌與新莊之間故名。

南港仔：正義、中原里。因位於淡水河南方之水汊故名。

溪墘：溪墘、仁復里。

三重區：早期漢人移民由新莊進入台北盆地，並且向北拓墾，將第一段開墾地稱為頭重埔在今新莊市境內；並且沿淡水河下游依序開發了二重埔（今中興南北街、五谷王南北街一帶）及三重埔。三重埔是最後開發的一塊地方，地名則沿用至今，稱為三重。

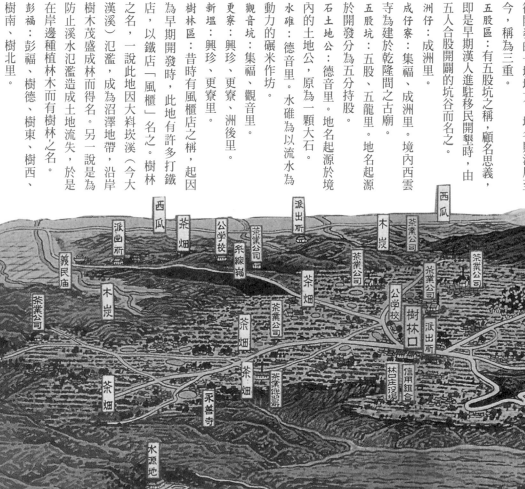

五股區：有五股坑之稱，顧名思義，即是早期漢人進駐移民開墾時，由五人合股開闢的坑谷而名之。

洲仔：成洲里。

成仔寮：集福、成洲里。境內西雲寺為建於乾隆間之古廟。

五股坑：五股、五龍里。地名起源於開發分為五分持股。

石土地公：德音里。地名起源於境內的土地公，原為一顆大石。

水碓：德音里。水碓為以流水為動力的碾米作坊。

觀音坑：集福、觀音里。

更寮：興珍、更寮、洲後里。

新塭：興珍、更寮里。

樹林區：昔時有風櫃店之稱，起因為早期開發時，此地有許多打鐵店，以鐵店「風櫃」名之。樹林之名，一說此地因大嵙崁溪（今大漢溪）氾濫，成為沼澤地帶，沿岸樹木茂盛成林而得名。另一說是為防止溪水氾濫造成土地流失，於是在岸邊種植林木而有樹林之名。

彭福：彭福、樹德、樹東、樹西、樹南、樹北里。

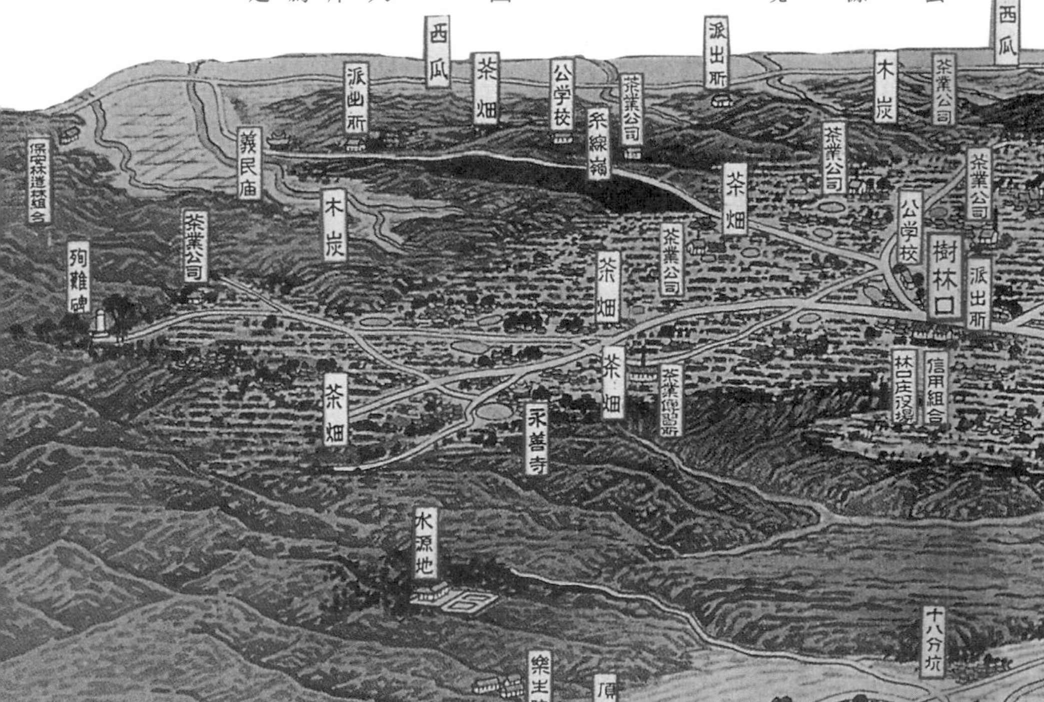

地名小故事

凱達格蘭人的伊甸園時代

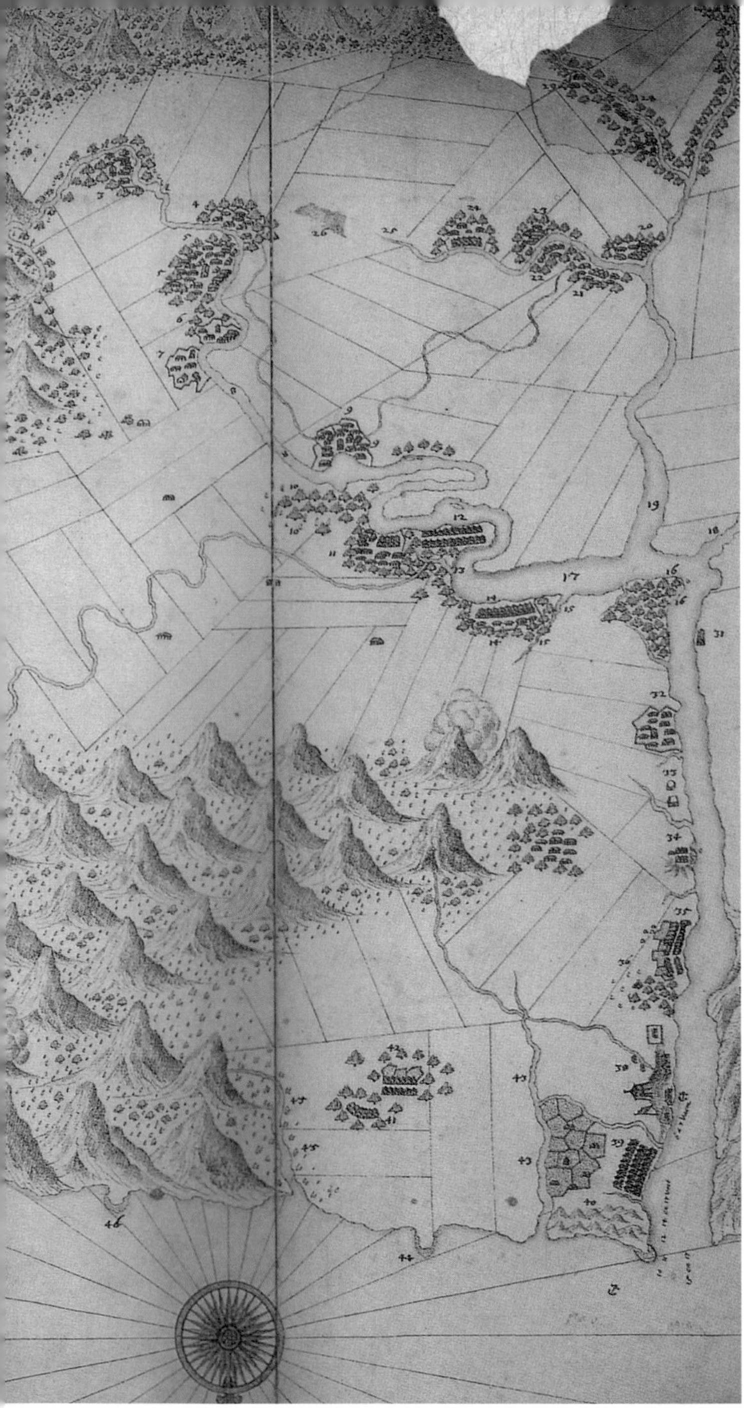

民國八十七年台北縣立文化中心出版翁佳音的《大台北古地圖考釋》。此書甫一出版便引起學界高度的關注。相關的學者迫不及待的奮筆為文，發表自己對這本書的看法。有心者將這些文字彙集成冊名為《大台北古地圖考釋》對話集，收錄文章的作者都是當今台灣史地學界的一把手，算是學界一次盛況空前的對話。

《大台北古地圖考釋》一書的主要內容是針對一幅一六五四年繪製的大台北地區地圖，上面注記的平埔族社群以及其他相關的地理資訊，逐條作詳細的註解。這張地圖是一六五〇年荷蘭東印度公司派駐在雞籠與淡水地區的主管西門．給爾得辜（**Simon Keerdekoe**），提交給公司一份名為〈關於淡水河、雞籠港灣、及公司當地現存城砦、日常航行所經番社數等情述略〉的報告書附圖。原圖是給爾得辜的手繪圖，現圖是荷蘭東印度公司巴達維亞總部製圖師根據原圖抄繪。

因為西門．給爾得辜並沒有經過嚴格的三角測繪訓練，所以這幅地圖和荷蘭東印度公司繪製的其他有關台灣地圖，不太相同，反而有點像是清代的山水畫式的地圖。但是圖中描繪的地理資訊十分豐富，所以早在一九五、六〇年代便引起曹永和教授的注意，他在〈歐洲古地圖上之台灣〉中提到此圖時說：「這圖可謂一幅描繪台北、雞籠、淡水等地區頗詳細地圖。尤其是值得注意者，即為台北盆地出現於古地圖較詳細者當以此圖為首次。」

此圖雖然很早便引起學者的注意，但因此圖為古荷蘭文註記，國內能夠閱讀古荷蘭文的學者實在有限，所以此圖便長期被擱置，無人

↗《淡水及附近部落並基隆嶼圖》局部古今地名對照表

4. 錫口（基隆河南岸）
5. 里族（內湖）
6. 上塔塔悠（內湖北勢湖一帶）
7. 下塔塔悠（基隆河北岸大直的番社）
8. 長直河段（大直、劍潭）
9. 奇武卒（基隆河南段西新庄子）
10. 馬納特森林（劍潭山）
11. 大浪泵（基隆河北岸）
12. 毛少翁（社子）
13. 毛少翁溪支流
14. 奇里岸（石牌國小一帶）
15. 磺溪
16. 灌木林河角（關渡）
17. 里族河（基隆河）
18. 往海山之溪（塭仔溪）
19. 武勝灣溪（淡水河）
20. 武勝灣（板橋港仔嘴）
21. 了阿（植物園一帶）
22. 雷里（雙園區）
23. 龜崙蘭（永和龜崙蘭溪州）
24. 秀朗（中、永和）
25. 鮘魚場（永福橋附近的新店溪）
26. 鞍山（寶藏巖）
27. 里末（板橋社後）
28. 瓦烈（大漢溪東岸）
29. 擺接（板橋）
30. 通往龜崙山脈（大漢溪）
31. 獵場（城仔寮）
32. 奇獨龜崙（淡水竹圍）
33. 瓦窯（淡水瓦窯坑）
34. 北投仔（淡水北投里）
35. 沙巴里（淡水市街）
36. 小片古樹林（破仔樹）
37. 淡水山（觀音山）
38. 堡壘（紅毛城）
39. 漢人居住區（油車口、大庄埔）
40. 沙丘（淡水沙崙里）
41. 小雞籠社
42. 林子社、雞柔社（林仔街庄）
43. 詩仔林溪（公司田溪）
44. 第一岬角（麟山鼻）
45. 清水溪（楓林溪）
46. 第二岬角（富貴角）

作專題研究。直到翁佳音在荷蘭研究古荷蘭文三年之後，終於完成此圖的注解。

學者之所以對此書的出版反應熱烈，主要是因為相較於台灣其他地區，台北盆地內的平埔族群的分布存在較多的爭議。清代早期繪製的地圖雖然也曾描繪這些社群的位置，但這些地圖都不是實測地圖，而且繪製者通常沒有親臨現場，所以描繪的位置出入很大，錯漏之處層出不窮。再加上平埔族群因漢化以及遷徙他處，許多平埔族群的原居地，便存有相當大的爭議。

日治時代，日籍學者在整理荷蘭時代台灣番社戶口表時，也曾引用了這張地圖，但當時也還沒有將這張地圖標示的地理資訊翻譯出來，沒有地圖導引，番社戶口表中的社群名稱仍無法了解其具體位置。

《大台北古地圖考釋》一書出版後，學者對於翁佳音的注釋雖仍提出不同的意見，但此書終究揭開長期存在的歷史迷霧，使得一六五〇年代漢人大舉入墾之前，大台北以及基隆地區平埔族群的分布狀態清楚的呈現出來。對一般平頭百姓而言，我們得以將許多沿用多年的老地名，追溯到更古老的年代。

第五章 桃澗堡・桃園

清乾隆二年客家籍移民以薛啟隆為首拓墾南崁至霄裡、龜崙嶺至崁仔腳一帶墾區內遍植桃樹，乃稱此為桃仔園此後逐步形成市集，稱為桃仔園

桃園地名的由來與先民開發史息息相關，本地原為平埔族凱達格蘭（**Ketagalan**）人活躍之地，明鄭時期曾於今之南崁設屯，後廢之。復於清雍正四年（一七二六）漳人藍勇、藍宗入墾，續有客籍詔安游文勇、饒平鍾相英、梅縣古傳等人拓墾於此。乾隆年間史籍載道：「先民稱此地為『虎茅庄』，取其茅草密生之義，為彼時淡水廳三十五庄之一。」至於「桃園」則於清乾隆二年（一七三七）客家籍移民以薛啟隆為首，拓墾南崁至霄裡、龜崙嶺至崁仔腳一帶，墾區內遍植桃樹，初春時節花雨紛紛，乃稱此為「桃仔園」，此後，這一帶逐步形成市集，稱為桃仔園街。

桃園主要地形為一台地群，向東連接雪山山脈；台地群由東北至西南計有新北市（台北縣）的林口、桃園的桃園、中壢、銅鑼圈、店子湖等台地。由於鄰近大台北都會區，桃園的開發主要作為大台北地區衛星

石門水庫。

城鎮，以交通、貨運及能源的服務為主。桃園境內有中正國際機場，每年經由此出入境的旅客達二千萬餘人次；民國五十三年完工的石門水庫，建成當年還號稱為遠東第一大水庫，其灌溉區域包括桃園、新竹、台北等地，計畫灌溉面積達五三、六六一公頃，由於北部工商發展及農田轉作之故，石門水庫的灌溉用水轉移至家庭飲用及工業用水，桃園、新竹、新北市（台北縣）南端鄉鎮市皆仰賴石門水庫供水；為了北台灣工商業交通所需，中油公司煉油廠亦設置於桃園。所以說桃園可以稱得上是北台灣的動脈。

桃園多族群文化、豐美山水、海濱水塘及紀念園區共築了桃園的豐富景觀，復興區神木群、泰雅文化、甜美的水蜜桃，在在吸引著城市遊客駐足。桃園另一重要的文化據點，則為大溪老街的巴洛克建築，而慈湖蔣公陵寢、頭寮經國先生陵寢則是兩位見證了台灣現代史的故總統長眠之地。

桃園為了標記地名源起，乃選擇桃花作為市花，相應配合了桃園拉拉山盛產水蜜桃特色產業。

↗《台灣省縣市行政區域圖．桃園縣》1955年。

台地是桃園縣主要的地形、地貌，所以農田灌溉需要大量的水利設施。（吳志學／攝）

桃園市：桃園市中心舊稱桃仔園街，為今桃園市文昌、文化、三義、中南、中北、武陵、長美等里。桃園得名於乾隆年間墾首薛啟隆於墾區內遍植桃樹，昔人稱為桃仔園。

桃園街：文昌、文化、三義、中南、中北、武陵、長美里。

崁仔腳：龍崗里。

中路庄：中正、中山、西門里。

埔仔：東埔、西埔、永和、北門、永興、永安、中埔里。

大樹林：豐林、福林、雲林、東門、萬壽、建國里。

大檜溪：會稽、忠義里。

小檜溪：青溪、朝陽里。

蘆竹區：蘆竹為蘆葦的一種，生於濕地或淺水中，高度可達數尺，葉細長且尖，形似竹。此地於雍正年間墾民在此以蘆竹搭建房屋，蘆竹厝因而得名。

下庄：南崁村。南崁社舊址。

廟口：五福、山鼻村。村內五福廟創建於明鄭時代，古名元壇廟，廟口為南崁社舊址，後遷山鼻仔之番仔厝。

內厝：內厝、錦興村。錦興原稱溪洲庄。

蘆竹厝：蘆竹村。蘆竹為濕地植物，可充作建材。

《台灣省縣市行政區域圖・桃園縣》1955年。

坑仔口：坑口、海福村。為平埔族坑仔社舊地，包含頭前、後壁厝、海湖等聚落。

新興：新興村。

中興：中福村。

興福：中福村。

大竹圍：大竹、大華村。

新莊仔：新庄村。

大園區：舊名大坵園。原產甘藷、蔬菜為主。福佬話稱「園」、「田」分指「旱田」、「水田」。「坵」則為數田區劃的單位。大坵園即一大塊旱田的意思。大園區地勢平坦，鄰近台北市，中正國際機場乃建於此。

大坵園：大園村。大坵園為大塊旱田之義。

內海墘：內海村。內海指潟湖，墘為岸邊，早年又稱內海。

田心仔：田心村。位於中立新街溪與老街溪的台地。

照鏡：田心村。地名和境內水塘似明鏡有關。

橫山：橫峰村。因位於中壢新街溪與老街溪之間的橫崗上而得名。

埔心：埔心村。包括埔心、海豐陂、三塊厝等聚落。

五塊厝：五權村。包括大埔、下埔兩聚落。

許厝港：北港、南港村。位於老街溪河口，曾是繁榮的河港。

雙溪口：溪海、和平村。位於兩溪會合處故名。

沙崙：砂崙、後厝村。中正機場西北邊。

大牛稠：大海、建華村。已被徵收為桃園空軍基地與中正機場。

圳股頭：圳頭村。含圳股頭、後館、古亭三聚落。

龜山區：本地原為凱達格蘭族kouroumanangh社之獵場，舊稱龜崙社。康熙年間，漳、泉墾民移入；乾隆十六年（一七五一）開闢新嶺路以方便拓墾，從桃仔園經新路坑（新莊後港里）抵新莊，此段道路其後拓成台一線縱貫公路之段落。

新路坑：龜山、新路村。乾隆年間，桃園經此地到新庄之新路開通。

舊路坑：舊路、公西村。

兔子坑：兔坑村。包括社后坑、大坵田下、大湖頂等聚落。

楓樹坑：楓樹、大崗村。

山頂：山頂村。

大湖：大崗村。

下湖：大崗村。

苦苓林：公西村。苦苓又稱苦楝，是此地的原生植物。

菜公堂：公西村。

南崁頂：南上、大坑村。包括番仔窩、陳厝坑、大坑、員林坑等聚落。

塔寮坑：龍壽、嶺頂村。包括馬頭、坑底、新朝嶺、關公嶺、大菁坑、尖山外、大坑等聚落。

牛角陂：樂善村。包括埤陂、水尾、嶺頭、樟腦寮等聚落。

八德區：原名八塊厝，民國三十四年為宣揚中華文化改稱為八德區。八德市鄰近桃園市，其開發史與桃園密切相關，八塊厝之得名，即源自於乾隆年間拓墾桃園之薛啟隆率百餘墾民入墾時，有八戶人家落戶於此，故名八塊厝。

八塊厝：興仁、福興、瑞豐里。地名起源有二說，一是由八個小聚落組成，二是八個姓氏組成。

霄裡：霄裡、竹園二里。平埔族霄里社舊地，其範圍還包含平鎮的社子與大溪的社角。

下庄仔：廣興、廣隆里。因頂庄（白鷺里）對稱而得名。

大湳：大湳、大安、大興、大和、大昌、大華、大仁里。地下水位高，形成泥濘地，俗稱湳地而得名。

小大湳：大福、大成里。地名來源與大湳同。

茄苳溪：茄冬、白鷺、高明里。可能河岸兩旁茄冬樹生長茂盛而得名。

日治時代的中壢市街。

中壢區：壢係為客語指稱的澗谷，相當於福佬話之坑，即二溪下切與橫切所形成之谷地。此地原稱為澗仔壢庄，指的是乾隆三十年（一七六五）前後，漳人由南崁、桃仔園等地南下拓墾之台地、澗谷。且因此地為竹塹（新竹）、新莊二地之中繼站，故改稱中壢。

興南庄：興南、永興、興國、中壢、中興、中榮、中建里。中壢老街，地名起源為大墾戶鍾興南。

埔頂：仁美、興仁、普仁、普義里。

內壢：內壢、中原、內定里。

青埔：青埔里。青埔為菁埔之誤。

水尾：水尾、中福、新街里。

後寮：後寮、龍岡里。

石頭：石頭、新興、中央里。

芝芭里：芝芭里。芝芭為平埔語，此地為芝芭社舊址。

洽溪仔：洽溪里。

三座屋：舊明、新明、三民、五權里。又名三座厝，舊名舊社，為南崁社之舊地。

大崙：內厝、月眉、山東里。

過嶺：過嶺里。

平鎮區：平鎮原稱張路寮。因此地位處大湖至中壢、桃仔園之交通要衝，盜匪頻傳，乃設置張望寮以觀察路況，保護商賈旅人安全。後因地處要衝形成市鎮，取名安平鎮，相沿至今。

安平鎮：平鎮、南勢村。

山仔頂：山峰、湧光村。

社仔：貿易、忠貞、中正、東社村。霄裡社舊地。

東勢：東勢、東社村。位平鎮之東。

宋屋：宋屋、義民、復旦、高雙村。原名廣興。

雙連埤：高雙村。

楊梅區：楊梅舊稱楊梅壢，意思是說山谷中遍植楊梅。康熙年間，客籍五華縣古氏兄弟拓墾，雍乾年間續有客民入墾，乾隆五十年（一七八五）「諸協和」墾號大力建庄，此時墾民已遍及楊梅壢及其周緣。

楊梅壢：楊梅、楊新、紅梅里。

水尾：水美里。霄裡社舊地。

頭湖：三湖里。伯公岡台地上人工蓄水池中最東面的一個。

水流東：東流里。

崩埤：東流里。

秀才窩：太平里。

大坪山下：大平里。

草湳埤：埔新、瑞塘里。

矮坪仔：瑞塘里。

老坑：永寧里。

大金山下：梅英里。

日治時代的甘泉寺。寺中供奉的石觀音是觀音鄉地名的由來。

《台灣省縣市行政區域圖・桃園縣》1955年。

員笨：員本里。地名起源不明。
下陰影窩：豐野、員本里。此地為樹林茂密之低地，故名。
上陰影窩：瑞原里。
上田心：上田里。明鄭時代屯田之地，境內包括田心仔、田寮仔、營盤腳等小聚落。
伯公崗：富岡、豐野里。
觀音區：舊稱石觀音，得名於清咸豐年間，竹北二堡黃姓農民發現溪流中有形似觀世音菩薩之天然石，遂倡建寺堂奉祀。
石觀音：觀音村。
茄苳坑：保生村。包括兩座屋、對面厝等聚落。
大潭：大潭、武威村。
三座屋：三和、新興村。
坑尾：坑尾村。
坡寮：金湖、坑尾村。包括後湖、水尾仔兩聚落。
白沙墩：廣興、白玉村。因村外白色沙丘而得名。
樹林仔：富林、樹林村。包括過溪仔、崁頭仔兩聚落。
新坡：新陂、廣福村。包括張厝、菁埔等聚落。
下大堀：大堀、大同村。
崙坪：崙坪村。
上大堀：上大村。

新屋區：新屋區內有一漢族社會罕見的複姓范姜家族，新屋得名即源自於范姜一族。乾隆年間墾號「姜勝本」之墾首范姜殿存、范姜殿發等人，其原姓為范，繼父姓姜，乃取複姓范姜，以誌先民德行。拓墾初期，原卜居地常遭平埔族人出草，乃棄屋東遷另築新屋；新屋地名由此而起。
新屋：新屋、新生、後湖村。
社仔：社子村。平埔族故地。
番婆坟：社子村。
埔頂：埔頂村。
九斗：九斗村。村內多旱田，佃戶一年只向大租戶交九斗糧，故名。
上青埔：九斗村。
黎頭洲：頭洲村。此處為農具製造業者形稱之聚落。
十五間：望間村。徐姓移民入墾時建茅屋十五間而得名。
槺榔：槺榔村。槺榔又稱蘇鐵棕櫚，多見於海岸地帶。
蚵殼港：蚵間、深圳村。音濱海盛產牡蠣而得名。
笨仔港：笨港村。笨仔為古亭笨。
大牛欄：永興、下埔村。早年有牧牛業者，在此建大型牛欄而得名。
崁頭厝：永安村。包括崁頭厝、頭家厝、下庄仔等聚落。

大溪區：大溪舊稱大姑陷或大嵙崁。由於位於大漢溪東岸，而平埔族霄裡社稱大漢溪為「**Takoham**」，因而得名。因「陷」字不吉，乃易名為崁。同治年間鄉人中舉，乃易「姑」為「嵙」。日大正九年（一九二〇）方改稱大溪。

大嵙崁街：興和、福仁里。漢人入墾之前，是泰雅族及平埔族龜崙社、霄里社的活動地帶。大嵙崁是平埔語 **Tokojan** 的音譯。

月眉：月眉里。大嵙崁溪流經此地形成曲流，狀似新月，而得名。

烏塗窟：永福里。烏塗意為黑土，指煤礦而言。

田心仔：一心、一德、田心里。此地早年位於田中央，又分上田心、下田心。

石墩：月眉里。地名由來是大嵙崁溪流域侵蝕鳶山，將堆積物堆積成小丘狀而得名。

內柵：康安、義和里。早年漢人在此設柵防範泰雅族而得名。

新、舊溪洲：義和里。

員樹林：源林、光明、三元里。嘉慶年間林本源商號投資開闢而成。

埔頂：仁和、仁善、仁愛、仁義、僑愛里。位於大嵙崁溪高位河階，早期灌溉困難，難以種作。

缺仔：瑞興里。缺仔意思是河階崖線上的缺口，是低位河階通往高位河階的通道。

中庄：中新里。

粟仔園：瑞興里。早年為原住民種粟之地。

南興：南興里。早年屬霄里社之地。

番仔寮：瑞源里。早年此地為原住居住之地。

三層：美華、新峰、福安、復興里。因位於大嵙崁溪東岸三層河階地形之最高位之河階而得名。

龍潭區：龍潭舊稱龍潭陂或靈潭陂。《淡水廳志》有載：「靈潭陂……其水灌溉五小莊、黃泥塘等田甲，相傳昔旱，莊佃禱雨於此即應，故名。」這段話的意思是說，有一水塘終年湧泉，遇大旱，村民禱雨即應驗，乃稱靈潭或龍潭。

龍潭陂：龍潭村。

八張犁：八德村。

烏樹林：烏林村。

竹窩仔：烏林村。

四方林：上林村。

黃泥塘：高塘、中山村。

九座寮：九龍村。

《台灣省縣市行政區域圖．桃園縣》1955年。

大溪老街上的巴洛克式古厝。

三角林：三林村。舊名烏嶺埔。

打鐵坑：三林村。

大坪：大平村。包括大坪、二坪二小村。

十一份：佳安村。

淮仔埔：佳安村。

泉水空：佳安村。昔日有湧泉故名。

銅鑼圈：高原、高平村。包括大庄、湳鐵水、橫崗頭等聚落。

三洽水：三水、三和村。因霄裡溪在此與店仔坑溪、湳鐵水，三溪合一而得名。

復興區：原名角板鄉，因境北端有角板山而得名，民國四十三年改稱復興鄉。位於桃園東南方，海拔在一、五〇〇至二、〇〇〇公尺之間，全境皆為泰雅族之生活區域。

↗ 復興鄉造形可愛的老教堂。

↘ 復興鄉大漢溪上的羅浮橋。

地名小故事

中壢，一個地名的華麗轉身

壢是一個很特殊的地名類別。

之所以特別，不僅是因為壢只出現在客家地區，甚至在客家地區壢所佔的比例也是很低。讀者或許覺得我在開玩笑，中壢在桃園市可是僅次於桃園區的第二大城，甚至在全台也是知名度很高的城市。話是沒錯，但知名度高並不表示「壢」是很普遍的地名類別。

台灣地名學的老前輩洪敏麟在《台灣地名沿革》一書上對「壢」的解釋是：「國字無此字，台灣客家特有之，使用「壢」為地名者，僅見於桃園、新竹地區。其意澗谷、相當於閩南語之坑字。」

他羅列了帶有壢的地名有八個，但嚴格的說，只能算六個，分別是：一、中壢；二、內壢；三、楊梅壢；四、小飯壢：桃園觀音區武威、大潭村的一部分；五、上、下大壢：新竹縣寶山鄉仙鎮、五化等村；六、沙湖壢：寶山鄉山湖村。

「壢相當於閩南語之坑字」，我覺得這個說法蠻有意思的，因為只是單純的想了解壢在大陸客家地是不是也像閩南、台灣地區的坑一樣普遍，所以我沒有上圖書館，只是隨手查了一下手邊的資料。因為手邊沒有大陸的地名辭書，我查的是一九八〇年出版，限內部使用的《廣東省地圖集》，雖然開本不大，但地名標示涵蓋村以上的級別，夠詳細了。

結果，漈、崠、嵙、垻、肚、墩等在台灣的老地名中算是比較罕見的地名類別，在粵東一帶的客家地區，並不需要太費力氣，便可以撿上一大籮筐。可是要找壢或坜，那就傻眼了，看了半天，只找到兩個，都在梅州的梅南鎮，一個叫湖坜，一個叫黃泥坜。當然這絕對不是廣東，甚至梅州僅有的兩個和壢相關的地名。我的目的也不在此。

更令人意想不到的是，粵東客家地區最普羅的地名竟然是坑！普羅的程度，只能用「滿坑滿谷」來形容。可見坑並不是閩南特有的地名類別，在客家地區也是通用的，並沒有被壢取代。壢在粵東地區的確非常罕見，反之在台灣較罕見的漈、崠、嵙、垻、肚、墩等在粵東區算是一般意義的地名類別，但和坑比起來，還是不能相提並論，坑可說是粵東客家地區的地名之王。

可見壢在客家地區相當於閩南語之坑字，這個說法是不能成立的，那麼問題又回到原點，壢真的等於坑嗎？

我問了幾個中壢地區的客家用友，他們的說法和洪敏麟差不多，可見壢的說法在台灣似乎已經被約定俗成了一個新的意思，和原鄉的用法可能並不一致，因為如果洪敏麟的說法成立的話，就無法解釋粵東客家地區「滿坑滿谷」的坑字地名，而帶壢字的地名和台灣一樣稀有。台灣客家地區帶坑字的地名很普遍，這並非閩南化所造成的，所以「壢」和「坑」是不能簡單的等同起來。撇開約定俗成，等同於「坑」的新意思不談，「壢」應該還有一個更原始的意涵。

如果考察洪敏麟所列舉的幾個帶壢字地名的地形地貌，會發覺客家人對壢的命名原則，和坑相較，還是有相當區別的。壢和坑雖然都位於河谷之中，但坑所在的河谷，兩側山勢較為高聳、陡峭，河谷中的平地較狹隘，甚至沒有開闊地。而壢所在的河谷地形，兩側的山勢就顯得和緩多了，河谷中有相當面積的平地。在地形地貌上，這是坑和壢一個很明顯的差別。但壢內的開闊地也沒大到可以和湖相提並論。

「湖」是另一個和河谷地形相關的命名類別，一般的說法，湖指的是山間平地、盆地的意思，例如台北的內湖、苗栗的大湖。和壢相較，

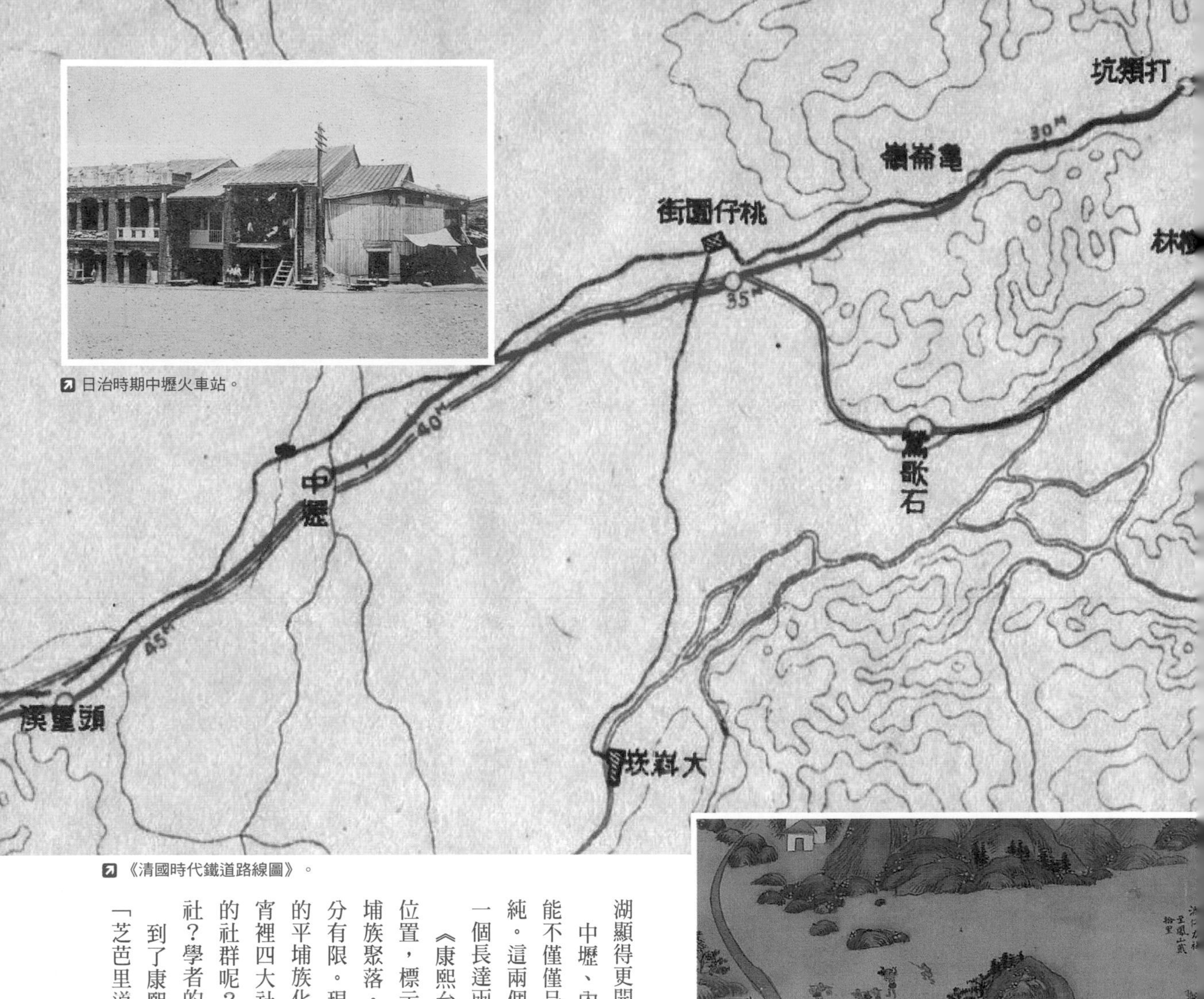

日治時期中壢火車站。

《清國時代鐵道路線圖》。

湖顯得更開闊。

中壢、內壢之所以以壢為名，可能不僅僅是以地形地貌命名這麼單純。這兩個地名的形成其實是經過一個長達兩百多年的演變過程。

《康熙台灣輿圖》在今天中壢的位置，標示了一個叫澗仔力社的平埔族聚落。這個社群我們了解的十分有限。現今學者將早年桃園地區的平埔族化分為南崁、坑仔、龜崙、霄裡四大社群，澗仔力到底是獨立的社群呢？還是屬於霄裡的一個分社？學者的看法不一。

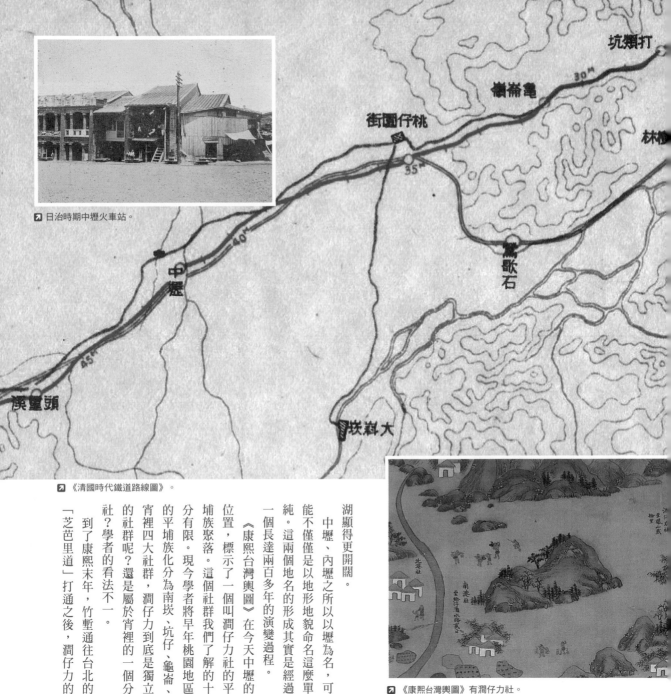

到了康熙末年，竹塹通往台北的「芝芭里道」打通之後，澗仔力的漢人多了起來。乾隆年間所繪製的台灣輿圖中，原本的澗仔力被分為外澗仔力和內澗仔力兩個聚落，這便是中壢與內壢最早的區分。此後客家人大量湧入，才出現澗仔壢這個平埔加客家的混合式地名。澗仔壢改為中壢可能是嘉慶、道光以後的事，因為那時桃園縣叫桃澗堡，澗是澗仔壢的簡稱，可見當時中壢之名還沒出現。

《康熙台灣輿圖》有澗仔力社。

因此，歸結中壢地名的形成，我們可以發現其實是經過澗仔力→外澗仔力、內澗仔力→澗仔壢→中壢的轉變過程。前半部用「壢」這個客家式的地名取代了毫無意義的音譯字「力」。後來，再以澗仔壢位於萬華、竹塹城之間的中點為由，將「澗仔」這個音譯名也改掉，以「中」替代。

瞭解了這個演變的過程，我們可推論以「壢」取代「力」並非只是為了描述當地的地形、地貌，而是企圖以同音字降低地名中平埔族的意涵，進而強化客家元素，但要等到「澗仔壢」改為「中壢」才能算是一次地名華麗的轉身。

第六章 竹塹・新竹

新竹舊名竹塹
得名自平埔族道卡斯的竹塹舊社
清康熙年間，屬諸羅縣
雍正元年納入淡水廳
光緒元年淡水廳外新置一縣
於竹塹舊社，名為新竹

經歷清朝以來三、四百年的開發，新竹縣市人口以客籍人士居多，福佬人次之，原居此地的平埔族與泰雅族原住民則為少數。民國三十四年之後則出現了三波移入的新興人口；第一波在民國三十四年光復後，國民政府播遷台灣，移入了軍、教等所謂外省籍人士，第二波與第三波則是隨著台灣發展腳步移入的新興人口，一波為民國七十年代至今，隨著新竹科學園區發展

科學園區為新竹帶來新一波的移民，也使新竹有了嶄新的風貌。（吳志學／攝）

迅速，遷入寶山、竹東、新豐、湖口等鄉鎮的科技新貴；另一波則為外籍移民，短暫移入的外籍勞工及跨國婚姻移入的女性。族群的地域分布，福佬人多居於沿海鄉鎮、客籍人士居於中部丘陵地帶、泰雅族原住民居於角板山麓，外省籍、科技新貴、外勞則居住於竹北、新豐等都會地帶。新竹縣位於台灣西北方，北接桃園、南鄰苗栗，西濱台灣海峽，東登雪山山脈、大霸尖山。地形由東南方高達三千公尺的雪山山脈向西北延伸至竹北市，境內於竹北一帶為沖積平原，新竹中部則為連綿的丘陵、台地，至北而南為伯公岡、湖口台地，往東為李崠山及雪山山脈。

地形造就了新竹的農產特色，從高山水果到丘陵地的果樹、茶樹，包含了復興鄉的水蜜桃、天山雪蓮、北埔的柿餅、關西的仙草、新竹米粉等等，皆自成特色。

新竹縣規劃了五條觀光旅遊動線，分別為老街茶鄉、客家文化田園、濱海遊憩、原住民文化、雪霸國家公園。其中老街茶鄉遊歷峨嵋鄉、寶山鄉、北埔鄉等地之金廣福公館、北埔老街、天水堂、糯米橋，「時間走廊」般的行程，見證開發歷史與客家人文，管窺地名沿革，值得一遊。

民國七十三年新竹縣擇定「茶花」為縣花，乃因當時新竹茶葉栽種面積達全台灣三分之一以上；此外，民國八十八年以公開投票的方式，選定五色鳥為新竹縣鳥，同年，另擇定「竹柏」為縣樹，取松柏長青喻意。新竹縣政府以縣鳥選拔等活動，宣導生態保育，實為地方政府之創舉。

《台灣省縣市行政區域圖．新竹縣》1955年。

新埔鎮的劉家宗祠。

竹北市：竹北市顧名思義其地位於新竹市之北，竹北市位居鳳山溪口，有小商船停泊貿易而有舊港之稱，昭和十六年（一九四一）納入新竹州，因相對位置於新竹之北而改稱竹北庄。

番仔埤：泰和里。道卡斯舊地。

豆仔埔：竹北、竹仁、竹義里。境內竹北火車站舊地名為紅毛田。

新社：新社、新國里。道卡斯人之舊地，采田福地係竹塹社公廳。

馬麟厝：聯興里。地名譯自平埔語，曾為平埔族狩獵祭祖之地。

溝貝：聯興里。溝貝亦作郊背。

蔴園：麻園里。

舊港：新港里。又名魚寮，早年為竹塹港，是新竹的吞吐港。

白地粉：白地里。地名譯自平埔語。

溪洲：溪洲里。分頂、下溪洲。

新莊仔：新莊、白地里。分上、下新莊。

斗崙：斗崙里。地名原作斗六崙，可能譯自平埔語。

鹿場：鹿場里。為平埔族獵場。

六張犁：東平里。古名務崙毛毛荒埔。

芒頭埔：中興里。早年亦為務崙毛毛荒埔的一部分。

十興：十興里。開墾之初，可能是十戶或十股合力完成的。

隘口：隘口里。早年因位於九芎林隘口而得名。

安溪寮：十興里。安溪籍移民建立的聚落。

大眉：大眉村。地名為平埔語。

犁頭山下庄：十興里。

三崁店：東海里。三崁為三間。

東海堀：東海里。為東溪堀之誤。

貓兒椗：大義、尚義、崇義里。

新豐鄉：新豐鄉舊稱紅毛港，位新庄仔溪（新豐溪）之出海河口北段，相傳曾有荷蘭帆船停泊而稱紅毛港，戰後易名為紅毛鄉，民國四十六年以紅毛不雅，改稱新豐。

福興：福興、後湖村。包括員山仔、十一股、後湖仔等聚落。

青埔仔：青埔村。

後湖：埔和、陂頭村。

崁頭：崁頭村。

中崙：中崙村。

新莊仔：重興村。

紅毛港：新豐村。紅毛指荷蘭人，傳說荷蘭船曾在此地擱淺。

員山：員山村。

坑仔口：上坑、鳳坑村。

湖口鄉：湖口鄉舊稱大湖口，地名取自地形特色，因客語稱盆狀窪地為「湖」、「窩」，當地多谷地，故稱湖口。

崩坡下庄：北窩村。

北窩：北窩村。客家話「窩」是山間小盆地的意思。

長崗嶺：長安村。清代為官道。

大湖口：湖口、湖鏡村。

羊喜窩：湖口村。舊名羊屎窩。

上北勢：中勢村。包括上北勢、中北勢及吳厝等聚落。

和興：合興村。

德盛：德盛村。

波羅汶：波羅、番湖村。波羅汶亦作波羅粉、婆老粉，平埔語，語意不明。包含南勢、崩坡缺、王爺壟等聚落。

番仔湖：番湖、鳳凰、中興、湖南村。

鳳山崎：鳳山、鳳凰村。清代為南北官道必經之地位置十分重要。

新埔鎮：新埔為鳳山溪沖積而成狹小平原，乃客家人拓墾荒埔地而成的聚落，故稱新埔，新埔舊名「吧哩嘓」，為平埔族道卡斯族舊地。

南打鐵坑：雲南里。

內立：內立里。

石頭坑：寶石里。

犁頭山：犁頭里。

五分埔：五埔里。包括五分埔、六

《台灣省縣市行政區域圖．新竹縣》1955年。

股、水汴頭等聚落。

四座屋：四座里。又名廣和庄。

樟樹林：旱坑里。昔日樟樹叢生。

旱坑仔：旱坑里。坑谷常乾涸。

田新：田新里。屬吧哩國荒野，田心昔稱新耕田庄。

枋寮：上寮、下寮里。境內之褒忠廟義民亭為知名廟宇。

新埔：新生、新埔、新民里。古名吧哩國，系平埔語，語意不明。

太平窩：南平、北平里。

北打鐵坑：新北里。

汶水坑：清水里。由竹塹社頭目招徠開墾而成。

鹿鳴坑：鹿鳴里。

照門：照門里。係照鏡、石門二聚落各取一自合併而成。

大坪：大坪里。包括大坪、箭竹窩、九芎湖等聚落。

關西鎮：關西舊名鹹菜甕，關西為日大正九年（一九二〇）台灣全島行政區劃調整時，日本政府所命之名。關西得名的來源，一般說法乃是鹹菜甕的客語發音近於日語關西，故改而從之。

咸菜硼：東興、西安、南雄、北斗里。先後有美里庄、新興庄、鹹菜甕街、鹹彩鳳街之名。

店仔崗：北山里。包括崁下、高橋坑、深坑仔等聚落

三墩：東安里。上三墩、下三墩。

十寮：仁和里。境內還有四、七、八寮、大竹坑、畚箕湖等聚落。

拱仔溝：仁愛里。拱仔溝為牛欄河支流。

牛欄河：仁安里。因設欄牧牛得名。

湳湖：東光、明湖里。又分為柑仔樹下、十股兩村。

石門：新富里。兩山夾峙而得名。

新城：新城里。原名南河新城，相對於北岸的老社寮。

苧仔園：南華里。因昔日生產苧麻而得名。

老社寮：新富里。

十六張：東光里。

上南片：南山里。

湖肚：明湖里。馬武督溪在此形成曲流，曲流坡稱之為肚，故名。

燥坑：南華里。

馬武督：玉山、金山里。泰雅族語，勇敢向前之義。

石岡仔：石光里。

老更寮：大平里。

大旱坑：大平、大東里。

茅仔埔：大同里。

水坑：大同里。

坪林：上林里。

清代舊港是竹塹的正口。

Chapter 6

金廣福墾號

「金廣福」墾號可以作為理解漢民族入墾新竹縣的具體事例。清乾隆、嘉慶年間漢族的開發著重於北、中、南三個節點，如由淡水入墾台北、林圮埔（今竹山）入墾中部，而南台灣的嘉南平原更早於明末清初即為漢人移民台灣重鎮。惟主要開發城鎮商肆週圍仍為番地，漢人零星入墾，往往受到原住民抵抗而受挫。

為了開發竹塹社，金廣福墾號乃於漢族移民日增、土地需求日甚、原住民的反抗日劇的背景下應運而生。

「金廣福」墾號於道光十五年（一八三五）由淡水廳同知李嗣鄴委同粵籍陸豐縣人姜秀鑾、閩籍周邦正二人，集資籌組二十四股成立了「金廣福」墾號，命名金廣福的墾號，因金字為雅稱也代著官方授權，廣則為粵籍簡稱，福則為閩籍簡稱。

道光十一年籌組，至道光十四年始撥派隘勇三百名，設置銃櫃，與賽夏族朱姓族群數十戰，終於取得了寶山至北埔一帶的土地，至道光二十年則已發展成街肆。

金廣福墾號有計劃拓墾竹塹社番地，大規模引入漢族移民，相對的壓迫了平埔族生活空間與原住民傳統領域，開發土地的同時如何尊重當地文化，始終困擾著每一代人。

大觀

〈新竹州大觀〉1935 中島一晴繪製。

新埔鎮以傳統的方式製做柿餅。

金廣福公館。

北埔老街。

《台灣省縣市行政區域圖．新竹縣》1955年。

竹東鎮：竹東位於新竹市東南方，舊稱樹杞林，乃因此地樹杞成林，後於日大正九年（一九二〇）地方行政區劃調整，更名為竹東。

樹杞林：竹東、忠孝、榮樂、五豐里。附近尚有九芎林、柯仔林、圭油林、赤柯坪、籐寮坑、花草林等地名，此地早年為森林地帶。

上坪：上坪、瑞峰里。

燥樹排：瑞峰里。

員崠仔：員棟里。客家語「崠」為凸的意思。

下公館：東寧、中正里。

上公館：上館、大鄉、中正、東華、南華里。

雞油林：雞林、仁愛里。雞油即櫸木，是上好的硬木。

荳仔埔：陸豐里。

三重埔：三重里。

二重埔：二重里。

麻園肚：員山里。

頭重埔：頭重里。

下員山：員山里。

柯仔湖：柯湖里。

寶山鄉：寶山位於新竹市南方的丘陵台地，「寶山」二字係於日大正九年（一九二〇）改制時，取當地較大聚落寶斗仁、草山二庄之名而得之。

草山：寶山村。

雙溪：雙溪、大崎村。

新城：新城村。

寶斗仁：寶山、深井村。寶斗仁是賭具骰子的意思。

雞油凸：油田、三峰村。包括雞油凸、三叉凸、八分寮等聚落。

大壢：仙鎮、五化村。客家語「壢」等同閩南語的坑。

橫山鄉：橫山位於頭前溪上游，漢人入墾前為泰雅族、賽夏族生活區域。橫山之名乃因其地形崎嶇，東南方地勢較高，有帽盆山、大山、背山、尖筆山橫亙於此，故得名。

橫山：橫山村。

頭份林：橫山村。為泰雅族舊地。

田寮坑：田寮村。

大山背：豐鄉村。

油羅：豐田、內灣村。油羅可能是松柏類的土名。

濫仔：南昌村。

沙坑：沙坑、大平村。

大平地：大平村。

八十份：早年此地樟樹茂密，煉製樟腦的腦寮遍佈，腦寮中每十灶為一份，八十份即八百個腦灶。

十份寮：合興村。十份寮即有一百個腦灶。

南河庄：南和、內灣、和興村。

大肚：大肚村。大肚指河階劇場地形。

北埔鄉：北埔舊稱大隘北埔社或大隘聯庄，乃因道光年間墾首姜、周二氏，組「金廣福」墾號大規模入墾竹塹社番地，而北埔指墾戶尚未拓墾之北方荒地。號稱大隘則是此地為當時墾號於此設立抵禦原住民族所建最大的民隘。

北埔：北埔、南興、埔尾村。

南埔：南埔、大林村。包括番婆坑、大份林等聚落。

小份林：人林村。

大湖：大湖村。

水磜仔：水磜村。客家語「水磜」及閩南語「水碓」，為利用水力舂米的作坊。

南坑尾：南坑村。包括大南坑、小南坑等聚落

大坪：外坪、內坪村。

峨眉鄉：峨眉鄉舊稱月眉，位於新竹市之東南方，地當中港溪源頭之河階台地，半圓形之河階台地近似月眉而得名。

月眉：峨眉村。

中興：中盛村。

石井：石井村。包括石井、梯子桄、砂坑、桐仔坪等聚落。

富興：富興村。包括西河排、陂塘尾、更寮坑等聚落。

赤柯坪：赤坪村。境內有赤柯山、獅頭坪、細茅埔、十四寮、十五寮、畚箕湖等聚落。

石硬仔：石子村。

十二寮：復興村。十二寮為第十二個腦寮。

藤坪：藤坪村。包括茅坪、八寮、六寮等聚落。

芎林鄉：芎林舊稱九芎林，為遍生九芎林之丘陵山谷，按九芎林乃最宜蔓生之喬木，為台灣平地常見樹種。日大正九年（一九二〇）行政區劃調整時，此地易名為芎林。

鹿寮坑：五華、龍華村。包括坑口、坑尾、大、小水堀、茶亭、直坑等聚落。

山豬湖：秀湖村。

王爺坑：永興村。包括坑尾、直窩、芎蕉窩、牛欄窩、十股林等聚落。

倒別牛：新鳳村。包括倒別牛、五股林、燥坑等聚落。

石壁潭：石潭村。

九芎林：芎林、文林村。九芎亦稱九荊、南紫薇，俗稱剝皮樹。

中坑：中坑村。

水坑：水坑村。

上山：上山村。

崁下：上山村。

柯仔林：文林、芎林村。柯樹為落葉喬木，可做建材。

新竹市：新竹舊稱竹塹，竹塹得名，一說為平埔族道卡斯（Taokas）族竹塹社（Pocael）之領域，一說則記載於《淡水廳志》，指稱其最初環城植莿竹以防衛，故名竹塹，然因《裨海紀遊》一書已載竹塹社名，前說較為可信。

竹塹：成功、東門、中正、西門、石坊、潛園、中央、崇禮、興南、中南、和平、關帝、北門、長和、大同、中山、中興里。竹塹社舊地，其聚落早年位於武營頭附近至鼓浪街及暗街仔。一六八二年明鄭軍隊將其驅趕至寶山、舊港、新埔方向。

客雅庄：客雅、光鎮、育英、西雅、曲溪里。境內有三腳埔、車路溝、客雅山、內厝、頂井、下井、蘆竹圍、外寮等小聚落。開台進士鄭用錫墓是區內重要的文化財。

青草湖：柴橋里。原為山間小盆地，後結溪築壩成水庫。境內包括石碎崙、柴橋、牛屎崎等聚落。

牛埔：頂埔、中埔、埔前、牛埔里。昔日出產知名之新竹米粉。

香山坑：東香、香村里。東香舊名獅頭。

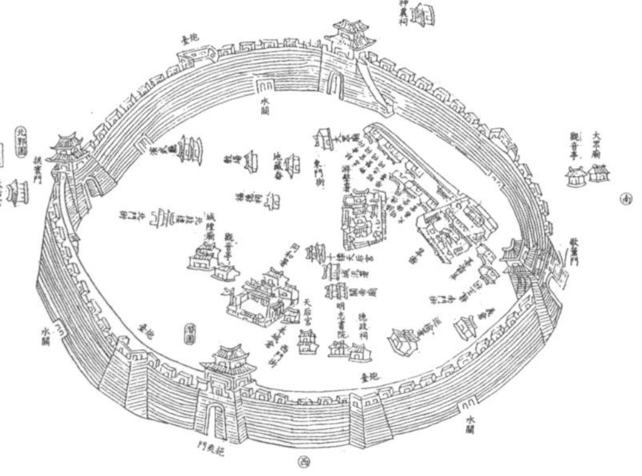

道光年間，19世紀中期的竹塹城。

茄苳湖：大湖、茄苳里。境內包括得勝坑、茶瓜坑、大湖、吳明西坑等聚落。

香山：新竹市大庄、香山、美山、朝山里。舊名番山，後平埔族離去，改名香山。昔日包括頂寮、下寮、北寮腳、下層角、吳厝園等聚落。

海山罟：海山里。包括汫水港、鹿仔坑等聚落。

鹽水港：新竹市鹽水、南港、內湖里。境內包括內湖、昔仔坑、坎仔腳、海口等聚落。

南隘：中隘、南隘里。境內包括中隘、柳仔湳兩村落。

油車港：港北里。昔日分南、北油

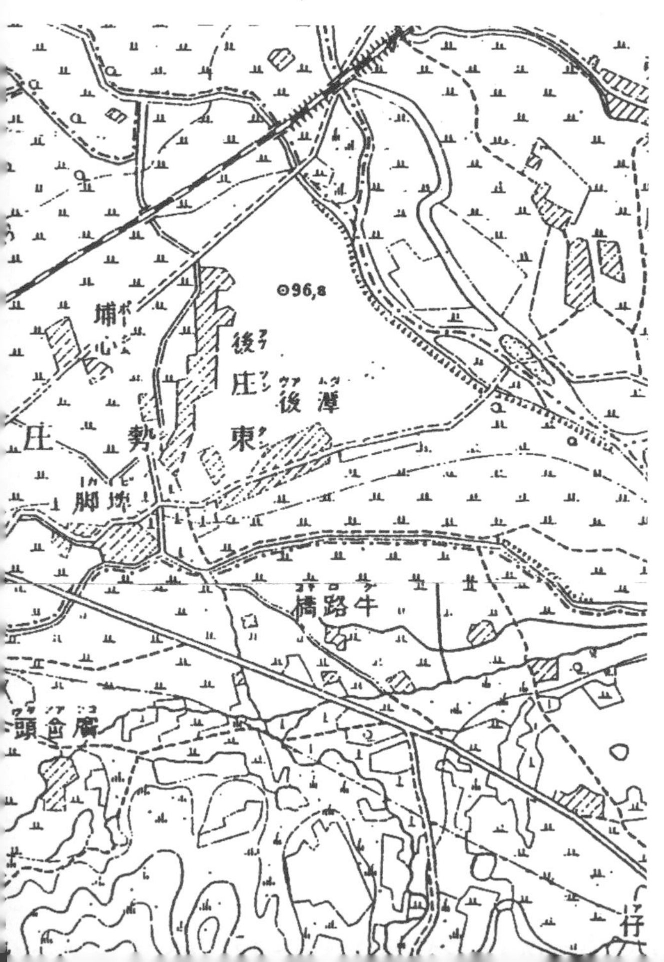

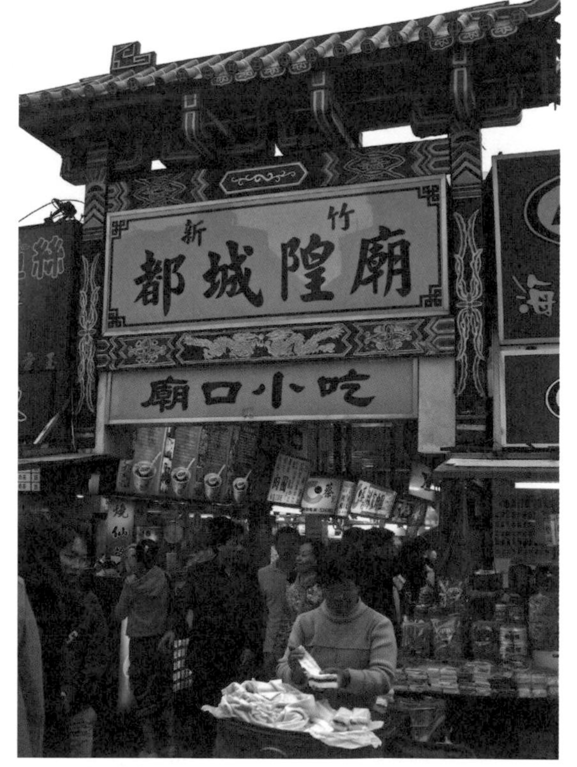

新竹都城隍廟前的小吃全台聞名。

車港，今油車港指北油車港。

吉羊崙：武陵里。昔日包括上下六甲、頂九甲、下九甲、番婆等聚落。

楊寮：楊寮、港南里。楊寮舊名羊寮，港南里舊名南油車港與下罟寮。

沙崙：樹林里。現為機場。

虎仔山：虎山里。此地俗稱罟仔寮，由此可知虎仔為罟仔之訛轉。罟為漁網，山為砂丘，即海濱砂丘為曬網之處。

浸水庄：浸水、樹下里。

二十張犁：水源里。昔日亦稱南庄。

九甲埔：千甲里。舊名亦作埔頂崁腳。

溪埔仔：前溪里。古名務崙毛，境內有白沙敦、田分仔等聚落。

苦苓腳：古賢里。

樹林頭：福林、士林、武陵里。舊名士林庄，昔日為眩眩社之舊地。

水田：光田、文華里。鄭用錫家族發跡之地，境內福德祠「水田福地」為康熙古廟，鄭氏家廟位於其北。

湳雅：湳雅、舊社里。境內有舊社、金門厝、八卦寮、魚種寮等聚落。

東勢：東勢、東園、光復、復中、三民里。位於竹塹城之東而得名。

赤土崎：公園、東山、綠水、先公、光明、建功里。包括赤土仔、草厝仔、廣和頭、二五甲、十八尖山腳聚落。

埔頂：埔頂、軍功、龍山、豐功、武功里。

柴梳山：新莊里。柴梳即婦女用之木製梳子。

金山面：金山、水仙里。因位於金字形山丘下的河階面上而得名。

崙仔：南勢、新民、民富、文雅里。南勢里舊名大南勢。

槺榔：康樂里。包括大店、田庄、過溝仔、萬興、韭菜園等聚落。田庄、過溝仔因建機場而遷移。

十塊寮：南寮、海賓、中寮里。

日治時代的竹塹城東門。

《台灣堡圖．75新竹、76香山塘》。

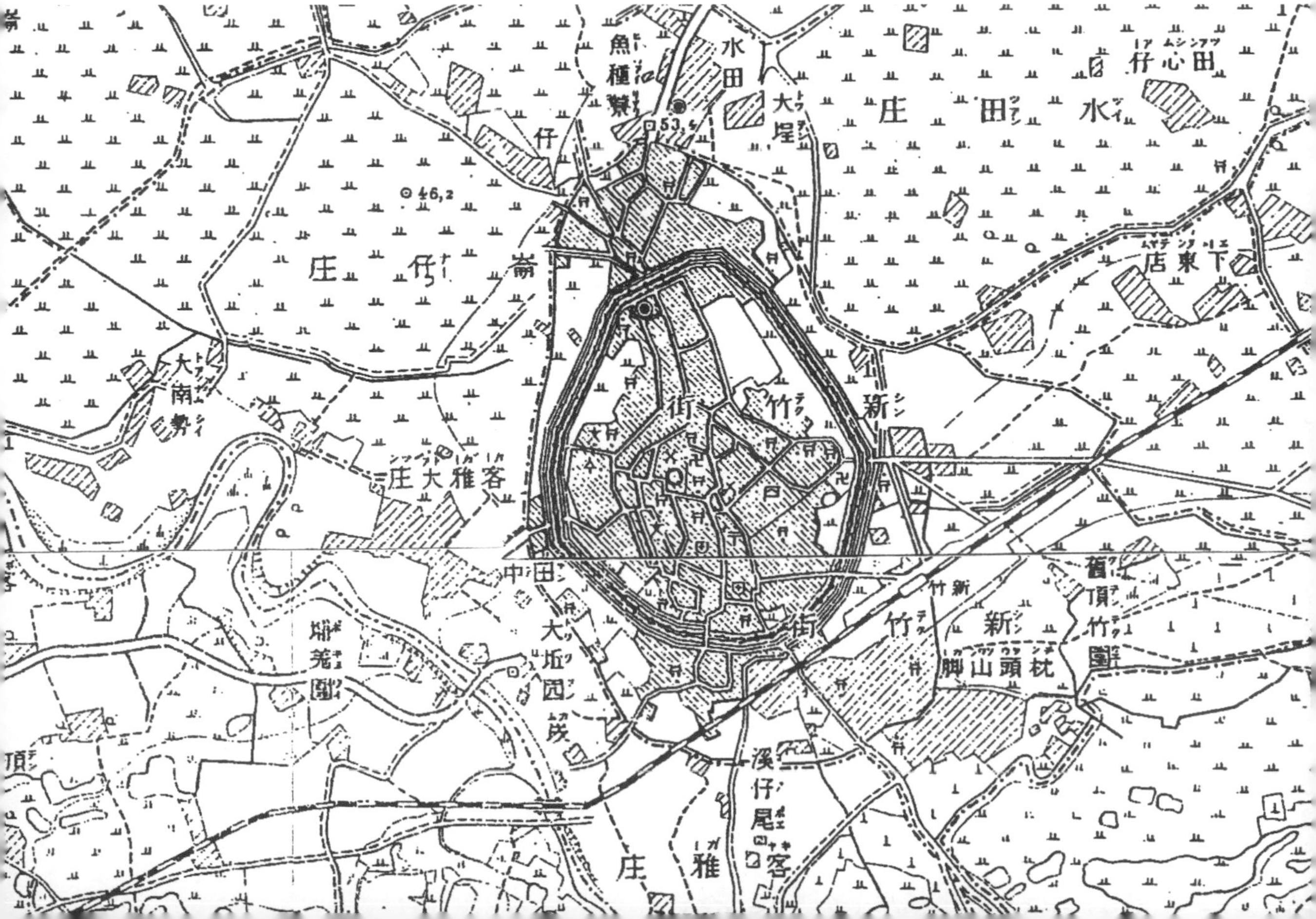

第七章 貓貍・苗栗

苗栗舊稱貓貍
乃平埔族道卡斯族貓里社社名
相傳貓貍二字意指平原
苗栗縣的開發始於明鄭時期
一六七〇年左右武衛劉國軒
治理蓬山八社、後壟五社
苗栗地區載於漢族史籍之始

清康熙二十二年（一六八三）滿清理台，將台灣劃為台灣、鳳山、諸羅三縣，此地歸屬諸羅縣，雍正元年（一七二三）劃歸淡水廳，於光緒元年（一八七五）新竹設縣時劃入；光緒十五年苗栗設縣治。

苗栗縣位於台灣中北部，境內多山地丘陵，北與新竹相鄰，東南以大安溪、雪山山脈接台中市（台中縣），西臨台灣海峽。苗栗東高西低，大霸尖山、鹿場大山、八卦力山、馬拉邦山、八角崠山、關刀山等山脈從東南至西北橫亙，中港

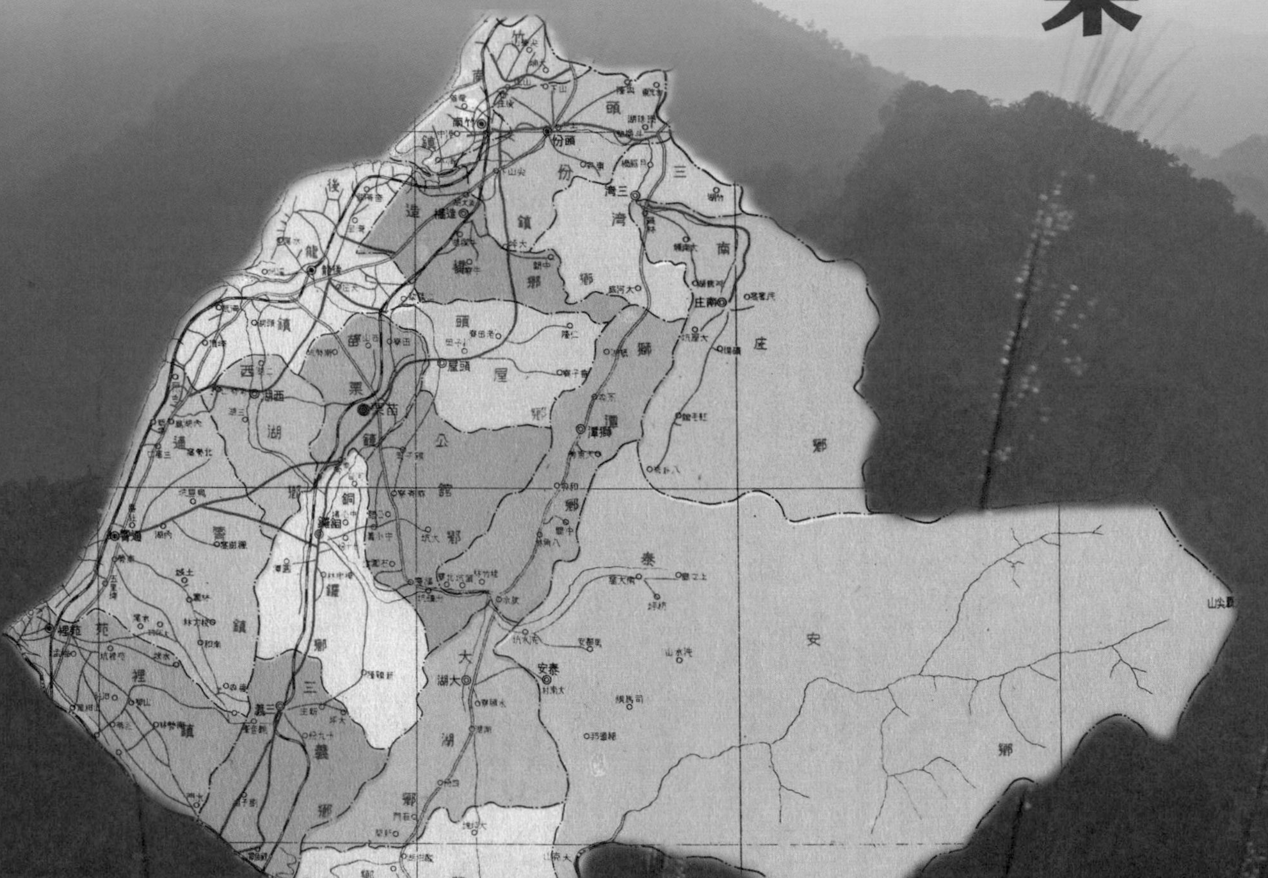

↗《台灣省縣市行政區域圖・苗栗縣》1955年。

溪、後龍溪、大安溪穿越其間，讀者若開車途經中山高速公路頭份路段至泰安路段，最能感受車行於重重復重重的丘陵谷地時上下起伏的狀態，過了泰安休息站，越大安溪入台中市則視野開闊，平原處處。

苗栗縣的產業以農產為主，農業人口占了全縣人口的百分之四十四，農產受制於地形，除了傳統的水稻之外，以雜項作物為主，品類繁多，楊桃、文旦、草莓、苦瓜、竹筍及香菇皆有出產，其中大湖草莓遠近馳名，觀賞花木如聖誕紅、一葉蘭等亦為大宗產區。

苗栗傳統產業以木材加工及手工藝表現出色，樟腦為苗栗縣開發初期迄日治時期最重要的產業，苗栗諸多舊地名皆與採樟歷史有關，諸如公館鄉的大坑村、大湖鄉的四份、八份、三義鄉的勝興、南庄鄉的蓬萊。樟腦之外，苗栗也於日治時代生產蠶絲，設置蠶蜂改良場（現為苗栗區農業改良場），為台灣蠶絲重鎮。苑裡藺草編織則始於清雍正年間，由於日治初期苑裡的藺草製品，草蓆、草帽等皆由台中大甲出口，被誤認為是大甲製造。

提到手工藝，一定要提三義木雕。由於樟腦採收之後，樹根遺留風化，形成造型奇特的樹根、枯木，大正七年（一九一八）三義鄉民吳進寶撿拾樹根加工之後擺飾，日人見後大為欣賞，乃著手將大量枯木加工，外銷日本；吳進寶之子吳羅松則進一步發輝創作天分，拜日人學習動物與人像之雕刻；同時期李金川則向日人學習人物雕塑，現代著名的雕刻家朱銘即為李金川的入門弟子。吳羅松、李金川等人奠定了三義木雕的基礎，時至今日，三義木雕業者已多達一、二白家，成為台灣雕刻藝術重鎮。

↗ 從馬那邦山眺望大安溪。

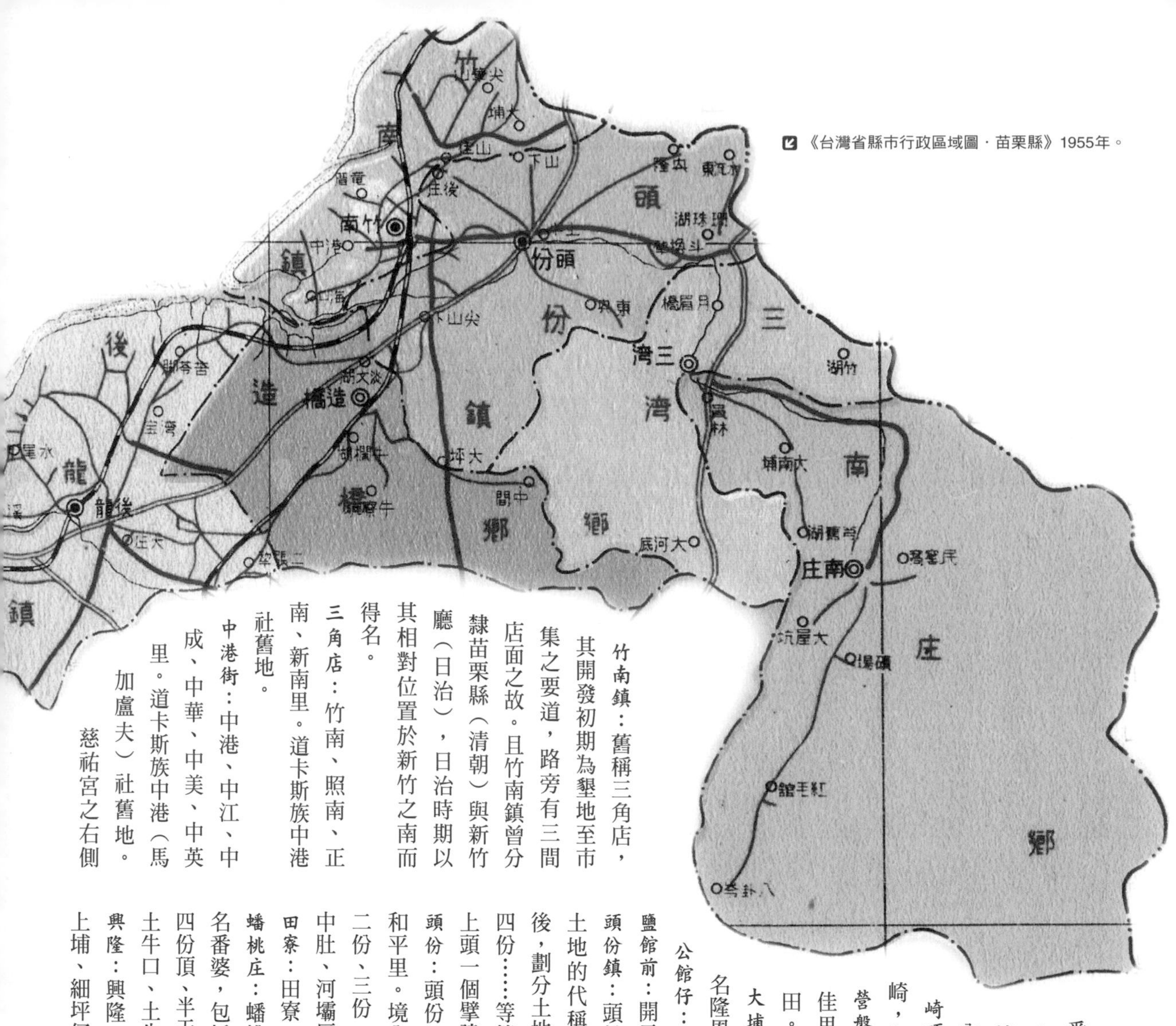

《台灣省縣市行政區域圖・苗栗縣》1955年。

竹南鎮：舊稱三角店，其開發初期為墾地至市集之要道，路旁有三間店面之故。且竹南鎮曾分隸苗栗縣（清朝）與新竹廳（日治），日治時期以其相對位置於新竹之南而得名。

三角店：竹南、照南、正南、新南里。道卡斯族中港社舊地。

中港街：中港、中江、中成、中華、中美、中英里。道卡斯族中港（馬加盧夫）社舊地。慈祐宮之右側番仔厝為其聚落。

海口：海口、港墘里。境內包括海口尾、塭仔內、塭仔頭、漁寮等。

崎頂：崎頂里。舊名老衢崎，為傳遞公文之鋪站。

營盤邊：營盤、龍鳳、山佳里。可能是清代的營盤田。

大埔：大埔、頂埔里。舊名隆恩埔。

公館仔：公館里。

鹽館前：開元、大厝里。

頭份鎮：頭份的「份」字，代表著土地的代稱。墾民合力拓墾完成後，劃分土地為頭份、二份、三份、四份……等等，頭份是指該筆土地上頭一個擘建的村落。

頭份：頭份、民族、仁愛、信義、和平里。境內包括土牛、土牛口、二份、三份、四份、五份、新屋下、中肚、河壩唇、望更寮。

田寮：田寮、東庄里。

蟠桃庄：蟠桃、山下、後庄里。舊名番婆，包括蟠桃、菁埔、後庄、四份頂、半天寮、山下排、三十份、土牛口、土牛仔等聚落。

興隆：興隆、上埔里。包括興隆、上埔、細坪仔、畚箕湖等聚落。

斗換坪：斗煥、新華里。包括佛仔底、三角仔、溪心壩、牛欄庄、四份仔等小聚落。

珊珠湖：珊湖、流東里。珊珠湖即山豬湖之雅化地名。

尖山下：尖山、廣興、尖下里。包括崩崁、鹿廚坑等聚落。

濫坑：濫坑里。境內包括藤坪、果作園二聚落。

東庄：上興、下興里。分上東興、中東興、下東興。

蘆竹湳：蘆竹里。

後龍鎮：又稱後壟，乃是指村庄後方有長條壟狀土丘。另有一說，則稱「後龍」乃指平埔族道卡斯族阿蘭（Auran）社之閩南語譯音。

後壠：南龍、中龍、北龍、大庄里。道卡斯族椰斯社舊址，境內包括田心仔、大庄等聚落。

大山腳：溪洲、大山里。境內包括大山腳、鴨母寮、下溪洲、砂崙湖、汕頭等聚落。

外埔：外埔、海埔里。

水尾仔：水尾、秀水里。

苦苓腳：東明、灣寶、海寶里。包括頂埒尾、網絃仔、灣寶等聚落。

三張犁：豐富里。

公司寮：龍津里。原為道卡斯族，俗稱烏眉番之社域，後移至南社。

後龍溪出海口。（李世榮／攝）

烏眉：福寧里。為道卡斯族烏眉番之舊域，烏眉原稱烏眉閣。

崎頂：中和里。

過港：南港里。包括山邊、南勢山、尖山腳等聚落。

灣瓦：中和里。灣瓦為灣挖之訛轉。

頭湖：福寧里。從北至南以頭湖、二湖、三湖、四湖、五湖等地名。

後底：龍坑里。

十班坑：龍坑里。

三灣鄉：三灣位處苗栗縣北部與新竹峨眉鄉接壤，地形多河灣山巒。「三灣」是指於中港溪第三個曲流所形成的弧形河岸興建的聚落。

日治時代的竹南庄街景。

下北埔：北埔村。包括大北埔外、大北埔內、小北埔等聚落。

崁頂寮：頂寮村。包括茄冬坑、祭山湖等聚落。

銅鑼圈：銅鏡村。分大小銅鑼圈。

內灣：內灣村。包括水頭屋、田心屋、隘寮頂等聚落。

下林坪：北埔村。包括下河排、脫山仔二聚落。

大河底：大河村。包括八股、十股、新公館等聚落。

永和山：永和村。包括砂坑、北坑、上雙坑、浮橋、上、下大湖等聚落。

大坪林：大坪村。包括下雙坑、南坪角、二十四份等聚落。

造橋鄉：清雍正年間，漢族客籍人士入墾，因拓墾來往所需，乃興築橫跨南港溪之橋樑，創建了造橋村。

造橋：造橋、原豐、平興村。

赤崎仔：大西、錦水村。錦水舊名滾水，日人在此開採天然氣之後改名錦水。

大桃坪：大龍村。

牛欄湖：豐湖村。

淡文湖：談文、朝陽村。

潭內：龍昇村。境內有大潭、中潭、草潭等湖泊故名。

清代為防止高山族出草，在山地沿線設置隘口，由武裝的平埔族在隘口警戒。

泰雅族是人數最多、領地最大的高山民族，出草對平地人造成很大的威脅。

Chapter 7

隘寮與番屯

「隘」最初應是指形勢險要的隘口或來往必經的重要孔道，後來才演變為防禦設施。桃、竹、苗近山地帶，隘是常見的老地名類型。

康熙末年，漢人來台拓墾漸增，對原住民傳統領域侵擾漸增，屢屢造成治安事件。來台協助平定朱一貴之亂的藍鼎元在〈復呂撫軍論生番書〉中說：「生番殺人，臺中常事……，惟有於出沒要隘必經之途，遊巡設伏，大張砲火，虛示吾威，使彼畏懼而不敢出耳」。但真正將屯隘制度化，則是乾隆 53 年福康安來台平定林爽文之變後所訂下的政策。

臺灣山地遼闊，只能選擇高山民族出入的要道、地勢險峻、易守難攻之處派人守備。負責守備的皆為平埔族，稱之為屯丁，除了發給餉銀之外，另撥田地充作屯田，謂之番屯，寓兵於農。屯丁把守隘口的政策一直持續到日本時代。

此後在高山原住民經常出沒的隘口設防處皆泛稱為「隘」，時間日久，隘就成為防範高山原住民設施的專稱。

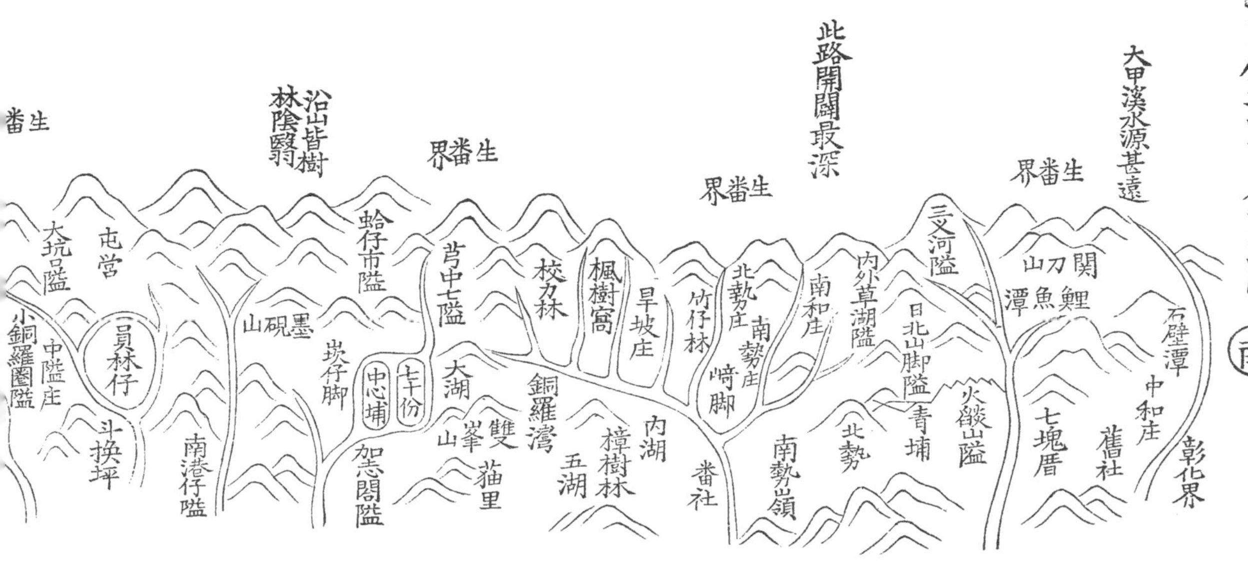

淡水廳沿山各隘圖（南）

（淡水廳志に據る）

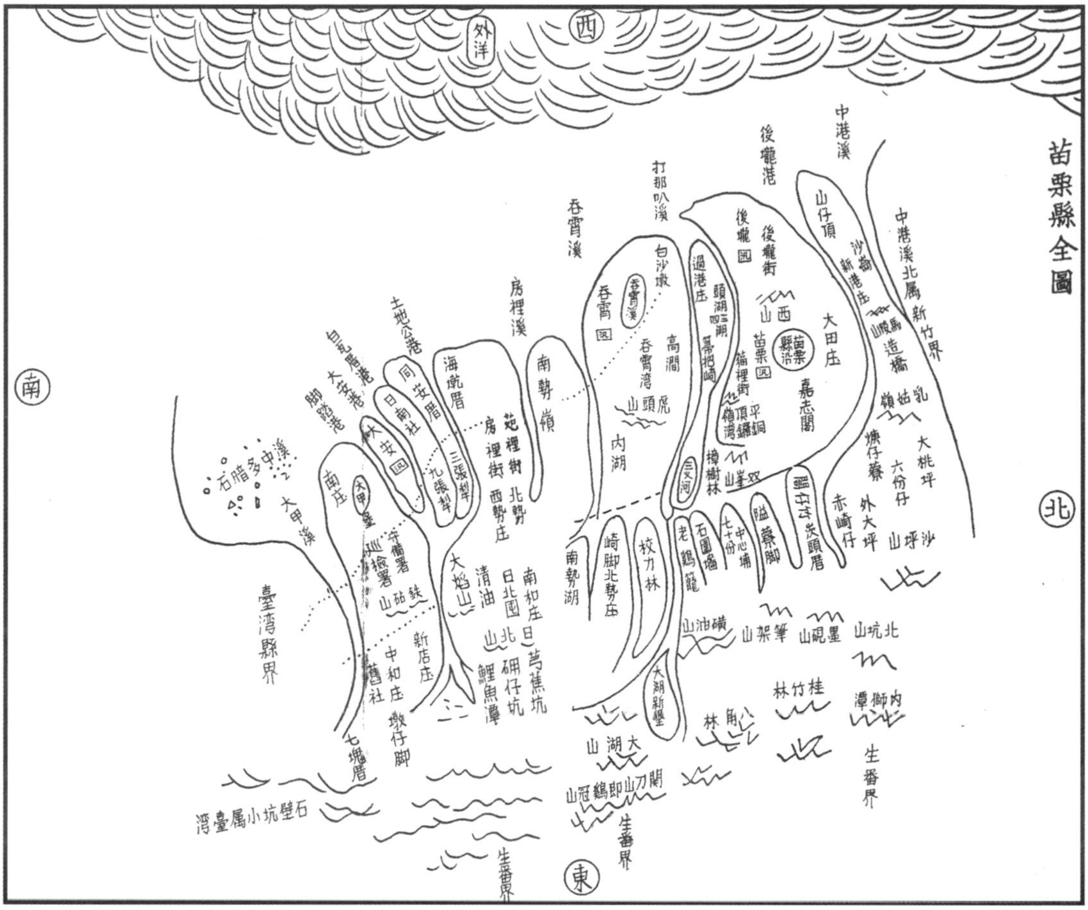

《苗栗縣志》中的〈苗栗全縣圖〉。

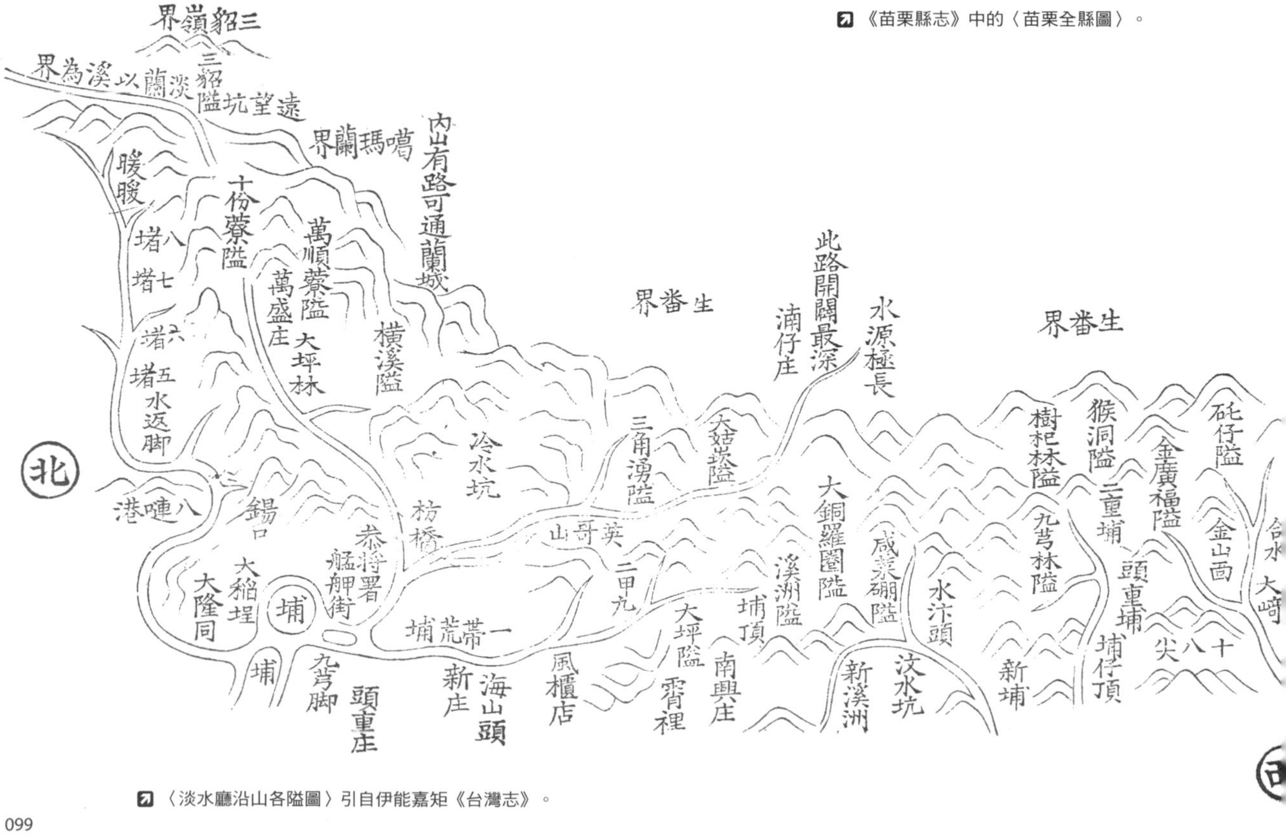

〈淡水廳沿山各隘圖〉引自伊能嘉矩《台灣志》。

苗栗市：舊稱貓狸，乃是平埔族道卡斯族貓里社之譯音。清光緒十五年（一八八九）設縣時改稱苗栗。

苗栗街：中苗、青苗、綠苗、高苗、新苗、建功、玉栗、大同里。

芒埔：玉清、玉華里。昔稱黃芒埔、夢花庄。

維祥：恭敬、勝利、維祥、水源里。原名內麻。

嘉盛：嘉盛、玉清里。舊名嘉志閣，道卡斯族嘉志閣社舊地。

田寮：福星里。舊名大田庄。

苑裡鎮：苑裡原為平埔族道卡斯族苑裡社舊地，故得名，位於苗栗縣西南，大安溪下游之北，瀕臨台灣海峽。

苑裡：苑東、苑西、苑南、苑北里。道卡斯族苑裡社舊地。以藺草編織蓆帽聞名。

瓦窯：興隆里。

房裡：南房、北房里。道卡斯族房裡社舊地。舊名崩山莊。

貓盂：中正、客庄里。道卡斯族貓盂社舊地，曾改名興隆社。

社苓：社苓、泰田、上館、玉田里。社苓舊名射苓、榭苓，為水生植物。境內包括公館仔、溪仔田等。

山柑：新復、山柑、田心里。

山腳：山腳、錦山里。

石頭坑：石鎮里。

南勢林：南勢里。

田寮：福田里。

苑裡坑：苑坑、水坡里。

舊社：舊社里。道卡斯族舊址。

大埔：錦山、蕉埔里。

芎蕉坑：蕉埔里。

通霄鎮：通霄舊稱吞霄，為道卡斯族之社名，清光緒十五年（一八八九）屬苗栗縣吞霄堡，日明治三十四年（一九〇一），改制為通霄支廳，乃易名通霄迄今。

吞霄：通東、通西里。道卡斯族吞霄社舊址。

通宵灣：通灣里。分上、中、下通霄灣三個聚落。

梅樹腳：梅南里。

南勢：梅南里。

北勢：平元里。包括北勢頭、下北勢等聚落。

圳頭：圳頭里。舊名圳頭堵或圳頭肚。

福興：福興里。舊名興隆庄，貓盂社舊地。包括新莊仔、烏樹頭、大濫坑、小濫坑、直坑、出水坑、大坑、大坑口等聚落。

土城：城南、城北里。因村外築土垣而得名。

南和：南和里。一說舊名為難和。

五里牌：五南、五北里。包括羊寮、番仔寮、隘口寮等聚落。

大坪頂：坪頂里。

番社仔：平元里。吞霄社舊址。

內湖：內湖里，包括三張、四腳圍牆、旱坡仔、清溪仔、水尾仔、對面、帝爺廟等聚落。

北勢窩：福龍、福源里。包括番仔寮、灣角、雙甲水、新買田、大肚等聚落。

烏眉坑：烏眉里。境內有烏眉堀、烏眉巷等地名。

楓樹窩：楓樹里。包括研左坑、北坑、柳樹窩、枷棟窩、楓樹窩等。

白沙墩：白東、白西里，拱天宮媽祖進香活動遠近知名。

新埔：新埔里，舊名望高寮。

內湖島：內島里。舊名內湖肚。

西湖鄉：舊稱四湖，當地地名有一湖、二湖、三湖、四湖、五湖之稱，而湖即盆狀窪地之稱。

高埔：高埔、下埔村。

鴨母坑：龍棟、金獅村。

二湖：二湖、湖東村。

三湖：包括店仔街、田心仔等。

四湖：四湖村。

五湖：五湖、上湖村。包括茅仔埔、上灣等聚落。

公館鄉：公館原指墾首綜理租務、墾務及隘務的行政處所。公館地區大約於嘉慶末年即由客籍人士入墾成街肆，時稱公館街。

公館：館中、館西、館南村。三村俗稱隘寮地。

蔴薺寮：玉泉村。因麻糬而得名。

中小義：中義村。為中車路、小圍牆、義民埔之合稱。

福基：福基、福德、福星村。舊名河頭。

因1935年關刀山大地震，魚藤坪鐵路橋坍塌後意外的形成了一道獨特的風景。

大坑：大坑村。境內有四份、六份、十二份等和腦灶有關之地名。

出礦坑：出礦、開礦村。

石圍牆：石墻村。境內有番仔埔、槍庫壢等地名。

五穀崗：五谷、玉谷村。

鶴仔崗：鶴岡、鶴山村。

尖山：尖山、寬仁、平安村。

南河：南河村。

北河：北河村。

銅鑼鄉：銅鑼原稱為銅鑼灣，當地聚落三面繞山，一面開口向平地，形似銅鑼而得名。此地本為泰雅族生活舊地，乾隆初葉續有客籍人士來墾。

銅鑼灣：銅鑼、福興村。

三座厝：竹森村。

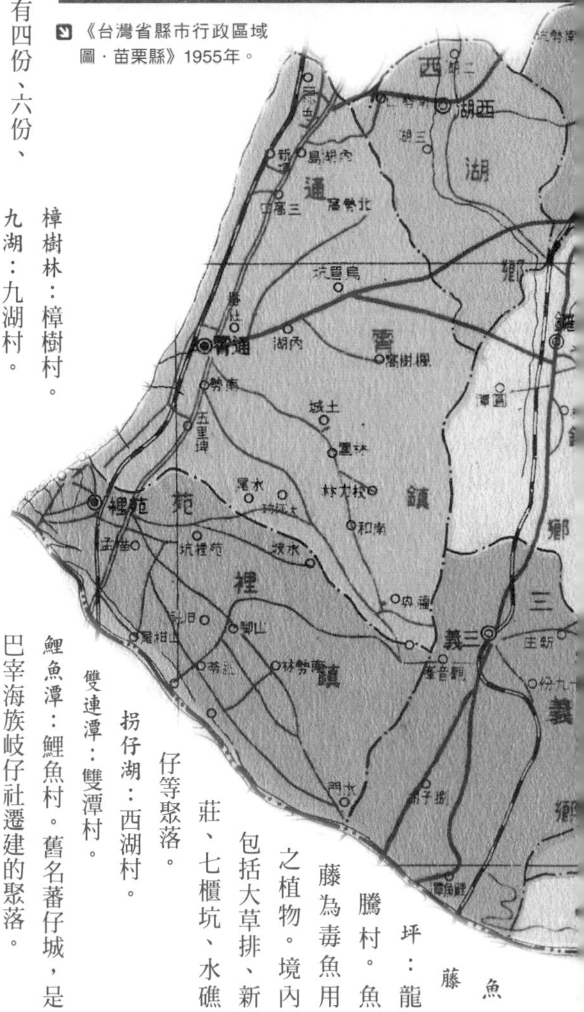

《台灣省縣市行政區域圖・苗栗縣》1955年。

樟樹林：樟樹村。

九湖：九湖村。

竹圍：樟樹村。

芎蕉灣：朝陽村。

中心埔：中平村。

七十份：中平村。

老雞籠：興隆村。舊名老雞籠。

新雞籠：興隆、盛隆村。

三義鄉：原名三叉河，因鄉境內打哪叭溪、打木溪、大坑溪三溪會流，故名三叉河，日大正九年（一九二〇）調整為三叉，民國四十三年因「叉」字形似義之簡體，乃雅易其名為三義。

三叉河：廣盛、勝興村。境內土名十四股、八股、四分、十六分等和腦灶有關。

雙草湖：雙湖村。

魚藤坪：龍騰村。魚藤為毒魚用之植物。境內包括大草排、新莊、七櫃坑、水碓仔等聚落。

拐仔湖：西湖村。

雙連潭：雙潭村。

鯉魚潭：鯉魚村。舊名蕃仔城，是巴宰海族岐仔社遷建的聚落。

頭屋鄉：頭屋舊稱崁頭厝，意指興建於山崖上的房子。相傳於乾隆年間客籍移民入墾，於田寮溪之河階崖上興建聚落，故名之。

崁頭屋：頭屋、象山村。舊名扒子崗，以明德茶聞名。

二崗坪：曲洞、飛鳳村。舊地名有天花湖、南球、舊社。

枋寮坑：鳴鳳村。包括二湖、三湖、番仔寮等聚落。

仁隆：仁隆村。舊名興隆庄，包括砂坪、中隘壢、柚仔樹坑、大坪等聚落。

外獅潭：北坑、獅潭村。

老田寮：明德村。明德茶舊名老田寮茶。

大湖頭前溪的沖積扇。

《台灣省縣市行政區域圖．苗栗縣》1955年。

19世紀末樟腦的開採與煉製和苗栗山區的開發密不可分。

↗ 獅頭山上的古剎。（黃兆慧／攝）

↘ 草莓已為大湖鄉最亮麗的一張名片。

南庄鄉：南庄為原住民族賽夏族之聚居地，境內現有原住民人口二千四百餘人，賽夏族占絕大多數。南庄之名，乃因清光緒年間於此地田尾庄（今田美村）設公館，招募墾民往南拓殖，日久形成村落乃稱南庄。

南庄：東、西村。

員林仔：員林村。員林仔亦稱小南興、小南埔。

大南埔：南富村。

四灣：田美、南富村。中港溪的第四個河曲，包括老社寮、芭蕉湖、龍門口等聚落。老社寮為賽夏族故址。

田尾：田美、獅山村。

北獅里興：西村、南江、東河、蓬萊村。里興為賽夏族的自稱，獅里興意思為居住在獅頭山的賽夏族，再分南北獅里興。

鹿場：風美村。昔日為泰雅族獵鹿之地。

卓蘭鎮：卓蘭原稱罩蘭，乃是平埔族巴宰海（**Pazeh**）族所稱地名**Tarian**之漢字譯音，其意為美麗的田野。後於日大正九年（一九二〇），雅易其名為卓蘭。

罩蘭：老庄、新榮、中街、新厝里。境內包括老庄、新庄內、中街、新厝、上埔尾等聚落。

壢西坪：西坪里。

大坪林：坪林里。

大湖鄉：大湖鄉位於苗栗縣西南，南有馬拉邦山、西有關刀山、東有鷂婆山，此地乃一大盆地，故於清咸豐年間即有大湖之稱。

大湖：大湖、明湖、靜湖、富興、大南、大寮村。境內包括八份、水車下、下廟仔、北屯營、番仔林、五寮、六寮、上坪、七寮、社寮角、水尾坪、八寮灣、九寮、十寮、竹篙屋、水頭寮三寮、四寮坪、王爺潭、草崠、大寮、大南勢、小南勢等聚落。

南湖：南湖、義和、栗林、新開村。包括門棍、淋漓坪、九芎坪、壢底寮、白石下、關刀山、校栗林、四份、內雙坑、新百二份、姜麻園、石門、八份、十份、三二份、十八份、三角草、酸柑湖、內雙坑、網形、新開等聚落。

獅潭鄉：由於當地獅頭山與其溪水碧綠如潭而得名，獅潭在十九世紀末葉為重要的樟樹林產區，當地拓墾與樟腦業存在著密不可分的關係。

內獅潭：永興、百壽、新店、和興村。包括永興、三治坑、新店、大東勢、十九份、合興等聚落。

八角林：豐林、興豐村。

桂竹林：竹木村。

第八章

大墩・台中

清朝初年台中市南部為平埔族巴布薩族生活區域
北部為平埔族巴宰海族生活區域
漢族入墾台中始於雍正年間
乾隆中葉已成市街
台灣建省首在中部設台灣府並設省城
明治二十九年設台中市，台中之名始於此

神岡區的筱雲山莊曾是台灣最大的藏書樓。（李世榮／攝）

台中市地形分為山、海、屯三個部分，所謂山線，是指東勢、石岡、新社、和平鄉等偏東北部地帶，海線則是位於濱臨台灣海峽的鄉鎮，諸如清水、大安、大甲、沙鹿等地，而屯乃是介於山線與海線之中心平原地帶，諸如大里、霧峰、太平等地。

台中位於台中盆地略偏北側，東起和平區與花蓮、南投交界；西濱台灣海峽；南抵霧峰區與南投交界；北則以大安溪與苗栗相鄰；東側緊貼中央山脈。境內南湖大山、中央尖山、雪山皆為三千公尺以上之百嶽名山。

台中市政府為發展觀光規劃了十條主題觀光路線，分別為文化、老樹、生態、廟宇、教堂、步道、鐵道文化、懷舊、地震、單車等十個主題，人文風情、常民文化盡現其中，值得一覽。

其中廟宇之旅，介紹了台中開發過程中，開庄奠基的數十間重要廟宇，如大甲鎮瀾宮所奉祀的天上聖母媽祖，守護著漳泉移民平安往來黑水溝；創建於清乾隆十年（一七四五）的沙鹿保安宮則主祀客家移民的守護神三山國王；東勢巧聖仙師廟則供奉著木匠開山祖魯班公，見證了東勢林業興盛的一頁。廟宇的歷史紀錄了漢民族開發台中的過程以及民俗文化內容，值得一觀。

太平區：太平位於台中盆地東邊，舊稱烏松頭，乃因建庄時，村庄位於烏松樹下的緣故，復因墾民常與平埔族發生衝突，易其名為太平，日大正九年（一九二〇）改稱大平，光復後改回太平。

太平：太平、中平、東平里。為洪雅族舊地，包括番仔寮、塗城、三汴庄、大湖內、公館崎等聚落。

番仔路：新光里。洪雅族舊地。

車籠埔：興隆、光隆、黃竹里。早年設糖部製糖，榨汁蔗車名為車，故此地俗稱車埔，後誤為車籠埔。據說最早之地名為廣興。

頭汴坑：頭汴、東汴里。有內城、新城等聚落。

大里區：大里舊稱大里杙，北鄰台中市，近年發展迅速，其人口全縣第一，為台中市屯區重心。

大里杙：大里、新里里。洪雅族舊地。林爽文事件起事地點。

詹厝園：夏田里。

番仔寮：仁化、健民里。舊時為洪雅族社域。

塗城：塗城里。原名土城，為防禦設施。

草湖：東湖、西湖里。原名草凹。包括泉水仔、古重笨、崁仔腳。

《台灣省縣市行政區域圖．台中縣》1955年。

921地震前的霧峰林家頂厝景薰樓。（廖泰基工作室／攝）

大突寮：大元里。地名起源和彰化溪湖大突社之平埔族有關。

涼扇樹：樹王、鷺村里。地名起源於一棵樹冠巨大的茄冬樹。

內新庄：內新、東昇里。包括員簹碑、頂庄仔、下庄仔等聚落。

霧峰區：霧峰舊稱阿罩霧，一說為出自貓羅社所居之地的原土著族**Ataabu**社之漢譯，另說則為此地東半部之山區經常煙霧繚繞。日大正九年（一九二〇）雅易其名為霧峰。

阿罩霧：相當霧峰區大半地區。霧峰林家所在地。

柳樹湳：北柳、南柳里。與大里杙、涼扇樹、內新庄號稱四大庄。

吳厝：四德、五福里。包括四塊厝、五福、大圳頭、新厝、新埔仔、磨仔盾園。

萬斗六：萬豐、舊正、峰古、六股里。洪雅族萬斗六社之舊地。

丁台：丁台、南勢、北勢里。丁台又作平台、登台，地名和隘口有關。包括南門仔、九股、頂松仔腳、八十石租、頂南勢、下南勢等聚落。

烏日區：烏日起源有很多說法，有說其地形河道分歧，地勢平坦，遠望如湖上觀日，故稱「湖日」，又說地形河道蜿蜒，彷彿「凹入」之土地。

烏日：烏日、湖日里。地名起源不詳，可能出自平埔語。包括半路店、新莊仔兩聚落。

螃壻：三和、榮泉里。地名可能出自平埔語，包括下馬厝、厝仔、竹山等聚落。

溪心壩：東園、溪壩里。

喀哩：北里、南里里。

同安厝：螺潭、溪尾里。

九張犁：九德里。

五張犁：五光里。

阿密哩：光明里。巴布薩族舊域。

頭前厝：前竹里。

蘆竹湳：前竹里。

學田：學田里。地名由來可能是早年此地田租用於書院或孔廟。

東勢區：東勢為台中市重要山城，昔為木材集散地、木材加工區，當地舊稱匠寮。東勢得名乃相對於較早開發之葫蘆墩（豐原）、石岡而言，東勢位居東方，故稱為東勢角，後於日大正九年（一九二〇）簡易其名為「東勢」。

大茅埔：慶東、慶福里。

新伯公：詒福、上城、下城里。包括上、下城、番社、頭社、二社、尾社等聚落。

東勢角：相當東勢區的核心街區。昔日為巴宰海族樸仔籬社群的社域。

石圍牆：茂興、泰興、埤頭里。包括屯園、大排、下彎、圳寮坑、上埤頭、下埤頭。

校栗埔：興隆里。又名加力埔。

石壁坑：明正里。初名永盛庄。

新社區：新社原為巴宰海（**Pazeh**）族遷移新建之社。而巴宰海族之所以往頭嵙山之河階地遷移，乃因清乾隆年間，大批客籍移民擁入，巴宰海族人被迫往山地遷移。

新社：新社、中正、復盛里。昔日為巴宰海族山頂社舊地。包括山頂、食水嵙、土城、烏銃頭等聚落。

永居湖：月湖里。舊名畚箕湖。

水底寮：東興、中和、福興、慶西里。包括抽藤坪、下水底寮、麻竹坑等聚落。

大湳：大湳、協成里。昔日為巴宰海族大湳社舊地。

七份：昆山、永源里。地名和腦寮有關。

馬力埔：永源、協成里。包括八欉樹腳、長崎頭、田寮、新五村、新四村、三角口、茄冬寮等聚落。

石岡區：石岡舊稱石崗仔，包含了石崗仔、九房厝、金星面等聚落群。石岡原稱為石硿，硿乃是大陶缸。指地形近「缸」狀。

仙塘坪：龍興里。閩南語鐵鏽念作仙，此地泉水呈鐵鏽色，故名。

土牛：土牛、德興、和盛里。土牛為乾隆時代所立之土壘，禁止平地人進入原住民領域。

社寮腳：萬興、梅子里。包括梅仔樹腳、砂連墩兩聚落。

石崗仔：石岡、萬安、九房、金星里。昔日為樸仔籬社之社域。包括九房厝、金星面等聚落。

昭和時代的〈台中市街圖〉

東區、西區：台中市以大墩街為中心，東邊一帶近台中市大里之區域即為東區，東區位於後火車站，區內有台中高農、教師會館、國軍英雄館、干城車站（巴士集散區域），較少消費性商業開發。西區為台中市之行政中心，市政府、市議會、醫院、圖書館、文化局、科博館皆座落於此，藝文設施彙集，逐漸形成一具豐美人文氣質之街區

頂橋仔頭：頂峰、東橋、忠孝里；南區中南、南門、德義、積善、江山里。因旱溪上架有渡橋而得名。

公館：位於西區，早年為收租館。

東勢仔：東南、東勢、合作、尚武、富台里。

旱溪：祖聖、泉源、旱溪。

後仔：相當於整個西區。

麻園頭：忠明、公正里。

南區：南屯路以南至旱溪一帶，此地光緒年間係位於大墩街南方之農村良田，光緒十一年（一八八五）台灣建省，擬於本區橋仔頭庄興築省城，後因省城移至台北而未修築完成。

下橋仔頭：和平、福興、永興。與頂橋仔頭對稱而得名。

樹仔腳：樹義、樹德。

番婆：樹德里。

半坪厝：西川里。

北區：北區東至旱溪、西達土庫溪，南則沿西屯路、五權路，北區位於台中市最早開發的大墩街北邊，戰前一片稻田，戰後迅速發展，為台中市文化、體育活動中心。

邱厝仔：範圍佔北區之大半。

賴厝部：賴厝、賴村、中達里。

墘溝仔：淡溝里。或作乾溝仔。

西屯區：位於台中市西北方，民國三十四年本劃為台中縣，於民國三十六年劃入台中市稱西屯區，區內有中山高速公路貫穿、水湳機場

《台中市要覽》1935年 金子常光繪。

等，為中市交通動脈所在。

西大墩：西安、西屯里。巴宰海族舊地，因位於東大墩之西而得名。

馬龍潭：龍潭里。馬龍或作馬能，平埔語為亡靈之意。馬能潭聚落之形成，在台中僅次於犁頭店。

下七張犁：協和里。

水堀頭：永安、福安里。

八張犁：廣福里。

港尾仔：港尾里。因為為於筏仔溪支流末端而得名。

下石碑：大石、大河里。亦名下石牌，石牌為官方同意開墾的告示牌，由岸里社土官阿穆請墾獲准。

惠來厝：惠來里。第一批移民為廣東惠來縣人士。

南屯區：南屯位台中市西南部，南鄰烏日鄉、北接西屯區。南屯區為台中市開發較遲地區，迄民國六十七年，區內仍為農業區，僅南屯里、春社里一帶形成街肆。

犁頭店：南屯里。貓霧㨂社舊址，因移民暴增已移居埔里。

田心：田心里。尚包括牛墟、尾厝、江厝等聚落。

三塊厝：三厝、黎明、黎光里。包括東、中三塊厝、口厝、新起厝、十二福戶仔。

永定厝：永定里。早期移民為閩西永定籍。

新莊仔：新生里。俗稱老厝庄。

知高：文山里。為豬哥坑之雅化。

山仔腳：文山里。包括頂坑仔、下坑仔、西墩三聚落。

番社腳：春社、春安里。

鎮平：鎮平里。因早期移民為嘉應州鎮平人士而得名。

同安厝：春社里。頭批移民為同安籍而得名。

蔴糍埔：豐樂里。

水碓：鎮平里。以水碓為地名者，為客籍移民之地域。

北屯區：位於台中市東北部，東經頭嵙山地與東勢區相鄰，北與新社區接壤，區內多丘陵地，景色宜人，市府於此設置大坑風景區。

四張犁街：仁美、四民、仁和、仁愛里。戴春潮起事之處。

上七張犁：同榮里。

水汴頭：同榮里。

陳平庄：陳平、新平里。早期移民為嘉應州鎮平人士，因而起名鎮平，與南屯之鎮平重複，改為陳平。

水湳：水湳里。

三十張犁：北屯、北興、三光里。包括虎尾寮、頭張、尾張三聚落。

二分埔：平田、平和里。

台中省城僅餘望月樓

清光緒 11 年（1885）台灣建省，13 年巡撫劉銘傳至藍興堡橋仔頭庄察看形勢之後，擇定此地為省城所在，並以此地為台灣府，原來的台灣府改稱台南府。開闢初期橋仔頭庄並非街道市集，劉銘傳選擇此地為省城所在，純粹是此地位居台灣的中間位置，利於遙制兩端。台中省城於清光緒 15 年 8 月開工，首先興建八門四樓，大東門「震威」，城樓「朝樓」，小東門「退安」；大西門「兌悅」，城樓「聽濤」，小西門「埔順」；大南門「離昭」，城樓「鎮平」，小南門「選正」；大北門「坎孚」，城樓「明遠」，小北門「乾建」，並築衙屬廟宇。

城牆由林朝棟監督、設計，並由仕紳吳鸞旂等人總理其事。光緒17年12月城牆工程完成絕大部分。不久，巡撫劉銘傳去職，邵友濂接任。邵友濂改變劉銘傳銳意進取的治台政策，以節省經費為由，終止築城工事。同時將省城改為台北，橋仔頭雖仍為台灣府治所在，但當初完成近半的建築工程卻停頓荒廢，僅新庄仔及下街兩地形成店鋪街肆。

直至日本領台後，明治 29 年（1896）命名為「台中街」。明治 34 年 6 月時實施市區改正，大大擴張當地市街規模。原有之舊城樓全被拆毀，僅留北門城樓於台中公園內，現稱望月樓。

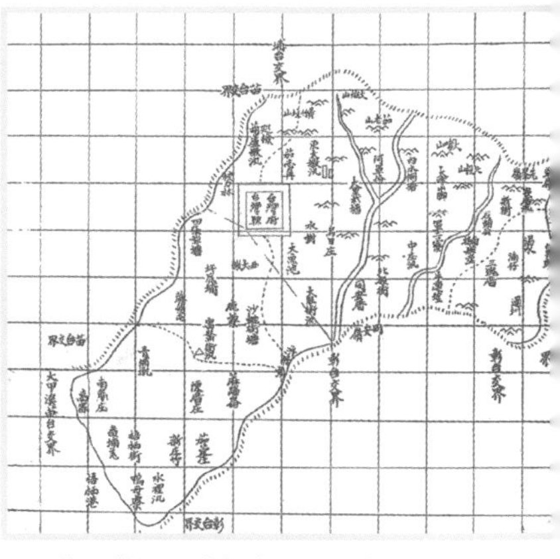

↑ 光緒年《台灣通志》〈台灣縣圖〉。

↖ 《台中州管內圖》。

↘ 《康熙台灣輿圖》。

↗ 光緒年《台灣通志》〈台灣縣圖〉。

伊能嘉矩重繪的《岸裡社番把守之圖》。

清代理番分府頒給麻薯岸南社屯首領的戳記。

豐原區：豐原舊稱葫蘆墩，得名之說有二，一說乃因地形形似葫蘆，二為平埔族巴宰海族 **Huluton** 社譯音，意為松柏林，此地巴宰海族已於道光五年（一八二五）遷至埔里盆地牛眠山，日大正九年（一九二〇），因當地稻產豐美，取名豐原。

葫蘆墩街：相當豐原市街區，日人摘取「豐葦原之瑞穗國」中豐原二字為地名，光復後因之。

大湳：大湳、東湳、西湳、北湳里。

圳寮：圳寮、豐圳里。

鎌仔坑口：鎌村里。

下南坑：北陽、南陽、中陽、東陽、陽明里。

上南坑：南村、南田、南嵩里。

翁仔社：翁明、翁子、翁社里。此地為巴宰海族岸里社舊址。原名 **Paicahon**，取其 **on** 之尾音。

烏牛欄：豐田里。巴宰海族烏牛欄社舊址，烏牛欄社於道光年間遷移至埔里。

社皮：社皮里。社皮為社背之訛轉。此地為巴宰海族岸里社舊址。

樸仔口：朴子里。為巴宰海族樸仔籬社舊址。

車路墘：三村里。

潭子區：潭子舊稱潭仔墘，福佬話音中之「墘」是指位於水邊的土地，也就是說潭仔墘乃是位於水邊的村庄。日大正九年（一九二〇）雅易鄉名為潭子。

大埔厝：大富、大豐里。境內摘星山莊為知名古宅。

潭仔墘：潭北、潭秀、潭陽里。巴宰海族阿里史社舊地。

瓦窯仔：瓦窯里。

頭家厝：頭家里。

甘蔗崙：甘蔗里。

東員寶：東寶里。

茄至角：嘉仁里。和苗栗的嘉志閣社或許有關。

聚興：聚興、新田里。

校栗林：栗林里。校栗學名台灣櫧或桃葉石櫟。

神岡區：神岡舊稱新廣庄，清康熙年間因張達京等入墾岸裡社者多為粵籍移民，乃稱此地為新廣庄。日

921地震後重建的石岡區客家大宅院劉家伙房。

《台灣省縣市行政區域圖．台中縣》1955年。

大正九年易名為「神岡」。

神岡：神岡、庄前里。早年為巴宰海族岸里大社之領域，稱此地為阿河巴草埔，後來廣東蕉嶺縣神岡籍人士來此開墾，以故土為地名。

北庄：北庄、庄後里。因位於大埔厝庄之北而得名。

圳堵：圳前、圳堵里。

新莊仔：新庄里。

山皮：山皮里。

社口：社口、社南里。本地的犁記餅店全台知名。

三角仔：三角里。境內的筱雲山莊為知名古宅。

大社：大社、岸裡里。舊名岸裡大社，為巴宰海族的核心地帶。

下溪洲：豐洲、神洲、溪洲里。境內包括後寮、後璧厝、苦苓腳、中寮、前寮、牛糞腳等聚落。

大雅區：大雅舊稱壩仔、壩雅、垻雅，乃荒埔地的意思，大正九年（一九二〇）由壩仔雅易為大雅。

垻雅街：大雅里。客語「壩仔」相當閩南語「埔仔」，早年此地屬巴宰海族領地阿河壩，垻雅是阿河壩的略稱。

上楓樹腳：上楓里。原有頂、下楓腳之分，現兩村合一。

上、下員林：員林里。

埔仔墘：六寶里。

六張犁：六寶里。

十三寮：秀山里。

上、下橫山：秀山、橫山里。

花眉：西寶里。《彰化縣志》作華眉庄。

西員寶：西寶里。

馬崗厝：三和里。清代為運鹽官道必經之地，有馬兵駐守。

大田心仔：三和里。

后里區：后里舊稱內埔，因與屏東縣內埔鄉同名，於民國四十四年取其較早開發之聚落后里村為鄉名。

墩仔腳：墩東、墩溪、墩南、墩北里。因墩仔頂下方而得名。

舊社：舊社里。蔴薯社舊址，道光年間蔴薯社遷移至埔里。

后里：后里、厚里里。聚落位在巴宰海族蔴薯社之後，故名。

月眉：眉山、樂業、月眉里。

中和：中和里。

圳寮坑：仁里、義里里。

四塊厝：聯合、太平里。包括十三張、坑仔、口庄等聚落。

牛稠坑：廣福里。

七塊厝：泰安里。

新店：公館里。

公館：公館里。

中社：公館里

大安區：大安位於大安溪、大甲溪之間的沖積扇。大安港於明末稱為海翁窟港，清朝則稱為螺絲港，向來港務鼎盛，內地大商船可達，為大甲鎮之外港，後因大安溪、大甲溪港灣漸次淺窄。更名大安乃求其商旅安泊之意。

田心仔：頂安里。

頂、下大安：頂安、永安里。

三十甲：頂安里。

北汕：福住里。

頂、下腳踏：西安里。

海墘厝：海墘里。

東勢尾：東安里。

南埔：南埔里。

南庄仔：南庄里。

中庄：中庄里。

龜殼庄：龜殼里。

溪洲：龜殼里。

福興：福興里。

大甲區：大甲得名於平埔族道卡斯族（**Taokas**）閩南語音譯，大甲社清初蓬山八社之一，雍正九年（一七三一）反叛，大清官府平亂後，曾改稱德化社，未幾此地隸台灣府苗栗縣大甲三堡，大甲之名沿用至今。

大甲街：大甲、朝陽、順天里。

庄尾：平安、庄美、新美里。

社尾：德化、江南、奉化里。位於大甲西社尾而得名。

山腳：岷山、中山、南洋、薰風里。

頂店：頂店里。舊名舊店，是大甲地區最早的市街。

營盤口：文武里。地名起源於明鄭時代在此屯兵。

横圳：武曲里。

番仔寮：義和里。大甲西社舊址。

外水尾：義和里。

九張犁：大白、孟春里。包括六股、樹仔腳等聚落。

日南社：日南里。地名起源不明，為道卡斯社舊址。

雙寮社：建興里。道卡斯族舊地。

新莊仔：建興里。道卡斯族雙寮社社域。

五里牌：融泉里。為負責公文鋪遞的鋪首牌門地點。包括海風、頭張、尾張、打鐵等聚落

西勢社：建興里。道卡斯族雙寮社聚落之一，另一聚落為東勢社。皆於道光年間遷入埔里。

船頭埔：福德里。

銅安厝：銅安里。銅安即同安。

頂後厝仔：西岐里。

外埔區：以埔為名的鄉鎮繁多，埔是指平坦的荒地。而外埔乃是相對於較早開發的后里地區而言，是指較晚開發，位於大甲、大安二溪河床上的荒埔地。

六份：六分、永豐里。頂六份俗稱虎仔腳倉，老虎屁股的意思。

磁窰：大同、三崁里。昔日為道卡斯族領地。

內水尾：水美里。

馬鳴埔：馬鳴、中山里。中山里舊名番社。

鐵砧山腳：鐵砧里。

大甲東庄：大東里。昔日為道卡斯族大甲東社社址。

土城：土城里。

部仔：篰子里。

清水區：清水舊稱牛罵頭，為平埔族拍瀑拉族 **Gomach** 社之地名轉稱，**Gomach** 社已見諸荷蘭時期文書。日大正九年（一九二〇）日人因牛罵頭之埤仔口泉清水泉湧，乃易名清水。

牛罵頭街：清水的核心地帶。牛罵頭為閩南語式的平埔音譯地名。

社口：西社、中社、南社里。境內之楊厝為知名古宅。

大榛椰：海賓、榛椰、中社里。

秀水：秀水、武鹿里。包括秀水、麻豆崙、武鹿等聚落。三者都可能是平埔族音譯之地名。

四塊厝：裕嘉、臨江里。

三塊厝：國姓、菁埔、頂南里。原名三座庄，顯係客庄。

田寮：田寮、橋頭、下湳里。

高密：高西、高南、高北、高美里。高密可能為平埔音譯地名，包括溪底、番仔寮、頂海口、魚寮、舊庄、頂牛埔、下牛埔、溪頭、十三甲等聚落。

吳厝：吳厝里。

大突寮：東山里。

楊厝寮：楊厝、海風里。海風舊名海豐，說明此地第一批移民來自惠州海豐。

梧棲區：位於台中西部，瀕台灣海峽，為牛罵溪入海分汊處，舊稱五汊港，於乾隆年間福建商賈來往台灣頻頻，五汊港為重要港口。清光緒三十三年（一九〇七），雅易其名為梧棲。

五叉港：包括下魚寮、老街、街尾、草湳等聚落。

南簡：南簡、福德里。原名南港，後訛為南簡。

大庄：大庄、大村、興農里。包括邱厝、瓦窯腳、火燒橋等聚落。

沙鹿區：沙鹿舊稱沙轆，其地名乃源自於平埔族拍瀑拉族 **Salach** 社之音譯漢字。**Salach** 社曾見諸《番俗六考》中：「沙轆番原有數百人，

為最盛；後為劉國軒（明鄭部將）殺戮殆盡，只餘六人……」，沙轆社雖於明鄭滅亡之後復振，然仍不敵漢人入墾，此社已然消失。

沙轆：居仁、洛泉、沙鹿、美仁、興仁、斗抵里。境內包括斗抵、潭仔墘等聚落。

鹿寮：鹿峰、鹿寮里。

南勢坑：南勢、埔子、三鹿里。包括三角仔、六路厝、埔仔、鹿仔港寮、三塊厝仔等聚落。

北勢坑：福興、北勢、東勢、晉江里。包括北勢頭、晉江寮、車埔、過羊仔等聚落。

竹林：竹林、犁分里。

龍井區：龍井舊稱「龍目井」，地名取自本鄉龍泉村清水祖師廟龍泉岩宮前之古井。因古井泉湧數尺，加上井旁有二大石塊，形似龍目而得名。

龍目井：龍泉、龍崗里。包括水師寮、水裡社二聚落。水裡社屬拍瀑拉族。

茄投：竹坑、龍東、龍西、田中里。龍井原名茄投，茄投為平埔語。

塗葛堀：麗水里。包括水裡港、福州厝等聚落。

福頭崙：福田里。

山腳：山腳里。

新莊仔：新莊、南寮里。

三塊厝：龍津、三德、忠和里。包括中厝、海埔厝、崙仔頂等聚落。

大肚區：大肚地名由來與拍瀑拉族之大肚社（**Tatuturo**）有關，不過當地平埔族大肚社人於明鄭末年遭劉國軒追剿而遷至南投埔里、國姓鄉北港溪一帶。

大肚：大肚、大東、新興、永和、磺溪、頂街、福利里。

社腳：福山、社腳、營埔里。包括社腳、山仔頂、渡船頭三聚落。

汴仔頭：永順、成功、山陽里。包括汴仔頭、寮仔、山仔腳三聚落。

王田：王田、中和里。王田地名源於荷蘭據台時，將台灣土地收為荷蘭國王所有，漢人名之為工田。

《台灣省縣市行政區域圖．台中縣》1955年。

梧棲漁港。（沈文台／攝）

清水區水源地附近。（郭雙富／提供）

地名小故事

大乳汗毛格之阿里史長征

與客家大墾戶張達京積極合作的岸裡社阿穆家族第三代總土官潘敦仔，他曾進京面聖，乾隆授予「大由仁」稱號。

阿里史是一極富傳奇色彩的平埔族地名。目前已知的阿里史至少有四個，一個在埔里，另一個在宜蘭三星鄉，還有一個在宜蘭羅東，最古的老祖居地在台中的潭子。阿里史是中部平埔族拍宰海（即巴宰海）四大社群之一，主要的領域相當於潭子市的街區。民國七十年左右潭興路出土了一方乾隆三十五年刊刻的石碑，證明此地確實是阿里史社的社址。這方石碑雖然被地方妥善的恢復保存，但由於是公開展示，成了青少年塗鴉的對象，實在令人痛心疾首。後來在福林路二段的石牌公園內又樹立了一方複製的阿里史社碑。

阿里史為什麼會有四個呢？和乾、嘉時代一名叫潘賢文的巴宰海族岸里社頭目有密切的關係。在他的帶領下，中部地區好幾個社群、近千名平埔族人，越過中央山脈，數年間輾轉於蘭陽溪兩岸，最後被官府以殺人的罪名斬首示眾，結束了他傳奇的一生。潘賢文率領的中部跨族群族大遷徙是清代平埔族四次大遷徙的頭一次，具有指標性的作用。

潘賢文的真實身分有不同的說法，目前比較能夠確定的是他平埔族的名字叫「大乳汗毛格」（**Toanihanmoke**），曾擔任番屯的屯丁。至於他為何帶領族人進行這次大規模的大遷徙？也有不同的說法，有些學者認為潘賢文可能是競爭岸里社總頭目失敗，忿而率眾東遷；也有說潘賢文是因為盜用公租以及鼓動族人抗繳田租，為官府通緝才率眾逃亡到宜蘭的。

如果只是個人的因素，很難說明有近千人願意離鄉背井，跟隨他翻越大山，到一個未知的世界去開創新天地。如果他不是魅力十足的領袖，便是當時中部平埔族社會存在著很深的矛盾，迫使一部分族人必須以逃離的方式解決。

台中地區的巴宰海分為岸里、樸仔籬、阿里史、烏牛欄四大社群。

岸裡社番把守之圖

乾隆五十一年林爽文の亂を作せるとき所在熟番清軍に隨ひて打仗出力す而して今の臺中附近なる岸裡社番大に功あり本圖は同社番把守の情形を示せるものにして實に當時實地の描寫に係り現に同社頭目たりし潘永安の家に藏せり

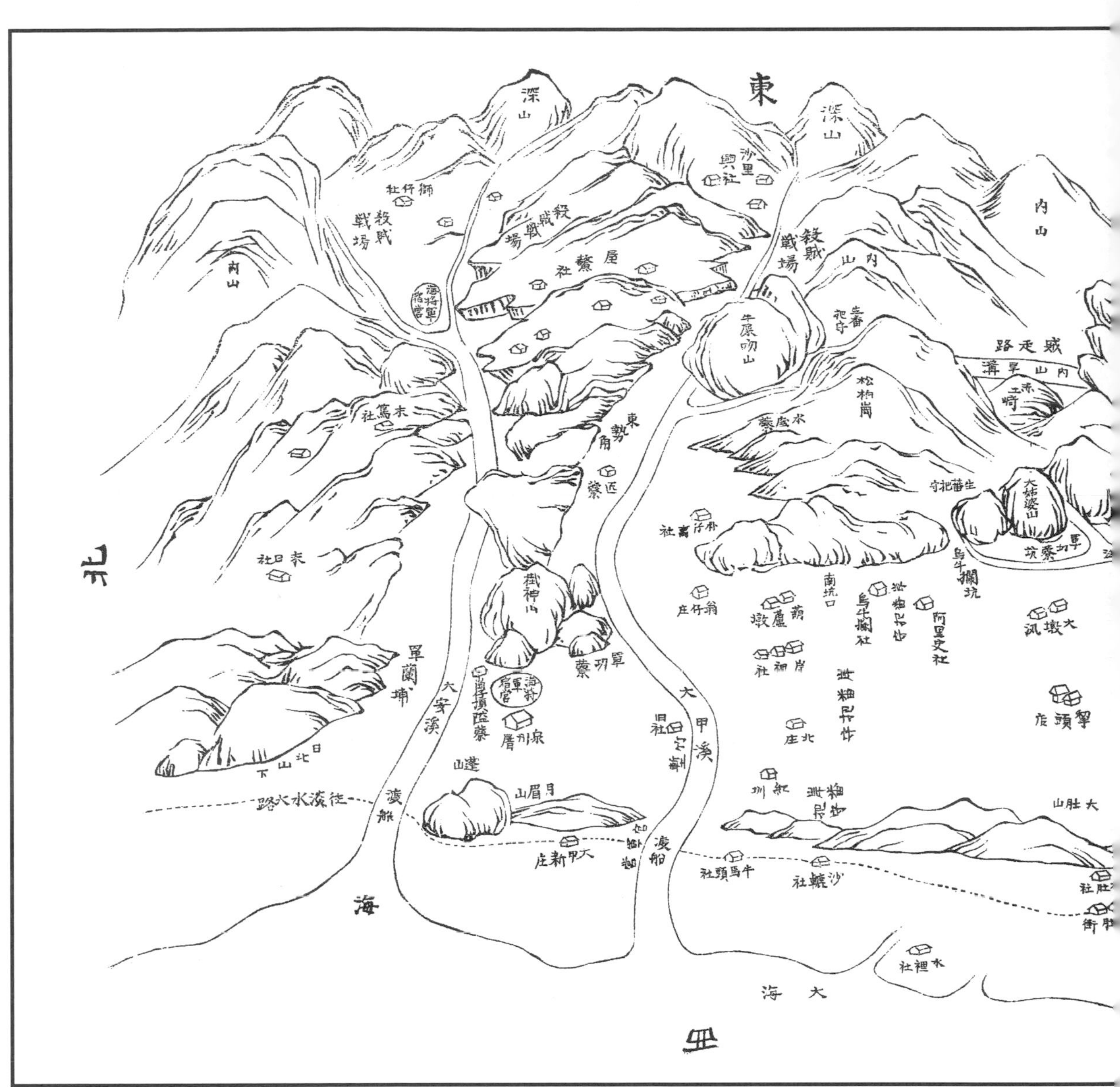

《岸裡社番把守之圖》伊能嘉矩改繪。福康安平定林爽文之亂後，因為不信任漢人，因此制訂平埔族屯丁把守山地隘口政策，對平埔族的命運影響極大。此政策一直持續到日治時代。

雖同屬巴宰海，但這四大社群似乎各管各的，在清政府的勢力進入中部之前並沒有組成較大的部族同盟。其中岸裡社可能是巴宰海勢力最大的一個社群。岸里社主要的領域在現今豐原、神岡一帶，由葫蘆墩、翁仔、麻里蘭等八個小社組成。對清代的皇帝和地方官員而言，拍宰海可說是模範。歷代拍宰海族岸裡大社的頭目、土官不但幾次協助清廷弭平中部地區其他平埔族，和漢人開墾大戶也是密切合作。

康熙三十八年苗栗通霄的平埔族稱亂，官軍和麻豆社北上平叛，岸里社社眾協助官軍追剿有功，開啟了岸里社和清政府的合作關係。康熙五十四年岸里社正式歸附清政府，頭目阿穆被授予岸里社總土官的稱號，諸羅縣令周鍾瑄，准其所請，將大甲溪以南數萬甲荒地撥交阿穆家族開墾，此後岸里社與清政府的關係更加密切。幾乎可說是清政府在中部地區的代理人。

岸里社第三代總土官敦仔和客家張達京的合作關係更是後世傳頌，兩人不但合作開闢荒地，還聯手協助清政府平息以大甲社為首的道卡斯族起義事件。事平，雍正為示攏絡，特賜敦仔御衣一襲。此後敦

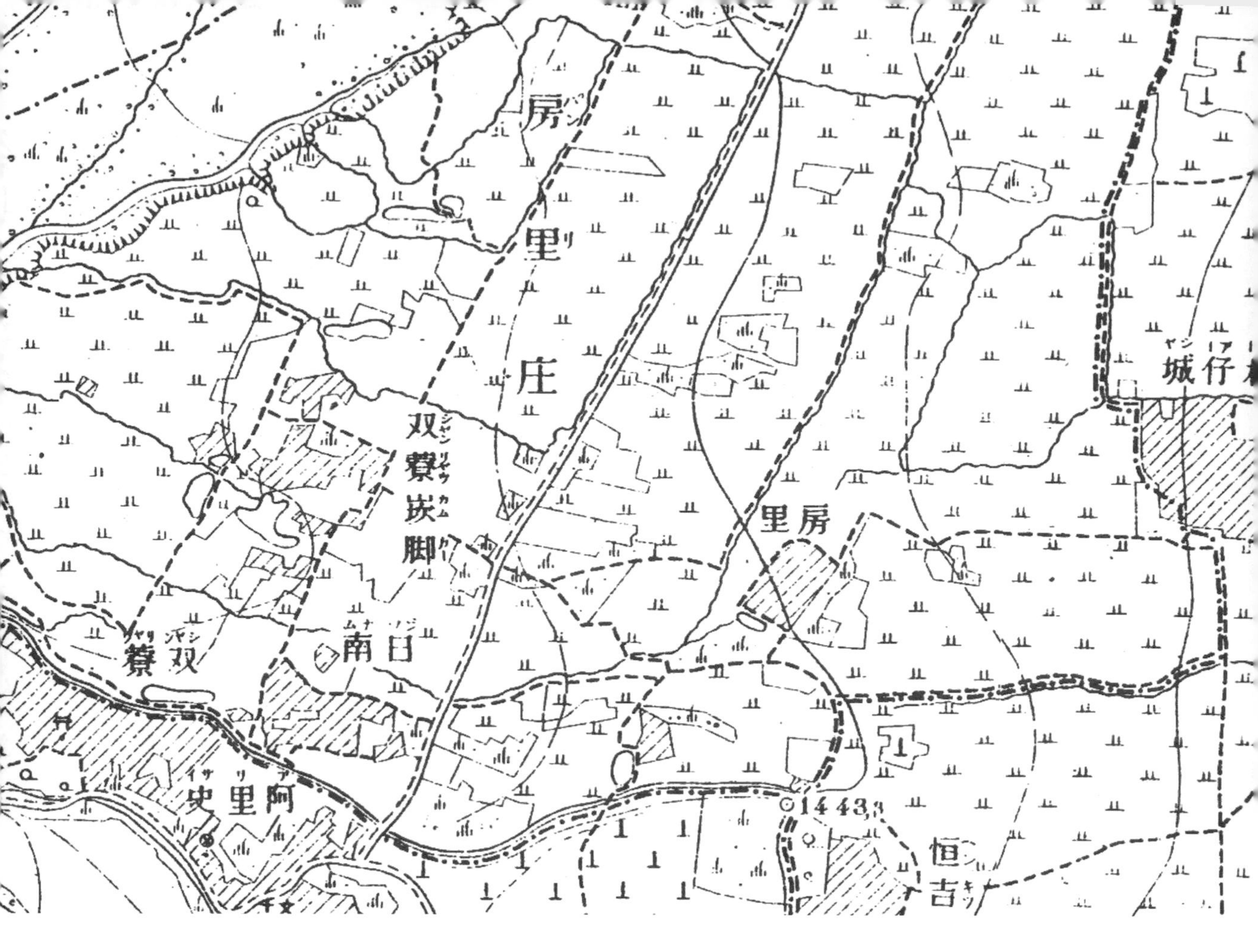

仔協助清政府平叛更加賣力。乾隆三十五年，敦仔赴北京面聖，被授予「大由仁」的稱號。

岸里社一次又一次的協助清政府平叛，清政府授予岸里社龐大的土地，但岸里社社眾並沒有能力開發，只得交由漢人耕種，靠租金過活。而且社眾沒有貨幣經濟的經驗，對金錢毫無概念，再加上沒有能力處理租佃關係，和官府打交道，很快的一部分人不但喪失了土地，也喪失了傳統的生活能力。另一部分人和漢人、官府的關係較好，獲得了實際的利益。於是，平埔社會開始分裂，內部矛盾叢生。在這個主要的矛盾之下，其他枝枝節節的恩怨情仇，不過是引發矛盾的星火罷了。

主要的問題是引發矛盾公開化的星火終於被點燃了，至於引爆點是什麼，似乎已無關緊要了。這次規模龐大、跨族群的遷移行動，說明平埔族群內部的矛盾似乎存在於中部地區所有的族群之中。

問題的起源雖然來自漢人開墾集團的介入與清政府的干預，但矛盾的爆發卻起於平埔族群的內部。潘賢文與阿穆家族之間的衝突，清楚的說明這個內部矛盾的癥結所在。阿穆家族援引清政府的公權力對潘賢文等進行控訴，潘賢文只得選擇離去。

潘賢文到了宜蘭之後，並沒有順利在這片新天地安頓下來。由於當時噶瑪蘭還未正式畫入清政府的版圖，漳、泉、閩、客之間，還在進行殘酷的地盤角逐戰，甚至連海盜集團都介入其間。起初，潘賢文這股力量還為各方忌憚，連遠在竹塹的淡水廳官員也特意拉攏，給予相當多的金錢、物質供應，漸漸的潘賢文的幼稚政治手腕被看穿，最後終於被人設計，送交官府正法。

因為當時噶瑪蘭還未納入清政府的版圖，所以他並非被清政府的官員緝拿歸案的，據說是被他的敵對仇家漳州人抓捕送官的。諷刺的是，他被處決的罪名竟是殺害跟隨他翻山越嶺而來的阿東社族人。清政府對這次千人大遷徙一直充滿戒心，稱潘賢文一夥為「流番」。所以，雖然他殺人所在地是清政府的「治外」，但清政府卻樂於施行「治外法權」。

潘賢文被正法後，千人大遷徙、輾轉數年的結果，只剩下今天宜蘭三星鄉以阿里史命名的沙洲地。清政府將噶瑪蘭納入版圖之後，原本

平埔族把守隘口的屯丁是台灣從清代到日治時代唯一合法擁有火槍的族群。

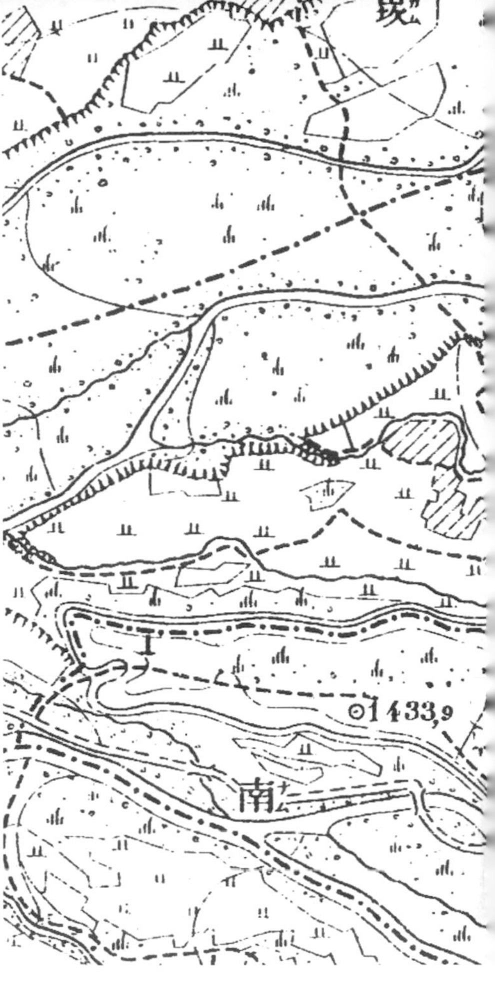

阿里史最後的落角處是埔里房裡庄，那兒匯集了中部的平埔族群。

羅東城隍廟供奉的潘賢文與茅格之神主牌位。

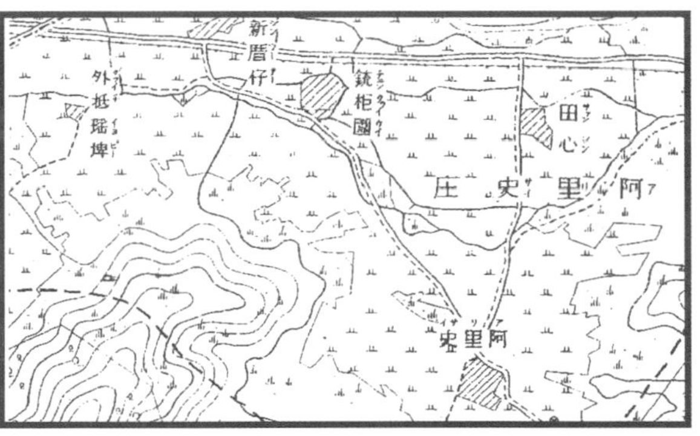

宜蘭三星鄉的阿里史是潘賢文率領的千人越嶺長征最後的據點。

核定阿里史田賦為白銀千兩，後來官員到現場勘驗時，對這片劣質的沙地也不禁搖頭嘆息，最後也只核下了田租充作仰山書院的膏火之資作罷。

故事沒有就此結束，潘賢文死後，蘭陽溪兩岸全數納入漳州人的囊中，但沒兩年羅東爆發瘟疫大流行，漳州人認為是潘賢文的冤魂在作祟，於是建大眾爺廟供奉他的神主牌位。幾經重建成了現今羅東的城隍廟，潘賢文的神主依然被供奉在廟中，被尊為「羅東開拓功德主」。

跟隨潘賢文東遷的族人，後來大都因生活無著，被迫又返回故里。但也無法穩定下來，情勢正在惡化，他們開始醞釀另一次規模更大的遷徙。

第九章 半線・彰化

史籍所載彰化縣境為巴布薩族社域有半線、柴坑仔、阿東、貓羅、馬芝遴大突、二林、東螺、眉裡、大武郡等十社。康熙二十二年彰化隸屬諸羅縣雍正元年新置一縣，名為彰化。

一府二鹿三艋舺，所謂二鹿的「鹿」是指鹿港。彰化縣的開發由鹿港開始。清朝漢人入墾中部地區，橫渡黑水溝（台灣海峽）後，多經由鹿港入台，並以鹿港為基地向內漸次拓墾。是以彰化縣境平原地帶，大部分於清康熙、雍正年間已由漢族開墾，漢人入墾直接壓迫平埔族巴布薩族於道光年間東遷入埔里盆地。

彰化縣地形以平原為主，占縣境八成七左右，而東側與南投相接之八卦山脈則為淺山丘陵；北與台中

《台灣省縣市行政區域圖・彰化縣》1955年。

市相鄰，南隔濁水溪與雲林相望。彰化縣政府近年來為推展觀光，將西螺大橋、王功漁火、伸港農家樂、員林百果山、八卦山坐佛、社頭清水巖等地方美景，呈現於縣府網站，有利遊客預做旅遊諮詢規劃。其中西螺大橋乃美援興建，當時曾是遠東第一大橋，橫跨台灣第一大河濁水溪，西螺大橋北起彰化溪州鄉，南抵雲林縣西螺鎮，於民國四十一年完工，全長一九三九公尺，橋面寬約七．三公尺，以鋼鐵為架，水泥為墩，桁樑引孔，興建完成後曾附設台糖的輕軌火車，火車與汽車並行蔚為奇觀，然而，由於糖價下跌、甘蔗產量銳減、運輸需求不再，民國六十年乃將軌道拆除，供汽、機車使用。至於有近代遠東第一大橋美名的中沙大橋，則於民國六十七年於興建中山高速公路時由沙烏地阿拉伯所援建造，全長二三〇〇公尺，連接高速公路跨越濁水溪。建於民國四十一年的西螺大橋與建於民國六十七年的中沙大橋，共同呈現了台灣做為開發中國家，仰賴外援加強基礎建設，以提昇競爭力的發展歷程。

↗ 彰化八卦山上的彰化大佛。（吳志學／攝）

鹿港鎮：鹿港舊稱鹿仔港，鹿仔港一說為此地為中部地區重要米穀輸出港，而方型米倉稱做「鹿」，鹿港即眾多米倉之港口；二說此地開發之時，麋鹿成群，故以此為名。

頂厝：頂厝、埔崙里。包括崙仔頂、客仔厝、下王爺厝、埔腳、等聚落

打鐵厝：東崎里。包括崎溝仔、石埤腳、馮厝、林圍、東勢寮等聚落。

顏厝：海埔、詔安里。包括查某姐、施厝寮、頂吳厝、菓葉園、南北橋頭、柯厝等聚落。

海埔厝：洋厝、草中里。包括洋子厝、魚寮、隆恩、埔毛、詔安厝等。

廖厝：廖厝里。包括楊厝、澎湖厝、譽仔等聚落。

溝墘：溝墘里。

頂番婆：頂番、頭崙里。昔日為巴布薩族馬芝遴社之社域，包括港墘、圳頭厝、頭前厝、頂頭崙、尾尾、中頭崙、興化厝等聚落。

南勢：頭南里。

草港中庄：頭南里。

草港尾：山崙里。

和美鎮：嘉慶年間漢族墾民已於此地設和美庄，因先民開發初期漳、泉械鬥頻頻，為求和平安樂里仁為美，乃起名和美庄。

和美線：和東、和西、和南、和北里。包括營盤埔、竹圍仔、四張犁、頂山寮等聚落。

頭前寮：頭前、還社里。包括東勢社、西勢社兩聚落。

月眉：和美鎮月眉、好修里。包括三塊厝、六塊厝、後仔厝、過田、砂仔園、過埤、火燒等聚落。

七張犁：面前、山犁里。包括公館、面前厝、下山寮等聚落。

番雅溝：南佃、雅溝里。地名為番仔溝之雅化。

大霞佃：大霞、鎮平、源埤里。舊名大腳佃。

嘉犁：嘉犁、鐵山、詔安里。地名來源可能與原住民有關。

塗厝厝：塗厝、地潭、湖內里。

新莊仔：新莊、黎盛里。包括十二張犁、茂盛厝等。

中寮：中寮、中圍、糖友里。舊名竹圍仔。

柑仔井：柑井、竹圍里。

線西鄉：由於彰化於清雍正年間設縣以前稱做半線，此地位於彰化市之西，乃名為線西，往昔稱做線西堡，於民國三十四年方改稱線西鄉。

十五張犁：德興村。

頂犁：頂犁村。包括頂崁、田中央兩聚落。

下犁：下犁村。

下見口：線西、頂庄、域埔、塭仔、溝內村。

伸港鄉：伸港位於彰化縣最北端，大肚溪下游入海處，伸港舊稱新港，乃當地之新興港區，後因與嘉義縣新港鄉同名，於民國四十八年改稱伸港。

陂仔墘：埤墘、七嘉、汴頭村。

溪底：溪底、定興村。包括溪底、草埔仔兩聚落。

新港：新港、大同、十股、海尾、全興村。

泉州厝：全洲、泉厝、曾家村。

福興鄉：福興原為平埔族馬芝遴社舊址，清雍正末年隸馬芝遴堡，日大正九年（一九二〇）地方制度大調整，改為台中州彰化郡福興庄。

福興：福興、福南、二洛村。包括

鹿港不見天街。

二巷仔、下寮、福寶等聚落。

菜園角：同安、西勢村。

紅堀寮：秀厝村。又名掃帚厝，因過去村民以做掃帚為副業。

管嶼厝：麥厝、夏粘、頂粘村。管嶼厝譯作管仕厝，管嶼、管仕可能是管事之諧音，大地主雇來管收租的管事先生。

鎮平：鎮平、三和村。包括阿力、崁仔腳、竹圍仔等聚落。

番社：番社、社尾村。巴布薩族舊地，包括社尾、浮梘、粿店等聚落。

外中庄：外中、元中村。

橋頭：橋頭、番婆村。包括中、下番婆、半路店、前厝、後埔、白沙墩、竹圍仔等聚落。

三汴頭：福興鄉三汴、萬豐村。包括新溝、頂台灣溝二聚落。頂台灣溝即鹿港溪。

大崙：大崙村。包括下梧厝、外埔頂厝兩聚落。

秀水鄉：相傳秀水鄉原名「臭水」，因其地勢較低、排水不佳，故以臭水為名，於日大正九年（一九二〇）雅易其名為秀水。

陝西庄：陝西、港墘、金興村。地名來源不詳。

秀水：秀水、安溪、庄雅村。包括半路响、十四甲、田尾、庄雅等聚落。

馬興：馬興、義興、雅興村。境內益源大厝氣勢宏大，為彰化重要文化資源。

馬鳴山：頭前村。地名來源不明，包括頭前厝、後壁埔、大路店等聚落。

埔姜崙：福安、埔崙村。埔姜又名黃菁，黃京子可助發酵及防蟲。

曾厝：曾厝、金陵村。

下崙：下崙、惠來村。

花壇鄉：舊稱茄苳腳，因清初漢族入墾於此地遍植茄苳樹之故。茄冬腳發音與日語花壇相近，日治大正九年（一九二〇）更名為花壇。

三家春：三春、永春、長春村。三家春即三家村雅化。

橋仔頭：橋頭、灣雅、灣東村。

白沙坑：長沙、白沙、竹岩村。

口庄：崙雅、南口、忠口、北口村。

茄苳腳：花壇、金墩、中庄村。

芬園鄉：芬園的福佬話發音同「煙園」。相傳此地於清代種植煙草，因而得名，據說所謂煙草並非一般煙草，應是指製作鴉片煙的罌粟。

縣庄：鄉庄、圳墘、溪頭村。

同安寮：同安、中崙、大竹村。

社口：社口、竹林、大埔、楓坑村。

舊社：舊社村。貓羅社舊址。

下茄苳：茄苳、嘉興村。

芬園：芬園、進芬村。

《台灣省縣市行政區域圖．彰化縣》1955年。

日本時代彰化地區糖廠鐵道曾經行駛客運車輛。

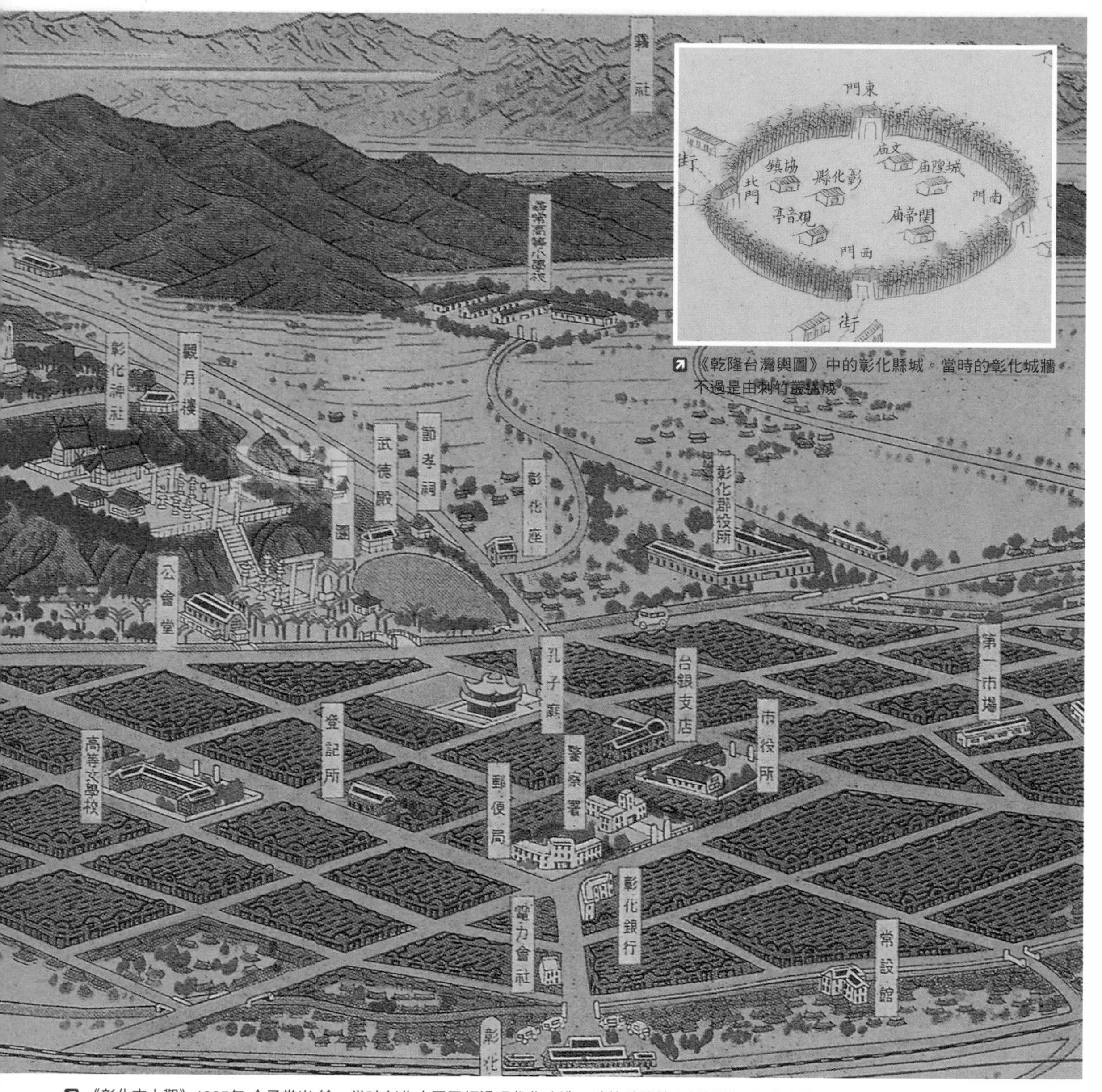

《乾隆台灣輿圖》中的彰化縣城。當時的彰化城牆不過是由刺竹叢構成。

《彰化市大觀》1935年 金子常光 繪。當時彰化市區已經過現代化改造，城牆城門樓全被拆除。彰化大佛原址是日本神社。

彰化市：彰化市往昔為巴布薩（**Babuza**）族半線社分布之地，舊稱半線街，於雍正元年（一七二三）新設一縣，乃改稱彰化縣，彰化乃彰顯天子聖明，教化海外之意。

大竹圍：大竹、竹中、安溪、國聖里。昔日為巴布薩族阿東社、柴坑社社域。

番社口：香山、牛埔、茄冬里。位於阿東社、柴坑社入口處，故名。

渡船頭：三村里。

阿夷庄：古夷、寶廍里。包括柴坑仔、國聖井、茄冬腳、菜功寮等。

快官：快官、竹巷、福田、石牌里。境內有竹巷、內、外快官、風吹厝、大埔頭、番仔田、石牌坑等聚落。

南郭：街區南方與東南方。包括番社、三角埔、菜園邸、坑仔內、南壇等聚落。

大埔：南瑤、南興、延平、延和、南美里。昔日為客籍移民聚落。

西勢仔：西勢、西華、新興里。包括過溝仔、浮梘頭二聚落。

莿桐腳：莿桐、東芳、西芳、南安里。包括頂、下莿桐腳、後港仔等聚落。

田中央：田中里。

牛椆仔：福山、山中、和調、下廍里。包括頂、下山腳、中庄仔、下

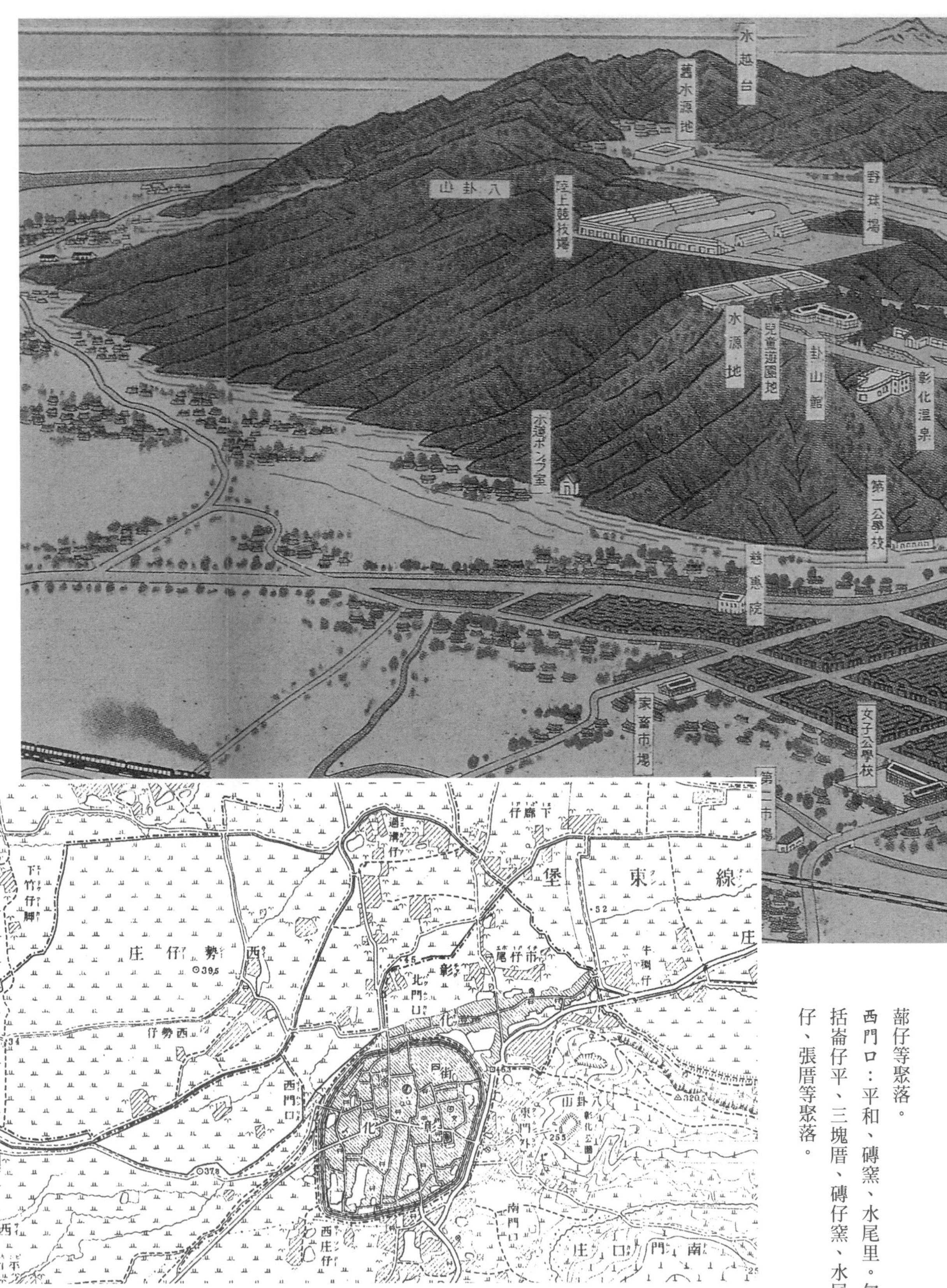

《台灣堡圖．140彰化》。

蔀仔等聚落。

西門口：平和、磚窯、水尾里。包括崙仔平、三塊厝、磚仔窯、水尾仔、張厝等聚落。

員林鎮：員林地名的由來，乃康熙末年漢人入墾迅速，四方拓墾，造成了圓形林地，故於雍正年間所形成之村庄，稱為員林仔庄。員林於乾隆初年發展成為街肆，至今仍為農產品集散地，工商發達。

三條圳：三條、三橋里。

三塊厝：浮圳、鎮興、大峰里。

東山庄：南東、中東、東北里。

番仔崙：崙雅、振興里。

湖水坑：出水、湖水里。

萬年庄：萬年里。

大饒：大饒、大明里。大饒為大埔、饒平之合稱。

南平：南平、大埔、源潭里。

田中央：溝皂、中央里。

田中鎮：田中舊名田中央，顧名思義，是指良田沃土之中興建之村庄，此地位於濁水溪下游之沖積扇，加以清康熙年間修築之八堡圳、十五圳，水利稱便，墾務有成。日大正九年（一九二〇）乃將「央」字去掉，易名「田中」。

三塊厝：大崙、三安里。境內有同安寮、尪公宅、大崙尾、四塊厝等。

大新莊：沙崙、新民、梅州里。包括中洲、梅洲、砂仔崙、六甲、大新、七張犁等聚落。

外三塊厝：三民、三光里。境內有埔頭仔、東勢尾兩聚落。

卓乃潭：頂潭、中潭、龍潭里。

普興：復興、東興里。

內灣：香山、碧峰、東源里。境內有後庄、香山二聚落。

大平：太和、平和里。

大紅毛社：大社里。此地原為洪雅族阿里坤社舊地。

永靖鄉：永靖得名乃因入墾此地者多為客籍人士，為保平安且避免與漳、泉籍移民械鬥，乃募鄉勇、設團練制度以求自保。復於嘉慶年間，於當地關帝廟前成市集，由當時縣丞改名永靖。

關帝廳：永北村。關帝廳「甘霖宮」現已改祀三山國王。

湳港西庄：港溪、五福村。境內餘三館為知名古宅。

湳港舊莊：湳港、新庄、浮圳村。

五汴頭：五汴、光雲、瑚璉村。

陳厝：東寧、永興村。

同安宅：同安、同仁、湳墘、四芳村。包括湳墘、四塊厝等聚落。

竹仔腳：竹子、福興村。

獨鰲：獨鰲、敦厚、崙美村。

《台灣省縣市行政區域圖．彰化縣》1955年。

彰化海岸地帶的風力發電設施。

埔心鄉：埔心舊稱大埔心。埔是指荒地，而埔心乃是因為康熙年間入墾之時，大片荒地未開墾，乃於荒地中心創建村庄。埔心入墾時以黃氏墾戶為主，故當今埔心村之大姓即為黃、許二大家族。

大埔心：東門、埔心、油車村。

埤霞：埤霞、埤腳村。

梧鳳：梧鳳、二重村。

羅厝：羅厝、中羅、芎蕉村。

社頭鄉：清康熙年間，蕭姓大墾戶於洪雅（**Hoanya**）族大武郡社之前創建村庄，也就是說村庄位於番社之前，故名社頭。

石頭公：朝興、仁和、泰安、平和村。舊名本施寮。

許厝寮：埤斗、清水、山湖村。

舊社：舊社、松竹、東興、廣福村。

枋橋頭：橋頭村。

崙雅：仁雅、崙雅、美雅、里仁村。

湳底：湳底、新厝村。

張厝：張厝村。

社頭：社頭、廣興村。洪雅族大武郡社舊地。

二水鄉：二水原稱二八水，因村庄建於灌溉水圳「二分水圳」及「八堡圳」之間的緣故。二八水之名於日大正九年（一九二〇），簡化其名為「二水」。

鼻仔頭：英義、豐禾、倡和村。

大坵園：大園、修仁村。

二八水：聖化、文化、光化、二水、裕民、惠民村。

過圳：合和、坑內、大豐、上豐、過圳、五百村。

十五庄：水尾、坑口、十五村。

溪湖鎮：溪湖之名與地形特色密切相關，由於此地位於濁水溪下游支流之環山地帶，並且形成了大小不一的盆形窪地，乃稱溪湖厝。

溪湖：光平、平和、太平、光華里。

田中央：河東、田中里包括斗門頭、車店、外四塊厝、竹頭仔等。

三塊厝：中山、中竹里。包括荷婆崙、銀碇山、竹圍仔、田寮等聚落。

頂寮：東寮、西寮里。

大突：大突、北勢里。昔日為洪雅族大突社之社域。包括大突頭、尾、油車內、北勢尾等聚落。

汴頭：汴頭、大竹、湖西里。包括阿公厝、豎圳、大竹圍等聚落。

四塊厝：東溪、西溪、湖東里。境內有烏厝、後溪兩聚落。

崙仔腳：頂庄、忠覺、湳底里。

阿媽厝：西勢、番婆里。

大村鄉：大村鄉乃開發初期，此地發展出一大集村，為各村之首。大村位於燕霧大山（八卦台地）山腳，原稱燕霧大庄，於日大正九年（一九二〇）才改稱大村。

黃厝：黃厝、福興村。

埤仔頭：平和村。

蓮花池：村上、美港村。舊名港尾。

過溝：過溝、大橋村。

大庄：大村、田寮、南勢、貢旗村。

茄苳林：鄉茄冬村。

加錫：加錫村。舊名佳錫。

大崙：大崙、新興村。

埔鹽鄉：位於彰化海岸平原之中，地名來源一說為蒲鹽菁茂生之地；一說為充滿了鹽份的荒埔地。二種說法皆符合此處地形地貌。

埔鹽：埔南、埔鹽村。

牛埔厝：永平、永樂村。包括外崙仔腳、埔心仔、番童埔等聚落。

南港：南港、打廉村。打廉據說是打造鐮刀的意思。

崙仔腳：峰則、崑崙、角樹村。包括頂、下崙腳、松仔腳、中股園、下園、角樹腳等聚落。

瓦窯：瓦窯、好修、西湖、大有、新興村。

南勢埔：南新村。

三省：三省村。

浸水庄：太平、新水村。包括浸水、朴鼎金。

石埤腳：石埤、天盛村。

北斗鎮：北斗舊名寶斗，至今當地人以福佬話發音仍稱此地為寶斗，其地名由來據傳與巴布薩族東螺社（**Baoata**）之音譯為漢字寶斗有關。

北斗街：大道、新政、居仁里。

北斗庄：西安里。

北勢寮：中寮、西德、西安里。

二林鎮：二林為巴布薩族 **Gielim** 社之音譯漢字，荷蘭時期 **Gielim** 社即見諸文書。

二林：東和里。

舊社：中西里。

塗仔崙：梅芳里。

挖仔：華倫里。

萬興：萬興、永興、振興里。

中西：中西里。

火燒厝：廣興里。

竹圍仔：香田里。

外蘆竹塘：外竹里。

犁頭厝：東興里。

後厝：後厝里。

山寮仔：豐田里。

大排沙：大永里。

萬合：萬合里。

漏窯：東華、復豐里。

丈八斗：西斗里。

田尾鄉：顧名思義，田尾乃是位於灌溉水圳「二分水圳」末端之村庄，故名田尾。

田尾：田尾、豐田村。

鎮平：北鎮、南鎮村。

曾厝崙：北曾、南曾里。

海豐崙：海豐、陸豐村。

打簾：打簾、柳鳳村。

饒平厝：饒平、陸宜村。

溪仔頂：溪頂、新厝村。

小紅毛社：福田、新興里。

埤頭鄉：埤頭位於彰化縣南端，濁水溪沖積扇上，取名埤頭乃因其位於莿仔埤圳之圳頭。

新庄仔：新庄村。

斗六甲：陸嘉村。

牛稠仔：芙朝村。

番仔埔：元埔村。

周厝崙：豐崙村。

大湖厝：大湖村。

路口厝：庄內、竹圍、中和村。

小埔心：合興村。

崙仔：崙仔、永豐村。

埤頭：埤頭、和豐、興農村。

連交厝：平源、崙腳村。

芳苑鄉：芳苑舊名番仔挖，戰後地方制度調整時，因此地有舉人洪傳諒之宅第稱「芳苑」，故改名為芳苑鄉。

番仔挖：苑芳、芳榮、芳中村。

路上厝：路上、路平、三成村。

後壁寮：後寮、三和村。

二水林先生廟。傳說林先生是八堡圳的設計者。（曾國棟／攝）

溝仔墘：永興村。

埤腳：五俊村。

頂莿仔：頂莿村。

草湖：草湖、崙腳、文津村。

王功：王功、博案、和平村。

漢寶園：漢寶、新寶村。

大城鄉：得名由來與大村相似，皆因開墾初期，因地勢平坦較其他聚落較易成為大集村，故名之。

三塊厝：三豐村。
山寮：菜寮村。
公館：公館村。
西港：東港、西港村。
尤厝：潭墘村。
頂海墘厝：頂庄村。
下海墘厝：台西村。
下牛稠：永和村。
頂山腳：上山村。
大城厝：東城、西誠村。
外五間寮：豐美村。
溪州鄉：位於濁水溪之沖積扇，且多溪流沙地故名，清康熙年間有客籍大墾首黃利英等人入墾。
溪洲：溪洲、尾厝、瓦厝村。
溪墘厝：溪厝、坑厝村。
舊眉：舊眉村。
三條圳：三圳、三條村。
潮洋厝：潮洋、張厝、菜公村。
水尾：水尾村。
圳寮：圳寮村。
溪畔：西畔村。
下霸：成功、柑園村。
過溪仔：柑園村。
下水埔：大庄、榮光村。
竹塘鄉：舊稱蘆竹塘，乃因此地創建村庄之始為蘆竹叢生之沼澤。日大正九年地方改制，將各地庄名、鄉名皆調整為二字，故簡化其名為竹塘。
內蘆竹塘：竹園、竹塘村。
鹿寮：竹林、土庫村。
九塊厝：永安、長安村。
內新厝：內新村。
下溪墘：溪墘村。
番仔寮：新廣村。

田頭：田頭村。
樹仔腳：樹角村。
五庄仔：五庄村。
面前厝：小溪、民靖村。

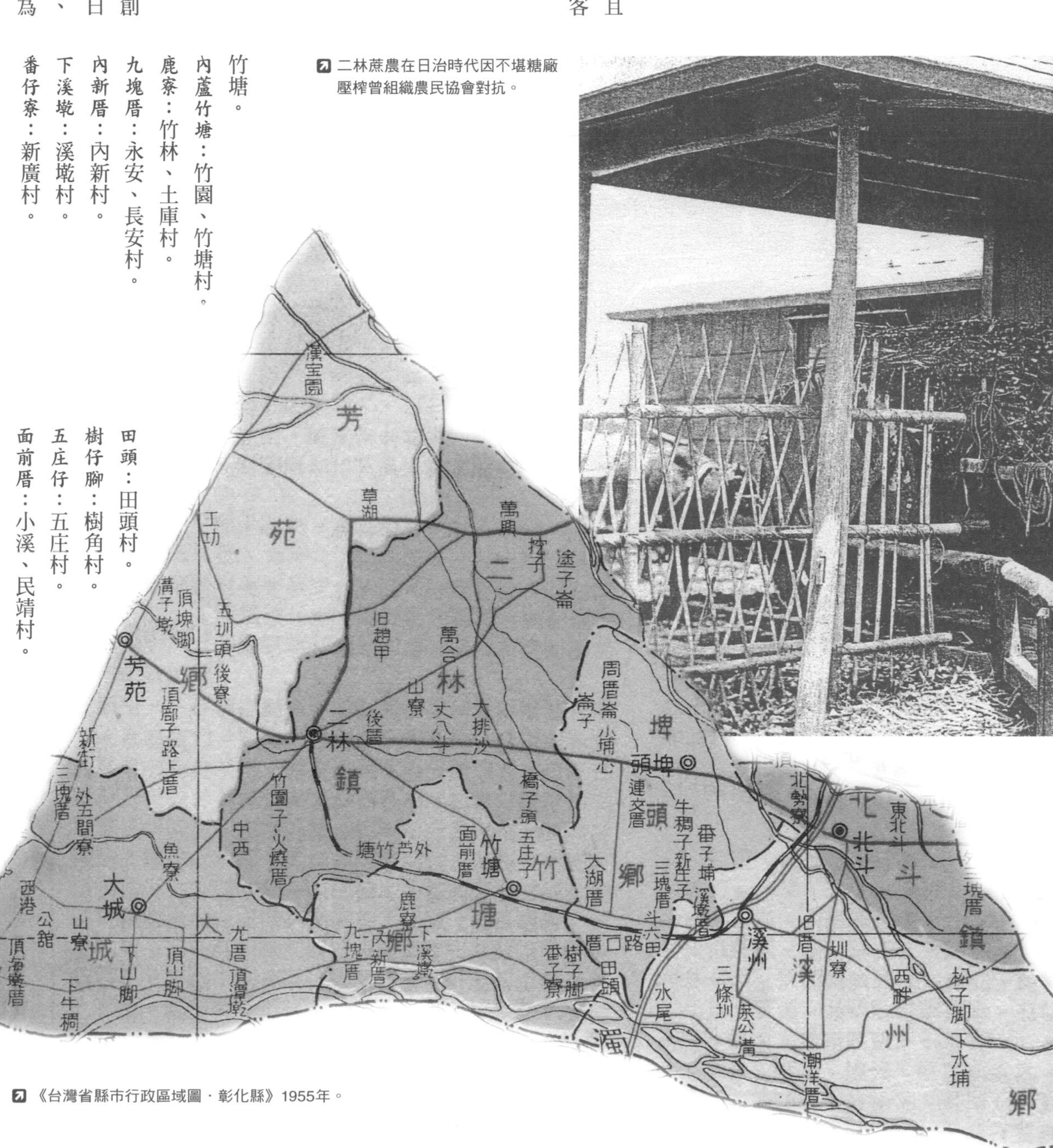

二林蔗農在日治時代因不堪糖廠壓榨曾組織農民協會對抗。

《台灣省縣市行政區域圖．彰化縣》1955年。

地名小故事

番童埔與番婆坟

老地名中，番婆大概是最令人傷感的一個類別。《台灣舊地名之沿革》的作者洪敏麟在註記這個類別的地名時，通常是這麼寫的：「可能是平埔族大舉遷徙之後，仍有老婦人眷戀故居遺留居住此地、故以名之。」

番婆作為地名，除了訴說個人的孤寂、悽涼的晚年之外，也像墓誌銘一樣為一個族群、社群的消散，

乾隆七年出版的《重修福建台灣府治》中〈諸羅縣圖〉已出現番婆庄的地名（即嘉義新港鄉安和村）。

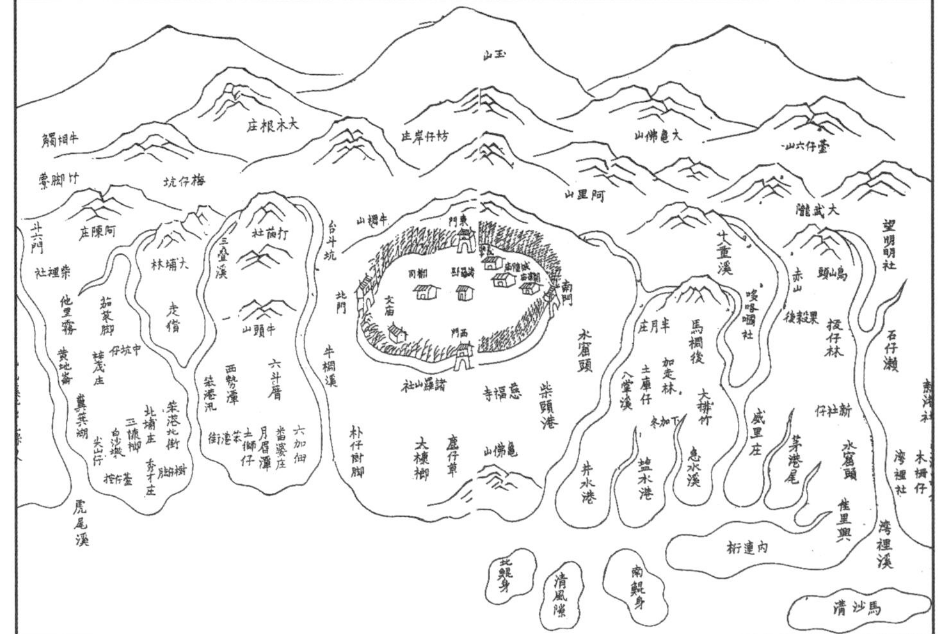

平埔族老婦人。

牛埔放牧的牧童。

銘記在祖靈的土地上。

和番婆相關的地名，除番婆之外，還有番婆厝、番婆林、番婆洲，甚至還有番婆坟。從日治時代留下的地圖與地名文獻資料中，還能查到八個左右類似的地名。

台灣西部平原地區，凡是帶有「番」或「社」字的地名，基本上應該都是平埔族居住或曾經居住過的地方。這個類型的地名在西部各縣市老地名當中占了相當高的比例，而且分布的相當平均。

根據地名學者的研究帶有「番」或「社」字地名的起源，主要集中於十八世紀，可見這各類型的普及和漢人的大舉開發活動有關。也就是說隨著漢人的拓墾，平埔族逐漸喪失土地。平埔族人他遷離去之後，漢人將平埔族的故地以番或社的字眼注記下來。當然有些以番社為名的地方是平埔族遷移後形成的新社址。

番婆在為數眾多、和平埔族相關的地名當中比例雖然不高，但卻有極高的意涵。帶有「番」或「社」字的地名，應該都是漢人命名的。除了政府機關命名的地名，會經過一番推敲、甚至深思熟慮之外，一般老地名的形成，都是庶民根據直觀經驗產生的。所以，我們可以想像，一個地方之所以被稱呼為番婆，應該是指這個地方主要的人口，或者僅存的人口，幾個甚至只有一個，是年老的原住民女性。

為什麼這個地方會只居住年老的原住民女性？她們是從外地遷來的

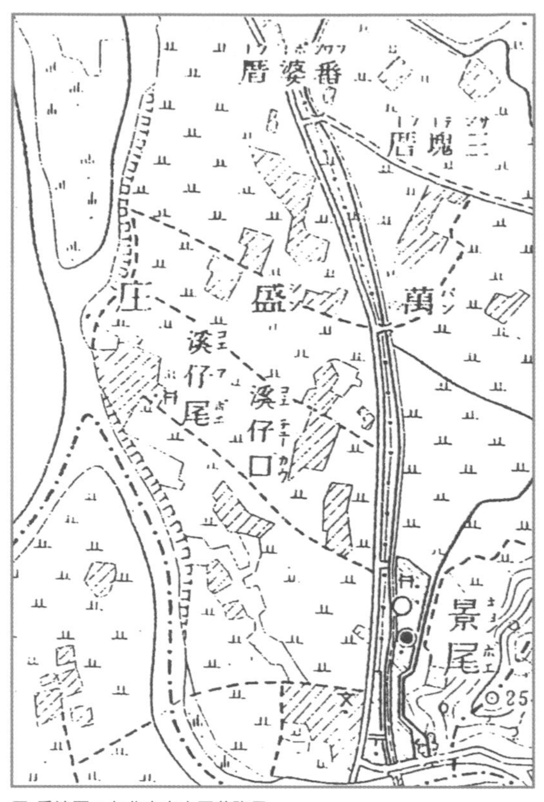

番婆厝：台北市文山區萬隆里。

嗎？可能性很低。她們應該是平埔族聚落殘餘的住民，原來的住戶都哪裡去了？死絕了嗎？可能性也不高。

以當時的情況判斷，這個村落的原住民在漢人來了之後，逐漸將土地轉讓給漢人，交易的過程中，原住民可能吃了一些虧、甚至上當、被騙，結果喪失了所有土地，以致無法在此立足。受騙、上當大多只是個別現象，難道全村也都跟著受騙上當？當然不可能，如果相信這個單一的說法，只能說是汙衊了原住民的智商。

真正導致原住民大量喪失土地的原因，除了某些制度上的缺失之外，最大的原因應該還是平埔族沒有商品經濟的經驗，很快的陷入漢人土地掮客的物質誘惑，而無法自拔，最後終於喪失了所有的土地。這個現象至今仍在山地原住民社會中持續上演。

喪失土地的平埔族，大多數的情況是結伴深入山區，尋找新的處女地從新開始。不幸的是，不久漢人聞風而來，舊事重演，不公平的交易繼續發生。

為什麼「番婆」沒有跟著走？依戀故土？這個說法太過文學性，不能說明客觀現象。

「番婆」大多數是喪偶的老婦人，甚至是年輕的寡婦，她們通常沒有能力跟隨族人遷徙，可以說是被族人遺棄的。那麼她們是不是可以改嫁給漢人？當然可能。俗語說有唐山公，無唐山嬤。可見，漢人男性娶平埔女性為妻的不在少數，但應該沒有人會娶已經沒有生育能力的「番婆」。所以，「番婆」只能孤拎拎的在荒村、樹林、甚至沙洲中掙扎求活。

漢人基於什麼心態，將她們居住的地方，稱之為「番婆」呢？是憐憫還是輕蔑？是忌諱還是只是當作一個客觀存在的現象加以描述？或許都有吧！

另外，番婆地名的分布也一些值得一提的。現今已知，和番婆相關的地名有將近一半在中部，這可能和巴宰海族主導兩次大規模的遷徙活動有關。所以番婆地名的出現是平埔族的遷徙的伴生現象之一。

另外，番婆地名的分布，最南只到嘉義，嘉義以南帶有「番」或「社」字的地名相當普遍，但迄今還沒發現有叫番婆的地方，這是不是表示南部的平埔族較少大規模的遷徙？不敢說。

平埔族老婦人。

番婆：台中市南區樹德里。

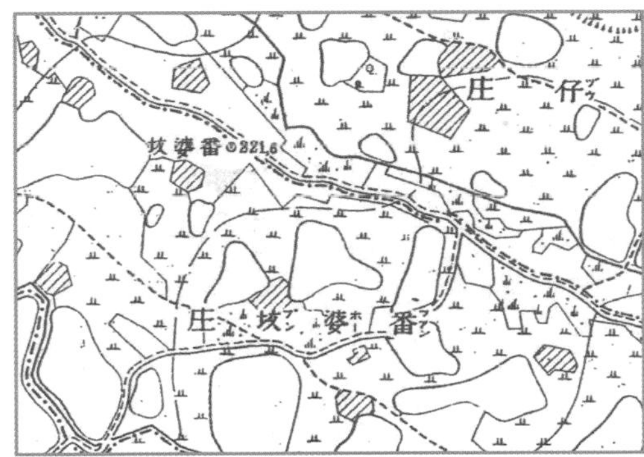

番婆坟：桃園縣新屋鄉社子村。

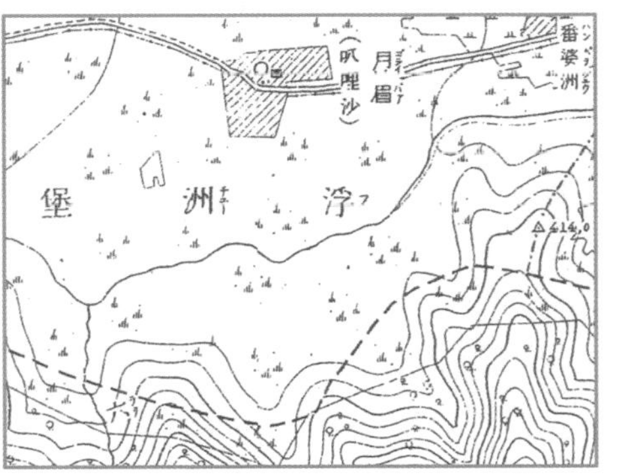

番婆洲：宜蘭縣三星鄉月眉村。

以現今的觀點，帶「番」字的地名是對原住民的的羞辱，沒有正面的意義，但筆者認為其中還是有令人愉悅的地名，例如番同埔便是其中之一。番同埔位於彰化埔鹽鄉，是昔日巴布薩族馬芝遴社的舊地。番同埔是番童埔的諧音，據說早年此地是巴布薩族幼童放牧之地。

幼童牧牛是早年台灣鄉間常見的情景，漢人通常將放牧之地稱之為牛埔，唯獨此地「番童」成了地名的主角，雖然明顯帶有歧視的色彩，但是成群的「番童」在草埔上放牧，還是一幅令人愉悅的景象。

「番童」結群放牧代表這是一個健康、生機蓬勃的社群，和「番婆」孤寂、走向滅絕的意象，形成強烈的對比。可惜的是番同埔全台只此一處，別無分「號」。

〈和番婆相關的地名〉

番婆厝：台北市文山區萬隆里。
番婆林：新北市三芝區錫板里。
番婆洲：宜蘭縣三星鄉月眉村。
番婆坟：桃園縣新屋鄉社子村。
番婆坑：新竹縣北埔鄉南埔村。
番婆：台中市南區樹德里。
番婆：彰化縣福興鄉番婆村。
番婆：嘉義縣新港鄉安和村。

第十章 水沙連・南投

南投縣於明鄭時代劃屬天興縣
清朝屬福建省台灣府諸羅縣
光緒十一年台灣設省，屬台灣府台灣縣，縣丞駐南投
日治時期劃屬台中市
民國三十九年南投始自台中劃出單獨設縣

南投縣是台灣唯一不靠海的縣市，也是台灣本島最晚置縣（不計省轄市設立時間）的區域。南投得名於平埔族洪雅族北投社（**Tausabata**）之對稱，漢移民將**Tausabata**之後段**bata**發音為北投，而同社相對處南邊之族群稱為南投社。全縣境內多高山、盆地，自古即為台灣原住民生活區域，清道光年間大量中部之平埔族往內山遷徙，造就了南投多元族群文化風貌。原住民計有生活於仁愛鄉的泰雅族、信義鄉的布農族、信義鄉久美社區的鄒族及日月潭畔的邵族等。此外，平埔族移入內山南投的歷史更值得一書。

南投縣於明鄭時代劃屬天興縣，清朝治台之後隸屬福建省台灣府諸羅縣，光緒十一年（一八八五）台灣設省，此時南投行政區屬台灣府

日月潭。

台灣縣，縣丞駐南投，日治時期劃屬台中市（台中縣）。民國三十九年南投始自台中劃出單獨設縣。

南投漢人入墾年代較晚，約莫於嘉慶年間，閩、粵籍人士小規模來墾，其中嘉慶年間所發生郭百年事件為其中規模最大、手段最烈的行動。當時郭百年等率佃千餘名私墾番社，侵社地數百甲、毀番社、掘墳地，大傷水沙連二十四社番，清廷雖於郭百年事件後立碑禁墾，但是諸如郭百年事件等私墾之舉，其勢難擋，零星小規模私墾屢見不鮮，此後南投內山門戶虛掩，為道光年間平埔人大規模遷徙先聲。

清道光移入埔里盆地之平埔族，多由台灣中西部如大肚、沙鹿、清水等地移入最多，由於平埔族生存空間日縮，加以墾號招墾推波助瀾，熟番人口之增加，可知遷移之劇烈，清道光末年熟番（平埔族）增至數千人，而生番不過數十人，內山埔里盆地也由荒埔變良田。當今埔里盆地、國姓鄉、魚池鄉屢見平埔族生活遺跡；然而，歷經百餘年漢化、皇民化、現代化的社會衝擊，平埔族人多已湮沒於歷史洪流之中，十餘年來，台灣本土化浪潮席捲，平埔族文化研究、平埔族正名等復興運動迭起，勢必再現平埔文化風華。

南投縣的縣樹為樟樹，有名的集集綠色隧道即以樟樹卓然成群、濃蔭蔽天，儼如隧道而聞名，南投另有一處鮮為人知的綠色樟樹隧道，乃位於名間鄉濁水村往彰化縣二水水炭寮段的道路。昭和六年（一九三一），日本政府為紀念日本紀元二千六百年，發動鄉民義務勞動植樹。分別於名間鄉之濁水村往集集隘寮段、濁水村往二水鄉水炭寮段及名間往南投新街段遍植樟樹，而名間往南投新街段則於民國七十三年台三線拓寬而砍除五百餘棵，是以僅留存名間往集集段及名間往二水段。這些樟樹樹齡已逾六十年，卓然而立綠意盎然，已成著名景點。

《台灣省縣市行政區域圖‧南投縣》1955年。

南投市：南投之名係為平埔族洪雅族北投社之對稱，漢移民將Tausabata之後段bata發音為北投，而同社相稱地處南邊之族群稱為南投社。南投社於康熙三十三年（一六九四）即見於《台灣府志》。

南投街：龍泉、康壽、三民、仁和、南投、彰仁、崇文里。原屬洪雅族阿里坤支族舊地

牛運堀：漳和、漳興里。原名牛氳堀，是牛群戲水的池塘。

三塊厝：三和、三興里。

茄苳腳：嘉興、嘉和里。包括石頭公、牛食水二聚落

包尾：坪和、振興、千秋里。包括白鷺厝、泥鰍肚、公埔、月眉、番仔井等聚落。

施厝坪：武東、武西、鳳鳴里。

半山：平山里。

林仔：新興、永豐里。包括半路厝、水尾仔兩聚落。

小半山：福興里。

草尾嶺：西嶺里。

軍功寮：軍功、東山里。

營盤口：營北、營南、光榮、光華里。包括三崁店、過溝仔、下山腳等聚落。

內轆：南投市內新、內興里。原名為內凹，閩南語轆與凹同音。

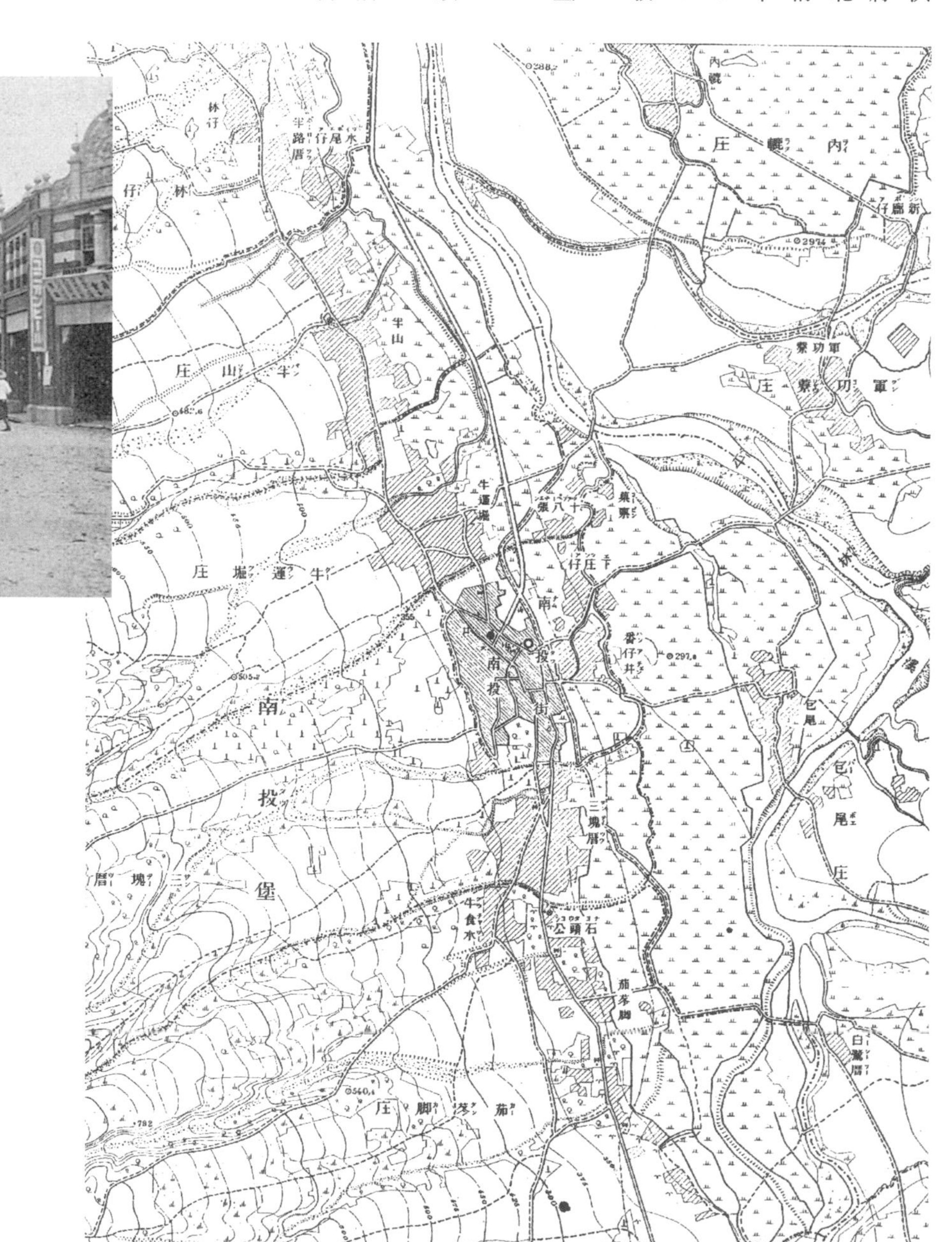

《台灣堡圖．186南投》

草屯鎮：舊稱草鞋墩，典故出自埔里自嘉慶年間漢人入墾，道光年間平埔族大量湧入，鹿港經彰化、草屯至埔里之商旅、墾民絡驛於途，草屯為進入埔里山區之中繼要站，挑夫每在此地更換草鞋，乃稱此地為草鞋墩，日大正九年（一九二〇）乃捨鞋字，易墩字為屯。

草鞋墩：炎峰、玉峰、中山、和平、中正、墩和里。包括下庄、圳寮等聚落。

山腳：山腳里。中興新村所在地。

匏仔寮：富寮里。

月眉厝：碧峰、碧洲里。包括頂、下溪洲、溝仔墘等聚落。

北投埔：復興、碧峰里。包括頂新厝、下厝仔、白厝角等聚落。

林仔頭：上林里。

牛屎崎：御史里。

新庄：新庄里。包括北投街、崁仔腳、下南勢等聚落。

頂茄荖：加老里。昔日為北投社舊址，包括五汴頭、田厝仔等聚落。

番仔田：新豐里。洪雅族舊址。

石頭埔：石川里。境內有下埔仔、溪洲尾等聚落。

南埔：南埔、土城里。包括底內、過坑仔、土城、青仔底、三層崎等。

坪頂：坪頂里。包括竹仔城、六股兩聚落。

雙冬：雙冬、坪林里。包括土地公埔、九芎林、石灼仔、坪林、東埔等聚落。

北勢湳：北勢、中原里。包括頂、下崁仔、坪仔腳、屯園、佳柔崎等。

中寮鄉：中寮舊稱平林仔、永平坑、鄉親寮，其地名乃因開墾初期，居民搭茅草為寮寄居，當地乃有水寮、六寮、鄉親寮、後寮之名，中寮乃居中之聚落，日人正九年（一九二〇）將此地稱為中寮。

八杞仙：八仙村。包括馬鞍嶺、台鹿坑兩聚落。

後寮：廣興、崁頂、仙峰村。包括番仔巴、先峰嶺兩聚落。

鄉親寮：福盛、和興、永平村。包括粗坑、大坑兩聚落。

中寮：中寮、復興、廣福村。含暗坑、東勢腳二聚落。

分水寮：永和村。包括柴城、大坵園、豬肚潭等聚落。

龍眼林：清水、龍安、龍岩村。包括爽文路、清水湖兩聚落。

二重溪：永福、義和村。包括撻仔灣、甲頭埔、山崁仔腳、竹仔坑等聚落。

名間鄉：名間位於濁水溪北岸舊稱濁水，另一名稱為湳仔。由於福佬話 **lama** 發音與日語之訓讀名間 **nama** 相近，乃於大正九年（一九二〇）改名為台中州南投郡名間庄。

濁水：濁水村。

湳仔：南雅、中山、中正村。

崁寮：崁寮、新民村。包括崁頂、竹圍、溪底、堀尺坵、外埔等聚落。

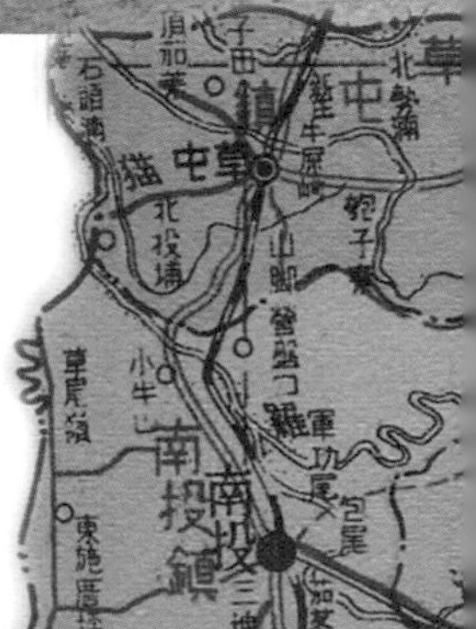

皮仔寮：大坑、錦梓村。包括土地公崎、藍口店仔、大坑墘等聚落。

赤水：赤水、竹圍村。包括井仔頭、羗仔園、下竹圍、井底寮、出林虎等聚落。

弓鞋：弓鞋、三崙村。包括粗坑、口寮、木履崙、三條崙、內寮等。

松柏坑：松山、松柏、埔中村。包括埔中央、過境仔、大車鹿等聚落。

頂新厝：三光、崁腳、新厝村。

部下：鄣下村。境內另有鹿鳴。

番仔寮：東湖、仁和、萬丹村。洪雅族舊地。又名萬丹庄，因早年漢人稱此地原住民為萬丹番。

下新厝：廈新、虎坑村。包括二重埔、虎仔坑二聚落。

田仔：田仔村。包括中寮仔、九層林、大坑崁兩聚落。

新街：新街村。包括田寮仔、客庄、大埔、福興等聚落。

大庄：大庄、南大村。舊名牛牯嶺。

日治時代草屯街景。

《台灣省縣市行政區域圖．南投縣》1955年。

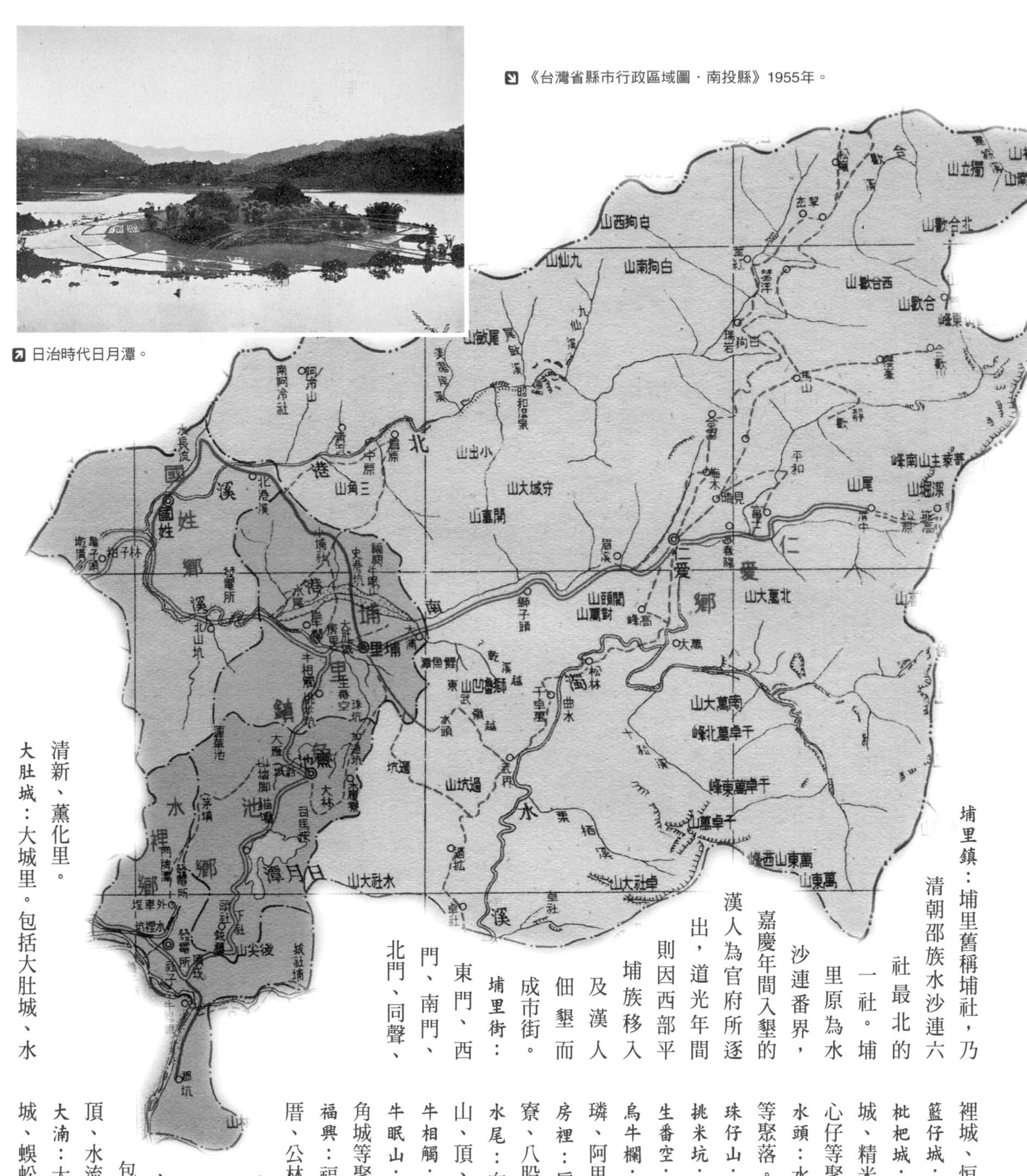

日治時代日月潭。

《台灣省縣市行政區域圖．南投縣》1955年。

埔里鎮：埔里舊稱埔社，乃清朝邵族水沙連六社最北的一社。埔里原為水沙連番界，嘉慶年間入墾的漢人為官府所逐出，道光年間則因西部平埔族移入及漢人佃墾而成市街。

埔里街：東門、西門、南門、北門、同聲、清新、薰化里。

大肚城：大城里。包括大肚城、水裡城、恒吉城等聚落。

籃仔城：籃城里。

枇杷城：枇杷、杷城里。包括枇杷城、精米宮、五港泉、文頭股、中心仔等聚落。

水頭：水頭里。包括水頭、十一份等聚落。

珠仔山：珠格里。

挑米坑：挑米里。

生番空：溪南里。

烏牛欄：愛蘭、鐵山里。包括大馬璘、阿里史、鐵尖山等聚落。

房裡：房里里。包括日南社、雙寮、八股等聚落。

水尾：向善、一新里。包括觀音山、頂、下赤崁、刣牛坑等聚落。

牛相觸：南村里。

牛眠山：牛眠里。包括守城份、四角城等聚落。

福興：福興里。包括九欉楓、五塊厝、公林等聚落。

史港坑：史港里。包括頂、下史港坑、獅仔頭、內城等聚落。

小埔社：廣成、合成里。包括水蛙堀、三條崙、太坪頂、水流東等聚落。

大湳：大湳里。包括虎仔耳、楓仔城、蜈蚣崙等聚落。

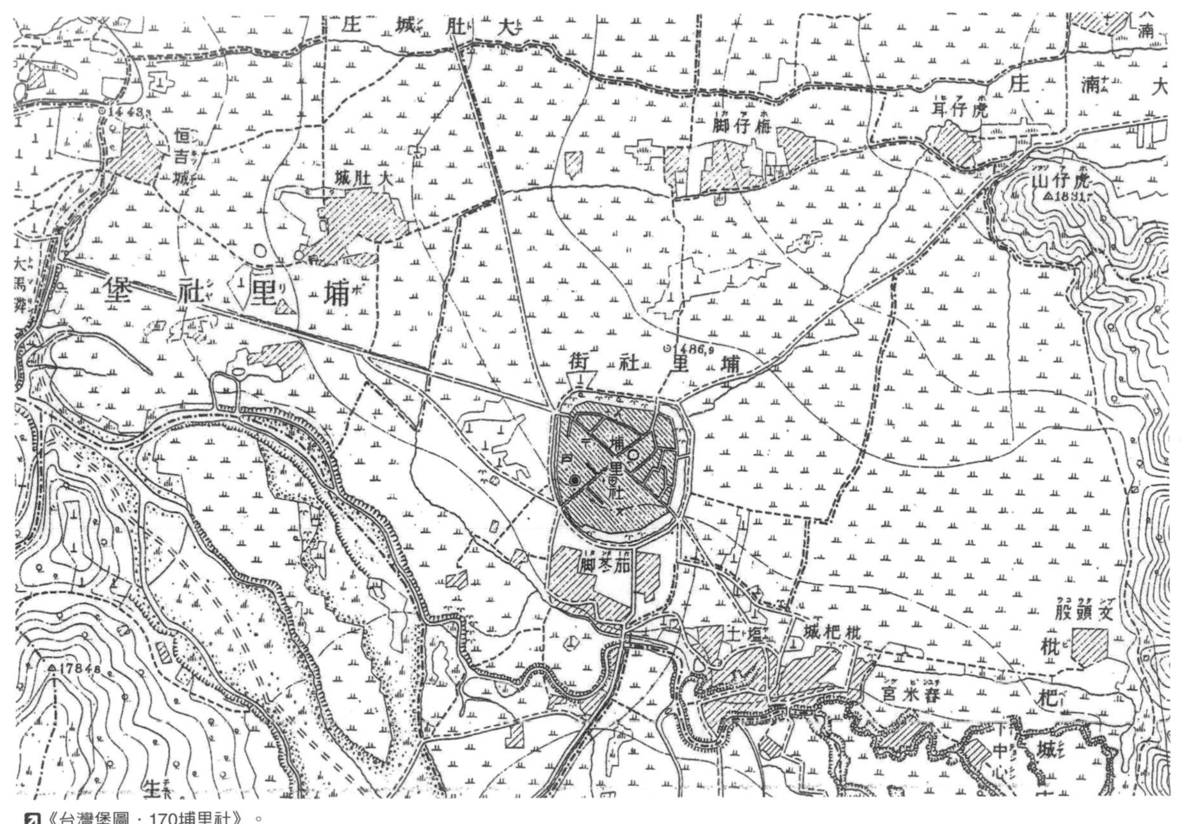

《台灣堡圖．170埔里社》。

國姓鄉：介於能高番社與漢人拓殖區之間，舊稱國姓，乃因明永曆二十四年（一六七〇），鄭成功部將劉國軒征討、驅逐大肚番至埔里，官兵駐紮於此，乃稱此地未開發荒地為國姓埔。

龜仔頭：福龜村。舊名龜紫頭、內龜洋。

北港溪：北港村。

國姓：國姓、石門、大石村。

水長流：長劉、長福、長豐村。

乾溝：乾溝村。

柑仔林：柑林村。

北山坑：北山、南港村。包括大茅埔、上、下南港三聚落。

水里鄉：水里位於濁水溪中游，由於聚落位置位於水里溪坑口處而得名。而水里溪之名乃因其水源來自水社（水沙連六社之一，現今之魚池鄉水社村）而得名。

水裡坑：水里、農富村。

社仔：街區的南面，包括嶺腳、頂崁、外車埕、鹿寮、北埔等聚落。

郡坑：新山、上安、郡坑村。

牛轀轆：永興村。

龜仔頭：玉峰村。包括新寮坪、筍仔寮兩聚落。

拔社埔：民和村。布農族舊地。

魚池鄉：魚池鄉自北而南形成一個盆地鏈之陷落地形，計有魚池、日月潭、頭社、北旦、銃櫃等等，這些盆地多成水澤良田，唯有日月潭維持著湖泊型態；魚池鄉乃漢人入墾初期，聚落所在地曾有大魚池。

魚池仔：魚池、東池村。

大雁：大雁村北部。

山楂腳：大雁村南部。

新城：新城村。包括頭股、十一股兩小聚落。

鹿篙：新城村。舊名鹿窩。

貓囒：中明村。水沙連平埔族貓囒社舊地。包括毛蟹穴、田螺污、山腳、有水坑等聚落。

蓮花池：五城村北部。

司馬鞍：大林村南。

大林：大林村北。

木屐囒：東光村。水社化番木葛蘭社舊地。

長寮：共和村中部。

加道坑：共和村東北角。

水社：水社村。水社為水沙連化番之簡稱，由邵族形成於日月潭溪北岸之聚落。包括石印社、沙吧囒社、卜居社等聚落。

茅埔：五城村南部。

頭社：武登村。包括頂下社、內凹仔兩聚落。

銃櫃：武登村。

邵族駕獨木舟在日月潭中捕魚。

邵族婦女在日月潭畔表演杵歌。

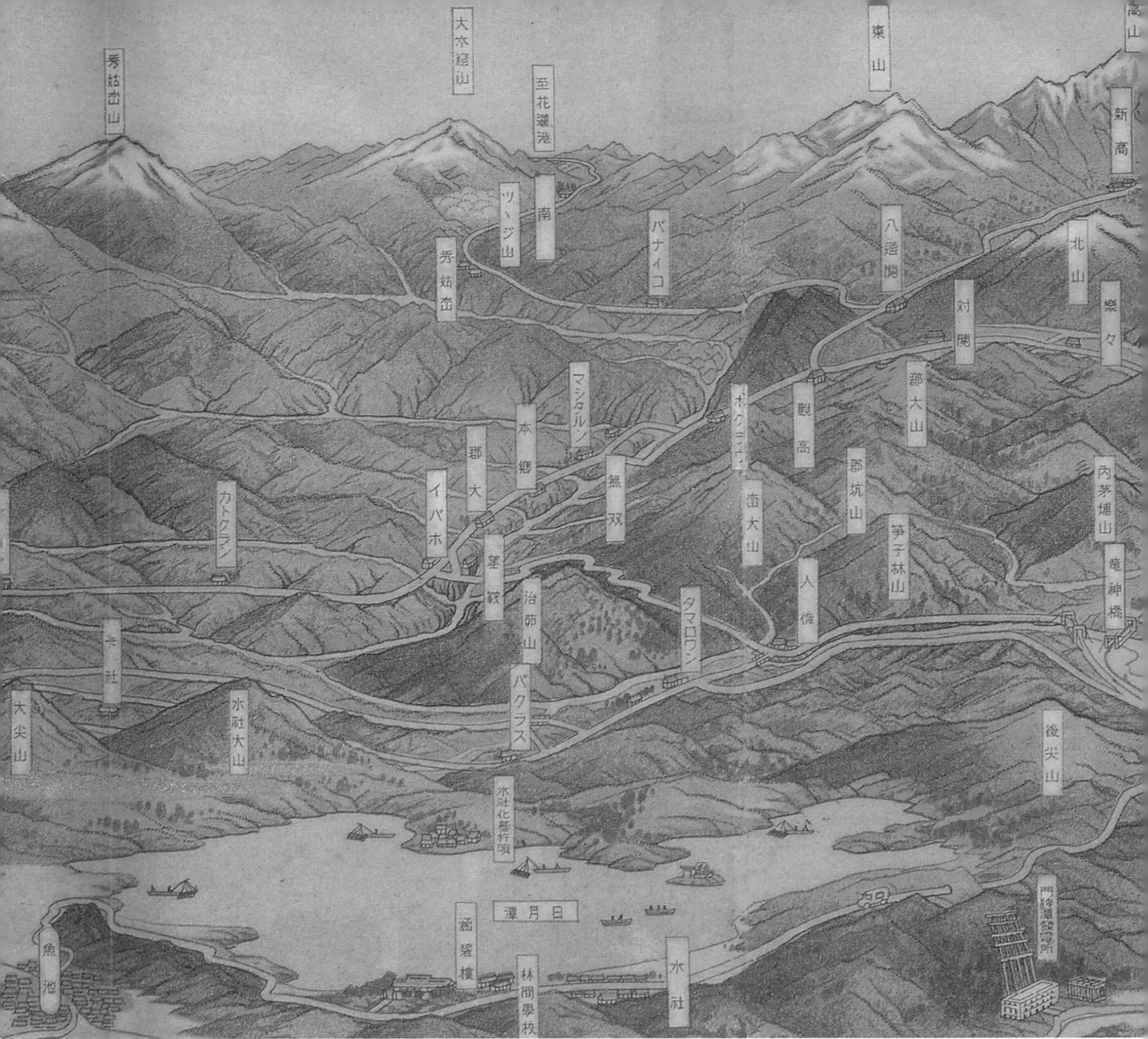

《新高山岳的日月潭》

Chapter 10

水沙連，台灣的桃花源

水沙連泛指埔里鎮、竹山鎮、集集鎮、仁愛鄉、信義鄉、魚池鄉、國姓鄉、名間鄉、鹿谷鄉、水里鄉等十鄉鎮，連聳的山陵、起伏的丘陵、平坦的盆地、以及蜿蜒的河川，構成豐富且多姿的生態自然環境。

清初，藍鼎元在《東征集》上對水沙連的描述：「自斗六門沿山入，過牛相觸，溯濁水溪之源。翌日可至水沙連內山。………水沙連嶼在深潭之中，小山如贅疣，浮游水面。其水四周大山，山外溪流包絡，自山口入，匯為潭。潭廣八、九里，環可二、三十里，中間突起一嶼，山青水 綠，四顧蒼茫，竹樹參差，雲飛鳥語；古稱蓬瀛，不是過也。…………… 嗟乎！萬山之內，有如此水；大水之中，有此勝地。浮田自食 ，蟒甲往來，仇池公安足道哉！武陵人誤入桃源，余曩者嘗疑其誕；以水沙連觀之，彭澤之非欺我也。」

和藍鼎元一樣，許多清代的官員都將水沙連視為台灣的桃花源。由於水沙連的生態環境具多樣性，平原、丘陵、台地、河川、湖泊羅織其間，生物種屬相當豐富。水沙連優越的環境及豐富的資源，在台灣歷史上也吸引許多族群遷來棲息定居，逐漸蘊育多元族群，以及呈現多元的語言特色。

《台灣堡圖．188林圯埔》。

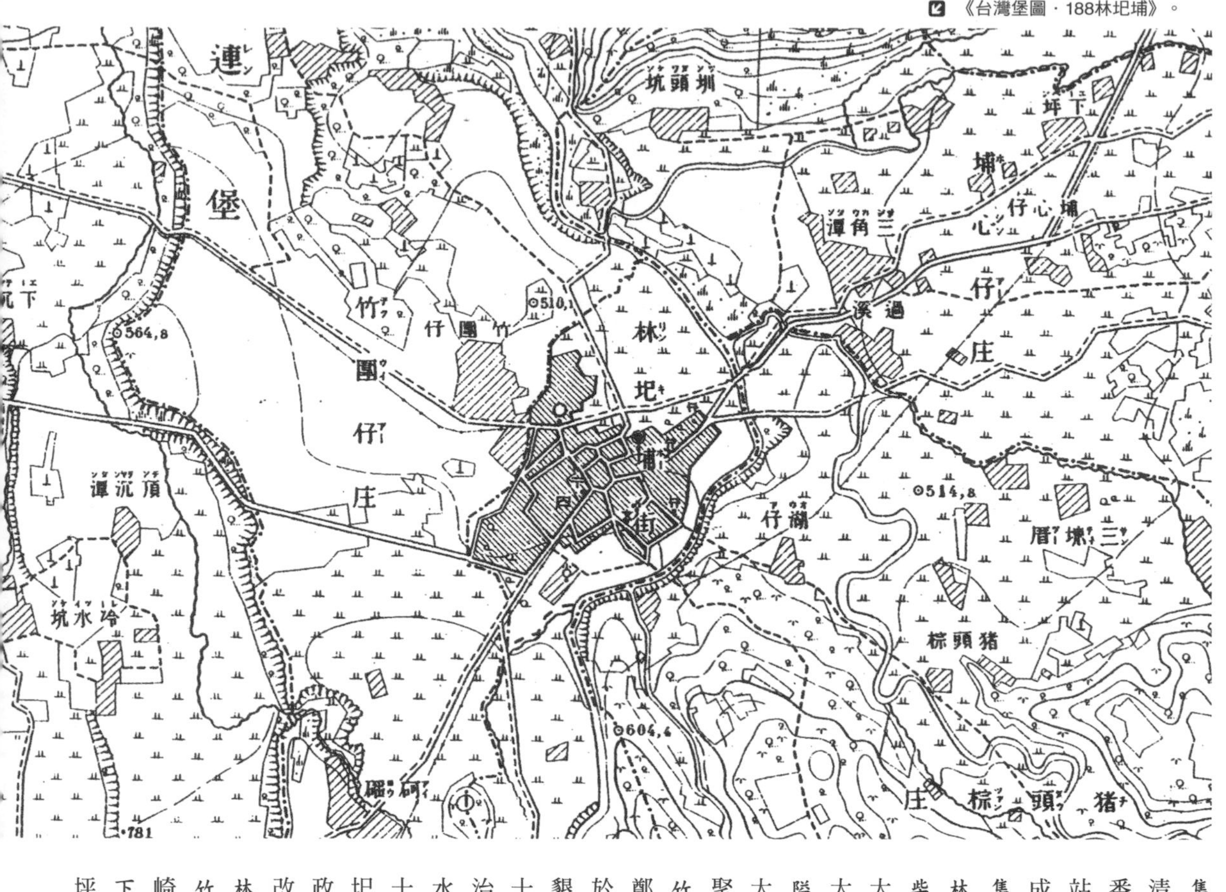

集集鎮：集集位於濁水溪北岸，為清代理番之番界。得名自水沙連社番集集社之音譯，此處因集集火車站及燈會民俗活動而發展觀光有成。

集集街：集集、和平里。

林尾：林尾里。

柴橋頭：玉映、吳厝、八張、永昌、大山里。包括吳厝、洞角、北勢坑、大坵園、平底林、八張犁等聚落。

隘寮：隘寮、田寮里。包括田寮、大坵園、大石公、草嶺、古亭笨等聚落。

竹山鎮：竹山舊稱林圯埔，乃紀念鄭成功部將林圯拓墾之功。林圯埔於一六六八年明鄭時期漳籍人士入墾，於乾隆年間即成街肆，光緒十二年（一八八六）更立為雲林縣治，史稱「前山第一城」，唯因濁水溪氾濫成災，雲林縣治乃於光緒十九（一八九三）年遷至斗六。林圯埔於日大正九年（一九二〇）行政區劃調整時，以附近竹林密布而改名為竹山迄今。

林圯埔街：竹山、中正、中山里。

竹圍仔：雲林、迴窯里。包括迴窯、崎頭、下坪等聚落。

下坎：中和、中崎、德興里。包括坪仔腳、枋寮腳、和溪厝、冷水坑、柯仔坑、車店仔、中崎等聚落。

香員腳：下坪里。香員為香橼之誤。

江西林：延正、延平里。包括林仔腳尾、坪頂埔、籐湖、東埔蚋、過溪等聚落。

豬頭棕：桂林里。舊名豬傍棕，可能是原住民語的音譯字。包括湖仔、三塊厝、茄芷坑等聚落。

大坑：大坑、頂林里。

埔心仔：延和里。包括過溪、三角潭、下坪等聚落。

大鞍：大鞍里。包括豬仔寮、山豬肉頭、福興寮、鹿寮、水枯等聚落。

社寮：社寮、山崇里。包括他里溫、山腳、過坑仔、水尾等聚落。

後埔仔：竹山鎮中央、富州里。包括溪州仔、水車兩聚落。

筍仔林：延山里。

桶頭：桶頭里。包括過溪、檳榔宅、小旗、內寮、大坪等聚落

山坪頂：坪頂里。

福興：福興里。包括過溪、泉州寮、不知春等聚落。

田仔：田子里。

鯉魚尾：鯉魚、鯉南里。包括山腳、山邊、木瓜潭等聚落。

鹿谷鄉：鹿谷舊稱羌仔寮，乃因先民入山搭寮獵羌。大正九年

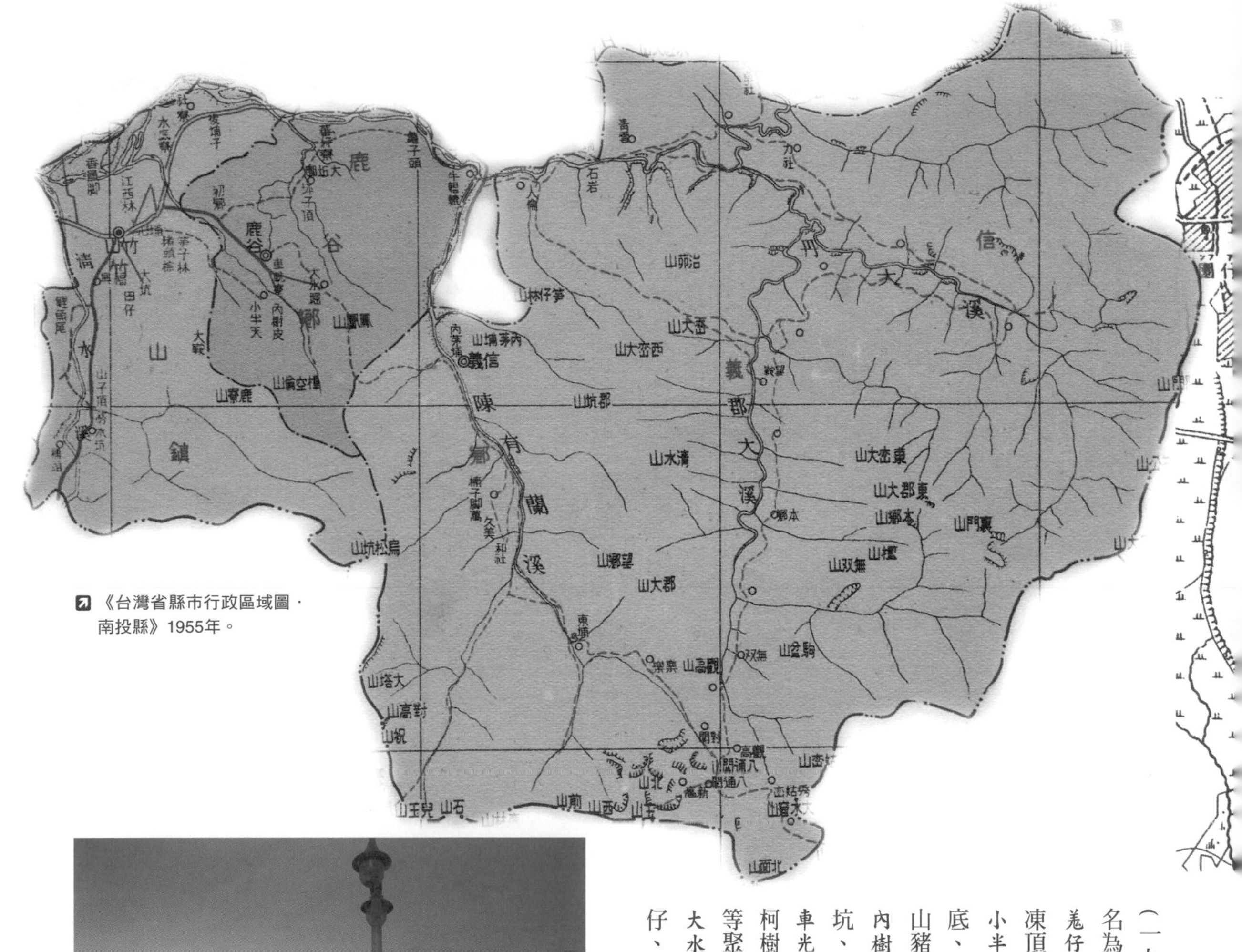

《台灣省縣市行政區域圖．南投縣》1955年。

集集火車站。

（一九二〇）行政區劃調整時，易名為鹿谷。

羗仔寮：鹿谷、彰雅村。包括新寮、凍頂等聚落。

小半天：竹林、竹豐村。包括雙溪底、崎頭、中湖、內湖、南坪後、山豬湖仔等聚落。

內樹皮：和雅村。包括火燒寮、深坑、番仔寮坑、西勢村等聚落。

車光寮：廣興、內湖村。包括田寮、柯樹坪、水坑、溪坪、瀰坑、溪頭等聚落。

大水窟：永龍、鳳凰村。包括下部仔、五崙尾、大坵田、茅埔、頂、二城等聚落。

番仔寮：瑞田村。包括干坑、九寮兩聚落。

大坵園：清水村。包括內、外城、宅仔內、頂厝仔等聚落。

坪仔頂：秀峰、坪頂村。包括清水溝、東埔寮、外苦瓜寮等聚落。

初鄉：初鄉村。包括板仔寮、水尾仔、內苦瓜等聚落。

仁愛鄉：清朝時為生番地界，主要族群為泰雅族之賽德克亞族，以及布農族卡社群曲冰（萬豐）、武界（法治）、過坑（中正）三個村落。日治時代則列為台中州能高郡番界，原名霧社，光復後改名仁愛鄉，反應了當時政府治理原住民族德育教化之漢族中心思維。

信義鄉：信義鄉與仁愛鄉一樣，在清朝時期也是生番地界，主要族群為布農族及居住久美村部分的鄒族。日治時代列為台中州能高郡番界，鄉內中央山脈、玉山山脈盤踞，光復後易名信義。

第十二章 林圯埔・雲林

雲林舊名林圯埔

林圯埔得名乃彰顯鄭氏部將林圯開闢之功

雲林之名一說始於林圯埔之雲林坪

另一說則起源於沙連埔九十九崁上之雲林坪

此地居中路之心，扼後山之吭，萬峰環拱，雙水匯流

乃將縣治移此而得名

雲林縣舊稱林圯埔，雲林之名，根據連橫《台灣通史》所言，起於建縣之始，縣治位於林圯埔之雲林坪。而林圯埔之得名乃是彰顯鄭氏部將林圯開闢之功。另一種說法則是據清光緒十二年（一八八六）雲林縣首任知縣陳世烈所作之《雲林縣竹城旌義亭記》所言，為了防衛需要乃卜城於沙連埔九十九崁上之雲林坪，居中路之心，扼後山之吭，萬峰環拱，雙水匯流，乃將縣治由斗六移至雲林而得名。史籍上又載劉銘傳於光緒十三年上奏提及：「擬添設一縣曰雲林縣。」綜合上述，雲林得名與其地形易守難攻，適於建城置縣有關。

↗ 西螺大橋。

雲林縣位於台灣中南部，位雲嘉南平原北端地帶。雲林全境以平原為主，僅縣境東部古坑鄉、林內鄉、斗六市為山地丘陵。其濱海地區為一狹長海岸線，係濁水溪、虎尾溪、北港溪沖積而成平原，其中西螺、虎尾、斗南等地為台灣早期重要米糖產區，而濱海平原，如四湖、麥寮則飽受水患之苦；沿海地區大量泥沙淤積於河口附近，受到風向、潮汐、波浪的作用，自然形成了海埔地與沙洲，利於養殖漁業的發展。雲林以農立縣，特產除遠近馳名的西螺濁水米、斗六文旦柚外，大埤的酸菜；二崙、崙背等地出產的香瓜；古坑、斗六、林內一帶的竹筍及北港的蒜頭出產量都占了全台重要比例。

雲林除農產外，工商業向來不發達，不過，自民國八十年台塑六輕煉油廠於麥寮設廠以來，雲林沿海地區出現了巨型重工業，六輕將為雲林帶來什麼樣的進展，值得長期觀察。

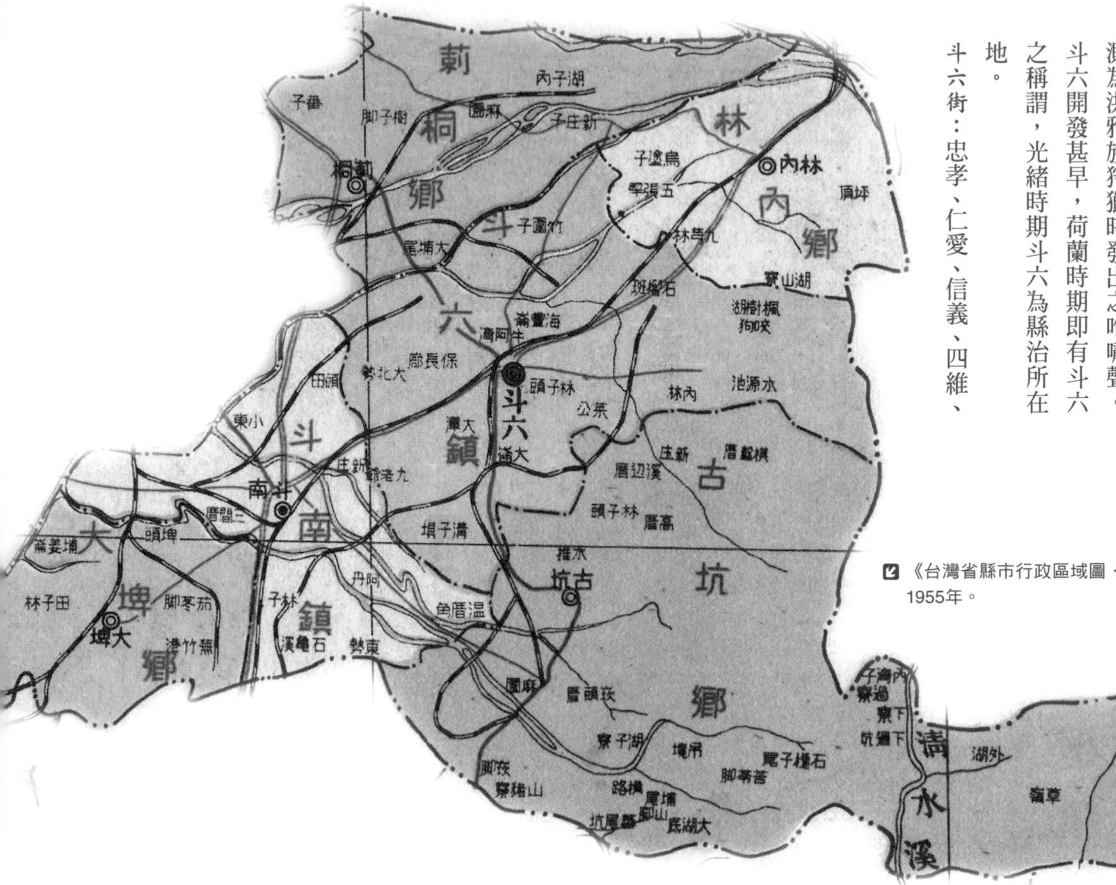

斗六市：斗六舊稱斗六門，係平埔族洪雅族之社名。「斗六」之音推測為洪雅族狩獵時發出之咆嘯聲。斗六開發甚早，荷蘭時期即有斗六之稱謂，光緒時期斗六為縣治所在地。

斗六街：忠孝、仁愛、信義、四維、太平、中和、光興、三平里。

《台灣省縣市行政區域圖・雲林縣》1955年。

海豐崙：八德、鎮東、鎮北里。包括海豐崙、朱丹灣等聚落。

大北勢：長平里。包括大北勢、林仔頭等聚落。

保長部：保庄、鎮西、虎溪里。包括保長部、虎尾溪、後庄子等部落。

大潭：龍潭、鎮南里。包括大潭、社口等聚落。

九老爺：久安里。

大崙：崙豐、嘉東里。包括大崙、茄冬腳等聚落。

溝仔垻：溝壩、江厝、三光里。柴裡社舊地，包括溝仔壩、瓦厝仔、柴裡等聚落。

林仔頭：公正、林頭里。包括社口、番仔溝等聚落。

社口：社口里

石榴班：榴北、榴中、榴南里。

內林：梅林里。

菜公：重光里。

咬狗：湖山里。

竹圍仔：長安、溪洲、十三里。

林內鄉：林內位於雲林縣之東北角，屬於濁水溪沖積扇之扇頂區，東半部則為丘陵地。民國三十五年自斗六鎮內部分村里劃出，並以最大的一村「林內」為鄉名。

林內：林南；林忠、林北、林茂、坪頂村。包括林內、坪頂、斗六東等聚落。

九芎林：九芎村。

咬狗：湖本村。

烏塗仔：烏塗、烏麻村。包括烏塗仔、烏麻園等聚落。

新庄：重興村。包括新莊仔、芎蕉腳等聚落。

莿桐鄉：清朝時期先民種植莿桐以為防禦，彼時杳無人煙，是以拓墾建屋之處所即稱莿桐巷，時稱為莿桐巷庄。

莿桐：莿桐、甘厝、甘西、興桐村。包括莿桐巷、甘厝等聚落。

番子：義和、興桐村。

大埔尾：埔尾、大美村。包括大埔尾、溪底、油車、下麻園等聚落。

新莊仔：六合村。

湖仔內：五華村。

蔴園：麻園、四合村。包括麻園、後埔兩聚落。

樹仔腳：埔子、興貴、饒平村。

斗南鎮：斗南舊稱他里霧社，一六六二年鄭成功入台後實施屯田制時，史籍已記載他里霧社之名，大正九年（一九二〇）地方制度改正，將沿用的平埔社名他里霧社改為斗南。

日治時代的斗六街景。

他里霧：東仁、西岐、南昌、北銘里。

舊社：舊社里。他里霧社舊地。

林仔：林子里，包括林仔、連芳兩聚落。

石龜溪：石龜、石溪、靖興里，包括石龜溪、南靖厝兩聚落。

南勢：新南里。

阿丹：阿丹里，包括阿丹、崙仔兩聚落。

溫厝角：將軍里，猴悶社舊地。

新庄：將軍、西天、新光里，包括將軍崙、新莊、烏瓦窯、新厝寮、北勢仔等聚落。

田頭：田頭里。

五間厝：明昌里。包括五間厝、紅瓦窯等聚落。

大東：大東、埤麻、西伯、新崙里。

小東：小東里。

古坑鄉：古坑鄉位屬丘陵地形，為虎尾溪與北港溪之上游地帶，全境十餘條主支流奔竄。其舊稱為「庵古坑」，不難想像與其多小溪流、小山谷有關。

水碓：水碓、田心村。

高厝：高林、荷苞村。

溪邊厝：東和村。

新莊：新庄村。

棋盤厝：棋盤村。

崁頭厝：永光村。

苦苓腳：桂林村。

崁腳：崁腳村。

大湖底：華南、華山村。

樟湖：樟湖村。

草嶺：草嶺村。

蘇園：永昌、麻園村。

庵古坑：古坑、朝陽、西平、湳仔村。包括庵古坑、湳仔等聚落。

大埤鄉：大埤原名大埤頭，得名於此地位居大埤之頭。大埤開鑿之說有二，一為荷蘭人築埤儲水，時人稱為紅毛埤，另一說為康熙年間庄民開築之「荷包連圳埤」。

大埤頭：南和、北和、大德村。包括大埤頭、尼姑庵、蘆竹後等聚落。

蘆竹港：松竹、尚義村。包括蘆竹角、泊雁岸、蘆竹港、柳樹腳、下崙仔等聚落。

舊庄：北鎮、興安、怡然、西鎮村。包括後庄、三塊厝、舊庄、後壁店、西勢潭等聚落。

茄苳腳：嘉興、豐田村。包括茄冬腳、篰前寮、後溝子等聚落。

埤頭：三結村。包括下、中、頂埤頭等聚落。

埔羌崙：豐岡村。

佃仔林：聯美、吉田村。包括田尾、佃子林、浮潭等聚落。

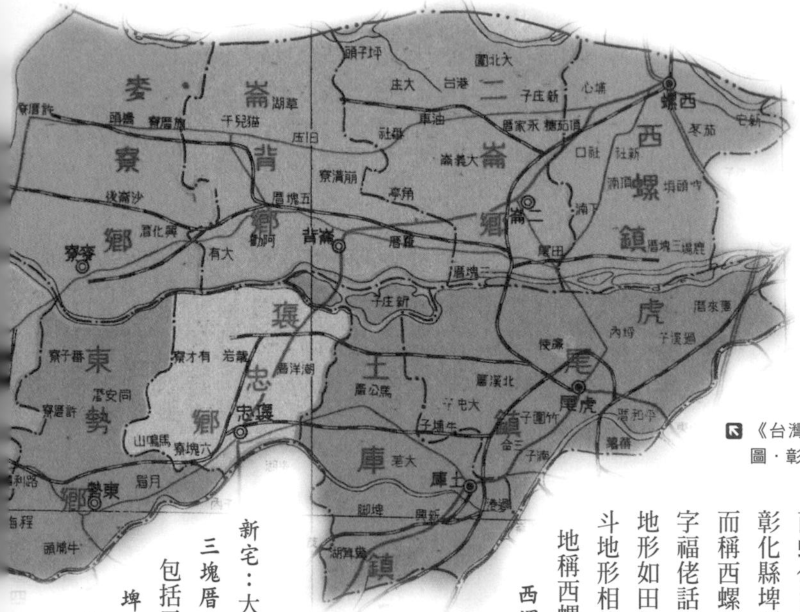

虎尾鎮：虎尾二字之由來，實得名於虎尾溪，一說因溪水湍急，取其凶險之意；二為溪流暴起暴落，河道寬隘不定之故。

五間厝：虎尾舊名，今中山、西安、德興、新興、公安、東仁、安慶里。

平和厝：平和里。

蕃薯庄：興南里。

湳仔：穎川、延平里。

竹圍仔：新吉里。

《台灣省縣市行政區域圖・彰化縣》1955年。

大墩仔：東屯、西屯、墾地里。

過溪仔：頂溪、中溪、下溪里。

惠來厝：惠來里。

三合：三合里。

埒內：埒內、掘頭里。

廉使：廉使、建國、安溪、興中里。

北溪厝：北溪里。

牛埔子：芳草里

西螺鎮：據文獻所載，西螺之得名有四種說法，一為平埔族巴布薩族西螺（**Sorean**）社活動範圍；二為與彰化縣埤頭鄉之東螺社因地形相對而稱西螺；三為臨濁水溪，「濁」字福佬話發音與「螺」同；四為其地形如田螺，而與濁水溪北岸之北斗地形相仿，因北斗稱東螺，故此地稱西螺。

西螺街：廣福、永安、正興、中和、福興、光華、中興、漢光里。

茄冬：振興、大園里。包括小茄冬、大菜園等聚落。

新社：新豐、新安里。

新宅：大新里。

三塊厝：鹿場、公館、七座里。包括三塊厝、鹿場等聚落。

埤頭垻：埤頭、東興、廣興里。

頂湳：頂湳里。

社口：福田里。

埔心：詔安、河南、安定里。

吳厝：吳厝、九隆里。包括吳厝、九塊厝等聚落。

褒忠鄉：褒忠鄉之名有二種說法，一說為清乾隆五十一年（一七八六）林爽文事變時，鄉勇助清軍平亂有功，乃賜「褒忠」二字。另一說則為開發初期此地遍植埔姜，昔稱埔姜崙。

埔姜崙：埔姜、中民、中勝村。

馬鳴山：馬鳴村。

湖頭厝：新湖村。

有才寮：有才村。

田洋：田祥村。

龍巖：龍岩村。

潮洋厝：潮厝村。

崙背鄉：崙背得名於鄉內南陽村有一大型沙丘，福佬話稱沙丘為崙，崙背意指沙丘北方。

崙背：東明、西榮、南陽、崙前村。

羅厝：螺厝、港尾村。

阿勸庄：阿勸村。

五塊厝：五魁村。

大有庄：大有村。

貓兒干：豐榮村。

草湖：草湖村。

舊庄：舊庄村。

崩溝寮：芳南、水尾村。

二崙鄉：「崙」即沙丘之意。二崙得名於開發初期崙東村有二個小沙丘，人稱「二崙」。

二崙仔：崙東、崙山村。

惠來厝：來惠村。

三塊厝：三和村。

田尾：田尾村。

永定厝：安定、永定村。

新庄仔：大華、義庄、楊賢村。包括新庄、大北園兩聚落。

大義崙：大義村。

油車：油車村。

大庄：大庄、庄西村。

港後：港後村。境內有荷包嶼。

八角亭：復興村。

番社：番社村。

麥寮鄉：相傳麥寮地名的由來，乃是由於早期居民在此搭寮種麥。麥寮因地形之便，自康熙年間即為二岸移民、貿易門戶，然因沙土淤積，未能泊大商船，發展有限，自台塑六輕設廠以來，為此地帶來封閉而急速的工業發展。

麥寮：麥豐、麥津村。

沙崙後：瓦窯、崙後村。

許厝寮：三盛、後安、海豐村。

橋頭：橋頭、新吉村。

雷厝：雷厝村。

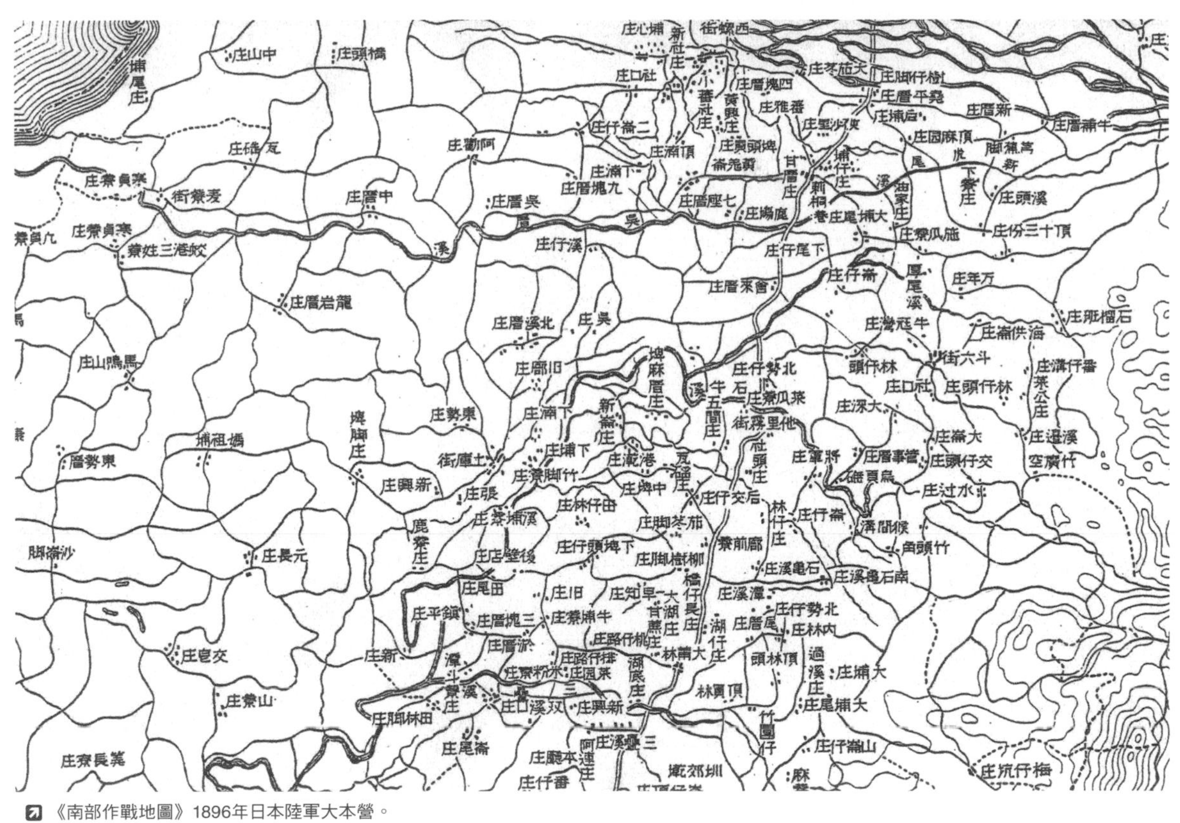

《南部作戰地圖》1896年日本陸軍大本營。

施厝寮：施厝村。

興化厝：興華村。

台西鄉：台西原屬雲林縣海口鄉，民國三十四年將海口鄉劃為台西、東勢二鄉，以台西命名乃誌其位於雲林縣最西端，且向西凸出於台灣海峽。

海口厝：海南村。

溪頂庄：溪頂村。

牛厝：牛厝村。

坵厝：牛厝村。

五塊厝：全洲、五椰村。

什張犁：光華村。

山寮：山寮村。

崙仔頂：富琦、永豐、和豐村。

普令厝：富琦村。

新興：和豐村。

火燒牛稠庄：和豐村。

蚊港：蚊港村。

五條港：五港村。

東勢鄉：東勢為舊虎尾溪與虎尾溪沖積扇平原。由於清朝初年來墾先民多由海豐港登陸，因地處海豐港之東方，乃稱東勢。

東勢厝：東北、東南村。

牛埔頭：嘉隆村。

澄海厝：程海村。

路利潭：龍潭村。

下許厝寮：安南村。

番仔寮：四美村。包括阿芹厝、新吉庄。

同安厝：昌南、同安村。

月眉：月眉、復興村。

土庫鎮：台灣各地以土庫為名之鄉鎮及村里眾多，乃因土庫即為以土或石灰糊成之穀倉。清代先民以稻作為主要生產方式，穀倉為重要建築。

土庫：忠正、順天、宮北里。

過港：越港、溪邊里。包括竹腳寮、過港、溪埔寮等聚落。

新興：興新里。包括竹圍仔、蘆竹塘、新興、下店仔等聚落。

畚箕湖：奮起里。包括畚箕湖、無底潭等聚落。

埤腳：埤腳里。包括埤腳、牛稠仔、竹圍仔等聚落。

石廟仔：石廟里。包括後廟仔、溪心、番仔窟等聚落。

大荖：大荖里。包括大荖、好收兩聚落。

馬公厝：東平、西平、南平、北平里。包括馬公厝、山仔腳等聚落。

後埔：後埔里。包括後牛埔、雙人厝等聚落。

崙內：崙內里。包括崙內、粿葉園、頂寮等聚落。

新庄仔：新庄里。

Chapter 11

虎尾溪滄桑

濁水溪是台灣最長的溪流，經過多次改道，在下游地區形成廣大的三角洲平原，然而自清代以來，濁水溪主流數度改道，名稱混淆，見諸文獻的有東螺溪、西螺溪、虎尾溪、三疊溪等名稱。早期文獻如康熙35年的《台灣府志》、郁永河的《裨海紀遊》等書都對濁水溪下游河道作過描述。經學者的考證，古書中的東螺溪應為今日之西螺溪，而西螺溪應為濁水溪的一個分流，大多數的時間濁水溪仍以虎尾溪及東螺溪為主流。

河道的變遷對聚落發展及土地的開發有莫大的影響。虎尾在古代曾是一個大型聚落，但經過河道變遷及幾次動亂，到了日治初期已沒落成一個叫五間屋的小聚落。由於日資的大日本製糖株式會社利用虎尾溪舊河道形成的新生地建立大規模的糖廠，五間屋得以重生。後來日本便將這個重新發展的市鎮命名為虎尾。

↗ 濁水溪上的西螺大橋。

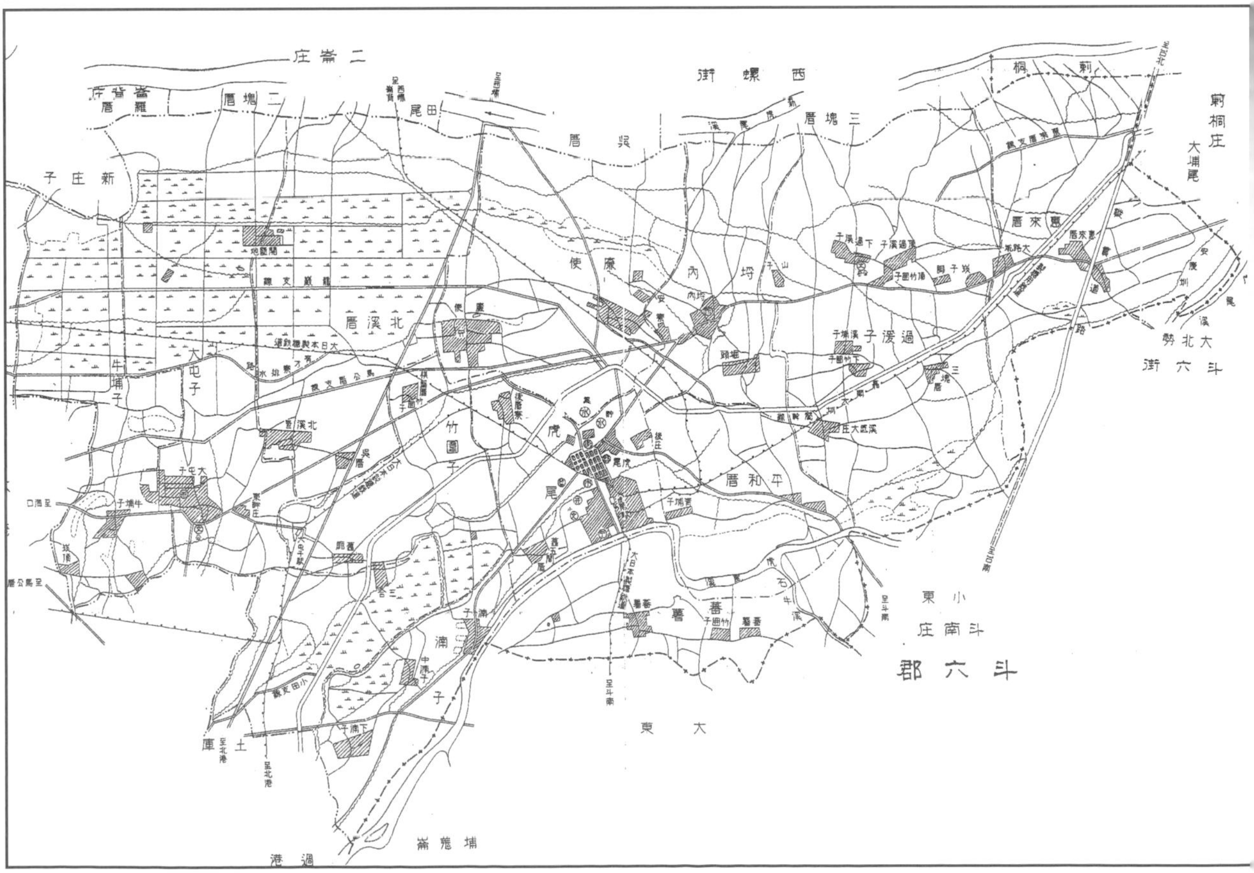

《康熙台灣輿圖》

康熙台灣輿圖。

日治時代虎尾街地圖。

北港鎮：北港舊稱笨港，相傳乃因荷蘭人繪製台島地圖，將此地以平埔族社名稱為**Poonkan**（漢文譯為笨港）。康雍年間古笨港為商船輳集，台屬首鎮。當時市街位於北港溪南岸，然因乾隆、嘉慶年間之洪水使得郊行市商一分為二，分別遷至新南港及北港。

新街：新街、劉厝里。包括新街、劉厝、竹圍仔等聚落，

後溝仔：厚溝、新厝、府番里。包括後溝仔、新厝仔、灣仔內、府番等聚落。

草湖：草湖里。

溝皂：溝皂里。包括溝皂、奄豬社等聚落。

番仔溝：番溝、大北里。

好收：好收里。包括好收、口庄兩聚落。

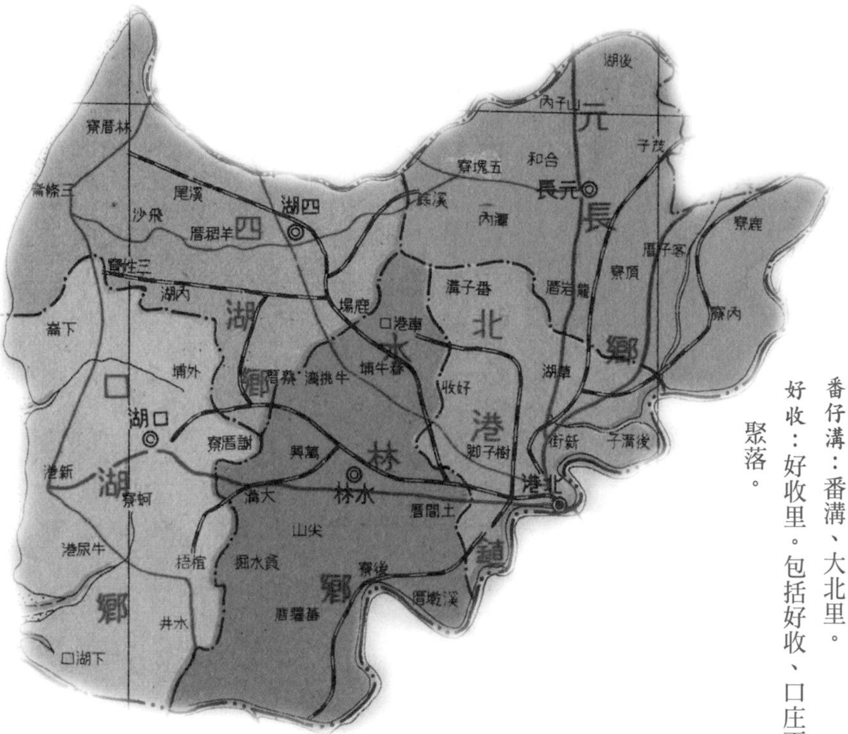

台灣省縣市行政區域圖・雲林縣》1955年。

樹仔腳：樹腳里。包括樹仔腳、船頭埔、過溝皂等聚落。

扶朝家：扶朝、水埔里，包括扶朝家、鹽水埔等聚落。

四湖鄉：四湖得名緣由與口湖鄉相近，皆因潟湖地形遺跡而起。

四湖：四湖、湖西、新庄村。

蔡厝：蔡厝村。

下寮：湖寮村。

鹿場：鹿寮村。

羊稠厝：獅湖、羊調村。

溪底：溪底、溪尾村。

三條崙：崙南、崙北村。

內湖：內湖村。

箔仔寮：箔仔、箔東村。

飛沙：飛沙、飛東村。

林厝寮：林東、林厝村。

口湖鄉：口湖鄉為潟湖遺跡，陸化而成的土地，口湖即得名於隨處可見之未陸化之湖泊、沼塘；此地極為低窪，每遇颱風，頻生災禍，每年農曆六月此地會舉行「牽水車藏」，祭奠因水災而亡之先民。

口湖：口湖、湖東、頂湖村。包括口湖、頂口湖、烏麻園等聚落。

謝厝寮：謝厝村。

蚵寮：蚵寮村。

外埔：埔南、埔北村。包括外埔、龍潭等部落。

下崙：下崙、崙東、崙中、青蚶村，包括下崙、青蚶兩聚落。

新港：港溪、港東村。

牛屎港：台子、成龍村。

宜梧：梧北、梧南、過港村。

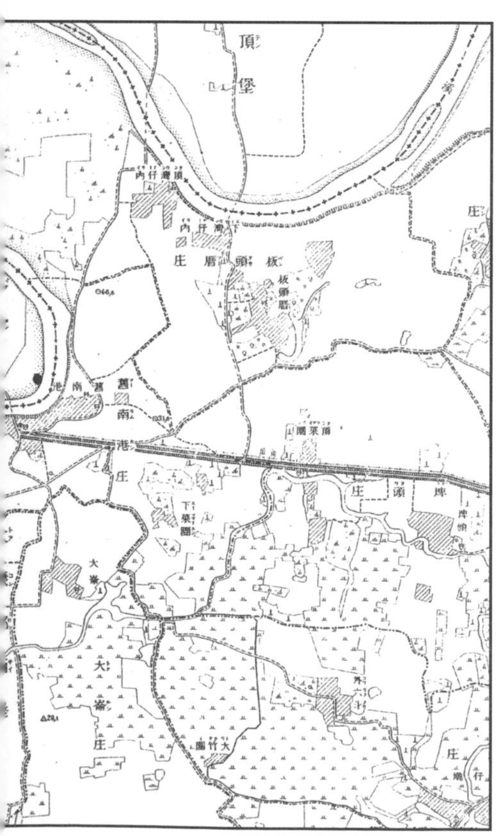

水井：水井、後厝村。

下湖口：湖口村。包括下湖、鵝毛墩等聚落

水林鄉：日大正九年（一九二〇）前皆稱為水漆林，水漆即為咬人狗，葉有粗毛，觸之腫癢，於海邊水澤中蔓生。

尖山：大山、尖山村。

大溝：大溝村。

食水堀：順興村。

水燦林：水北、水北、海埔村。包括水漆林、顏厝寮、海埔寮三聚落。

番薯厝：番薯、山腳村。

頂蔦松：松北、松中、松西村。包括蔦松、後厝兩聚落

柏仔埔：柏埔村。包括灣仔、後底、六戶仔等聚落。

後寮：後寮村。

溪墘厝：溪墘村。

土間厝：土厝村。包括大庄、下寮、五厝寮、陳厝寮等聚落。

春牛埔：春埔村。

西井：西井村。

車巷口：車巷、蘇秦村。包括車巷口、紅毛路、蘇秦寮、番仔寮、海豐仔等聚落。

牛挑灣：灣東、灣西村。包括牛挑灣、後湖仔等聚落。

萬興：萬興村。

元長鄉：元長之來由與其開發史有關，一說得名於本地傳氏先民傳元掌；二說嘉慶年間，地方人士平亂有功，乃由嘉慶君賜名「元長莊」。

元長：長南、長北村。

子茂庄：子茂村。舊名水磨庄。

後湖：後湖村。

山子內：山內村。

合和：合和村。舊名角婆。

五塊寮：五塊村。

潭內：潭東、潭西村。包括潭內、瓦窯等聚落。

客仔厝：客厝村。包括客仔厝、卓運厝

頂寮：頂厝村。

下寮：下厝村。

龍岩厝：龍巖、西庄村。

鹿寮：鹿北、鹿南村。

內寮：內寮、崙仔寮、新吉村。

二戰時期美軍繪製之北港地圖。

北港朝天宮的三川殿。

《台灣堡圖．270北港、265新港街》。

地名小故事

誰是莫里遜？Mt.Morrison在那裏？

玉山是東亞第一高峰，眾所周知。

日治時代玉山叫新高山，知道的人也不少，尤其是出生於光復之前的長輩。

常識豐富的人可能還知道西方早期繪製的台灣地圖以及文獻資料裡，玉山通常被註記為**Mt.Morrison**，中文一般譯作莫里遜山。

內政部營建署玉山國家公園管理處出版的《玉山回首》上說：「外人對玉山稱呼，則起於住台南英國領事Robert Swinhoe以美Alexander號商船船長W. Morrison首次航行台灣遙見玉山山勢獨特，而載於航海日誌中，為外人最早之記載，遂以該船船長之名命之，此後西方人士便延用Morrison mountain之名。」

類似的說法也曾出現在國內的其他刊物上，有些還更明確地說，**Alexander**號船長**W. Morrison**是一八五七年首次航行台灣時，在安平外海遙見玉山的。

筆者對老地圖十分著迷，欣賞、查閱老地圖時，常常看到十九世紀下半葉西方出版的台灣老地圖在玉山的位置標示**Mt.Morrison**，心想**Morrison**會不會是最早以三角測量計算出玉山高度的第一人？查閱了一些資料，始終找不著答案。後來地圖看多了，隱約覺得當時西方繪製的台灣地圖都長一個樣，甚至連日本剛占領台灣時，繪製的台灣地圖也差不多，當時日本人也是以**Mt.Morrison**音譯的假名標示玉山。

當然那些地圖的地理資訊量、精緻度不見得相同，但輪廓大同小異，而且都將玉山標示為**Mt.Morrison 10,800**。一〇、八〇〇是以英呎計算的高度，相當於三、二九一．八公尺，顯然和現在測量的數據差距頗大。那時覺得這些地圖應該有一個共同的母本。

後來請教老地圖收藏界的前輩才知道，十九世紀下半到日本人占領台灣之間，歐美出版的台灣地圖，基本上都是摹寫自一八四五年英國海軍出版的〈**China Formosa**

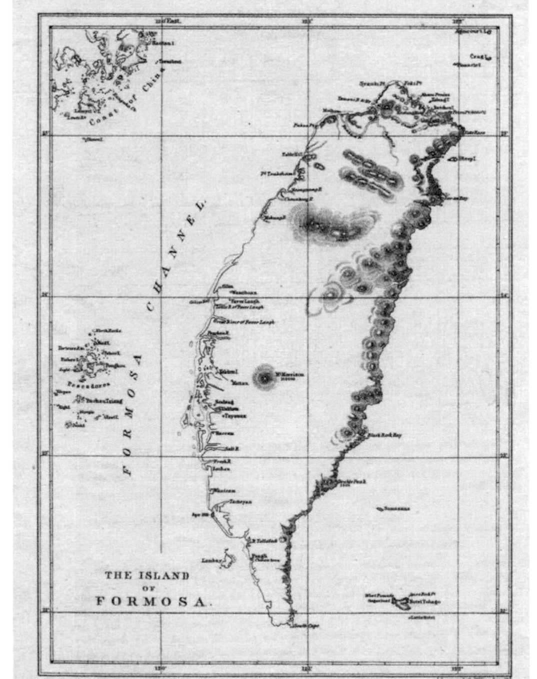

1845年英國海軍出版的〈China Formosa Island〉是第一次以實測東部海岸線，繪製出的台灣全島地圖，也是第一次出現Mt.Morrison之名的地圖

據說Mt.Morrison是為了紀念第一個來華傳教的英國牧師Robert Morrison。

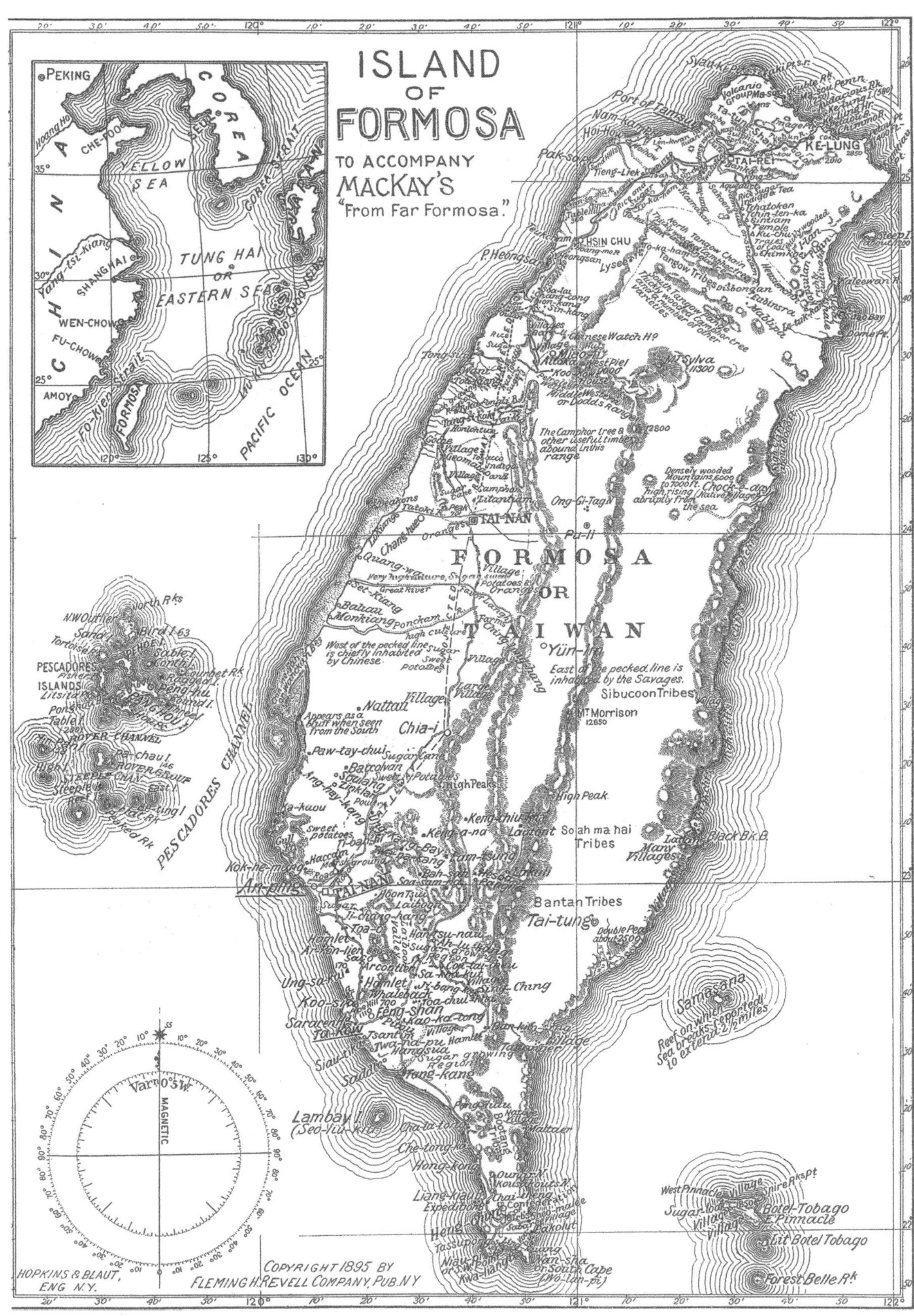

馬偕牧師撰寫的《遙寄台灣》書中附錄的台灣地圖也將玉山稱為Mt.Morrison。

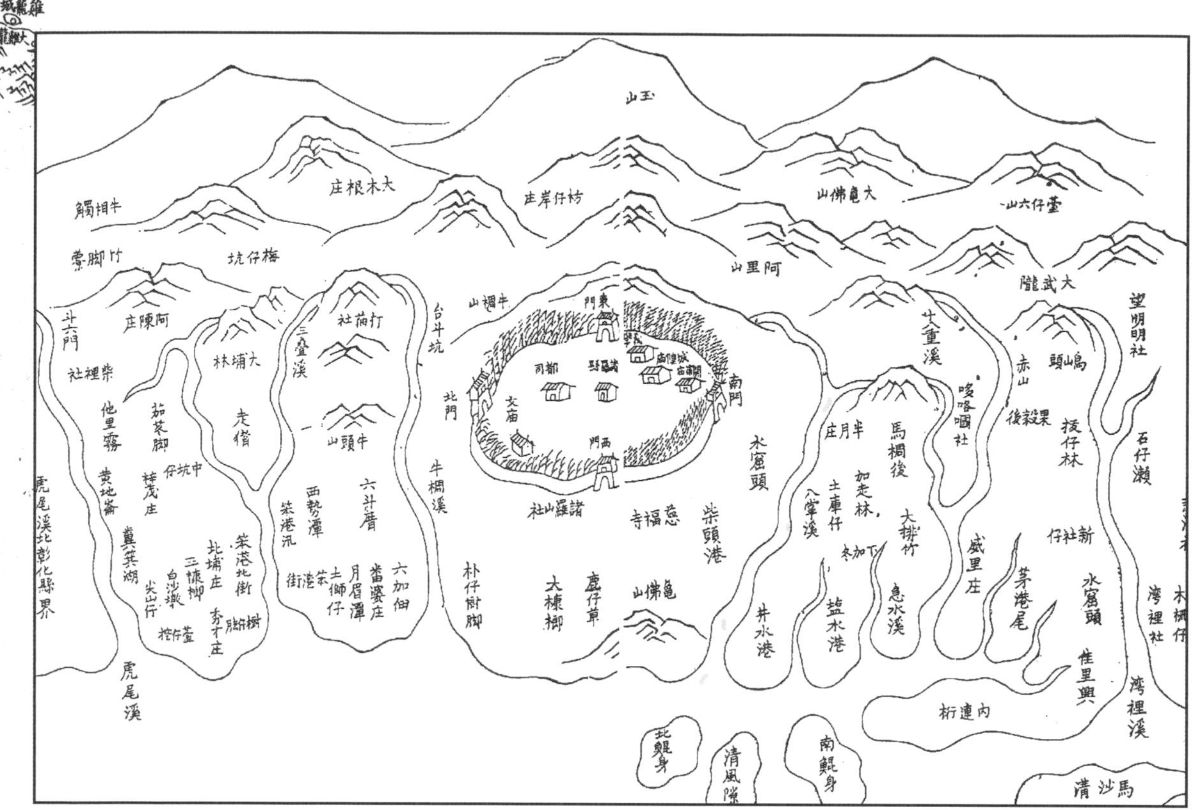

乾隆七年劉良璧主修之《重修福建台灣府志》中附錄的諸羅縣圖，玉山被繪製的十分顯著，但在台灣全圖中卻顯得十分不起眼。

Island〉一圖。這張地圖之所以影響比較大，是因為它是第一次根據完整實測的台灣的東部海岸線，所繪製出的台灣全島地圖。台灣西部的海岸線從荷蘭時代起，經過多次的實測，相對較明確，而東部的海岸線一直缺乏完整的實測。鴉片戰爭後，英國取得香港，為了擴展商貿，將目光指向台灣，此次測繪東部海岸線，應該是為拓展台灣的商貿作所作的準備。

這張地圖也是西方世界首次在台灣地圖上標示出玉山，並名之為 **Mt.Morrison**。測繪者是英國海軍軍官 **R. Collinson** 和 **D.M.Gordon**，兩人都不姓 **Morrison**，那 **Morrison** 會是誰？他們又為何將玉山命名為 **Mt.Morrison**？英國海軍真的如上述所言將新發現，以美國 **Alexander** 號船長 **W. Morrison** 命名？

《玉山回首》上說英國駐台領事 **Robert Swinhoe** 認為 **Mt.Morrison** 是美國 **Alexander** 號商船船長 **W. Morrison** 最早命名的，是否屬實？一八四五年台灣還未對外開放通商，美國商船 **Alexander** 號真的來過台灣？筆者也還沒找到答案。

也有一種說法，**Morrison** 是英國第一位來華傳教的牧師，**Mt.Morrison** 是為了紀念他而命名的，這種說法可能性似乎大一些。因為 **Robert Morrison** 牧師確有其人，他是倫敦宣道會一八〇七年派往廣州傳教的第一人。但筆者也無法證實此一說法是否屬實。

Swinhoe 在台灣有幾種譯法，一是郇和，另一個是史溫侯，還有斯文豪等。郇和在台灣的知識界有相當的知名度，因為他不但是外交官也是一名博物學家，同時還是英國皇家地理學會、動物學學會的會員，曾向西方介紹台灣的特有生物，有些還是以他的姓氏命名的。有人認為他是十九世紀台灣博物學的開創者。

郇和原本在廈門英國領事館擔任館員。一八六〇年台灣對西方開放之後，被任命為駐台灣領事館的副領事，一八六五年升為領事。

一八五八年郇和還在廈門任職時，奉命搭乘英國軍艦堅忍號環台灣島航行，尋找因船難失蹤的兩名英國船員。堅忍號的艦長叫 **Brooke**，後來有的地圖上標示 **Mt.Morrison** 的高度為一二、八五〇英呎，還特別注明是 **Brooke** 測繪的。可見那一次環島航行時，**Brooke** 重新測量過 **Mt.Morrison**。一二、八五〇英呎

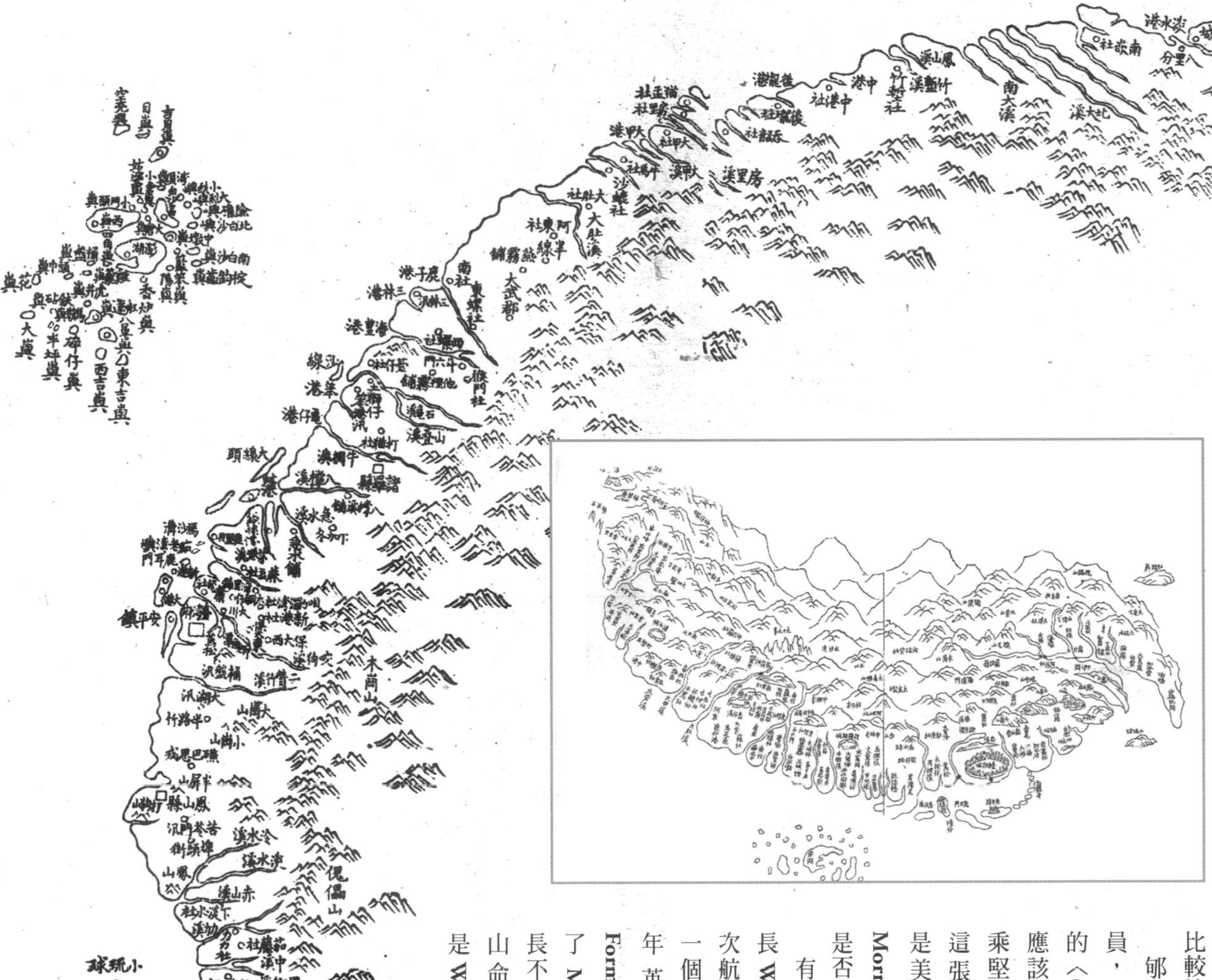

《古今圖書集成·職方典》〈台灣府疆域圖〉沒有標示玉山。玉山對清代在台官員似乎是一種禁忌。

比較接近現代測量的數據。

郁和是英國皇家地理學會的會員，對一八四五年英國海軍出版的〈**China Formosa Island**〉地圖應該不陌生，至晚一八五八年搭乘堅忍號環島航行時也應該看過這張地圖，郁和說 **Mt.Morrison** 是美國商船 **Alexander** 號船長 **W. Morrison** 首次航行台灣時發現的是否有所本呢？

有些刊物提到 **Alexander** 號船長 **W. Morrison** 是一八五七年首次航行台灣時命名的，這絕對是一個錯誤的說法。因為一八四五年英國海軍出版的〈**China Formosa Island**〉地圖上已經標示了 **Mt.Morrison**。**W. Morrison** 船長不可能到了一八五七年才為玉山命名，**Mt.Morrison** 如果真的是 **W. Morrison** 命名的，也應該是在一八四五年之前，而非一八五七年。

至於玉山到底是誰最先發現的？當然是台灣的原住民。玉山是鄒族、布農族的聖山，布農族稱之為 **Pattonkan**，就是一般人熟知的八通關，鄒族稱之為 **Panguno Rakaso**，兩者都是石英山的意思。

漢人最早紀錄玉山的是《裨海紀遊》的作者郁永河，他是一六九七年奉命來台採買硫磺的，《裨海紀遊》是根據此次遊歷寫成的紀實報導，其中〈番境捕遺〉一文提到了玉山。

奇怪的是，和《裨海紀遊》幾乎同時撰寫，高拱乾主修的《台灣府志》卷首的山川志並沒有提到玉山。更可疑的是，負責編修《台灣府志》的官員，如台灣府知府靳治揚、海防總補齊體物、諸羅縣知縣董之弼等和郁永河在台期間還頗有來往，為何郁永河知道玉山，這些在地官員反而不知道？可能的情況之一是〈番境捕遺〉並非郁永河原作，是後人偽托的。

最早紀錄玉山的文獻，除了〈番境捕遺〉之外，是康熙末年出版的《諸羅縣志》。《諸羅縣志》對玉山的描述，還算具體，可是書中

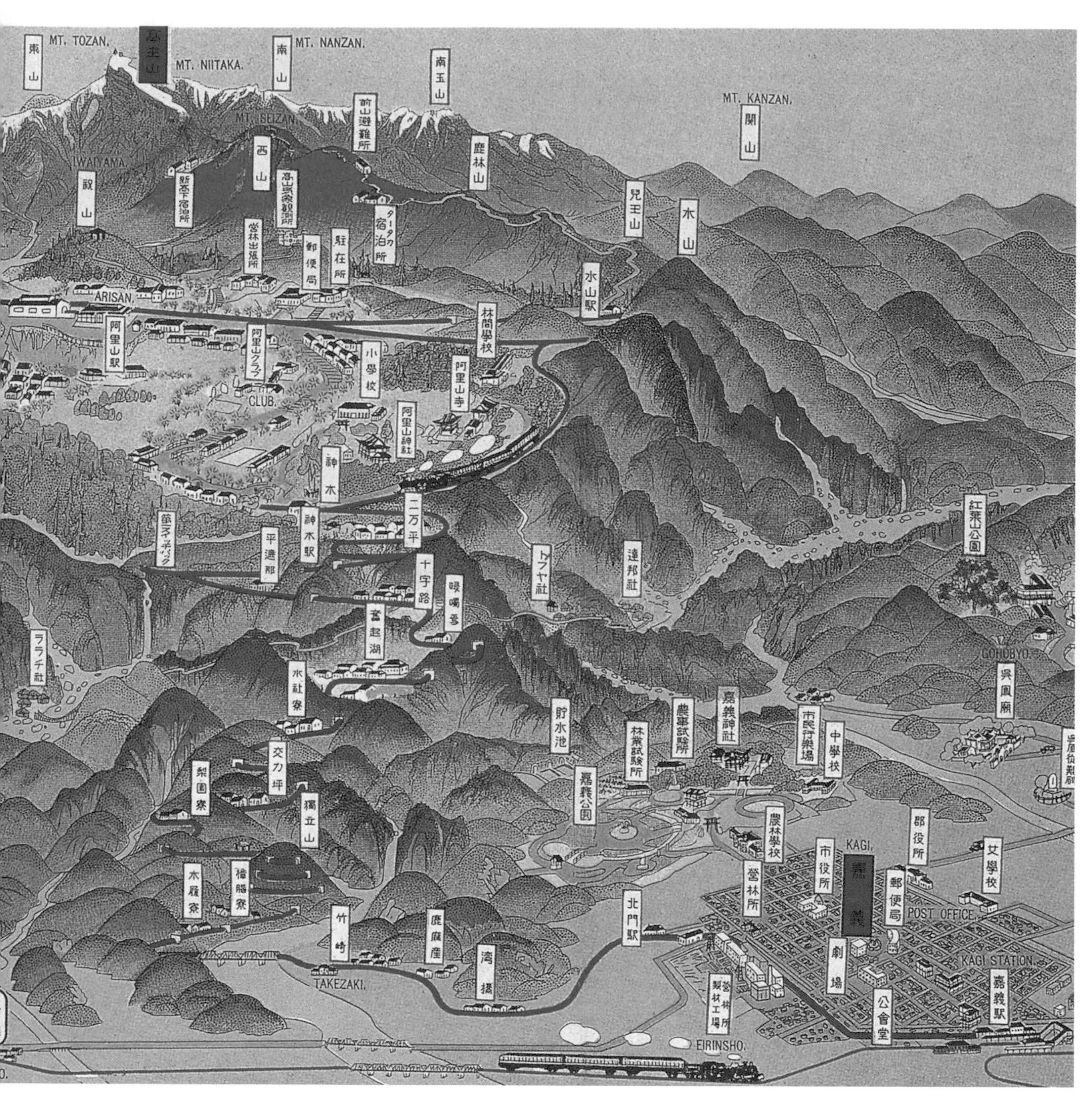

在大肆衍義台灣由北而南諸山之形勢，並與福建諸山風水接續的同時，似乎有意忽略玉山的顯著性。

中國的封建時代，風水之說是國家神學最重要組成部分之一。清初，台灣納入版圖之後，設治、築城當然離不開風水的考量。玉山那麼耀眼的一座大山，為何會被這些官員忽視？最可能的情況是，玉山對這些官員而言可能是個禁忌的話題。清代在台官員應該很早就知道玉山，玉山之名從《諸羅縣志》起始終沒變過。這其實是很特別的事，一般學者卻很少深究其原因。

清代台灣知名的大山、高山多以原住民稱呼音譯命名，唯獨玉山是以漢語命名。所以，玉山之名很可能命名於明鄭時代，甚至明鄭小朝廷很可能將其視為其政權的風水祖山。封建時代，風水之說既然是國家神學的重要組成部分，明鄭在台的小朝廷自然也不可能自外於中國傳統國家神學中的風水思維。民間流傳一則鄭成功曾派人上玉山採玉、刻玉璽的傳說故事，可說是玉山被明鄭政權視為風水祖山的一個側面寫照。

清代的台灣官員將府城東北方的木岡山定為台灣全島的風水祖山，

玉山主峰。

《新高山阿里山導覽》1933年印製。

更妙的事，連玉山所在的諸羅縣官員也不認為玉山是全縣的風水祖山，而是將它視為諸羅縣祖山大武巒山的背靠。

木岡山到底是哪一座山，眾說紛紜，但應該只是新化東面的一座小山，新化古名大目降，閩南語發音和木岡類似。清代官員為什麼將一座其貌不揚的近郊矮山定為台灣的風水祖山？比較合理的推斷是想藉此壓抑台灣的地氣、王氣，特別是此地曾為南明政權所在。可想而知，玉山在當時台灣的官場應該是一個禁忌的話題。

玉山真正受到重視是在日本佔領台灣之後。

日本人在一八七四年派軍征討屏東牡丹社原住民時，從西方人那兒得知**Mt.Morrison**比日本第一高峰富士山還高時，就有些沈不住氣了。日本和中國一樣，將山視為國家神學的一部分。特別是接近幾何造型的日本第一高峰富士山，在日本人心目中的地位不亞於天皇，是整個大和民族的象徵。因此比富士山還高的山，當然不能怠慢。

一八九六年日本才剛占領台灣不久，在島內情勢還極不穩定的情況下，日本軍人、學者、冒險家便迫不及待的攀登、測量玉山。因為他們認為玉山可能是高於富士山的大日本帝國的第一高峰。次年明治天皇特別下詔，將玉山命名為新高山，還在玉山主峰上蓋了一座迷你神社。

日本人似乎也不好意思忘本，特別將玉山下鹿林山莊那片台地，命名為莫里遜高台，算是一種降級禮遇吧！日本時代，在殖民政府特意的營造之下，攀登玉山成了一種近乎朝聖的體能活動。

光復後，國民政府拆了玉山頂上的那座小神社，玉山也恢復了本名，但並沒給予玉山太多的重視。于右任逝世之後，一九六六年政府在玉山頂上樹立于右任像。與其說是紀念于右任，還不如說是用于右任像湊足海拔四〇〇〇公尺的整數。當時國民政府也沒認真測量過玉山，平白相信美國陸軍遠東工兵群測量的三九九七公尺。

後來三九九七被證明是錯誤的數據，既然無益於湊足整數之用，所以于右任像在李登輝時代第二次被激進人士推落山谷之後，便任其下落不明，不再原地復原了。

第十二章 諸羅山．嘉義

嘉義縣舊稱諸羅山
乾隆五十一年林爽文之亂，諸羅城軍民一心堅守城廓，
林爽文未能攻入諸羅縣城
清廷為嘉其忠義，乃將諸羅更名嘉義

嘉義縣位於台灣中南部，東以玉山與南投縣相接、西濱台灣海峽，南與台南市共享嘉南平原，北以北港溪與雲林縣為界。北回歸線通過嘉義縣水上鄉，因此嘉義縣境以北回歸線劃分為南邊的熱帶氣候、北邊的亞熱帶氣候。嘉義地形由東向西傾斜，東方佇立著台灣最高峰玉山，漸往西走則為中央山脈與嘉南平原連接之丘陵地帶，西部為廣大的嘉南平原，平原的分布占縣境約四成。嘉義縣早於明代即見漢族開發，以漳泉移民為主，客籍移民較少，阿里山鄉則為鄒族生活領域。

嘉義縣舊稱諸羅山，「諸羅」據傳有二個說法，一為嘉義諸山羅列；二為平埔族洪雅族諸羅山社之社名，由於荷蘭時期官方文書已見諸羅社名，因此第二個說法似乎較為可靠。

諸羅改為嘉義，起源於清乾隆五十一年（一七八六）發生的林爽文之亂，由於諸羅城軍民一心堅守城廓，使得林爽文等未能攻入諸羅

縣城，清廷為嘉其忠義，乃將諸羅改名嘉義。光緒十一年（一八八五）台灣建省，劃出嘉義一部分，成為雲林縣。民國七十一年嘉義市升格為省轄市，此後嘉義地區行政區劃分屬嘉義縣與嘉義市迄今。

嘉義的開發過程與中國漢族移民拓墾台灣的歷程是一致的。明熹宗天啟四年（一六二四）顏思齊等人以台灣諸羅山為基地，經營海盜事業。顏思齊原籍福建海澄，為漳州人士，由楊天生、鄭芝龍等二十八人推為眾海盜之首，他為了厚植實力，乃由笨港（北港、新港一帶）入台，將其部眾分為十寨拓墾，當時的十寨約位於雲嘉南平原北段。顏思齊可以說是漢族有計劃拓墾台灣的第一人，一六二五年顏思齊入諸羅山打獵，途中病逝。他的墳塋位於水上鄉牛稠埔三〇七號地。

明代以降，嘉義占據了台灣開發史重要位置。清康熙四十三年（一七〇四）將諸羅縣治由佳里興（約今台南市佳里區）遷至諸羅山（今嘉義市）。雍正五年（一七二七）並建土牆門樓，東西南北四門分別命名為「襟山」、「帶海」、「崇陽」、「拱辰」。日明治三十九年（一九〇六）嘉義大地震，震毀城垣，僅存東門。日治時期於嘉義制定都市計劃，將嘉義建設為當時最現代的都市。嘉義於二二八事件中發生了許多英勇抗拒強權的故事。

如今，嘉義逐漸淡出台灣歷史舞台，一則由於光復後大量中國移民抵台，政治重心北移；二則由於台灣由農業社會轉變為高度現代化的工商社會，位處雲嘉南平原門戶的嘉義不再是台灣經濟重心之故。

阿里山森林火車。

由祝山眺望對高岳。

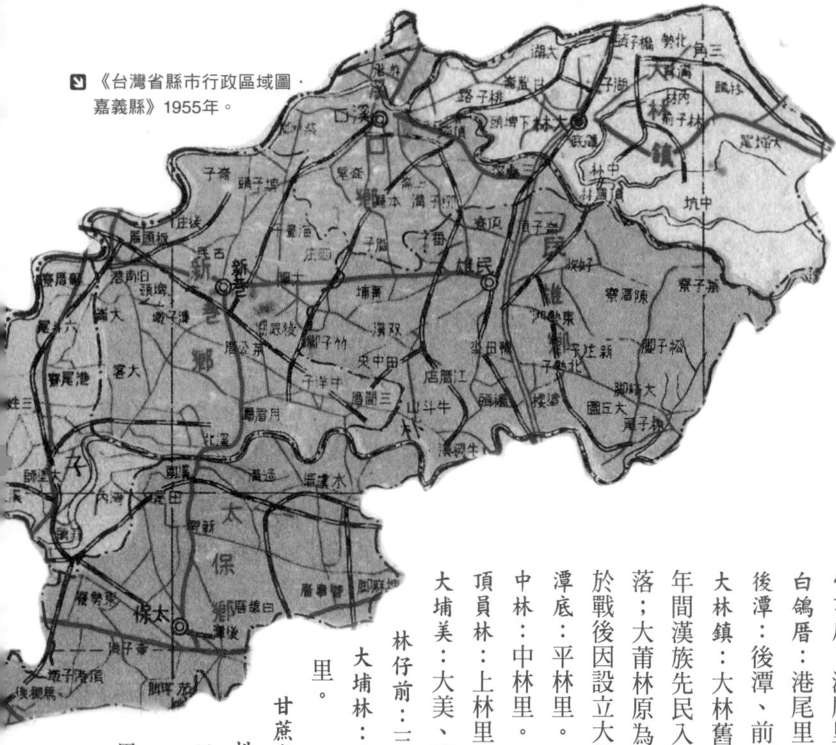

《台灣省縣市行政區域圖．嘉義縣》1955年。

太保市：太保舊稱溝尾，為清朝名將王得祿故鄉，道光十二年（一八三二），張丙起事，王得祿以招募鄉勇平亂有功，詔加太子太保銜。為誌其軍功，乃將地名改為太保，現為嘉義縣治。

太保：太保、後庄里。

東勢寮：東勢里。

新埤：新逼里。

溪南：田尾里。

茄苳腳：春珠里。

崙仔頂：崙頂里。

頂港仔厝：安仁里。

埔心：春珠里。

過溝：過溝里。

水虞厝：麻寮、北新、南新里。

梅仔厝：梅埔里。

埤麻腳：埤鄉里。

管事厝：港尾里。

白鴿厝：港尾里。

後潭：後潭、前潭里。

大林鎮：大林舊稱大莆林，清康熙年間漢族先民入墾，陸續發展成聚落；大莆林原為農產品集散商肆，於戰後因設立大林糖廠而興旺。

潭底：平林里。

中林：中林里。

頂員林：上林里。

大埔美：大美、過溪里。

林仔前：三合里。

大埔林：東林、西林、吉林里。

甘蔗崙：明和里。

排仔路：排路、西結里。

大湖：大塘、湖北里。

下埤頭：明華里。

三角庄：三角里。

內林：內林、義和里。

橋仔頭：三村里。

溝背：溝背、義和里。

北勢：三角里。

湖仔：三村里。

中坑：中坑、上林里。

六腳鄉：六腳舊稱六家佃，相傳明朝漳州陳姓人士招佃六戶農家拓墾於此，乃得此名，因年久訛傳，乃稱為六腳佃。

六腳佃：六腳、六南村。

更寮：更寮村。

林內：古林村。

潭仔墘：潭墘、正義村。

下雙溪：正義村。

竹仔腳：竹本、永賢、魚寮村。

溪墘厝：溪厝里。

後崩山：崩山村。

灣內：灣南、灣北村。

蒜頭：蒜頭、蒜南、算東、工廠村。

大塗師：途師村。

三姓寮：三義村。

港尾寮：豐美、港美村。

六斗尾：六斗村。

蘇厝寮：蘇厝村。

雙函：雙涵村。

新港鄉：新港為舊笨港地區之一，十七世紀末葉笨港為明承天府北方最大的市鎮，然清乾隆年間多次洪水沖蝕，笨港一分為二：笨港南街與笨港北街，復於嘉慶年間又遭洪水沖襲，笨港南街的居民往高的地方遷，稱為「笨新南港」，即為日後之新港地區。

新港：宮前、宮後、大興、福德村。

後庄：共和村。

西庄：西庄村。

埤頭：共和村。

舊南港：南港村。

板頭厝：板頭村。

大潭：大潭村。

後底湖：大潭村。

古民：古民村。

埤仔頭：埤子村。

海豐仔：海瀛村。

番婆：安和村。

大崙：南港村。

大客庄：潭大村。

潭仔墘：潭大村。

溪北：溪北村。

月眉潭：月眉、月潭村。

菜公厝：菜公村。

咬狗竹：菜公村。

中洋仔：中洋村。

三間厝：三間村。

溪口鄉：舊名雙溪口，清康熙年間，此地由於三疊溪與支流倒孔

《南部作戰地圖》1896年日本陸軍大本營。

山溪交叉匯流北港溪，所以墾民將此地命名為雙溪口。日大正九年（一九二〇）地方制度調整時，改為溪口迄今。

雙溪口：溪東、溪西、溪北村。

柴林腳：柴林、林腳村。

頂坪：坪頂村。

崙尾：美北、美南村。

本廳：本厝村。

三疊溪：疊溪村。

柳仔溝：柳溝村。

游厝：游東、游西村。

民雄鄉：民雄舊稱打貓，為平埔族洪雅社之傳統領域，清康熙年間清廷治理台灣後，曾於此地置打貓汛以防危保安。民雄之名則為日大正九年（一九二〇）地方制度大改時，雅易其名而來。

打貓街：中樂、西安、東榮村。

東勢湖：東湖村。

番仔庄：福權村。

社溝：中和村

竹仔腳：西昌村。

雙援：平和村。

菁埔：菁埔村。

牛斗山：山中村。

江厝店：興中村。

田中央：中央村。

牛稠溪：福興村。

朴子市：朴子舊稱樸仔腳，明天啟年間顏思齊渡海來台開墾時於此地設南勢竹、大小槺榔、龜仔港等三寨開發，樸仔腳因河運鼎盛，歷來即為嘉南平原重鎮。日大正九年（一九二〇）地方制度大改時，將樸仔腳易名為朴子。

樸仔腳：朴子鎮主要街區。

下竹圍：竹圍、新寮、佳禾里。

大槺榔：大鄉、大葛里。

小槺榔：仁和里。

雙溪口：雙溪、溪口、德興里。

應菜埔：永和里。

崁前：崁前、崁後里。

崁後：崁後里。

龜仔港：順安里。

鴨母寮：竹村里。

吳竹仔腳：德家里。

新庄：新庄里。

南勢竹：南竹里。

牛挑灣：梅華、松華里。

布袋鎮：布袋舊稱布袋嘴，得名與布袋港之地形有關，由於布袋港突出於潟湖之間，商船出入宛如由布袋口進出，故稱布袋嘴。布袋得力於港口及鹽業，曾於清末民初興盛一時。

布袋嘴：九龍、岱將、岑海、興中、光復里。

新塭：好美、復興、新民里。

前東港：新岑、永安、東港里。

內田：見龍、新厝、龍江里。

考試潭：考試、鎮寮里。

樹林頭：樹林里。

貴舍：貴舍里。

過溝：西安、東安、中安里。

溪墘：樹林里。

菜舖部：菜舖里。

崩山：江山里。

東石鄉：東石位於牛稠溪下游，清康熙年間吳、黃二氏由泉州東石地區移民而來，故以東石命名。

副瀨：副瀨村。

港墘厝：龍港村。

頂厝仔：龍港村。

頂東石：東石、猿樹村。

塭港：塭港村。

山寮：型厝村。

三塊厝：三家村。

墩仔頭：永屯村。

海埔：海埔村。

型厝寮：型厝村。

栗仔崙：西崙村。

塭仔：塭仔村。

中洲：東崙村。

後埔：塭仔村。

掌潭：掌潭村。

港墘：港墘村。

洲仔內：洲仔村。

圍仔內：圍潭村。

下蔦松：蔦松村。

湖底：蔦松村。

雙連潭：港墘村。

頂揖仔寮：頂揖村。

走賊宅：西崙村。

鰲鼓：鰲鼓村。

蚶仔寮：港口村。

溪仔下庄：溪下村。

下揖仔寮：下揖村。

網寮：網寮村。

義竹鄉：義竹舊稱二竹圍庄，為明鄭時期屯田練兵之處，由於福佬話音「義」、「二」諧音，乃改稱義竹。

東後寮：東光、東榮村。

西後寮：東榮村。

新庄：東光村。

龍蛟潭：龍蛟村。

安溪寮：平溪村。

埤仔頭：埤前村。

頭竹圍：頭竹村。

牛稠底：新富村。

義竹圍：義竹、六桂、仁裡、傳芳、岸腳村。

角帶圍：岸腳村。

過路仔：東過、西過村。

竿仔寮：官和、官順村。

新店：新店、新富村。

《嘉義縣疆域總圖》民國50年。

北港仔：北華村。

後鎮：後鎮村。

海豐：豐稠村。

馬稠後：豐稠村。

後寮：後寮村。

五間厝：武厝、中平村。

溪洲：溪洲村。

鹿草鄉：鹿草位八掌溪畔，舊稱鹿仔草，因先民入墾時，遍地青草，大群梅花鹿在此。

鹿仔草：鹿草、鹿東、西井村。

山仔腳：後堀村。

下半天：下麻村。

中寮：重寮村。

蘇荳店：下麻村。

後堀：後堀、三角村。

三角仔：三角村。

施厝寮：施家村。

頂潭：碧潭村。

下潭：下潭、光潭村。

竹仔腳：竹山、松竹村。

龜佛山：竹山村。

後庄仔：竹山村。

水上鄉：水上舊稱水堀頭，清康熙年間先民拓墾於「水堀池」，故聚落名為水堀頭。北回歸線橫越水上鄉之下寮村，於日治時代即立碑紀念，成了當地特殊地標。

外溪洲：水上、三鎮村。

柳仔林：柳香、柳林、柳新村。

大堀尾：大堀村。

下塗溝：塗溝村。

大崙：大崙村。

巷口：粗溪、三和村。

下寮：三和、下寮、回歸村。

粗溪：粗溪村。

番仔庄：義興、中庄、忠和村。

牛稠埔：南鄉村。

三界埔：三界、國姓村。

崎仔頭：民生、寬士、內溪村。

水堀頭：水上村。

十一指厝：大堀、龍德、三鎮村。

南靖：南和、靖和、三鎮村。

阿里山森林火車。

1913年興建中的阿里山森林火車。

中埔鄉：中埔意思是先民拓墾荒地的中心位置，中埔地區鄰近有頂埔、白芒埔、三界埔、樹頭埔等地，此地原為原住民鄒族人生活領域，清代設有理番通事以管理原住民事務及貿易。

中埔：中埔村。

下六：和美、和睦、和興村。

社口：社口村。

頂六庄：金蘭、富收村。

龍山腳：龍門村。

深坑：深坑村。

頂埔：頂埔村。

石弄：石弄村。

三層崎：三層村。

凍仔腳：東興村。

中崙：中崙村。

樹頭埔：義仁村。

枋樹腳：興隆村。

鹽館：鹽館村。

灣潭仔：灣潭村。

石頭厝：裕民村。

柚仔宅：同仁村。

白芒埔：同仁村。

竹頭崎：沄水、瑞豐村。

大埔鄉：大埔原係鄒族舊社，清康熙年間，廣東人入墾於此，大埔原意為大片荒埔地，其附近另有內埔、中埔等地名。覓食而得名。

番路鄉：顧名思義，番路是通往原住民山地必經的道路，清朝時期番路為漢族與原住民族交換貨品以及溝通諸羅縣城與阿里山鄒族之邊城重鎮。

內甕：江西、內甕村。

轆仔腳：新福村。

番仔路：番路、民和、觸口村。

大湖：大湖村。

公田：公田、公興村。

下坑：下坑村。

草山：草山村。

竹崎鄉：竹崎古稱竹頭崎，先民來開墾時，這裡是大面積的山坡地，所以先民就在山坡地種植竹林，經過砍伐之後留下遍地的竹頭，因此得名。

竹崎頭：竹崎、和平村。

瓦厝埔：義隆、龍山村。

覆鼎金：復金村。

緞厝寮：緞繻村。

金獅寮：仁壽村。

鹿麻產：鹿滿、紫雲村。

灣橋：灣橋村。

內埔仔：內埔、昇平、桃源村。

山仔門：義和村。

番仔潭：義仁村。

北勢仔：金獅村。

沙坑仔：坑頭、沙坑村。

羗仔科：和平村。

大湖：光華、中和村。

公田：光華、中和村。

樟樹坪：白杞、塘興、文峰村。

梅山鄉：梅山鄉地勢高低起伏落差達一千多公尺，過去是往來山地商旅之中途點，舊稱糜仔坑、梅仔坑，據說因小棧販售米糕糜而得名。另一說為商旅於梅仔樹下休憩，乃稱梅仔坑。大正九年（一九二〇），日人雅易其名為小梅庄，光復後改為梅山迄今。

梅仔坑：梅東、梅南、梅北村。

過山：過山村。

雙溪：雙溪村。

大草埔：大南、安靖村。

大半天寮：半天村。

九芎坑：永興村。

圳頭：圳北、圳南村。

大坪：太平、太興村。

龍眼林：碧湖、龍眼村。

生毛樹：瑞豐、瑞里村。

科仔林：太和、瑞里村。

阿里山鄉：阿里山鄉為原住民鄒族生活領域，其鄉名見證了原住民族

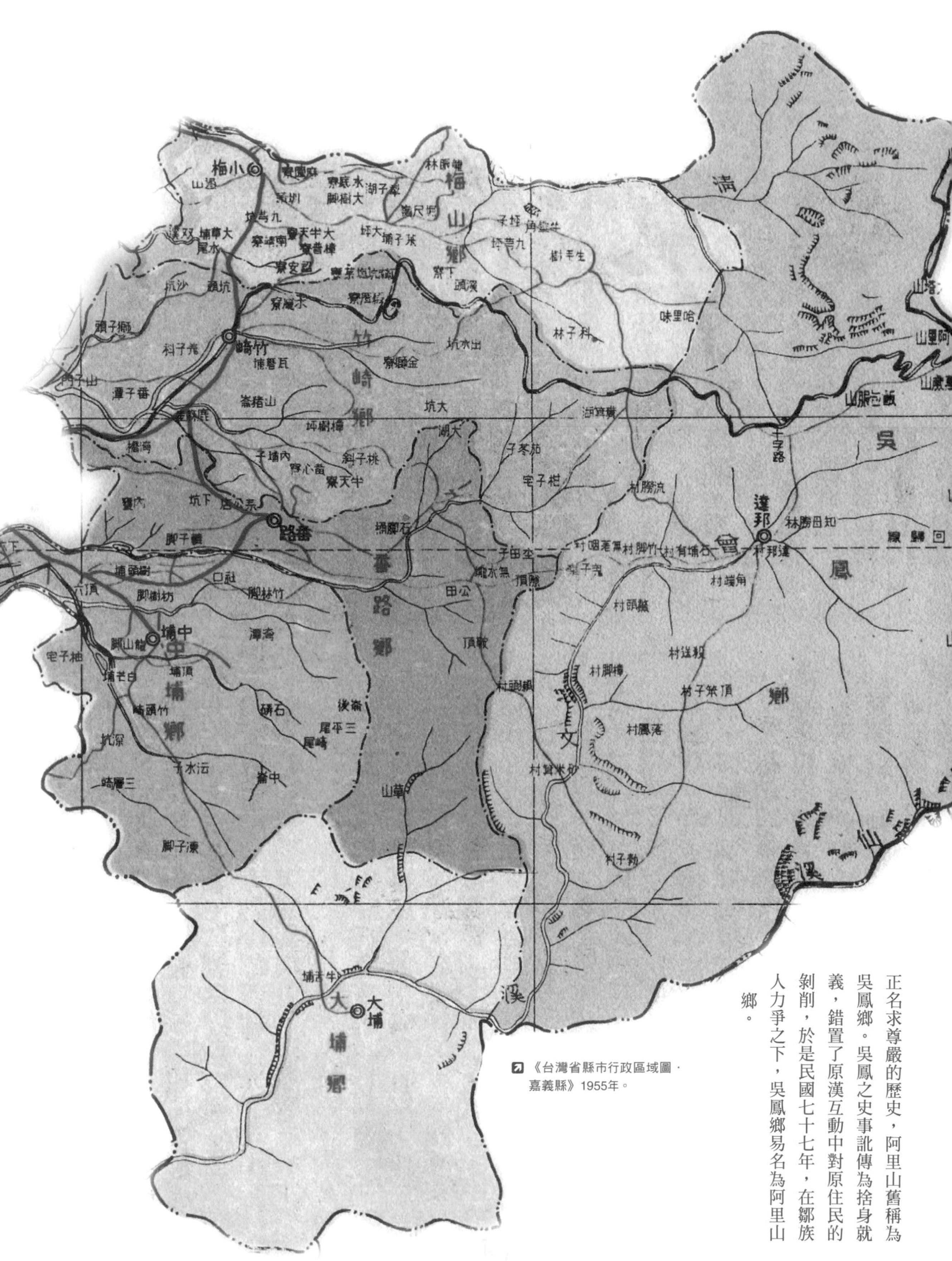

《台灣省縣市行政區域圖．嘉義縣》1955年。

正名求尊嚴的歷史，阿里山舊稱為吳鳳鄉。吳鳳之史事訛傳為捨身就義，錯置了原漢互動中對原住民的剝削，於是民國七十七年，在鄒族人力爭之下，吳鳳鄉易名為阿里山鄉。

乾隆下令繪製的平定林爽文之亂的版畫，當時的嘉義城只有低矮的土牆和刺竹叢，並不像畫中那座壯麗的城池。三合土城牆和城門樓的修建是乾隆53年後的事。

《諸羅縣志》中的諸羅城以木柵和刺竹叢為城牆。

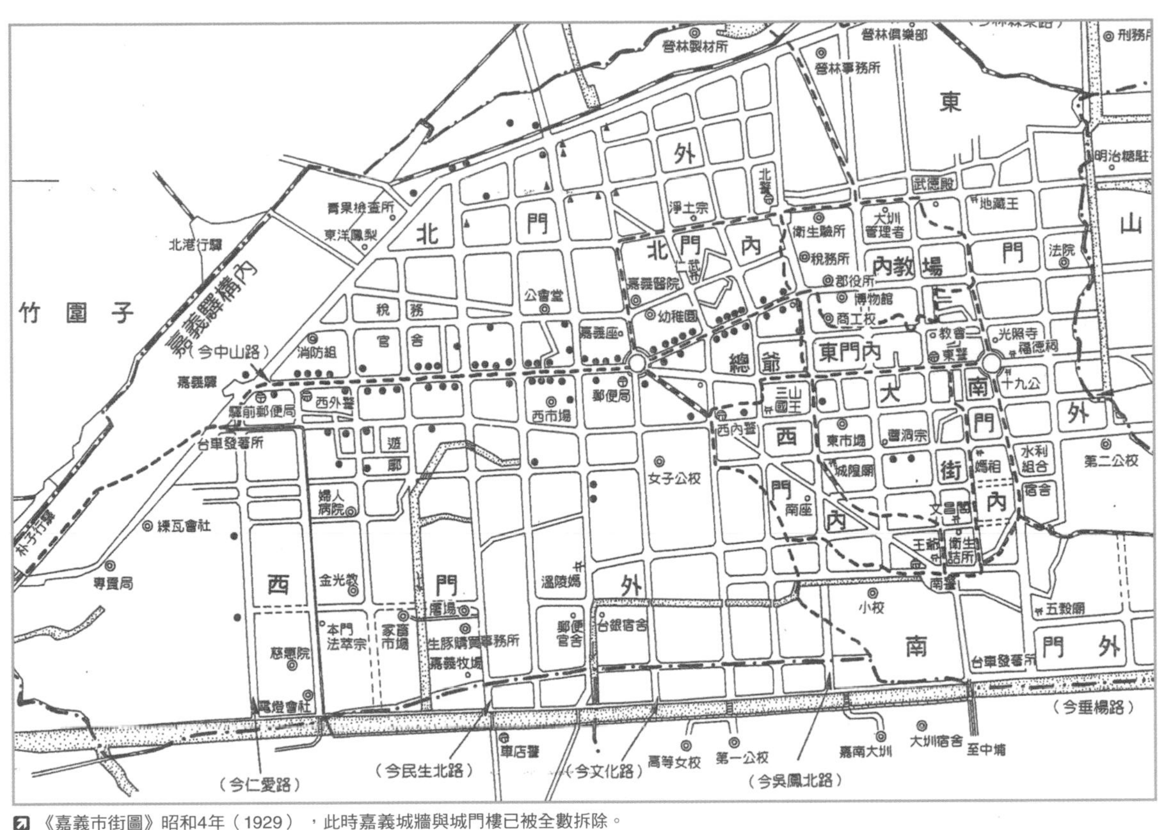

《嘉義市街圖》昭和4年（1929），此時嘉義城牆與城門樓已被全數拆除。

嘉義市：嘉義舊稱諸羅山，林爽文之亂時，由於諸羅城軍民一心堅守城廓，清廷為嘉其忠義，乃將諸羅改名嘉義。民國七十一年嘉義市自嘉義縣分出，行政層級為省轄市。

嘉義街：嘉義街區

大街：大街、蘭井、文昌里。

東門外：檜村、太平、雲霄、崇文、東山、東安、東噴、東平、內安、龍山里。

東門內：東仁里。

西門外：建國、府路、震安、初陽、安平、鎮南里。

西門內：安平、佑民、大街、建國、蘭井里。

南門外：安平、鎮南、光復、龍山、神龍里。

南門內：鎮南、崇文、東安里。

北門外：泰安、社口、北城里。

北門內：仁和里。

總爺：仁和、建國、大街里。

內教場：北城、內安、東仁里。

山仔頂：盧厝、王田、東川、長竹、短竹、太平、東平、東山、震安、初陽、鎮南里。

盧厝：盧厝、圳頭、後庄、新店里。

內甕：盧厝里。

下路頭：豐年、興南、宜信、新開、芳草、芳安、頂寮、鞍寮、興安、興村、興仁里。

紅毛埤：盧厝、鹿寮、短竹里。

台斗坑：頂庄、中庄、仁義、太平里。

後湖：荖藤、後湖里。

北門外：榮檜、北杏、社內、民生、慶昇、通運、驛站、力行里。

西門外：驛站、力行、集英、菜園、民安、自治、書院、康莊、義昌、福松、功科、大業、學圃、中庸里。

埤仔頭：鄉湖、湖邊、北榮、新厝、重興、長安、慶昌里。

竹圍仔：竹圍、福全、小湖、下埤、重興、竹文、保安里。

北社尾：荖藤、保安、北湖里。

車店：車店、新西、福民、垂楊、培元、自強、翠岱、致遠、華明、導民、育英、西平里。

下路頭：中庸、育英、美源、光路里。

湖仔內：湖內里

劉厝：劉厝、磚窯里。

港仔坪：港坪、磚窯、西平里。

大溪厝：大溪里。

柴頭港：頭港里。

竹仔腳：竹村、下埤里。

地名小故事

柳營．查某營
鄭家軍也有女青年工作大隊？

三十多年前，一個暑假，筆者和台南同學結伴，忘了是搭乘台南客運、還是興南客運，在台南東面的淺山地帶，毫無目的的漫遊了數日。鄉間純樸、清新的風土民情，不在話下，但印象最深刻的卻是各式各樣的古怪的地名，大腳腿、小腳腿、茄拔、角秀、果毅後……。往楠西、大內的方向更離奇，那拔林、捧死猴、芋匏龜殼、貓兒干、鹿陶洋……，當時見識淺薄，只是覺得新鮮有趣，並不知道此地是台灣地名的藏寶庫。

新化是當地最大的城鎮，我們常在新化的客運車站出發或者轉車。車站內外，叫客的出租車司機扯著沙啞的嗓子嘶喊：「柳營、新營、林鳳營……楠西、玉井、拔仔林……像是街頭小販叫賣商品的順口溜，生動合韻，鄉土味十足。現在回想起來，好像是聆賞一張七十八轉的黑膠老唱片一樣，既沙啞又甜美。

當時剛在電視上看過好萊塢老片「柳營笙歌」，因此對柳營這個地名印象特別深刻。台南同學告訴我柳營又叫查某營，是鄭成功時代留下來的地名。真是太有意思了，難道鄭家軍中也有「女青年工作大隊」？

經過那次行程散漫的客運之旅後，我開始留心旅途中看到的小地名。漸漸發覺到鄭成功的軍隊在台南、高雄地區，留下了深刻的足跡，不僅是鄉鎮級別的大地名，如新營、下營，官田、左鎮、仁武、燕巢、左營、前鎮……。鄉間的小地名，更是數不勝數，多如繁星。

文獻上說，鄭成功攻台之時，軍糧已嚴重缺乏。攻台大軍在澎湖停留期間，徵集全島糧食，結果不足半日之所需。攻下熱蘭遮城後，鄭成功將大軍派駐各地，實行屯田兵制，以解決軍糧嚴重不足的問題。

鄭成功實行的屯田兵制，對後世及自身產生了極大的影響。

鄭氏家族從鄭芝龍開始，便以海上貿易起家。海上貿易的巨大利潤，使得鄭芝龍有能力供養一支實力雄厚的私人武力。依靠這支武力，他可以掌握更大的海上的貿易利益。從本質上說，他和荷蘭東印度公司沒有什麼兩樣。差別在於荷蘭東印度公司是法人機構，獲得國家明確的授權。而鄭芝龍則是個人商號，雖然有國家授與的官職，但彼此權利義務的關係曖昧不清。

鄭成功繼承了父親的事業，但他面臨商貿貨源被清政府封鎖的窘境，大軍難以支撐，只得轉向台灣建立新的根據地。得到台灣之後，為了解決軍糧問題，他將軍隊分散到各地，從事屯田。此舉不但改變了鄭家軍的本質，也改變了台灣的歷史走向。

鄭家軍原本是海盜、走私商人、傭兵的混合體，來到台灣之後成了農業大軍，專注於農地的開發。軍隊任務性質的轉變不但改變了鄭氏小朝廷的政權屬性，也改變了台灣的土地面貌。

荷蘭東印度公司在台三十八年，主要經營項目是轉口貿易，對土地開發不甚留意，後期雖然開始重視蔗糖輸出，但甘蔗田多在赤崁近郊，且委由華人經營，影響有限。鄭家軍如水銀瀉地般的向台南、高雄鄉間開拓農地，一下子便將漢人在台的生活空間擴展開來。

當時兩岸還處於對峙狀態，農業移民無法大量增加，農地開拓也還屬於屯田的性質，但這對為未來台灣漢人社會的拓展，卻有如種子般的重要。

史料記載施琅平台後，為除後患，清政府將鄭家軍全數遣回大陸。但從鄭家軍屯田地點，大量的地名以原軍隊番號的形式保留到今天，就可說明這個政策的施行是毫無成效的。

即使屯田兵真的全數被遣回大陸，可想而知，這些人在老家的生

《永曆十八年台灣軍備圖》此圖為明鄭時期唯一留存的地圖，可能是鄭克塽降清時呈獻的地圖，因為原圖上有滿文貼條，現藏於國立中央圖書館。和荷蘭時代繪製的台灣地圖一樣，除了安平與澎湖，其他地方都十分簡略。

活也是毫無出路，最終還是會偷渡回台灣，回到曾經開墾的地方尋找生路。更多的情況是不但自己偷跑回來，還把全家帶來，甚至連鄉親鄰里也一起跟來。當然逃兵的、開小差的一定大有人在，等情勢穩定後，又大大方方的回到屯田區繼續生活。

總之，這些古老的地名不僅表明開拓者的來歷，也說明了綿延不絕的承傳。

現在我們回過頭來在談談柳營這個地名。

一九二〇年之前柳營的正式地名是查畝營，並非查某營。查某營是鄉人的俗稱。兩個不同的地名自然會有兩種不同的說法。一說是鄭家軍負責清查田畝的部隊屯駐在此，故稱查畝營。另一種說法是，此地屯駐的是鄭家軍二十八宿中的女宿鎮，此鎮俗稱查某營，所以此地便以查某營為名。

學者似乎傾向於前一種說法。不過無論何者為真，似乎並不那麼重要，反正都是鄭家軍，而且不論何者為真，應該都和「女青年工作大隊」無關。

第十三章 府城・台南

康熙二十三年清廷將台灣劃為一府三縣
府治設在台南市
光緒十一年台灣設省，台灣府遷至台中
原位於台南的台灣府改名台南府

依山傍海，地勢東高西低，是台灣最大平原——嘉南平原的中心。台南是台灣開發最早的地方，從荷蘭人在安平建立台灣的第一個灘頭堡「熱蘭遮城」，到鄭成功率軍趕走荷蘭人，在台南建立漢人移民據點，並向台灣南北屯墾開發，台南可說為台灣歷史開啟新的開端。

在漢人尚未大舉入墾台南之前，台南平原上住著屬於平埔族的西拉雅族人，主要部落有：赤嵌社（後來改稱新港社）、大目降社、卓猴社、目加溜灣社、芋匏社、麻豆社、蕭壟社，其中又以新港社、目加溜灣社、蕭壟社、麻豆社等四大社最出名。新港社的活動範圍，原本是在現今台南市區，荷蘭人領台，並且在台南市建造了熱蘭遮城（即安平古堡），使得新港社人被迫遷移到現在的新市鄉一帶。目加溜灣社原來的位置在善化鎮，靠近曾文溪（灣裡溪），又稱灣裡社。漢人移入善化之後，有部分族人選擇在大內鄉落腳。蕭壟社位於曾文溪下游沖積平原上，也就是今天的佳里、七股地區，活動範圍包括西港、佳里、七股、將軍、學甲、鹽水、新營及東山鄉東河村（吉貝耍）等地，在四社中頗為強勢。麻豆社所在即為今天的麻豆鎮，勢力範圍包括麻豆、官田、下營、六甲、柳營等地區。

除了四大社之外，還有大武壟支系，於荷蘭時期居住在烏山山脈西麓、曾文溪流域的平原地區，也就是現在的台南市玉井、大內區境內。大武壟支系包括加拔社、芒仔芒社、頭社、霄里社，為了與鄒族「四社番」（美壟社、排剪社、塔蠟給社、雁爾社）有所區別，又稱為「四社熟番」。當明朝末年漢人大舉移入台南平原時，大武壟四社被迫向東遷徙，原居於東方山麓的鄒族四社移到荖濃溪上游地帶。乾隆初期，大武壟社已漸漢化，與漢人雜居，並融入漢人習俗使用漢人語言。

安平區清代修建的億載金城砲台內的巨砲。

平埔族的信仰，以祖靈崇拜與祀壺為主，又稱為阿立祖信仰。阿立祖就是西拉雅族的祖靈，又可稱為阿日祖、阿立母、太祖、老君、太上老君、李老君、番仔佛、番祖等等，阿立祖沒有形體，通常以壺作為代表，供奉在公廨中，有的地方也以酒瓶或花瓶代替陶壺。目前台南市（台南縣）境內，仍保有平埔族祭典，例如東河嚎海祭、大內鄉的頭社夜祭等等。

不過當大量漢人移入台灣時，平埔族被迫遷徙，移往台南市（台南縣）境內其他地區及屏東、高雄一帶，台南平原逐漸成為以漢人為主的聚落群。

一六六一年，鄭成功率領兩萬五千大軍，從金門出發降服荷蘭人，部隊從鹿耳門水道進入台南，計畫以台灣為根據地，從事反清復明的大業。鄭成功將台灣改為東都，台灣城改為安平鎮，設一府二縣，即承天府（台南）、天興縣（嘉義）、萬年縣（鳳山）。隨著鄭成功來的部將及眷屬們，也以台南為據點，開始在台灣開墾，往南包括台南市（台南縣）南部、高雄及屏東部分地區；向北則包括台南市（台南縣）北部、嘉義、雲林，遠至新竹、基隆、淡水一帶，為台灣各地的開發奠定了基礎。因應鄭成功「軍屯政策」所需，也開始了許多建設，同時因為開墾的單位多以軍隊編制為依據，因此也衍生出許多與軍屯、營署有關的地名。

清康熙二十三年（一六八四），清廷將台灣劃為一府三縣，隸屬於福建省，並且將明鄭時期的天興州改為諸羅縣，萬年州分為台灣、鳳山二縣，府治則設在今台南市，此時台南市分屬台灣、諸羅二縣。清光緒十一年（一八八五），台灣設省，「台灣府」遷至台中市，原來位於台南的台灣府，則因為位置在新的台灣府（台中）之南，於是稱為台南府。

明治二十八年（一八九五），台灣納入日本版圖，日本政府將台南府改為台南縣；明治三十四年（一九〇一）改為台南廳；於大正九年（一九二〇）改為台南州。大正四年，台南曾經發生大規模的抗日事件，史稱「西來庵事件」或「噍吧哖事件」，為日治時期最大的武裝抗日行動。

鹿耳門。鄭成功艦隊於此進入台江內海。

光復後，劃台南、嘉義二市為省轄市，其餘十郡六十五街庄劃歸為台南縣；民國三十五年成立台南市政府，改郡為區，改街庄為鄉鎮。之後將水上鄉、太保鄉劃為嘉義縣，安順鄉劃為台南市，另增設林內、麥寮、東勢、葆忠四鄉，並將阿里番界改設吳鳳鄉。同年四月，將縣治由台南遷到新營現址。民國三十九年再調整行政區域，台南市（台南縣）轄區為新營、新化、新豐、北門、曾文等五區。民國七十年、八十年，新營鎮、永康鄉分別改制為新營市、永康市，縣內共轄有二市、七鎮、二十二鄉。

安平小砲台。

安平區：安平原為西拉雅族大員或台窩灣社居住地，荷據時期稱大員城或台灣城。明鄭時期以「台灣」之音近似福佬話「埋冤」故不採用，而以大陸原鄉之名，命此地為「安平鎮」。清末設安平縣，日大正九年（一九二〇）規劃「安平區」。

安平：西門、文珠、海興里。

上鯤鯓：金城里。

下鯤鯓：漁光、校前里。

鄭仔寮：校前里。

中區：中區的名稱出現於日昭和十六年（一九四一）精簡體制時而定名，光復後沿用；行政區幾經變革，於民國七十一年調整迄今。中區即台南市的中心部分，日治時期曾挖掘出貝塚與石器，貝塚的所在地指出中區曾位處濱海地區，這些歷史遺物也說明此地曾是西拉雅族的漁獵場所。

鎮北下保：赤崁、白金、翠竹等里。

鎮北上坊：蓬壺、武聖里。

東安上坊：觀音、廣慈、萬鍾等里。

東安下坊：天中、中山里。

西定上坊：開仙、溫陵里。

西定丁坊：永慶、昇平、福安等里。

西定下保：小西里。

寧南坊：郡王里。

新昌里：進學、仙草里。

仁和里：大南、五妃、法華里。

永康下里：開山里。

西區：台南市西區位於台南市街區的西半部，即西門路以西一帶，是台江內海陸浮後形成的平原。西區一帶在明鄭時期仍在台江內海中；清朝時，隨著陸浮的區域變化而漸有街肆之劃分。西區之名，首見於明治四十二年（一九〇九），現行行政區域是沿用大正九年（九二〇）之規劃。

西定坊：佔西區大部。

效忠里：運河、新安、大涼里。

外武定里：文賢、西賢、光賢里。

北區：北區位於今成功路以北，清初仍是軍隊駐紮之地，至清朝中葉逐漸發展出街肆，日治時期已成喧鬧市集。大正年間的市區改正計畫，相繼興建馬路、公園等等公共建設；日昭和二十年（一九四五），以其地位於當時市區最北邊，而定以北區之名。

鎮北坊：北區城內部分。

市仔頭：北門里。

鄭仔寮：興南、成功、和順里。

大港寮：大豐里。

番婆寮：大港里。

紅目寮：文元里。

三分子：興南里。

安平區德記洋行舊址，現為台灣開拓史蠟像館

東區：東區包括原府城城內東安坊東門大街的街肆、雜樹林，及東門郊外鄉野。日治時期，則是由「竹園區」及「東門區」合併而成，因位於全市最東邊而命名之。民國三十五年台南市改為省轄市，轄內區位稍有變動，目前的範圍東、南臨仁德區，西以大同路與中區、南區接壤，北至東豐街與北區為界。

西竹園：園上、園夏里。

中樓仔：育樂里。

東安下坊：大廟、川東里。

龍泉井：泉北、泉南里。

春牛埔：中西里。

後甲：後甲、東光、東明等里。

大路東：崇明里。

虎尾寮：關聖、東聖、虎尾等里。

關帝廟：自強、富裕里。

竹篙厝：德高、崇學、崇德等里。

南區：南區古稱南郊地區，位於台南市西南端，東以大同路與台南市東區及台南市（台南縣）仁德鄉為鄰，西濱台灣海峽，北以永華路、西門路分別與中、西區為鄰，南以二仁溪與高雄市交界，因位於台南市南端，故名為南區。大正九（一九二〇）年調整行政區域，區名沿用至今。

灣裡：海豐、同安、中和等里。

鹽埕：日新、國宅、金華等里。

大林：大林、竹溪、新生里。

桶盤淺：大忠、大恩里。

四鯤鯓：清泉、龍岡里。

喜樹：喜南、喜東里。

瀨口：喜東里。

窟仔：喜東里。

安南區：安南區是取舊名安順庄，加上台南而合為「安南區」。在台江內海尚未浮陸以前，安南區只有北邊為海外沙洲，曾經是荷據時期扼守大員與台江內海的重要據點。清道光三年（一八二三）之後，台江內海變成陸埔新生地，然地多鹽分，又經常氾濫，耕種不易；直到日治時期嘉南大圳完成之後才有所改善，目前亦正進行開發計畫。

土城仔：城東、城西、城南等里。

青草崙：青草里。

學甲寮：學東里。

公親寮：公塭里。

媽祖宮：顯宮、鹿耳、里。

溪心寮：溪心里。

海尾寮：海南、海西等里。

安順：頂安、總頭等里。

和順寮：安順、新順等里。

位於西區的兌悅門。（吳明宏／攝）

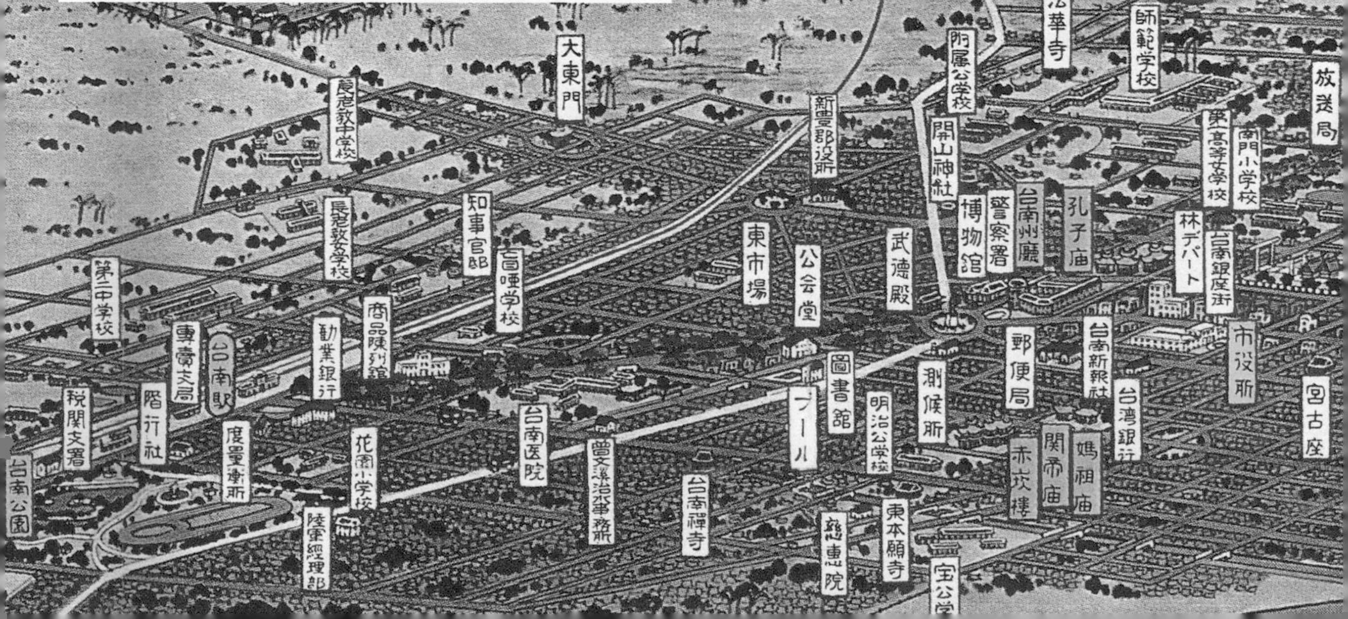

《觀光的台南市》1934年 金子常光 繪。

新營區：明朝鄭成功的部屬原本在鹽水鎮舊營里一帶屯田開墾，稱為舊營。後來漸向東發展，在今日新營市一帶設置新的軍營與聚落，將此新的軍屯區稱做「新營」。日大正九年（一九二〇）地方制度變革時，改台南州新營郡新營街，光復後為新營鎮，民國七十年因人口成長，改制為新營市。

新營：忠正、三仙、民生等里。

太子宮：太南、太北里。

茄苳腳：嘉芳里。

下角帶圍：角帶里

舊部：舊部里。

土庫：土庫里。

鐵線橋：鐵線里。

姑爺：姑爺里。

王公廟：王公、大宏里。

後鎮：護鎮里。

埤寮：埤寮里。

鹽水區：鹽水位處八掌溪南岸，即《台灣府志》中記載的鹽水港，過去曾為船舶進出八掌溪的集散地，因為地形略微彎曲，狀似新月，又被稱為「月港」、「月津」。鹽水港之名，是因為海水進入，使港內有鹹水而得名。大正九年（一九二〇）改制時，定名為鹽水。

鹽水港街：鹽水的主要街區。

汫水港：汫水里。

溪洲寮：汫水里。

岸內：岸內里。

下中：下中里。

舊營：舊營里。

番仔厝：歡雅里。

田寮：田寮里。

飯店：飯店里。

孫厝寮：孫厝里。

竹仔腳：竹埔里。

天保厝：竹埔里。

湳頭港：河南、南港里

後壁區：後壁有侯伯寮、後壁寮之稱，因位於頂茄苳後方，福佬語慣稱為後壁寮，即後面的意思。大正九年（一九二〇）地方制度變革時，將此地改稱為後壁。

菁寮：菁寮、崁頂、菁豐里。

長短樹：平安、仕安、頂長里。

竹圍後：竹新里。

新港東：新東里。

土溝：土溝里。

上茄苳：侯伯里。

下茄苳：後壁、嘉冬里。

烏樹林：烏樹、烏林里。

本協：嘉冬里。

安溪寮：長安、頂安、福安里。

白河區：白河舊名店仔街口，位居急水溪支流白水溪上游北岸，因為

《南部作戰地圖》1896年日本陸軍大本營。

此地地質含有豐富的石灰岩層，使流經的河水顏色白濁，於是有白河之稱。大正九年（一九二〇）改正制度時，以店仔街口之名不雅，而改稱為白河。

店仔口：白河、永安里。
客庄：外角、下角里。
頂秀祐：秀祐里。
下秀祐：秀祐里。
崁仔頭：崁頭里。
埤仔頭：汴頭、昇安里。
白水溪：仙草里。
大排竹：大竹里。
詔安厝：廣安里。
蓮潭：蓮潭里。
海豐厝：玉豐里。
竹仔門：竹門、崎內里。
關仔嶺：關嶺里。
六重溪：六溪里。
畚箕湖：河東、虎山里。
馬稠後：內角、草店、甘宅里。

柳營區：柳營舊名查畝營，曾經是鄭成功設置軍營的所在，其中編制與二十八星宿同，其中有女星，於是有「柳營鎮」軍團，柳營鎮軍團屯墾的聚落即為「柳宿營」，之後便沿用柳營成為此地地名。

查畝營：士林、光福、中埕里。
八老爺：八翁里。
火燒店：人和里。
太康：太康里。
路東：太康里。
五軍營：重溪里。
小腳腿：重溪里。
大腳腿：大農里。
果毅後：神農里。
新厝：神農里。
山仔腳：旭山里。

東山區：東山原為平埔族哆囉嘓社舊地，漢人移入時，街肆漸成，將此地稱為哆囉嘓街，又有番社街之稱，日治時期改稱為番社庄。後因番社庄不雅，以此地位於台南市東方山地，於是改名為東山。

牛肉崎：水雲、林安里。
下南勢：南勢里。
前大埔：東原、嶺南里。
崎仔頭：青山、高原里。
大客庄：大客、科里里。
二重溪：南溪里。
番社街：東山、東中、東正里。
許秀才：三榮里。
頂窩：聖賢里。
吉貝耍：東河里。

後壁區烏樹林糖廠小火車。

《台灣省縣市行政區域圖．台南縣》1955年。

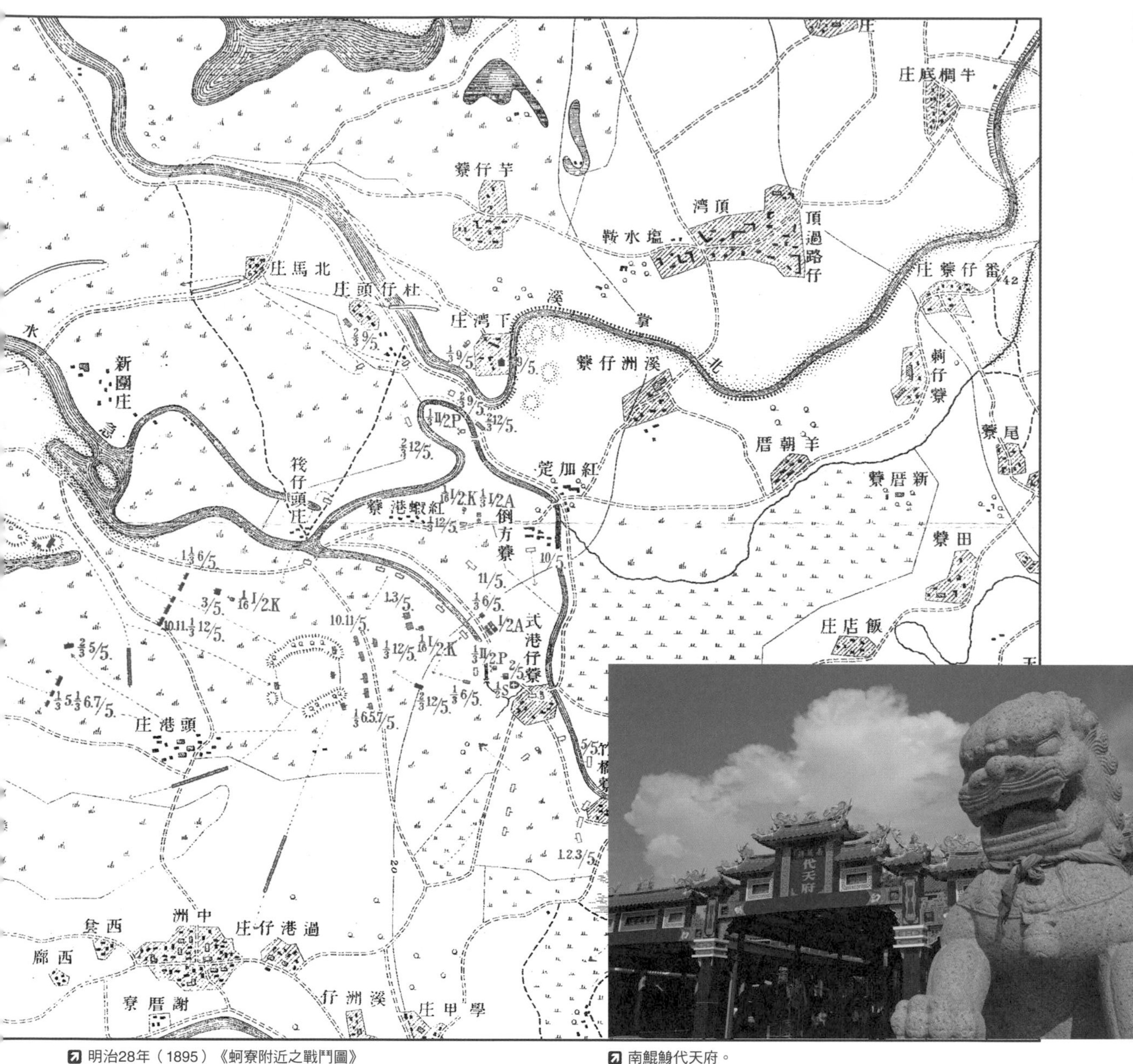

明治28年（1895）《蚵寮附近之戰鬥圖》

南鯤鯓代天府。

北門區：北門舊名北門嶼，因位於台灣府（台南）北方而得名。北門嶼原來是台江內海急水溪口外的沙洲島，後來逐漸與陸地相連；道光年間，曾積極建設鹽田。日治初期，廢止鹽專賣，使鹽田日漸荒蕪；明治三十二年（一八九九）再實施鹽專賣，北門鹽場再度興盛。大正九年（一九二〇）置北門庄。

渡仔頭：錦湖里。

蚵寮：東壁、鯤江、保吉里。

二重港：仁里里。

溪底寮：中樞里。

三寮灣：慈安、三光里。

北門嶼：北門里。

井仔腳：永華里。

學甲區：學甲是西拉雅族蕭壟社的支社，《續修台灣府志》中記載：「蚊港渡在鹽水西學甲社。」明鄭時期，有福建泉州同安縣白礁鄉民來此開發，設立了所謂學甲十三庄。清道光年間設立「學甲堡」，日治時期改為學甲庄，光復後改為學甲鄉，五十七年升為學甲鎮。

學甲：一秀、西明、宜民、煥昌里。

學甲寮：平東、平西里。

宅仔港：宅港、達明、美和等里。

溪洲仔寮：頂洲、紅茄、新芳里。

中洲：光明、白渚、東和里。

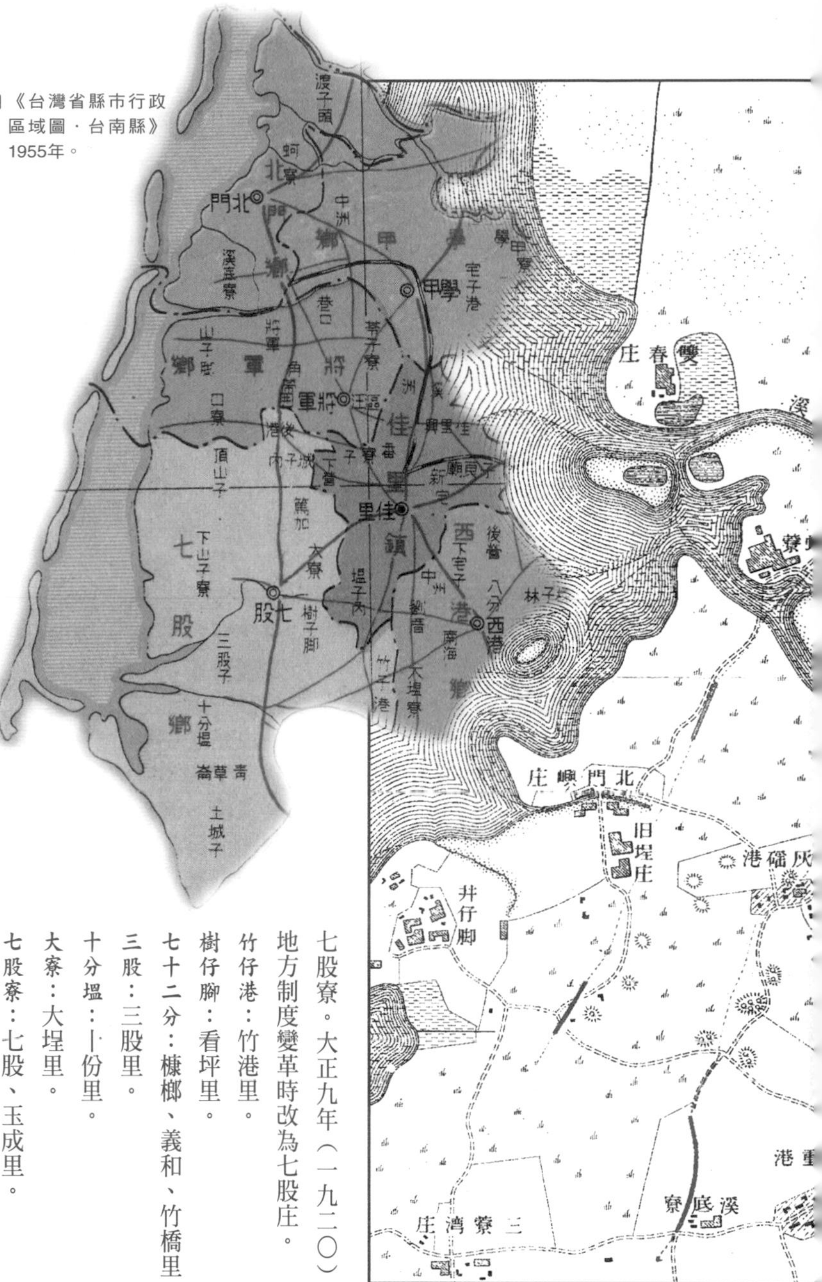

《台灣省縣市行政區域圖．台南縣》1955年。

將軍區：將軍原隸屬漚汪堡，清康熙二十二年（一六八三），清朝水師提督施琅因討代鄭氏收復台灣有功，清廷於是將東起烏山頭、西至馬沙溝之埔地授予施琅，因而有「將軍庄」之名，日治時期沿用將軍庄，光復後改為將軍鄉。

山仔腳：長沙、平沙里。

口寮：鯤鯓、鯤溟里。

角帶圍：西和里。

歐汪：西華、長榮、忠興里。

苓仔寮：苓和、保源里。

巷口：仁和里。

將軍：將貴里。

七股區：七股早期為台江內海區，後來因為曾文溪改道，台江陸浮形成「浮覆地」，逐漸有人進行耕種活動。清朝年間，有七人合股在此地開墾築寮，於是稱為七股寮仔或七股寮。大正九年（一九二〇），地方制度變革時改為七股庄。

竹仔港：竹港里。

樹仔腳：看坪里。

七十二分：榛榔、義和、竹橋里。

三股：三股里。

十分塭：十份里。

大寮：大埕里。

七股寮：七股、玉成里。

下山仔寮：中寮、鹽埕、龍山里。

後港：大潭、後港里。

城仔內：城內里。

篤加：篤加里。

頂山仔：西寮、頂山里。

西港區：西港位於直加弄港（今安定）之西，俗稱西港仔，曾經是小型貿易港，明鄭時期隸屬天興州永定里」，清朝改稱安定里。清朝中葉以後，台江潟湖淤塞陸化，西港仔的港口機能漸失。清道光十五年（一八三五）設西港仔堡，大正九年（一九二〇）改稱西港。

西港仔：慶安里。

中洲：慶安里。

烏竹林：港東村。

南海埔：南海里。

大塭寮：永樂里。

蚶西港：劉厝里。

大竹林：竹林里。

後營：後營里。

劉厝：劉厝里。

佳里區：蕭壠原為西拉雅族蕭壠社，荷蘭人曾經在此地設置教會堂學校，並且將一二一頭牛送給平埔族民，獎勵耕作，耕地約在今天的佳里鎮、將軍鄉、七股鄉一帶。清朝改稱蕭壠堡，日治時期有蕭壠庄之名；大正九年（一九二〇），以蕭壠地處天興縣治佳里興附近，改為佳里庄，光復後改為佳里鎮。

佳里興：佳化、興化、禮化里。

溪洲：溪州、營頂里。

子良廟：三協、子龍里。

新宅：民安里。

番仔寮：漳州、海澄里。

蕭壠：東寧、鎮安、六安里。

下營：嘉福、頂真里。

塭仔內：龍安、蚶寮、通興里。

麻豆區：麻豆應是譯自西拉雅族**Mattau**社。荷蘭人為教化平埔族，於此地建設教會堂學校，荷蘭文獻中對於此地的記載，多為**Mattau**。明鄭時期，漢人陸續移墾麻豆地區，平埔族或遷移、或漢化；清雍正十二年（一七三四）在此建立蔴荳堡；乾隆二十九年（一七六四）始稱為蔴荳街；日治時期設蔴荳支廳，大正九年（一九二〇）定名為麻豆。

麻豆中山路上古色古香的洋房。

北勢寮：北勢里。
麻豆：油車、大埕、晉江等里。
溝仔前：總榮、龍泉里。
寮仔部：寮部里。
磚仔井：磚井里。
安業：安業、安東、安西里。
謝厝寮：謝安、安正里。
麻豆口：麻口里。
埤頭：埤頭里。
大山腳：大山里。
海埔：海埔里。
港仔尾：港尾里。

下營區：明鄭時期右武衛軍團在此設兵屯田，因為在頂營與中營的下方紮營駐兵，於是稱為下營；於光復後改為下營鄉。

下營：下營、宅內、仁里里。
大敦寮：後街里。
十六甲：新興里。
茅港尾：茅港、中營、西連里。
麻豆寮：賀建里。

六甲區：六甲地名與拓墾時期開闢的土地面積計算有關。相傳為明鄭時期陳永華招募拓墾，先後開闢了二甲、三甲、四甲、五甲、六甲、七甲等不同面積的土地，而有此地名。日治時期因合併二甲、六甲、七甲為一支廳時，以六甲為中心地，因而以此為名。

六甲：六甲里。
七甲：七甲里。
二甲：二甲里。
赤山：龍湖里。
水漆林：水林里。
中社：中社里。
林鳳營：中社里。
龜仔港：龜港里。
菁埔：菁埔里。
王爺宮：王爺里。
東高蚋：王爺里。
水流東：王爺里。
九重橋：王爺里。里。
大坵園：大丘里。

官田區：官田舊名官佃。荷據時期，此地屬於王田，即政府田地；明鄭時期將王田改稱為官田，交由文武部屬招募佃農屯墾，逐漸形成漢人聚落，稱為官佃。大正九年（一九二〇）改為官田，光復後設官田鄉。

南部：南部里。
番仔田：龍田里。
三結義：南部里。
官佃：官田里。
中協：官田里。
烏山頭：湖山里。
角秀：二鎮里。
二鎮：二鎮里。
拔仔林：拔林里。
笨潭：大崎里。
西庄：西庄里。
社仔：社子里。
番仔渡頭：渡頭里。

大內區：大內曾是平埔族大武壟社的活動地點，漢人進入之後，部分平埔族人向內山遷移，此地成為平埔族與漢人合墾的區域。昔時漢人因此地位於山地內側，於是稱為內庄。大正九年（一九二〇），日政府以此地為西拉雅族大滿亞族（即大武壟社）故地，於是改稱為大內庄，簡稱大內，光復後定為大內鄉。

石仔瀨：石湖、石林、石城里。
內庄：大內、內郭里。
二重溪：二溪、曲溪里。

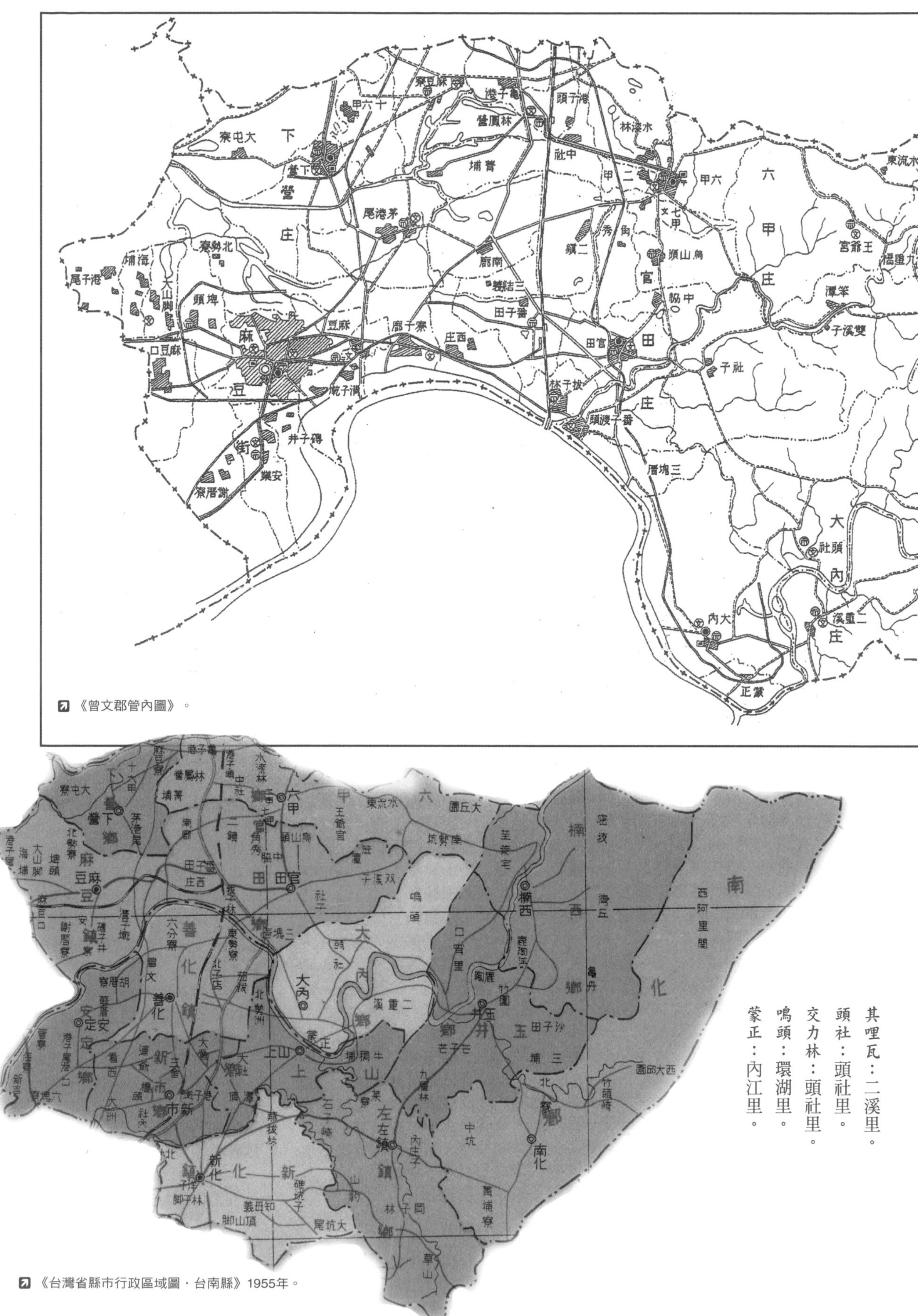

《曾文郡管內圖》。

《台灣省縣市行政區域圖．台南縣》1955年。

其哩瓦：二溪里。
頭社：頭社里。
交力林：頭社里。
鳴頭：環湖里。
蒙正：內江里。

新市區：西拉雅族赤崁社原居於今台南市一帶，後來遷徙到現今的新市，改稱為新港社，也成為新市區的舊名。明鄭時期，漢人往來此地漸頻繁，成為一新興市集，所以有「新市」之稱。清初設立新港庄，日治大正九年（一九二〇）改為新市庄，光復後設新市鄉。

新和：新和里。

番仔寮：永久里。

社內：社內里。

橋頭：社內里。

三舍：三舍里。

道爺：豐華里。

看西：豐華里。

大洲：大洲里。

大營：大營里。

大社：大社里。

潭頂：潭頂里。

港仔前：港墘里。

新化區：新化舊名大穆降，為西拉雅族 **Tavocan** 社舊地，意思是「山林之地」。《台灣縣志》中有大目降庄之記載，嘉慶年間有大目降庄之名稱。日大正九年（一九二〇），成立台南州新化郡，以大目降為郡役所在，故以「新化」為名，大目降庄改為新化。

大目降：武安、東榮、護國里。

北勢：北勢里。

竹仔腳：全興里。

洋仔：豐榮里。

奉口：奉口、協興里。

頂山腳：山腳里。

那拔林：那拔里。

礁坑仔：礁坑里。

知母義：知義里。

大坑尾：大坑里。

羊仔寮：羊林里。

崙仔頂：崙頂里。

左鎮區：左鎮舊稱拔馬（**Poahbe**），為西拉雅族新港社支系拔馬社舊地，即今左鎮村左鎮教會一帶。明鄭時期有左鎮軍團在此設營屯墾，於是有左鎮之名，隸屬天興縣（州）新化里。大正九年（一九二〇）設左鎮庄」庄役場初設於左鎮本部落，昭和八年（一九三三）移至拔馬。

石仔崎：光和里。

左鎮：左鎮、中正里。

菜寮：榮和里。

山豹：澄山里。

崗仔林：岡林里。

草山：草山、二寮里。

內庄仔：內庄、睦光里。

善化區：善化原為西拉雅族四大社之一 **Backoloan** 社故地，舊名目加溜灣。明鄭時期隸屬天興縣善化里；清康熙三十五年（一六九六）高拱乾著《台灣府志》中，稱為目加溜灣社。由於其位於灣裡溪旁，所以清朝時又有灣裡街之稱。日明治三十二年（一八九九）實施街庄區制度，分為善化里東區及西區；大正九年（一九二〇）東西區合併為善化庄，後升格為善化街；光復後改為善化鎮。

灣裡街：東官、文昌、南關等里

曾文：什乃、溪美里。

六份寮：六分、田寮、六德里。

座駕：坐駕里。

東勢寮：東昌、東隆里。

北仔店：牛庄里。

茄拔：嘉南、嘉北里。

小新營：小新里。

胡厝寮：湖厝、胡家里。

南化區：南化舊時慣稱南庄，清朝雍正、乾隆年間，漢人入墾此地，庄街漸成，劃為內新化南里，約在同治年間形成南庄街。日治時期原屬台南州楠仔仙溪噍吧哖支廳南庄，大正九年（一九二〇）擇南庄街與新化南里之名，併稱為南化，屬台南州新化郡管轄。

南化：南化里。

中坑：中坑、北平里。

菁埔：寮西埔、東和里。

北寮：北寮里

竹崎頭：玉山里

阿里關：關山里。

安定區：原為西拉雅族目加溜灣社支社直加弄社（**Tackalan**）的居住地，意指「乾草港」，明鄭時期名為永定里；清初改為安定里，隸屬諸羅縣；光緒年間改隸台南府安平縣。日大正九年（一九二〇）易名為安定庄。

蘇厝：蘇林、蘇厝里。

直加弄：安定、保西、安加里。

港仔尾：港尾、南安里。

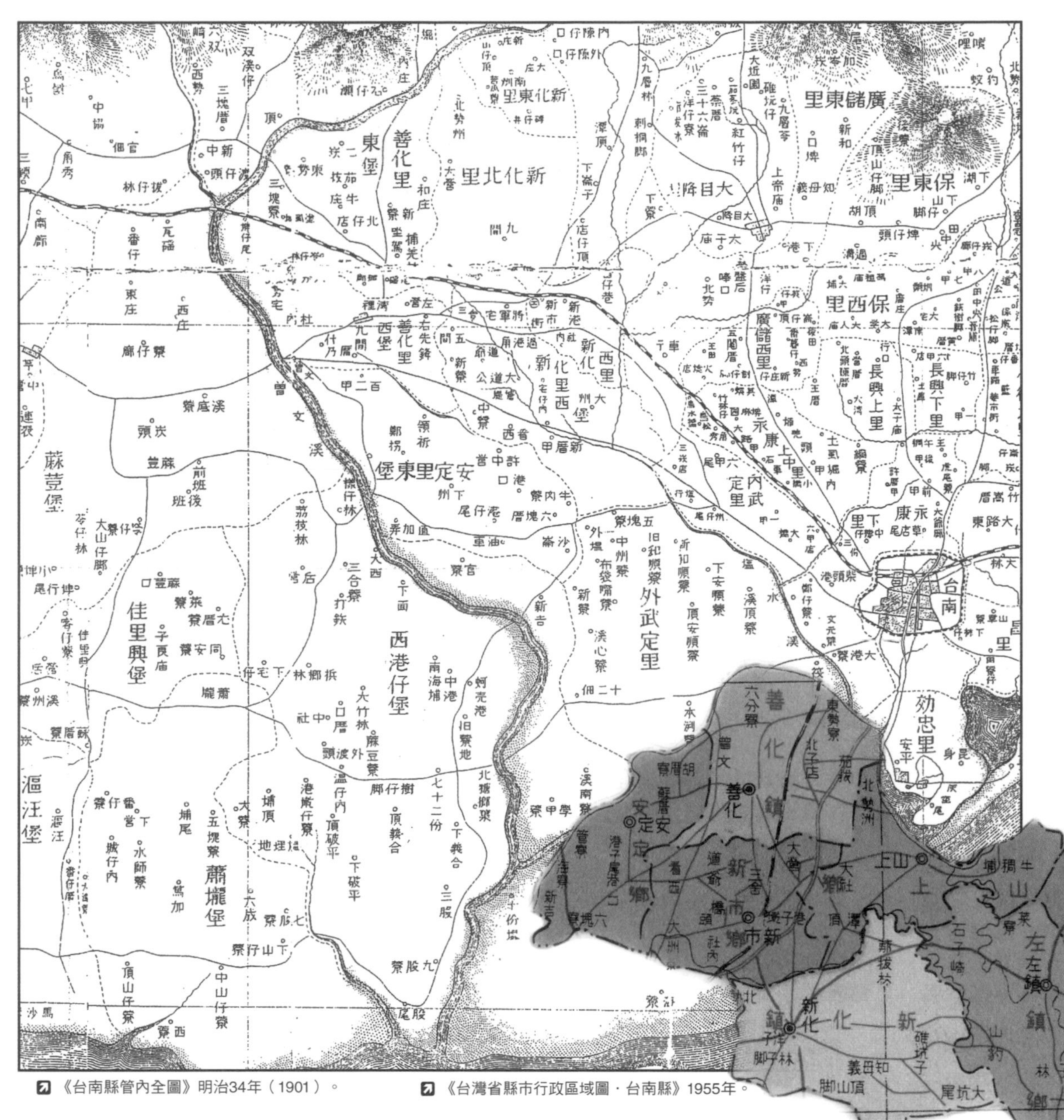

《台南縣管內全圖》明治34年（1901）。

《台灣省縣市行政區域圖・台南縣》1955年。

港口：港口、港南、中榮里。

六塊寮：大同、中沙、六嘉里。

山上區：山上位於新化台地西麓、曾文溪河階高地上，若自低處向上望，好似座落於小山上的聚落，所以有「山仔頂」之稱。原為西拉雅族新港社的遷徙地之一，明鄭時有鄭軍屯墾。日大正九年（一九二〇）改為山上庄。

山上：山上、南州、新庄里。

石仔崎：平陽里。

牛稠埔：玉峰里。

北勢洲：明和里。

潭頂：豐德里。

玉井區：舊稱名噍吧哖（**Tapani**），是西拉雅族支系大武壠社屬社噍吧哖故地，以日治時期「西來庵事件」抗日行動聞名。大正九年（一九二〇），以「噍吧哖」音近似日語「**Tamai**」而改名為玉井，光復後設玉井鄉。

噍吧哖：玉井里。

玉井：玉田里。

鹿陶：中正里。

沙仔田：沙田里。

三埔：三埔里。

芒仔芒：三合、望明里。

九層林：層林里。

口宵里：豐里里。

仁德區保安火車站。

永康區：永康早期曾因到處長滿埔姜草，而有埔姜頭之稱。永康位於二層行溪（二仁溪）以北，明鄭成功時期隸屬天興縣，大正九年（一九二〇）時定名為永康。光復後因人口成長，於民國八十二年五月一日升格為市。

埔姜頭：永康、埔園、大橋等里。

網寮：網寮、五王、三合等里。

蔦松：蔦松里。

蜈蜞潭：烏竹里。

三崁店：三民里。

鹽行：鹽行、鹽洲里。

大灣：大灣、東灣、西灣等里。

仁德區：荷蘭人入侵以前，此處可能為西拉雅族的活動區域。明鄭時期，有仁德里之稱；日大正九年（一九二〇）改稱為仁德庄，光復後設仁德鄉。

太子廟：太子、土庫里。

塗庫：仁德、仁義里。

新佃：新田里。

田厝：田厝、後壁里。

上崙仔：上崙里。

牛稠仔：牛稠里。

車路墘：保安里。

三甲仔：三甲里。

大甲：二行、大甲里。

中洲：中洲、中生里。

關廟區：關廟原為西拉雅族新港社舊墾地，明鄭時期漢人入墾，新港社人被迫遷至今龍崎鄉番社（即牛埔村、大坪村一帶）。關廟以「關帝廟街」為名稱由來，清康熙五十七年（一七一八）漢人在此設立山西堂，主祀關聖帝君，廟堂一帶後來俗稱為廟街仔清代即稱為關帝廟街。大正九年（一九二〇）易名為關廟庄，光復後設關廟鄉。

關帝廟街：關廟、山西、鄉陽等里。

五甲：五甲、南花、北花等里。

新埔：新埔、新光里。

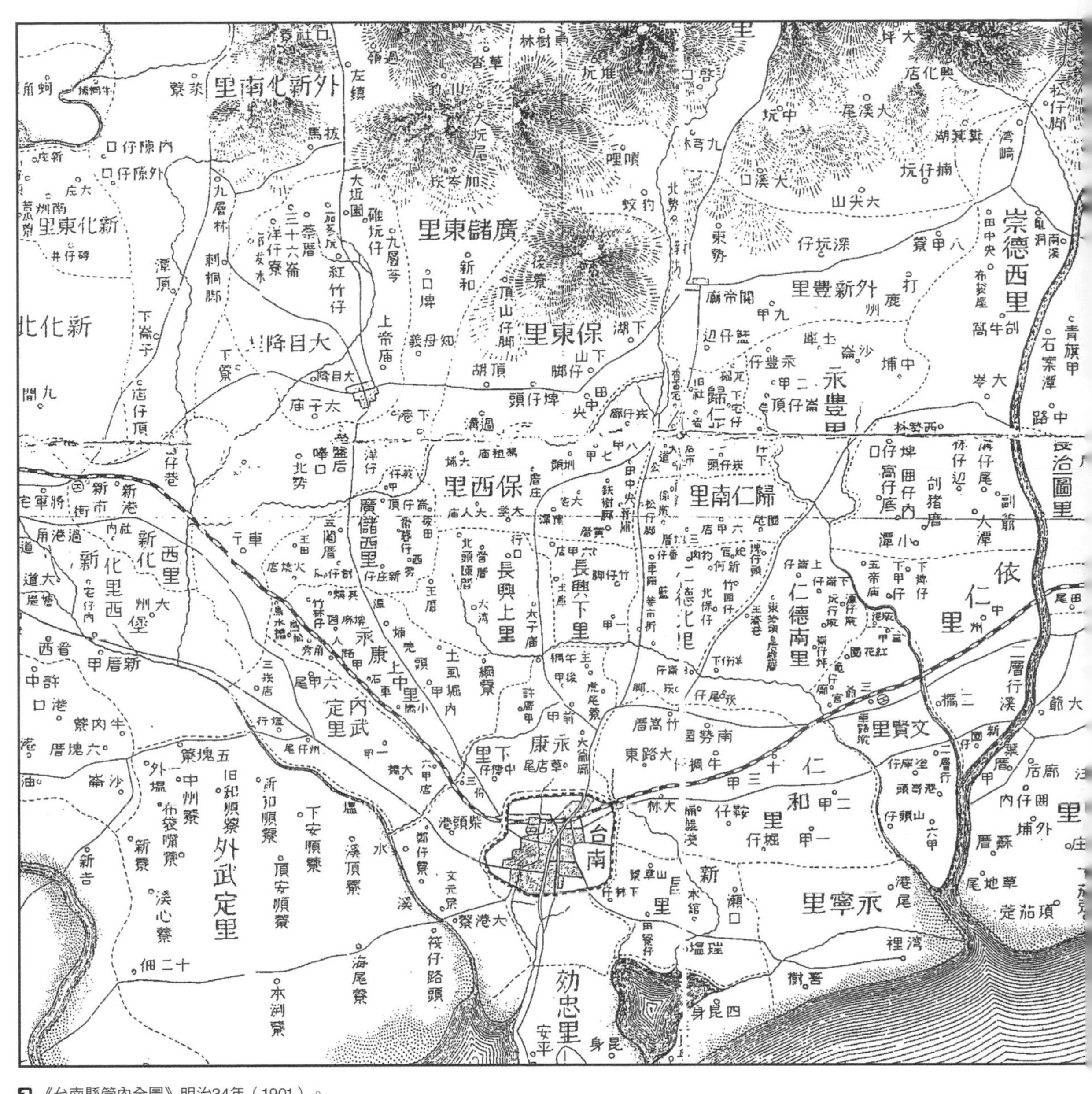

↗《台南縣管內全圖》明治34年（1901）。

深坑仔：深坑里。

埤仔頭：埤頭里。

龜洞：龜洞、田中里。

龍崎區：龍崎舊名番社，現在鄉內牛埔村、大坪村即為西拉雅族新港社遷徙地。清朝時隸屬台灣府台灣縣新豐里，道光年間改隸內新豐里。日治時期分設兩區，轄內有崎頂、中坑、番社、龍船等地。大正九年（一九二〇）改制，取首善區「龍船」與「崎頂」之首字，改稱龍崎庄，光復後沿用設鄉。

崎頂：崎頂、土崎里。

番社：牛埔、大坪里。

中坑仔：中坑、楠坑里。

龍船：龍船、石槽里。

歸仁區：此地曾是西拉雅族新港社的墾地，即今看東村楊厝庄東的舊社街一帶。「歸仁」之名為明鄭時期取「天下歸仁」之意而來。大正九年（一九二〇）改稱歸仁庄，隸屬台南州新豐郡，光復後改為歸仁鄉。

北庄：歸仁、看東、看西等里。

崙仔頂：崙頂里。

沙崙：沙崙里。

南庄：南寶、南興、六甲里。

媽祖廟：媽廟、大廟、西埔里。

八甲：八甲、七甲里。

安平古堡今貌。

Chapter 13

安平與赤崁之間當時仍是滄海

荷蘭東印度公司 **1624** 年進駐台南安平，左頁上圖為荷蘭人的死對頭西班牙人 **1630** 年左右根據刺探情報所描繪的，內容詳實，生動有趣。港口的右側是熱蘭遮城（即安平古堡），城堡的四個角落是四座砲台，城堡的下方設置了六門大砲控制港口。圖上方有四門火砲的堡壘應該是赤嵌樓的前身。被籬笆包圍的尖頂房舍是商館，商館對面，隔著鹿耳門水道的三幢房舍是日本人的住處。

左頁左下圖記錄鄭家軍與荷蘭人海陸作戰的場景，戰爭的場面被過度誇大，並不符合史料記載。但透過畫家精緻的地理環境描繪，反而讓我們得以了解 **350** 年前台南安平一帶的地理面貌。本圖由北線尾向南遠眺，懸掛荷蘭國旗的三層堡壘是熱蘭遮城（即安平古堡），西側聚落是荷蘭人的市集與住宅區，相當於現今台南安平區的延平街，故有台灣第一街之稱。熱蘭遮城除了與南面的一鯤鯓相連外，三面環海，顯現當時安平古堡與赤崁樓之間仍是汪洋一片。

moatao de los na turales
ganado bacuno
guan ni delosnaturales
Baluarte del Olandes
ORIENTE
Saulan de los naturales
SEPTETRIÕ
aqui dentro eselfondo de 4. brasas.
MEDIO
Lugar de los ja pones
estero pordonde entran los nauios
fatoria del Olandes
en esta punta es tan puestos 6. pi esas paguarda de la entrada
OCCIDENTE

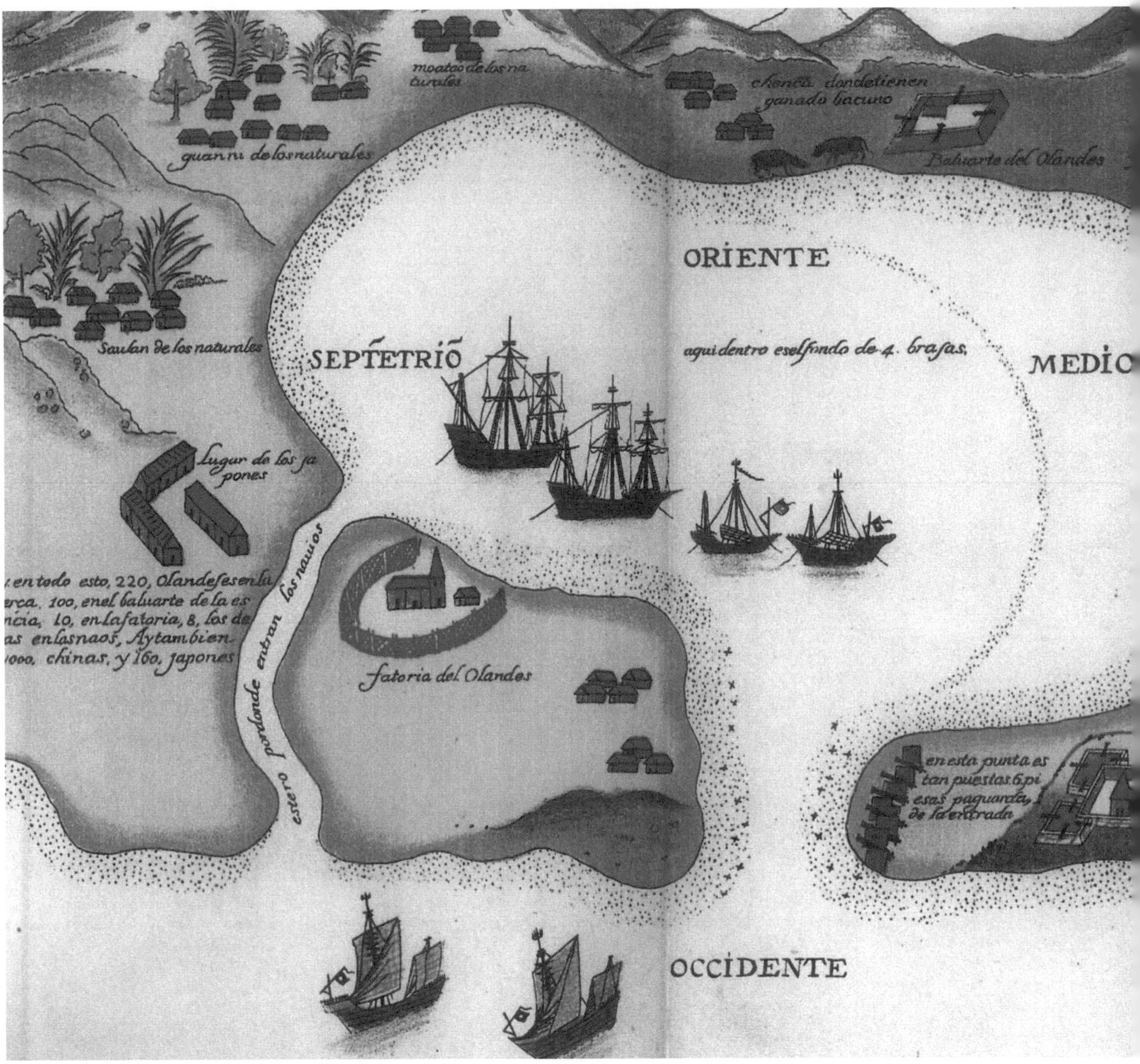

t'Eylandt Formosa
t'Fort Zeelandia

清末安平古堡已嚴重坍塌。

府城防衛虛 寺廟大聯境

小吃與古廟可說是府城台南最亮麗的城市名片。

台南的古廟建築和小吃一樣，規模都不算大，可是名目繁多，意味淳厚，淵遠流長。許多廟宇都是全台開基祖廟，例如奉祀保生大帝的開山宮、有小上帝廟之稱的開基靈祐宮，還有赤崁樓旁的開基武廟、開基天后宮，其他眾神台地開山之廟更是多得不勝枚舉。

除了開基祖廟多之外，府城廟宇還有一個特別之處，在廟名與地號名之上冠上一個某某境。例如八協境東門大人廟、仁厚境福德祠、八吉境馬兵營保和宮、中和境北極殿、三協境下南河南沙公、四安境北線尾良皇宮，甚至連公園路上一所基督教會也以太平境教會為名。不過這所基督教會的原址據說也是一所土地廟，就叫太平境福德祠，後來不知怎麼弄得廟沒了，土地公被寄祀於擁有大名鼎鼎「一字匾」的天壇天公廟內。神明寄祀或合祀在台南市十分普遍。

拆廟之事，在日本時代因築路、修官舍常常發生，限於經費不足或土地難覓，不是暫寄祀於聯境之交陪友廟，或是與他廟合祀，例如四安境牛磨後的神興宮便是由神安廟、保興宮、濠林宮合併而成，馬兵營保和宮和羨仔林朝興宮也在同一座廟內分庭抗禮。

「境」到底是怎麼一回事？為什麼全台只有台南市的廟宇會冠上境名？境真的是地名嗎？

有人認為境是民團組織的稱呼，即所謂聯境組織，不能算是地名。聯境組織至少可以追溯到清代中葉。

鴉片戰爭時，台灣兵備道姚瑩、總兵達洪阿，有感於防務單薄，遂將府城內各街坊分七十二境，責成紳士舖戶各募壯勇三、四十名，授以器械，分段協守。道光二十二年（一八四二年）、姚瑩奏報府城已成立八十二境。這些境很自然的以各個境之角頭寺廟為動員組織單位。

咸豐三年（一八五三年）府城成立團練總局，戰時動員為民團、義軍協助官軍，太平無事則仍由廟境壯丁負責巡查，維持治安。同治元年（一八六二年）戴潮春之役起，總兵林向榮和水師副將王國忠將府城的營兵、義勇全數移防北台，致使府城防衛空虛，人心浮動，巡道洪毓琛只得更進一步將各境寺廟組織起來成為聯境組織，作為府城城防的主力，並加強地方治安。

當時共成立十個聯境組織：二十一境、十八境、八協境、六合境、八吉境、六興境、六和境、四安境、三協境及七合境。各聯境有主廟、屬廟之別，並規定各聯境組織防守的責任區域。聯境之主廟基本上是聯境之內神格位階較高、規模較大的廟宇擔任。例如六和境的聯境主廟是典祀武廟，主神關公是清代官方極力推崇的武神，祭典都由官方主持。典祀武廟不但是六合境的聯境主廟，廟內設有六和堂為聯境辦事處，同時也是全城的冬防指揮中心。聯境組織的名稱和組成廟宇的數目有關。例如七合境除主廟之外，由七座屬廟組成。

從清代中期一直到日本佔據台灣，聯境組織在府城的治安與地方事務上發揮了極大的影響力。府城

劍獅原本是軍屬的標記，現在成了避邪之物。

台南府城街道全圖，其中有些街道以境為名。

的住民自然而然，將聯境組織視為認同的對象。這種認同感再加上原本所屬角頭廟宇的宗教信仰進一步強化，應該是超過地域上的認同。當然，聯境組織組成之時原本就有地域上的考慮，所以將聯境組織之名視為地域名稱也不為過。

日本時代之後，聯境組織被官方廢棄，聯境廟宇之間仍能透過強韌的民間信仰力量，相互支持，渡過拆廟毀寺的殖民時代。如今，府城許多廟宇仍執著的在山門上、門楣上大書某某境，不但訴說一段可歌可泣的歷史，也顯示了府城住民牢不可破的鄉土意識。

台南大南門甕城，屬八吉境的防區。

《府城聯境廟宇》

境名	防守區域	聯境主廟	屬廟
八協境	大、小東門	東門大人廟	東嶽殿、市仔頭福隆宮、彌陀寺、龍山寺、崙仔頂後聖公廟、祝三多廟、西竹圍、龍泉井三座土地公廟。
六合境	小南門	奉祀延平郡王的開山王廟	柱仔行開基永華宮、清水寺、馬公廟、仁厚境土地公廟、油巷尾土地公廟、大埔街土地公廟。
八吉境	大南門	馬兵營保和宮	總趕宮、重慶寺、五帝廟、下太子開基昆沙宮、興南宮、檨仔林朝興宮、東轅門土地廟、莊雅橋土地廟。
六興境	大西門	開基開山宮	帆寮慈蔭亭、蕃薯港保西宮、南巷土地廟、西轅門土地廟、雙興境土地廟、神安宮土地廟。
六和境	大西門	祀典武廟	開基靈佑宮、開基武廟、米街廣安宮、祝融廟、倉神廟、赤崁土地廟。
十八境	大、小北門	全台首邑台南縣城隍廟。	三老爺宮、開基玉皇宮 、赤崁樓大士殿、開基天后宮、辜婦媽廟、祀典興濟宮、陰陽公廟、興隆宮、廣慈庵、黃蘗寺、大銃街元和宮、神農殿、慈雲閣、總祿境土地廟、鎮轅境土地廟、安祿境土地廟、林投井土地廟、柴頭港土地廟。
二十一境	居中策應，支援各段	中和境鷲嶺北極殿（大上帝廟）	全台開基府城隍廟、溫陵媽廟、小南天、首貳境開基萬福庵、三四境載福祠、辜婦媽廟、開基七娘媽廟（開隆宮）、天壇天公廟、坑仔底王爺廟、三官堂、龍王廟、三界壇、元會境土地廟、仁壽境土地廟、竹仔街土地廟、禾寮港土地廟、嶺後街土地廟、頂打石街土地廟、枋橋頭土地廟、太平境土地廟、下打石街土地公廟。
四安境	小西門	北線尾良皇宮	頂太子沙淘宮、海防廳土地廟、城外南廠保安宮、牛磨後檬林宮。
三協境	五條港	風神廟	下南河南沙宮、金華府、全台開基藥王廟
七合境（四聯境）	五條港	老古石集福宮	普濟殿、佛頭港景福祠、媽祖樓天后宮、佛頭港崇福宮、玉旨金安宮、聖君廟、粗糠崎土地廟。

台南府城隍廟屬二十一境，廟中「爾來了」是台南三大名匾之一。

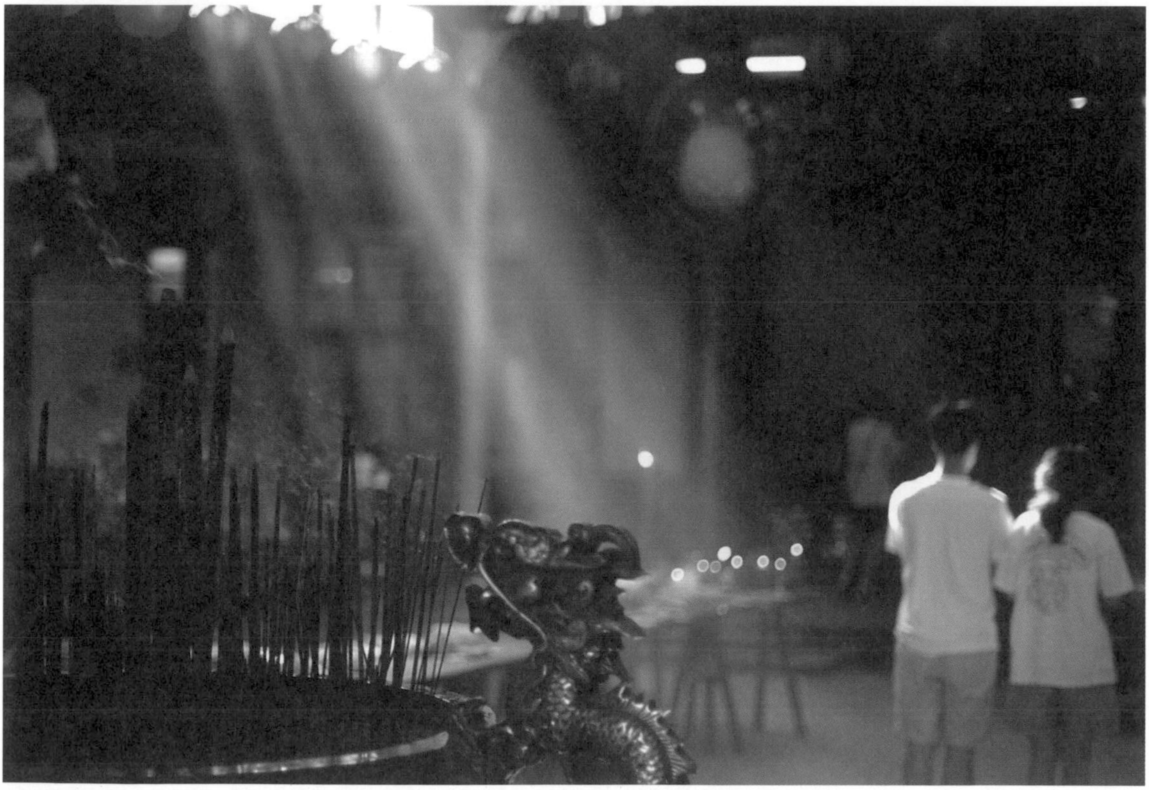

台南的古廟規模都不算大，可是建築古雅，建廟歷史淵遠流長。許多廟宇都是全台開基祖廟。

第十四章 打狗・鳳山・高雄

高雄舊名打狗，平埔族語竹林之意
清朝時即有打狗山、打狗港、打狗庄之稱
大正九年以「打狗」之名稱不雅
取其日語發音相似之高雄易名之

高雄市地區早期為平埔族西拉雅族（**Siraya**）、馬卡道族（**Makatao**）的聚居地，高山地區則是南鄒族（**Tsou**）內優八社及魯凱族（**Rukai**）的分布地。

境內曾有新石器時代代表「牛稠子文化」、「大湖文化」的遺物出土，而臨近台南市地區也有蔦松文化的遺跡。

一六二四年荷蘭人占領台灣，此時正值明清兩朝交替的慌亂時代，大批漢人從中國大陸向台灣移墾謀生，便成為荷蘭政權拓荒的主要勞動力來源。此時荷蘭人將漢人的耕地稱為**polder**，赤崁地區於一六五○年已有十五個**polders**，其中有一個位於二仁溪南岸，即現今高雄市境內，說明此時已有漢人在高雄移墾定居。

當時打狗港附近居民漸多，已有漁村之規模，並且有時商船出入。

明鄭時期，在台灣設一府二縣，高雄即屬萬年縣，設縣治於埤子頭。鄭成功積極分派軍隊在台灣屯墾，當時在高雄市（高雄縣）境內開墾的地區，大約在岡山、橋頭、燕巢、仁武、大社、鳳山市一帶。

清康熙二十二年（一六八三年），台灣劃入清廷版圖，翌年改萬年州為台灣、鳳山二縣，然而高雄市（高雄縣）境內之平原地帶、山區、二層行溪下游地區卻分屬鳳山縣、諸羅縣、台灣縣三個單位。當時鳳山縣以打狗港為貨物集散地及通商口岸，繁華日漸。

甲午戰後，清廷將台灣、澎湖割讓給日本，最初行政區域沿襲舊制，幾經更迭，於大正九年（一九二○）改正行政制度時，廢廳

設州，將台灣南部的阿緱、澎湖兩廳與台南廳的部分合併為高雄州，此為高雄名稱之始。

大正十三年，高雄街升格為高雄市，並裁撤高雄郡，高雄境則為岡山、鳳山、旗山三郡，亦即為此地「三山共一體」之緣由。光復後將高雄州改為高雄縣，其轄內仍包括屏東縣部分地區；直到民國三十九年實施地方自治，行政區域亦隨之調整，於民國六十八年高雄市升格院轄市的同時，將原小港鄉劃歸高雄市，而縣內轄區至此方定。

高雄舊名打狗，為平埔族語之譯音，或說是竹林之意，清朝時即有打狗山（即今之壽山）、打狗港（即今高雄港）、打狗庄（今高雄市鼓山區）之稱。日明治三十年（一八九七）於高屏地區設打狗辨務署，管轄地區相當於今日高雄市之範圍。大正九年，以打狗之名稱不雅，於是取其音**Takao**近似高雄之日語發音而易名之，以高雄兩字具有「在南洋的天地裡，高躍雄飛」之意。

境內有福佬、客家、平埔、魯凱、南鄒、布農等族群分布，形成了豐富的族群文化，依早期拓墾的路線及範圍，大致可將各族群的主要活動區分如下。

福佬族群大致以鳳山、岡山、旗山等「三山」為中心，向四周散布，包括岡山、湖內、茄萣、彌陀、梓官、永安、橋頭、田寮、路竹、阿蓮、燕巢、鳳山、大寮、林園、大社、仁武、鳥松、大樹、旗山、內門等鄉鎮。

客家人則主要分布在美濃、杉林、六龜、旗山，其中杉林、旗山則屬閩客混居的地區。

平埔族因為在歷史上經過多次遷移，目前在田寮、阿蓮、燕巢、仁武、內門、六龜、甲仙等地都還有平埔族活動的遺跡，部分地區甚至保留有傳統的祭典儀式、宗教活動與公廨。

高雄市境內的魯凱族，屬於下三社群，分布在茂林鄉內茂林、萬山、多納等三村。

南鄒族一支居住在桃源鄉桃源村、高中村，人口不多，自稱為沙阿魯阿族（**Saarua**）；另一支則是居住在三民鄉的卡那卡那富族（**Kanakanavu**）。

布農族分布在桃源區梅山、樟山、梅蘭、復興、勤和、桃源、高中、建山等里，以及瑪那夏的民生、民權、民族三個村落。

↗ 19世紀末打狗的街區僅限於旗後及哨船頭。

↗ 由旗後燈塔俯瞰哨船頭。（吳志學／攝）

楠梓區：原名楠仔坑，早期因溪邊種滿楠木，為楠木集散地而得名，後來改為楠梓，境內有後勁、右昌、楠梓三大聚落。

楠梓坑街：惠南里。

後勁：錦平、玉屏、金田等里。

右冲：建昌、裕昌、宏昌等里。

土庫：清豐里。

下鹽田：藍田里。

灣中港：中和、中興里

左營區：左營舊名興隆里，由宣毅左鎮開墾，左營之名，來自於「左鎮紮營」；也有說法為紮營於城之左等。

舊城：埤北里。

店仔頂：聖西、聖南、聖後里。

桃仔園：併入海軍軍區。

竹仔腳：併入海軍軍區。

下蚵仔寮：併入海軍軍區。

埤仔頭：埤東、西、南、北里。

部後：蔀南、蔀北里。

蔀尾：尾東、西、南、北里。

菜公：新上里。

三民區：明鄭時期，王、蔡、鄭三族來台，分別在東段的橋頭、南段的海墘、西北段的後角開墾，於是有三塊厝之稱。光復後，取建設三民主義模範區之意，改為三民區。

覆鼎金：鼎金、鼎西、鼎盛等里。

灣仔內：灣子、灣興、灣中等里。

獅頭：寶獅里。

寶珠溝：寶珠、保育、寶中等里。

大港：港東、港溪、港北等里。

三塊厝：鳳北、鳳南、千秋等里。

本館：本館、本武里。

旗津區：旗津位於旗山之後，又有旗后之稱。曾有當地文人組織旗津吟社，有「旗鼓相當，維揚我武；津梁鞏固，克壯其猷」的對聯，光復後遂改為旗津區。

旗後：旗下、通山、永安等里。

中洲：中洲、安順里。

大汕頭：南汕、北汕里。

崩隙：中和里。

鼓山區：因打鼓山而有此名。鼓山區背山面海，工業、漁業、國際貿易等均發達，區內尚有古蹟遺留，訴說著高雄市開發的歷史過程。

內惟：內惟、建國、光榮等里。

岩仔：鼓岩里。

新岩仔：樹德里。

山邊：元亨里。

大溝墘：寶樹里。

山腳：興隆里。

市營住宅：成功里。

磅空口：長安里。

船仔路頭：鼓波里。

渡船頭：哨船頭里。

灰窯仔腳：鼓山里。

車路頂：河川里。

四枝擔：光化、山下里。

舊車頭：麗雄里。

岩壁墘：登山里。

魚行口：維生里。

鹽埕區：由於過去曾是一片鹽田澤國，所以有鹽埕埔之稱，許多高雄市民仍習慣沿用這個稱呼。清光緒年間以築港挖出之泥沙將此地填平，才發展成繁榮的市街。

瀨南：瀨南、瀨東、瀨西等里。

鹽埕埔：鹽埕區大部。

沙仔地：沙地里。

前金區：前金區舊稱林投圍。由於此地面向鼓山，取「金」鼓相對而名之；另一個說法是因為面山衿河，後人改「衿」為「金」，南段為前金，北段為後金，又因區公所位於前金，於是稱為前金區。

牛乳館：三川里。

北金仔：北金、新生里。

後壁厝仔：後金里。

林投圍：林投里。

沙地仔：國民里。

社內：社東里。

澎湖社：榮復里。

新興區：大港埔就是高雄人對新興區的慣稱，是指河邊尚未開墾的地方。早期曾是荒野，居民稀少，日治時期漸有建設，光復後日漸繁榮，頗有新興蓬勃朝氣，所以命名為新興區。

大港埔：大江、秋山等里。

竹圍：光華里。

下竹圍：玉衡里。

營後：蕉園里。

過港仔：新江里。

苓雅區：舊時為漁民聚居、曬網的地方，因為使用苓仔網捕魚，所以這裡就被稱為苓仔寮，後來為美化地名，數度改名為「能雅寮」、「苓雅寮」，與今日的苓雅區。

苓雅寮：苓雅、苓東、苓西等里。

過田仔：美田、田西等里。

林德官：林德、林西里。

五塊厝：五福、福東、福西等里。

前鎮區：《台灣通史》記載，前鎮區本為明鄭時期中提督前鎮開墾的區域，於是名為前鎮。另有一說是清朝時盜匪猖獗，府縣於是在此區置哨派兵鎮守，而有前鎮之名。

前鎮：前鎮、鎮中、鎮東等里。

草衙：草衙里。

佛公：草衙里。

戲獅甲：前鎮區北部。

籬仔內：瑞誠、瑞隆、瑞竹里。

愛河夜景。

小港區：小港原名為港仔墘，就是海港邊的小村落。早期因此地居民長期排水，使村落由東北向西南形成一條大水溝，彷彿一座小型港口直通內海，而有小港之稱。

過埤仔：過埤里。

空地仔：孔宅里。

中大厝：廈莊里。

大坪頂：大坪、坪頂里。

刺蔥腳：高松里。

中節：山明里。

港仔墘：港興、港前、港口里。

二苓：二苓里。

大人宮：鳳宮里。

店仔後：店鎮里。

大林埔：鳳林、鳳森、鳳興里。

鳳鼻頭：鳳鳴、龍鳳里。

中林仔：山明里。

紅毛港：海澄里。

《台灣省縣市行政區域圖．高雄市》1955年。

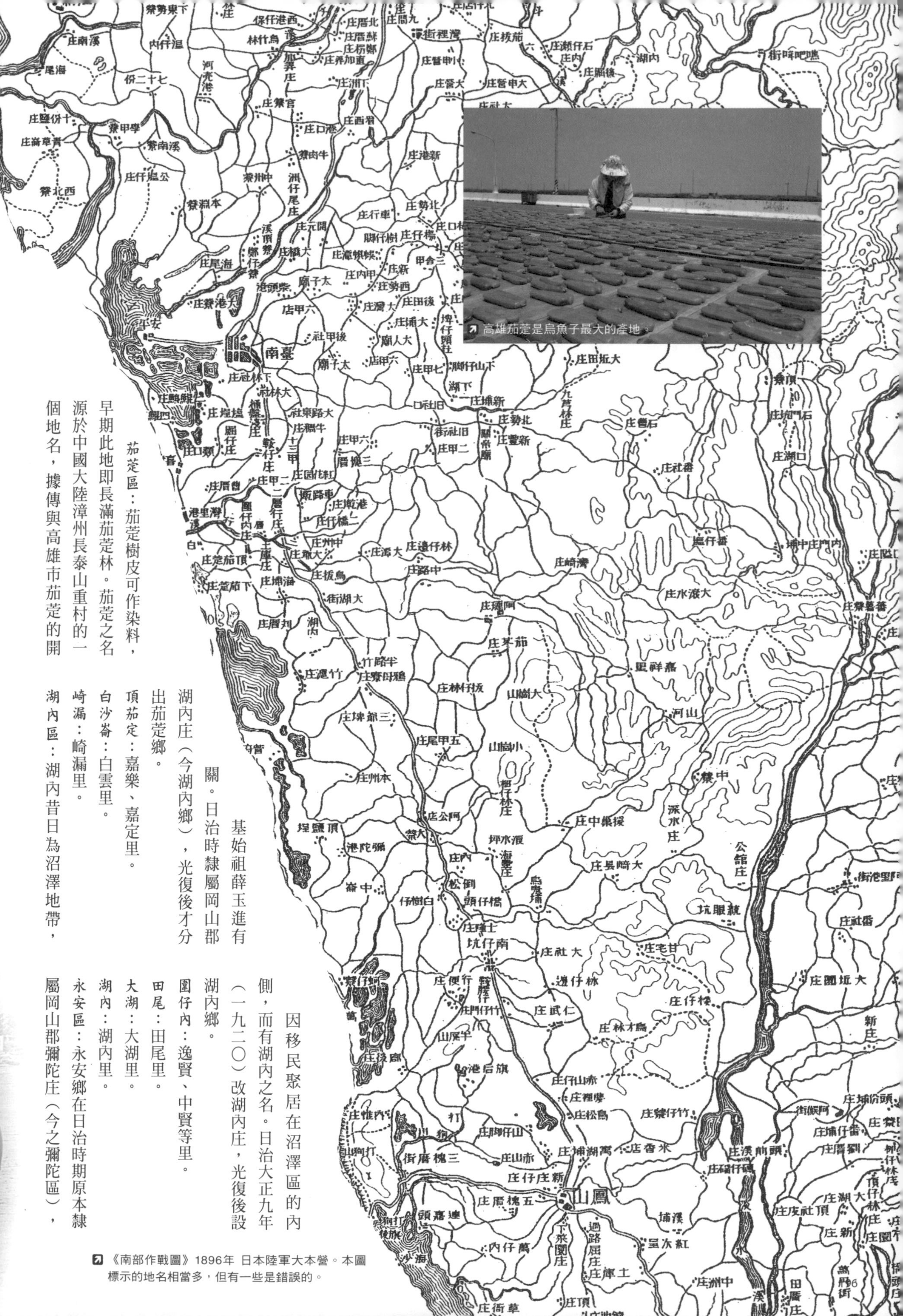

茄萣區：茄萣樹皮可作染料，早期此地即長滿茄萣林。茄萣之名源於中國大陸漳州長泰山重村的一個地名，據傳與高雄市茄萣的開基始祖薛玉進有關。日治時隸屬岡山郡湖內庄（今湖內鄉），光復後才分出茄萣鄉。

頂茄定：嘉樂、嘉定里。

白沙崙：白雲里。

崎漏：崎漏里。

湖內區：湖內昔日為沼澤地帶，因移民聚居在沼澤區的內側，而有湖內之名。日治大正九年（一九二〇）改湖內庄，光復後設湖內鄉。

圍仔內：逸賢、中賢等里。

田尾：田尾里。

大湖：大湖里。

湖內：湖內里。

永安區：永安鄉在日治時期原本隸屬岡山郡彌陀庄（今之彌陀區），

《南部作戰圖》1896年 日本陸軍大本營。本圖標示的地名相當多，但有一些是錯誤的。

舊時有竹仔港之稱。民國三十九年將此地由彌陀鄉獨立出來，以原烏樹林、竹仔港的全部及舊港口的部分合成一鄉，鄉治設於新厝仔庄，以鄉內魚塭之名為鄉名，取永保鄉境平安之意，而定名為永安鄉。

新厝仔：永安里。

烏林頭：新港里。

鹽田寮：鹽田里。

竹仔港：維新里。

路竹區：路竹舊名半路竹，因為此地正處於安平到鳳山的半途，昔日竹林繁茂，商旅多在此地休息，而有半路竹之稱。

半路竹：竹東、竹南里。

大社：社中里。

竹滬：竹滬里。

三塊寮：頂寮里。

下寮：新達里。

後鄉：後鄉里。

下坑：下坑里。

阿蓮區：阿蓮古時地名為阿嗹，曾為平埔族西拉雅族阿蓮社所在，地名或與此有關。

阿蓮：阿蓮、清連和運村。

中路：中路村。

崙仔頂：崙頂、港後村。

石案潭：清崎、石安村。

崗山營：崗山、峰山村。

九鬮：復安村。

岡山區：岡山舊名為竿蓁林，以早期此地竿蓁林遍布而得名。後來有阿公店之地名，傳說過去曾有一老翁在此開設店舖，為路人提供食物、草鞋、茶水等等，由於價錢公道，且老翁和藹可親，非常受到歡迎，於是稱此店為「阿公店」，而漸漸演變為地名。日大正九年以此地有大崗山、小崗山，故定名為岡山。

阿公店：岡山、壽天、忠孝、仁義里。

前鋒：前豐、壽峰、仁壽、潭底里。

石螺潭：十潭、福興里。

灣仔：灣裡里。

本洲：本洲里。

挖仔：大庄、華崗、三和里。

街尾崙：劉厝、仁義、信義里。

後協：後協、協榮里。

台上：岡山、台上、竹圍、為隨里。

大寮：大遼、和平里。

後紅：後紅、碧紅、岡山里。

五甲尾：嘉興里。

白米庄：白米里。

彌陀區：彌陀舊名彌陀港，最早的文獻記錄見於蔣毓英《台灣府志》。早期有許多不同的寫法，如微羅港、眉羅港、瀰羅港，可能取自平埔族語之譯音而來。

舊港口：舊港里。

鹽埕：鹽埕里。

彌陀港：過港、彌靖里。

漯底：漯底里。

梓官區：明鄭渡台時，有福建漳州籍富豪王梓率人到此移墾，因頗得眾望，而被尊稱為梓官。另有一說，指「梓」為木匠，因昔日此地造船業發達，尊稱造船的木匠師傅為官，以此地為木匠、造船師傅集中地，而有梓官之稱。

梓官：梓和、梓義、梓平里。

大舍甲：大舍里。

茄苳坑：茄苳里。

赤崁：赤崁里。

展寶：典寶里。

蚵仔寮：禮蚵里。

橋頭區：橋頭舊時有小店仔街之稱，源於橋邊供應往來商旅的幾間小店而來。為引中崎溪水做為灌溉之用，於是在今橋頭村、橋南村交界處開鑿大圳，中有橋樑橫過，而有橋仔頭之稱。

頂鹽田：頂鹽村。

白樹仔：白樹、德松、三德村。

九甲圍：中南、甲北、新庄村。

仕隆：仕隆、仕豐村。

橋仔頭：橋頭、橋南村。

林仔頭：筆秀村。

高雄茄萣區興達港。（廖俊彥／攝）

拱辰門洞邊的門神浮雕。

乾隆7年出版的《重修福建台灣府志》中之〈鳳山縣圖〉。當時的鳳山縣城仍在左營。

Chapter 14

鳳山、左營雙城記

清代鳳山縣與雲林縣的縣城都曾出現城址遷徙重建的現象。道光13年，清政府在林圮埔設雲林縣城，但因經常氾濫，道光19年將縣城遷到斗六，這純粹是選擇錯誤的個案，而鳳山縣城在康熙23年（1684）設鳳山縣至1898年撤銷鳳山縣，兩百餘年間，兩度遷徙往返於興隆莊（今左營）與埤頭街（今鳳山）之間，形成兩城並存的有趣現象

左營舊城東北有半屏山、龜山，西南有打鼓山、蛇山，東南有鳳彈、鳳山，在不築城的情況下，山阜港道形勢有利於防守，此為選擇左營的原因。

雍正年後，屏東平原拓墾已有一定的成果，鳳山縣的發展重心出現變化，由海防轉為山防，鳳山的重要性因此大為提高。

林爽文亂、蔡牽之亂縣城兩度往返於鳳山、左營之間。鳳山因曹公圳而逐漸發展，凌駕於左營之上，左營舊城因廢置而逐漸沒落。日治之後，打狗港在日本積極建設之下快速發展，成為境內最大的都市，高雄市因交通較鳳山縣治所在的鳳山市相對更便利，終於在高屏平原上取得了絕對的優勢 。

《康熙台灣輿圖》

鳳山縣舊城的北門拱辰門。拱辰門、鳳儀門目前都被定為一級國家古蹟。

鳳山縣舊城的東門鳳儀門。

田寮區：田寮位處阿公店水庫與二仁溪之間，為明鄭時期援剿右鎮屯墾地。墾荒時期，墾民多在田地中搭建簡單寮舍，作為休息、居住之所，於是有田寮之稱。

田寮：田寮、七星、大同、南安村。

水蛙潭：七星村。

牛稠埔：南安村。

南安老庄：南安村。

打鹿埔：鹿埔村。

古亭坑：古亭村。

狗氳氤：崇德、西德村。

燕巢區：清康熙六十年（一七二一）發生朱一貴事件，清廷派軍隊前往援勦，卻因士兵感染疫癘，未能到達目的地，於是將「援勦」改為「緩勦」，爾後被訛傳為燕巢，沿用至今。

千秋寮：金山村。

竹仔腳：西燕村。

援巢中庄：南燕、西燕、東燕村。

援巢右庄：安招村。

瓊仔林：瓊林村。

吊雞林：瓊林村。

深水庄：深水村。

角宿：角宿村。

滾水坪：角宿村。

湖仔內：深水村。

面前：橫山村。

鳳山厝：鳳雄村。

中路林：鳳雄村。

水蛙潭：尖山村。

尖山莊：尖山村。

和尚庄：尖山村。

過鞍仔：尖山村。

大樹區：大樹舊時有大樹腳之稱，據說明鄭時期，此地大樹茂密遍布，原居於此地的平埔族被明將驅逐後，移民在大樹林區建立聚落，而取名為大樹腳。日大正九年（一九二〇）設大樹庄，光復後改為大樹鄉。

大樹腳：大樹、龍目村。

九曲堂：九曲、久堂村。

無水寮：水寮、水安、竹寮村。

羨仔腳：羨腳、興山、和山村。

姑婆寮：姑山、大坑、三和村。

小坪頂：小坪、井腳村。

溪埔：溪埔、興田、統嶺村。

大社區：大社原來是平埔族馬卡道族阿加社（Alka）所在，受到荷蘭人與鄭成功時代的影響，逐漸遷往今屏東縣林邊鄉放索地區。大社在日治時期隸屬仁武庄（今仁武區），光復後才獨立成一鄉。

三奶壇：三奶、觀音、神農村。

大社：大社、保安、翠屏村。

林仔邊：中里村。

保舍甲：保社村。

牛食坑：嘉誠村。

蜈蜞潭：嘉誠村。

仁武區：明鄭時期在此屯墾，設仁武鎮，成為此地名稱之濫觴。清康熙二十二年（一六八三），台灣納入清廷版圖，分設諸羅、台灣、鳳山三縣，仁武歸屬鳳山縣，名為仁武庄。日大正九年改為高雄州高雄郡仁武庄，光復後設仁武鄉。

竹仔門：竹後、中華村。

後庄仔：後安村。

仁武：仁武、文武村。

考潭：考潭、仁慈村。

灣仔內：灣內、赤山、仁和村。

烏材林：烏林、仁福村。

八卦寮：八卦村。

五塊厝：五和村。

大灣：大灣村。

鳥松區：《台灣府志》中記載：「榕……鳥啄其實，墜地復生，名曰鳥榕。」相傳舊時澄清湖東側有許多紅棕色巨大樹幹的赤榕（即大葉榕），長年有鳥類啄食種子，鳥糞掉落地面而有赤榕新生，故有鳥榕之稱。後人可能誤將福佬話的「松」與「榕」訛傳，將鳥松之名沿用至今。

蔦松腳：鳥松村。

↗《高雄州大觀》1934年 金子常光 繪。

夢裡：夢裡村。
崎仔腳：鳥松村。
田草埔：仁美、華美、大竹村。
山仔腳：大華村。
滷埔：滷埔村。
大腳腿：仁美村。
十九灣：夢裡村。

鳳山區：以小港鳳鼻頭附近之鳳山而得名。舊時鳳山城內稱為中街，城外稱為武洛塘街，曾為繁榮的貨物交易地。日治時期稱為鳳山街役場，隸屬高雄州鳳山郡役所管轄；光復後改為鳳山鎮公所，民國六十一年改為鳳山市。

鳳山街：縣衙、鳳崗、縣口、興仁、成功、光明、三民、南興里。
竹仔腳：三民、鎮東、瑞竹、瑞興、新興、東門、誠信、誠智、誠正、誠義、生明里。
牛稠埔：鎮北、北門、武松里。
大寮：中正、埤頂、誠德里。
山仔頂：美齡、海光、海風里。
灣仔頭：誠正、城義、過埤里。
新莊仔：曹公、鎮西里。
赤山：曹公、文山里。
道爺部：和德、新強、興中、協和、國泰、國光、國龍、國富里。
七老爺：七爺、南城、善美、正義、中崙、中榮、中民、一甲、二甲里。
五甲：鎮南、五福、福城、福興、福祥、富甲、富榮、南城、天興、南和里。
新甲：武漢、武慶里。
過埤：過埤里。

大寮區：此地為溪埔地，土質肥沃，移民紛紛在此拓墾建寮，設有溪埔寮、潮州寮、頂大寮、下大寮，後來將四寮合一，稱為大寮；於光復後設大寮鄉。

磚仔窯：後庄、中庄、江山、溪寮、義和村。
翁公園：翁園、琉球、前庄村。
山仔頂：山頂村。
赤崁：會結、過西、新厝、義仁、昭明村。
拷潭：拷潭村。
大寮：大寮、上寮、會社、三龍、內坑村。

林園區：林園明末為小竹，時有福建、廣東移民來此地定居。清朝時稱「林子邊街」，以其地林木茂密而得名；日治大正九年改為林園，光復後設林園鄉。

林仔邊：林源、東林、仁愛村。
王公廟：王公、林茄、龔厝村。
溪洲：溪洲、五福村。
潭頭：潭頭、中厝、林內村。
中芸：中芸、鳳芸、西溪村。
汕尾：東善、西汕、北汕、中汕村。
港仔埔：港埔、港嘴、頂厝村。

旗山區：旗山舊名蕃薯寮，其由來一說清康熙末年移民到此地開墾，並栽種蕃薯維生而得名；一說昔時曾有一老太婆在此搭蓋寮舍販賣蕃薯糊，於是有蕃薯寮之名。大正九年依此地旗尾山之名，改稱旗山。

蕃薯寮：太平、大得、湄洲、竹峰、瑞竹、永和里。

圓潭仔：圓復、中正、大林里。

北勢：三協里。

溪洲：上洲、鯤洲里。

磅碡坑：新光、南勝里。

旗尾：東平、東昌里。

手巾寮：廣福里。

美濃區：美濃舊名彌濃。此地曾為鄒族美壟社的居住地，也有平埔族彌社移居，後來漸有客家人到此開墾定居。因為客家話美壟的發音近似彌濃，加上此地位於荖濃溪附近，於是將此地稱為彌濃。日大正九年（一九二〇）才以近音雅字，將地名改為美濃。

瀰濃：瀰濃、東門、中圳、合和、泰安、福安木里。

中云：中潭、祿興里。

金瓜寮：德興、清水里。

吉羊庄：吉洋、吉東、吉和里。

龍肚：龍肚、龍山、獅山里。

竹頭角：廣德、廣林、興隆里。

內門區：內門舊名為羅漢門、羅漢內門，由來說法不一。一說明末大學士沈光文因不滿鄭經而作詩諷之，幾遭不測，於是變服為僧，逃至此地結茅寮授生徒。當時內門地區仍是「雕題黑齒之社，蠻荒之村」，經過沈光文講學之後，竟成為人文薈萃之地。當時追隨沈光文到此地避難者，多為鴻儒，後人於是將此「橫經講學鴻博之士」避居地稱為「羅漢門」。另一說則與平埔族馬卡道支族大傑巔社有關，當時平埔族將烏山山脈以東到楠梓仙溪之間的地區稱為 **Rohan**，而二層行溪上游兩岸山地險峻，有如羅漢把守兩側，移民於是將 **Rohan** 附會為羅漢門。

觀音亭：中埔里。

內埔：內豐里。

木柵：木柵里。

菜仔埔：永富里。

杉林區：地名緣自昔時滿山滿谷的杉木林。此地曾經是鄒族霄里社移居地，後來入墾的漢人以福建移民為主，經常與粵籍移民發生嚴重械鬥，干戈頻傳。大正九年將此地定名為杉林。

山杉林：杉林里。

木梓：木梓里。

十張犁：集來里。

月眉：月眉、月美、上平里。

新庄：新庄里。

六龜區：六龜之名，以荖濃溪畔六龜大橋的六座巨石命名之。由於大雨過後，溪水經常暴漲，挾帶上游山間的泥土，荖濃溪往往形成黃濁滾滾的溪流，六座巨石在洪水中屹立，遠望像是浮在水面的六隻烏龜，是六龜名稱的由來。此地曾為高砂族六龜里社（**Lakuri**）移居地，地名亦可能來自其漢語音譯。

六龜里：六龜、義寶里。

土壟灣：土壟、中興里。

新威：新威、新興、新寮里。

荖濃：荖濃、寶來里。

新開：新發里。

甲仙區：據傳清朝乾隆年間，首位

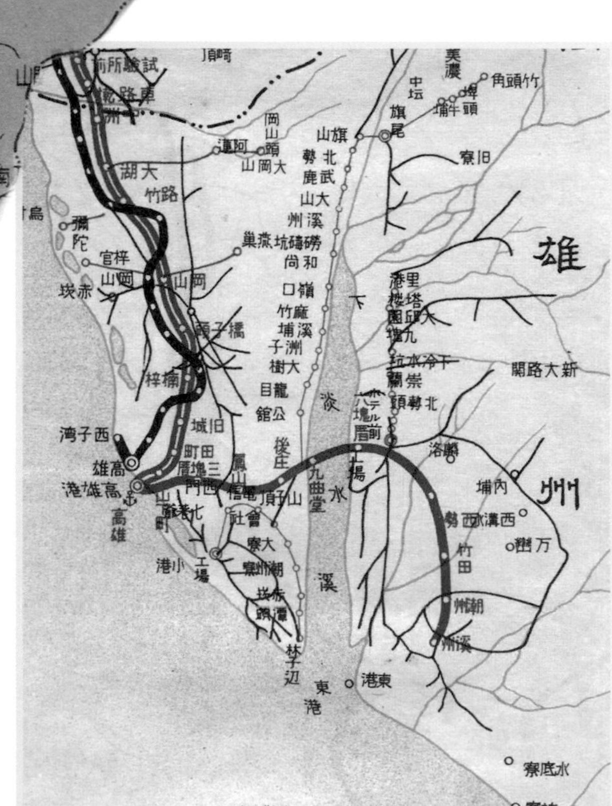

《台灣鐵道路線圖》1937年

進入此地開墾的漢人名為甲仙，於是沿用成地名。甲仙又稱甲仙埔、阿里關庄，日明治三十八年（一九〇五）稱為甲仙庄，光復後定名甲仙鄉。

阿里關：關山里。

甲仙埔：東安、西安、和安里。

姜黃埔：小林里。

大坵園：大田、寶隆里。

桃源區：舊時原住民稱此地為加拉猛，日治時期則有雅爾之名，光復後稱為雅爾鄉後來再改名為桃源鄉。

茂林區：茂林原名為多納鄉，即日本語「屯子」之音。日治初期，此地原住民因不堪日本人的統治，因而聯合各社族民起而反抗，雖殺死多名日警仍不得勝。此次戰役稱為「屯子役」，爾後日人即沿用屯子之漢譯「多納」為此地地名。光復後仍繼續使用，民國四十六年改為茂林鄉至今。

萬斗龍：萬山里。

那瑪夏鄉：日治時期名稱為「瑪雅峻」，行政區域隸屬高雄州旗山郡管轄，光復後曾經有瑪雅鄉之名；民國四十六年將鄉境內村落定名為民生、民族、民權，鄉名也改為三民鄉。

蚊仔口：瑪雅里。

美濃的東門。

《台灣省縣市行政區域圖·高雄縣》1955年。

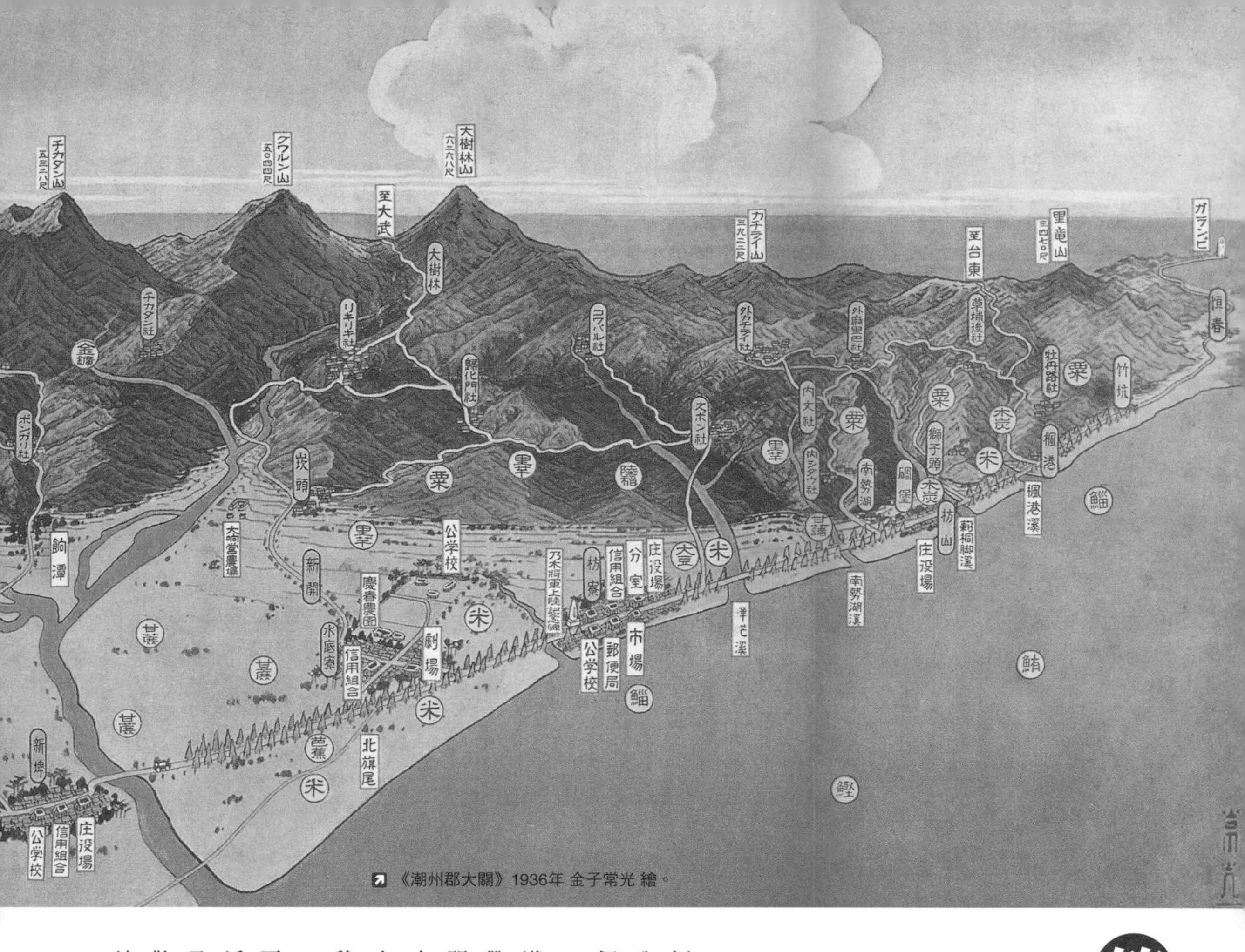

《潮州郡大關》1936年 金子常光 繪。

第十五章 阿猴・屏東

屏東舊名阿猴
是西拉雅族人對此地的稱呼
大正九年阿緱廳分為屏東、東港、潮州、恆春四郡
屏東一名因地處半屏山之東而得名

屏東地形大致可分為屏東平原、恆春半島、中央山脈高山區三部分，縣內的開墾與發展，也與這三個地形區密不可分。

屏東平原早期有平埔族人居住；漢人移墾時期則以今萬丹、新園一帶為根據；客家人沿東港溪向上開墾，建立了「十三大庄、六十四小庄」；高山原住民則分布在西側山區，隨著時代與政權的替換而遷移。

在漢人尚未移墾的時期，屏東地區是平埔族、排灣族、魯凱族等生活的地方，平埔族主要居住於濱海及河流下游地區，其他原住民則分散在屏東平原河流上游的潮州斷層地帶，以及大武山脈。

以現今行政區域而言，排灣族分布在三地門鄉、瑪家鄉、泰武鄉、春日鄉、獅子鄉、牡丹鄉等。魯凱族主要分布在霧台鄉好茶村、霧台村、阿禮村、吉露村、佳暮村、大武村等。兩族目前的居住地，多是日治時期進行遷村政策而形成的，原居地則處於高山深林。兩個族群互有影響，也發展出別具特色的族群文化，目前也正在努力恢復本族的語言與文化傳承。

屏東平原上原本有平埔族「鳳山八社」居住，鳳山八社指的是大木連（上淡水）、麻里麻崙（下淡水）、阿猴、搭樓（搭樓）、大澤機（武洛）、力力、茄藤、放索等八個聚落，居民主要是西拉雅族的一支，也就是馬卡道亞族。

屏東的舊地名阿猴（Akauw），

《台灣省縣市行政區域圖．屏東縣》1955年。

是取西拉雅族人對這片土地的稱呼而來。早期居民的生活方式，仍以狩獵、游耕為主，在荷治末期，鳳山八社的墾民才漸漸改為農耕，發展出雙冬稻作。

明鄭開發台灣，先期以台南地區為主，待時日一久，地力已不堪負荷接踵而至的大陸移民，於是先民開墾路線逐漸往南，到達屏東平原。越過下淡水溪，在下淡水溪下游到東港溪下游西岸一帶的沖積平原開墾，建立了福佬聚落，《鳳山縣志》中有萬丹街、新園街記載。

客家人則是沿著東港溪向上，開拓崁頂以北、東港溪中游的區域。這些墾民慢慢在屏東平原形成「十三大庄、六十四小庄」的聚落規模，奠定了屏東的開發基礎，並逐漸擴展到鄰近地區。今日「六堆」乃客家的名稱，是客家防禦組織，分別為先鋒堆（萬巒鄉）、中堆（竹田鄉）、後堆（內埔鄉）、前堆（長治鄉、麟洛鄉）、左堆（新埤鄉、佳冬鄉）、右堆（屏東縣高樹鄉及高雄市美濃、杉林、六龜、旗山部分地區）。

日治時期，於明治三十年（一八九七）設阿猴辨務署；明治三十八年，將阿猴廳改為阿緱廳；明治四十二年將恆春廳、阿緱廳兩廳合併為阿緱廳，屏東目前的行政區域在此時底定。

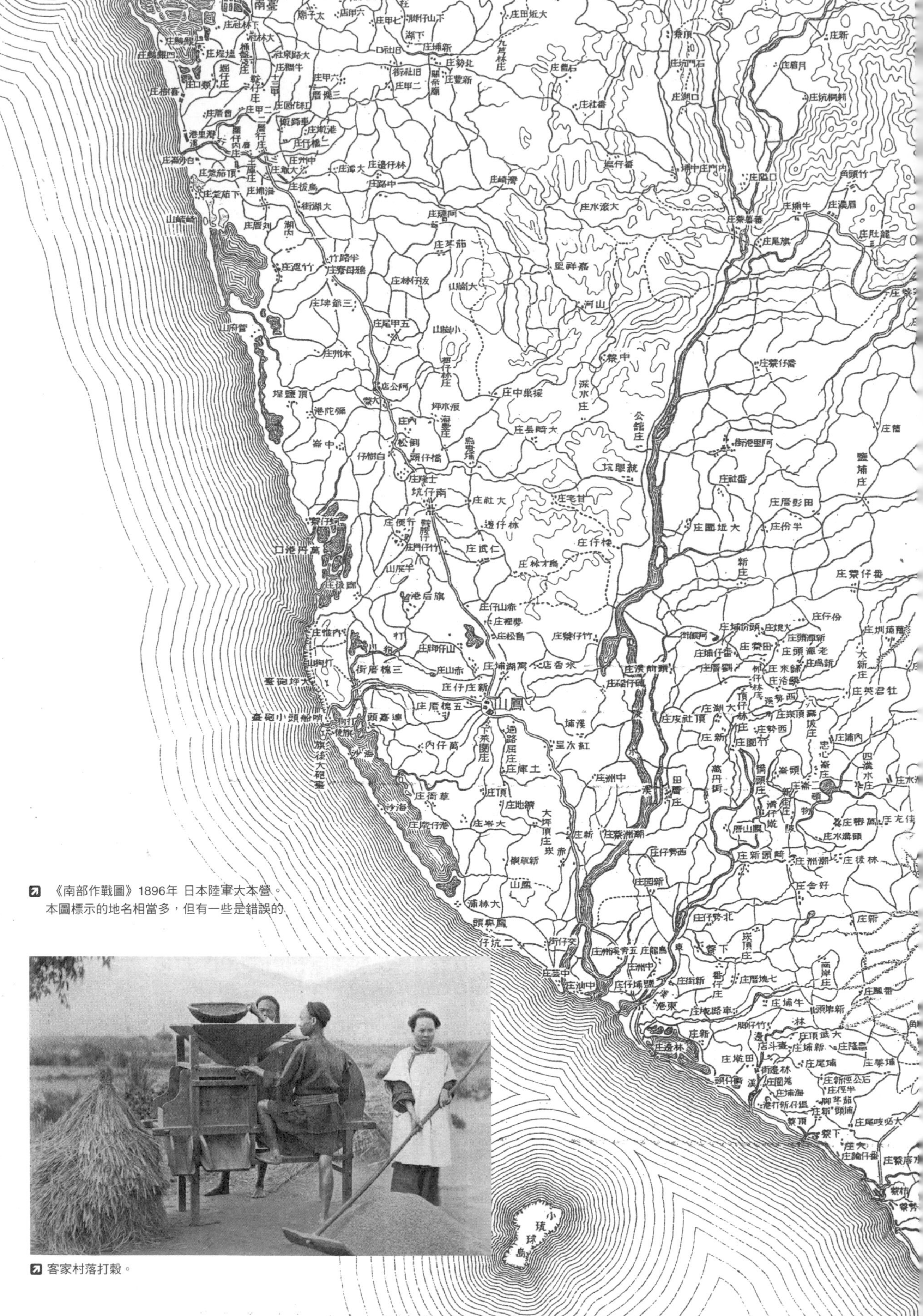

《南部作戰圖》1896年 日本陸軍大本營。本圖標示的地名相當多，但有一些是錯誤的。

客家村落打穀。

里港鄉：里港原稱阿里港，清朝乾隆年間已有阿里港街的名稱。阿里港在清朝末年屬於鳳山縣港西上里的一部分；日明治三十七年（一九〇四），由阿猴廳阿里港支廳管轄，大正九年（一九二〇）改為高雄州屏東郡里港庄，於民國三十五年改為里港鄉。

阿里港：春林、過江、鐵店、大平、永春、育田村。源於平埔語，有一說法是阿立祖所在之地。舊地名有林仔、過港仔、打鐵店等。

塔樓：塔樓、潮厝村。屬鳳山八社之塔樓社，舊地名有頂三塊厝、潮州厝、崎仔頭等。

武洛：茄冬、戴興村。原名大澤磯社，一名尖山仔，屬鳳山八社武洛社所在地。

土庫：土庫村。意為取土之所在，舊地名有林仔頭、上里等。

中崙：戴興村。

三張部：三部村。又名中萬甲，舊地名還有篤加、草灘埔。

瀰力肚：瀰力村。年力社舊址。

千歲：中和村。日本移民村，包括中元、川北、清榮、下平等小聚落。

九如鄉：原以鄉內最大的聚落九塊厝作為鄉名，大正九年制度改正時，簡稱為九塊而成立一庄，取名為九塊庄。民國四十三年，當時屏東市長認為「九塊」之名不雅，頗有分裂的感覺，於是將地名改為「九如」。

九塊厝：九塊、九清、九明村。鳳山八社阿猴社分支巴六社之舊址，古地名有坎仔頂等。

下冷水坑：玉水村。

三塊厝：大坵村，舊地名還有大坵園、水尾等。

東寧：東寧村，舊地名有林仔頭、日出。日出為日本移民村。

後庄：後庄、洽興、耆老村。昔日有日本移民村豐田。

高樹鄉：清代即有高樹下庄之稱，因為村落中原有一高聳的木棉樹而名之。高樹鄉原有排灣族、平埔族人居住，清朝客家移民到此開墾，在當地樹林建立村落，曾取名為大樹村、大埔村。大正九年改為高樹。

菜寮：菜寮、舊寮、司馬、新豐村。

高樹下庄：高樹、長榮兩村。舊地名有大車路、南郡、私陂。

阿拔泉：建興、源泉村。舊地名有青埔尾、大路關。

東振新庄：東新、東振兩村。又可分高禾坪、禾坪崗、竹圍仔、埔羌頭下四個聚落

加蚋埔：泰山村。原為大澤磯。

田仔：田子、舊庄、南華三村。又名田仔腳，舊莊原名老阿拔泉。

埔羌崙：鹽樹、新南兩村。埔姜又稱黃荊，此地埔姜叢生故名。

麟洛鄉：文獻中曾出現「遴珞」、「淩洛」、「玲珞」等名稱，一說是來自早期原住民使用的舊地名譯音而來。一說是先人徐俊良來此開發之初，曾經發現許多大龜，而興起「有龜必有麟」的想法，也就是「麟趾呈祥」的徵兆，於是將此地定名為麟洛。

麟洛：麟蹄、麟頂、麟趾、田心、田道、田中、新田村。

德協：德成、德協、德興、德榮、德和、崙上村。原名為竹葉、竹葉林，後取其諧音美化。

火燒庄：長興、潭頭、香楊、進興、新潭村。日軍據台時，於此遭遇六堆義軍抵抗，村庄化為焦土，故名。

番仔寮：繁華、繁榮、繁昌、繁隆村。鳳山八社之聚落。

內埔鄉：從客家人入墾屏東平原開始，內埔即是屏東客家聚落的政經、文化中心。內埔位於隘寮溪上游東岸，東港溪上游支流西岸，原本是荒埔一片，漢移民由潮州、竹田向上游開墾，逐漸形成聚落，由於地處內陸，便將此地稱為內埔。

老埤：老陂、中林、龍潭、龍泉村。中林居民是上淡水社的後裔。

番仔厝：建興、大興村。

犁頭鏢：黎明村。

隘寮：隘寮、水門村。

內埔：興南、內埔、內田村。舊地名有早子角、番仔埔。番仔埔曾是下淡水社的舊址。

忠心崙：和美、和興、內田村。舊地名有竹山溝、羅經圈、牛埔、茄冬樹下、下樹山。

老東勢：東寧、上樹村。

新東勢：東勢、東片村。客語東片是東邊的意思。

新北勢：竹圍、振豐、豐田村。舊地名有四十份、八壽埤、西溝尾、上竹頭角。

老北勢：富田、東寧村。

頓物：竹田、糶糴、竹南村。

南勢：南勢、頭崙、履豐村。

鳳山厝：鳳明、大湖村。

溝仔墘：泗洲、六巷村。境內舊地名有橋頭、貓網庄、下港尾。

西勢：西勢、福田、永豐村。西勢的忠義亭為紀念朱一貴事件死難的義民而建，是六堆的精神象徵。

二崙：二崙、美崙村。美崙舊名崙尾。二崙與美崙間還有一個中崙。

傀儡大山
人跡不到
傀儡番在此
山後石洞內
山後人跡不到
下淡水社
力力社
東至大山陸拾里至
西至東港汛拾里南
至茄藤社拾里北至
東港溪伍里
茄藤社
東至傀儡山伍拾里
西至海貳拾里南
至放索社拾伍里
北至力力社拾伍里
放索社
東至傀儡山肆拾里西
至海叁里南至浪嶠玖
拾里北至茄藤社拾伍
里
加洛堂
東至山肆拾里西至
海叁里南浪嶠柒拾
里北至大崑洛貳拾
里
拾里南至沙馬岐頭
叁拾里北至加洛堂
柒拾里
沙馬岐頭
至大崑洛捌里
大崑洛
至巡司衙柒拾里
巡司衙
至東港營盤伍里
上帝廟
小琉球

鳳山八社

鳳山八社屬馬卡道族，馬卡道族早期分佈於二仁溪至高屏溪間的平原地帶。雖名為鳳山，實際上這八社都在屏東，之所以叫「鳳山八社」是因為清代屏東屬鳳山縣管轄。鳳山八社包括上淡水、下淡水、阿猴、塔樓、茄滕、放索、武洛、力力。阿猴在屏東市；上淡水又名大木連，萬丹鄉上社皮；下淡水又名麻里麻崙，萬丹鄉下社皮；塔樓在里港鄉塔樓村；茄滕又名奢連，位於南州鄉車路墘；放索又名阿加，林邊鄉水利村；武洛又名大澤機，里港鄉武洛村；力力，崁頂鄉力社村。

阿猴社位於鳳山八社的中樞，最為富饒。

漢人入墾後馬卡道族人大部份遷居阿猴平原山腳下的萬巒鄉、內埔鄉、枋寮鄉、恆春鎮，一部份則遷移至台東縣。閩南語歌曲〈台東人〉悲涼的旋律述說了馬卡道人「過台東」的心酸。

1935年印製之屏東市鳥瞰圖

屏東市：原為鳳山八社中的阿猴社，約於清朝乾隆二十九年有阿猴街的市集出現。清朝末年，屏東市屬於鳳山廳港西中里，阿猴街、崇蘭、頭前溪、海豐、公館、歸來、大湖等庄均為其轄地。日大正九年（一九二〇），將阿猴街改為屏東街；昭和八年（一九三三），屏東街改為屏東市。

阿猴：鳳山八社之一，清代改為阿猴街，核心區相當於屏東市武廟里，境內舊地名有舊街、大埔、勝豐宅、楠仔樹腳、大路頂、乞食寮、溝仔尾等。

崇蘭：以屏東市崇蘭里蕭氏古宅為中心，含勝利、永城、空翔、大鵬、廣興、潭墘等里。境內舊地有檳榔腳、溪埔厝。

海豐：海豐、三山、信和、仁義、和興、華山、北勢、北興里。

頭前溪：位於屏東市南區，境內舊地名有竹圍、六塊厝、林仔內、大溪洲、大武營。

歸來：境內舊地名有新舊番仔埔、田寮、灰窯、柑仔宅。新番仔埔是阿猴社後期的聚落。

公館：公館、新興、玉成、龍華里。舊地名有公館埔、玉成、龜屯。

大湖：清代名為下柳仔林，日人改為大湖，現屬屏東市大湖里。

萬丹鄉：萬丹早期是平埔族的居住地，福佬移民約在清康熙三十年（一六九一）左右入墾屏東平原，聚居在萬丹、新園一帶。「萬丹」是平埔族語，意思是「街上」，也就是當時的市集所在。住在附近的人，若要到市集採購、買賣，就說要到「街上」，於是演變成地名。

濫庄：古稱濫濫庄，因此地多沼澤、爛泥之故。現屬四維村。

保長厝：現為萬丹鄉保厝村。

下蚶：上村、廈南、廈北、崙頂、田厝村。舊地名有上蚶、下蚶、客厝、崙仔頂、田厝等。

頂林仔：竹林村。

新莊仔：新庄、新鍾、水泉、香社村。香社原名番社。

後庄仔：後庄、灣內村。

興化廍：興安、興全、水仙村。水仙原名水哮。

甘棠門：原名茄冬門，現為甘棠村。

社皮：鳳山八社上淡水社舊址，社皮、社上、社中、社口、廣安、磚寮、加興村。加興舊名加禮濫。

潮州鎮：潮州鎮早年移民許多來自廣東潮州府，此為地名之由來。乾隆中葉，此地已形成繁華街區，是鄰近村庄的中心市鎮。

潮州街：相當潮州鎮潮州、光華、同榮、彭城、三星里。境內舊地名有劉厝、北勢蔀、內庄仔、橋仔墘。

崙仔頂：鳳山八社茄藤社舊址，相當於崙東里，舊地名有新開寮、舊庄、鳳尾新、東岸新。

五魁寮：舊名苦瓜寮，相當於五魁、蓬萊、三和、三共、新生、新榮里。舊地名有內水哮、打鐵店、北勢頭、北勢尾、西門。

八老爺：八爺、富春、永春、光春里。舊地名有大腳仙林、虎舍、蔀邊、頂庄仔、中角仔。

羌仔腳：鳳山八社茄藤社的舊地，現為九塊、興美里，舊地名有九塊厝、崙仔、番仔厝、埤仔頭、溪寮、武丁、陂內、旗杆厝。

四林：潮州鎮四春、泗林里。舊地名有四塊厝、三家村、崁腳、林後。

崁頂鄉：崁頂之名，在文獻中有「嵌頂」、「坎頂」、「崁頭」等記載，應與地勢有關。「崁」在福佬話中，原指小懸崖或小峭壁，其地名由來，意指地勢高亢的區域，每逢雨季水患，這塊高地小丘就成為避水的地方，於是有崁頂之稱。

崁頂：鳳山八社茄藤社的舊地，現為崁頂、園寮村。舊地名有投墘、後壁厝、倚門口、田寮仔、瓦窯溝、難忘安、社尾、社皮。

力社：鳳山八社力力社的舊地，現為力社、圍內村。舊地名有崎仔頭、先英、竹圍內、土葛堀。

洲仔：鳳山八社力力社的舊地，現為洲仔、北勢村。

過溪仔：越溪、港東村。舊地名有頂頭仔、下寮仔、油車、竹圍仔。

萬巒鄉：萬巒為鳳山八社力力社的舊地，現為萬巒鄉萬巒、萬和、萬全、鹿寮村。萬巒古名寫法不一，當地人念作蠻蠻，應為平埔語。

四溝水：泗溝、硫黃村。

五溝水：五溝、成德村，舊地名有大林、得勝、山寮、溪寮、鼎興、牛角灣。

佳佐：古名加走，為平埔語，現為佳佐、佳和村。

赤山：鳳山八社力力社的舊地，現為赤山、萬金村。

新厝：新厝村。

《全台前後山輿圖》1878年。

東港鎮：東港之名於清朝時期即出現，名稱由來可能是與西港（高雄市旗津港、中港（高雄市林園區中芸港）之相對位置而來。也有一說，因其位於下淡水溪之東，所以稱為東港。

東港：東隆、豐漁、盛漁、興漁、鎮海、嘉蓮里。舊地名有王爺廟、姓鄭仔內、扒手網仔、過溝仔、下角頭、洲仔尾、糊造仔、後壢仔等。

新街：興東里。

內關帝庄：興東、船頭、興農里。舊地名有排仔路、龜夷庄、公館、海坪。

大潭新庄：東港鎮大潭、大鵬里。舊地名有九塊厝、公館、砲台仔、大、小現場仔。

南屏：南平里，舊地名有塗刈厝、茄萣港。

下部：下部里。

三西合：興和里。

七塊厝：興和里。

南州鄉：舊名溪洲，因台灣各地溪洲之名太多，為了區別，改名南州。

溪洲：溪洲、溪南、溪北、仁里村。

車路墘：萬華村。

巷仔內：壽元村。

濫頭：南安村。

牛埔：同安村。

林邊鄉：林邊原稱為林仔邊，曾經是平埔族鳳山八社之一放索社的活動範圍。早期此地樹林茂盛，移民選在樹林邊開闢家園、建立聚落，因而取名為「林仔邊」；大正九年改正制度時，定名林邊。

林仔邊：林邊、光林、仁和、中林、永樂村舊地名有溫岸投、檳榔宅。

田墘厝：田厝、崎峰、水利村，舊地名有放索、蘆竹塭、崎仔頭、中庄、鴨圃。

殛仔口：鎮安村，舊地名有西勢庄、田中央。

竹仔腳：竹林村，舊地名有下庄、芊埔、湖內、凹仔底。

佳冬鄉：舊名茄苳腳，原為茄藤社舊地，大正九年定名佳冬。

塭仔：塭豐、餤豐村。

大武丁：大同村，舊地名有新埔、五塊厝。

茄苳腳：佳冬、六根村。

葫蘆尾：賴家村。

石光見：石光、玉光、萬建村，舊地名有上埔頭、半見。

武丁潭：豐隆村，舊地名有番社、三間屋。

昌隆：昌隆村。

羌園：羌園村，舊地名有四塊厝、番仔寮。

下埔頭：賴家村。

葫蘆尾：賴家村。

新埤鄉：舊名新埤頭，大正九年改正制度時，定名新埤。

新埤頭：新埤村。

建功：建功村。

打鐵庄：打鐵村。

南岸：南豐村。

餉潭：餉潭、箕湖村

畚箕湖：箕湖、萬隆村。

枋寮鄉：早期枋寮地區有許多天然林木，清朝康熙年間，有漳州人來到這裡伐木為生，並且以木板修築「枋寮」居住，於是成為此地名稱由來。《鳳山縣志》記載：「枋寮街，購料造船軍匠屯聚之所。」說明枋寮早期以木料興盛之景象。

枋寮：枋寮、中寮、保生村。

新開：新開村。

水底寮：天時、地利、人和村。

番仔崙：新龍村。

北旗尾：東海村。

大庄：大庄村。

大響營：玉泉村。

新園鄉：據傳是明末清初移民在此開闢新生地，建立家園，故名新園。另有一說，因早期新園並無水源灌溉，屬於旱田，而漢人稱水田為「田」，旱田為「園」，於是將此地稱為新園，意指新開墾的旱田。

五房洲：五房村。

烏龍庄：烏龍、興龍、南龍、中洲、共和、鹽埔村。

新園：新園、新東、港西村。

仙公廟：仙吉、港墘、內庄村。

田洋仔：田洋村。

瓦窯仔：瓦窯村。

琉球鄉：一般俗稱「小琉球」，原有平埔族西拉雅人居住。黃叔璥《番俗六考》中記載：「新港、蕭壟、麻豆各番（皆屬西拉雅族）昔住小琉球，後遷此。」早期來台的西方人，習慣將此地稱為「**Lambay**」，可能與平埔語有關。

屏東東港王船祭王船遶境。

東港口
率芒溪恒鳳交界
刺桐腳
老古石
楓港
內埔街
浮圳
嗶吱尾

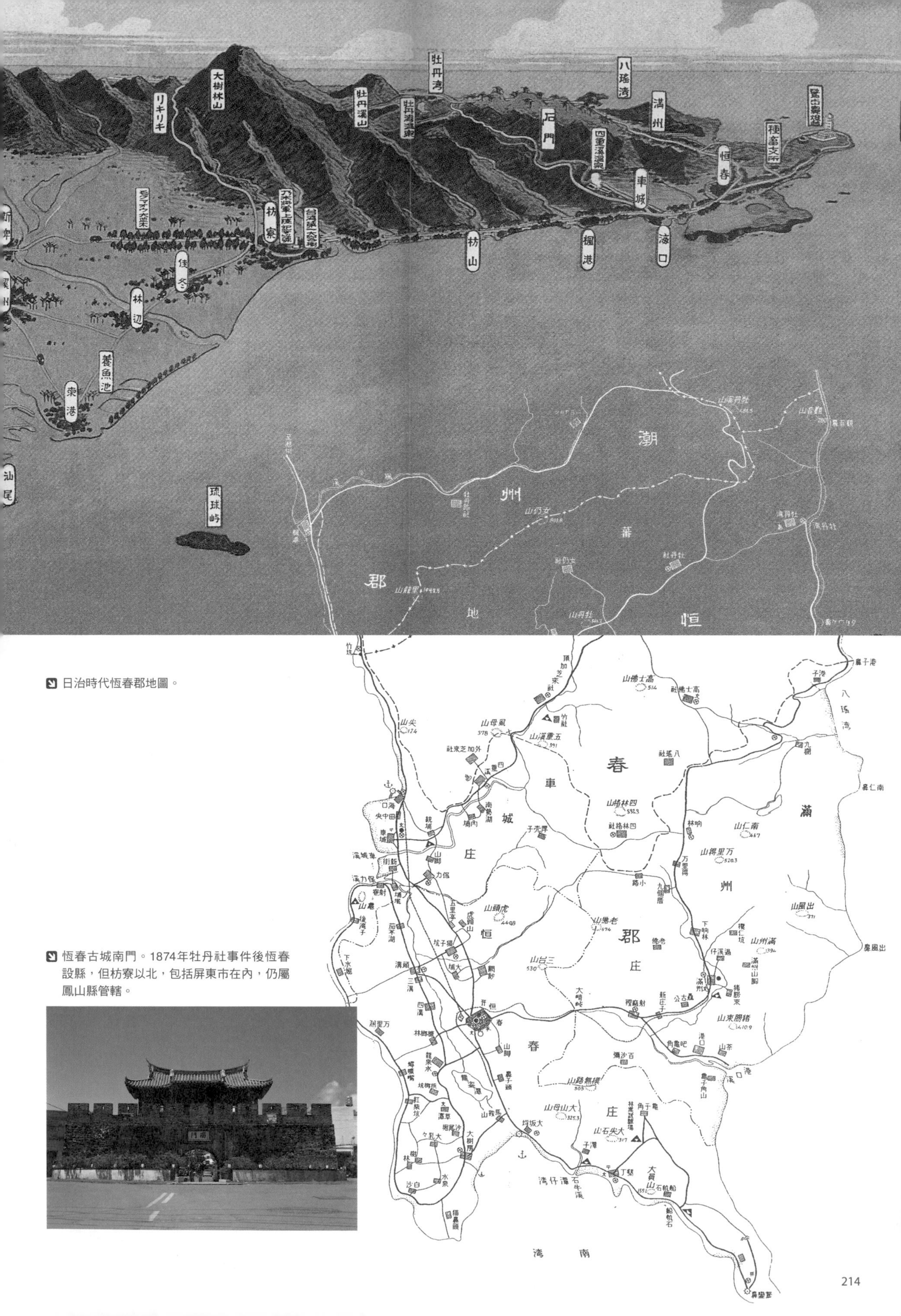

日治時代恆春郡地圖。

恆春古城南門。1874年牡丹社事件後恆春設縣，但枋寮以北，包括屏東市在內，仍屬鳳山縣管轄。

《高雄州大觀》1934年 金子常光 繪。屏東縣在日治時代歸高雄州管轄。

枋山鄉：枋山又寫成「崩山」，據說是因為早期經常發生山崩而得名。枋山位於中央山脈末端，士文溪以南，在歷史上是瑯嶠地區的番界禁地，居住著排灣族原住民，是屏東平原到瑯嶠的必經之地。

楓港：楓港、善餘村。

刺桐腳：枋山村。

枋山：枋山村。

南勢湖：加祿村。

平埔：加祿村。

加祿堂：加祿村。

恆春鎮：恆春舊名瑯嶠，瑯嶠一說為生長於車城地區的蘭科植物，排灣族人以此為地名。清同治年間，牡丹社事件後，沈葆楨奏請設縣，縣名恆春，取其四季如春之義。

恆春街：城西、城北、城南里。

山腳：山腳里。

鼻仔頭：南灣里。

網紗：網紗里。

鵝鑾鼻：鵝鑾、墾丁里。

大樹房：大光里。

水泉：水泉里。

龍泉水：龍水里。

槺榔林：德和里。

大坪頂：茄湖、頭溝里。

貓仔坑：仁壽里。

車城鄉：漢人進入恆春半島開墾，多以車城為中心，再漸漸向周圍發展，於清乾隆末年，形成街肆的盛況。車城可能是「柴城」發音的訛誤，由於早期移民經常受到原住民的侵擾，於是在聚落四周以木柵為欄，以達防禦的功效。

保力：保力村。

車城：福興、福安、統埔村。

新街：新街村。

田中央：田中村。

海口：海口村。

射寮：射寮村。

四重溪：溫泉村。

滿州鄉：滿州舊名為蚊蟀埔，原本是排灣族原住民居住地。蚊蟀埔的名稱，據說是因為早期原住民打獵後將吃剩的獵物隨意丟棄，四處都是禽獸腐屍的臭氣，而原住民稱臭氣為「蚊蟀」。漢人移墾至此，也慣稱「蚊蟀埔」，日治大正九年取文雅之名，以近音「滿州」而通用之。

射麻裡：滿州村。

蚊蟀：里德村。

港口：港口村。

豬朥束：里德村。

響林：響林、長樂村。

九個厝：長樂村。

八瑤社：長樂村。

九棚：九棚、港仔村。

第十六章 卑南覓・台東

台東舊稱卑南或寶桑
雍正年間招撫卑南五十一社
乾隆六年將卑南諸社總稱卑南覓

台東位於台灣之東南部，東臨太平洋，西接中央山脈，中亙海岸山脈，外懸蘭嶼及綠島，為全台第三大縣。台東全境南北狹長，高山大海相擁，地形豐富多變，景觀美不勝收。

台東的開發與沈葆楨理台及日本政府治台有密切關係，台東於清朝尚屬生番地界，清康熙三十五年（一六九六）所修之《台灣府志》稱台東「南路之傀儡山內有野番七十餘種」，僅少數流民涉足其間。

清同治十年（一八七一）牡丹社事件後，清廷感於台灣孤懸海外，日本及諸多海洋勢力覬覦已久，乃採納沈葆楨上奏開山撫番之議，兵分三路，分別由宜蘭蘇澳、南投竹山、高雄鳳山，前進後山台東、花蓮。北路、中路分別拓墾至今花蓮新城及玉里一帶，而南路則拓墾台東縣境。自高雄鳳山出發之南路分成二線，一線由鳳山、赤山（屏東萬巒）沿著金崙溪經太麻里迄卑南，開路一百七十五里；另一線則由鳳山射寮（屏東枋寮）出發，沿著大武溪上游至卑南，開路二百一十四里。回顧這段歷史，其實「開山」與「撫番」為一體二面的功夫，清廷藉著開路深入後山，勦滅不服番眾，廣招閩粵移民拓墾。沈葆楨於同治十三年奏請開山撫番，迄光緒元年（一八七五）開鑿完成，實已將後山台東翻了二翻，將原住民帶入農業社會。而日本政府治台則進一步將後山台灣帶入早期工業社會。

日本人為遂其征服大東亞的野心，乃將東台灣視為前進東南亞的基地，一則作為研究熱帶地區地形地物的區域，二則視為最佳的移民空間。是以日治時期乃廣招日籍資

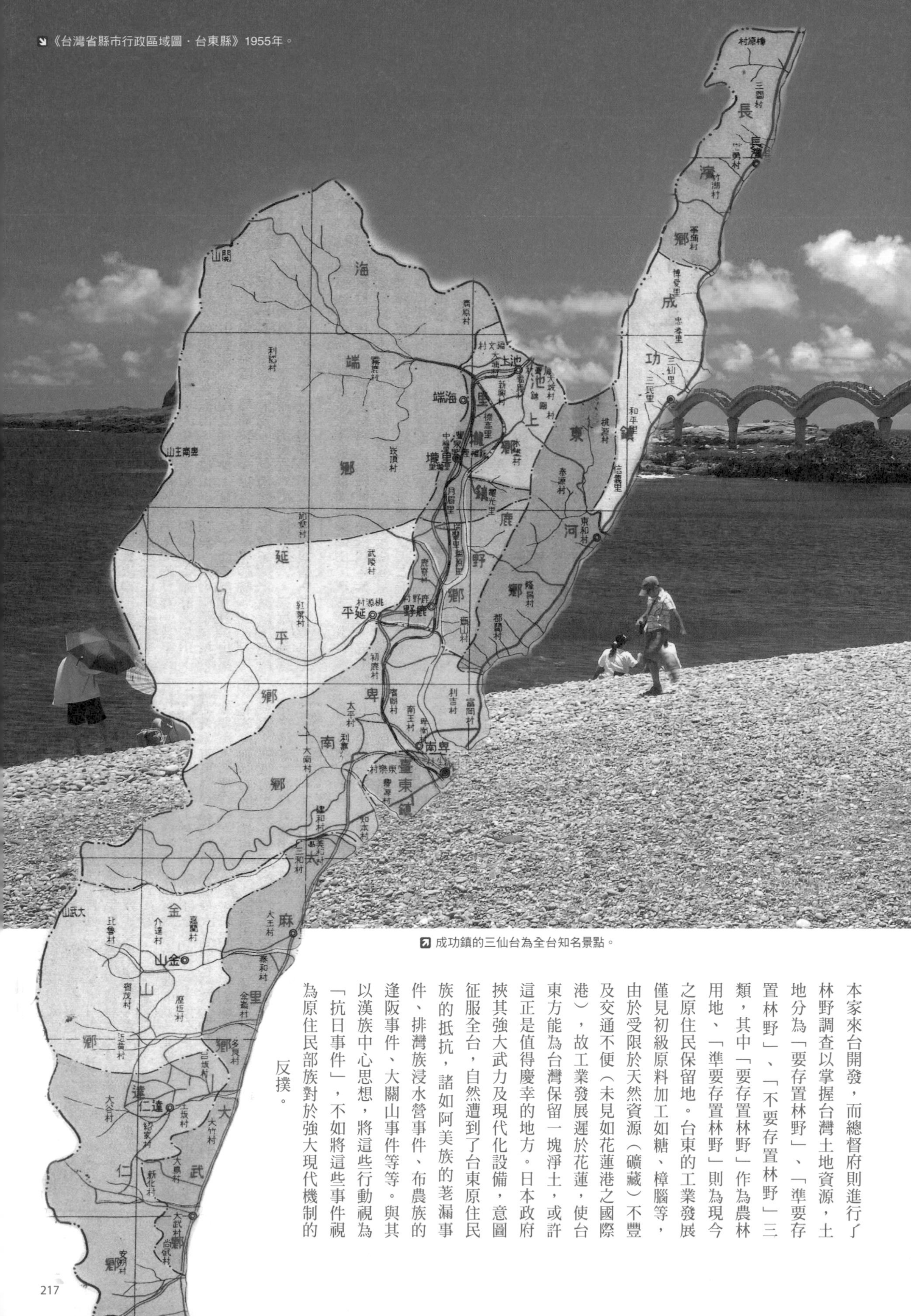

《台灣省縣市行政區域圖・台東縣》1955年。

成功鎮的三仙台為全台知名景點。

本家來台開發，而總督府則進行了林野調查以掌握台灣土地資源，土地分為「要存置林野」、「準要存置林野」、「不要存置林野」三類，其中「要存置林野」作為農林用地，「準要存置林野」則為現今之原住民保留地。台東的工業發展僅見初級原料加工如糖、樟腦等，由於受限於天然資源（礦藏）不豐及交通不便（未見如花蓮港之國際港），故工業發展遲於花蓮，使台東方能為台灣保留一塊淨土，或許這正是值得慶幸的地方。日本政府挾其強大武力及現代化設備，意圖征服全台，自然遭到了台東原住民族的抵抗，諸如阿美族的荖漏事件、排灣族浸水營事件、布農族的逢阪事件、大關山事件等等。與其以漢族中心思想，將這些行動視為「抗日事件」，不如將這些事件視為原住民部族對於強大現代機制的反撲。

《全台前後山輿圖．後山圖》台東部份。

日治時代卑南大溪上的簡易木橋。

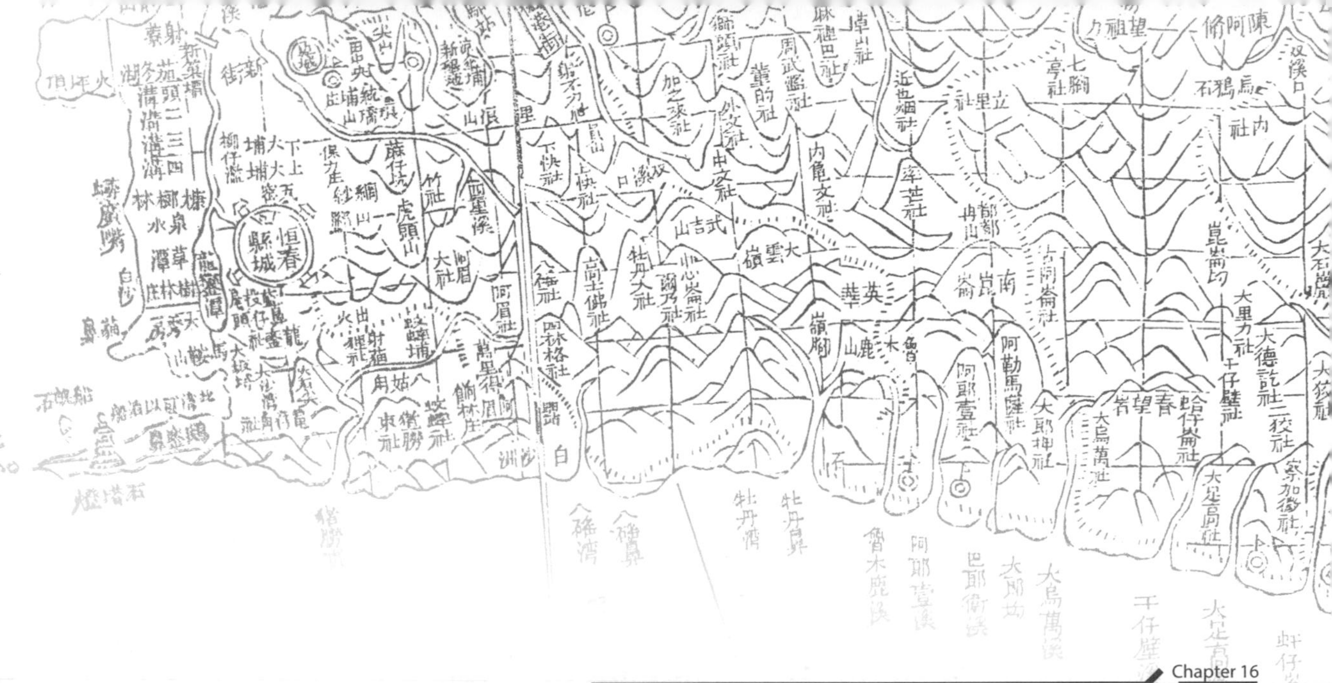

Chapter 16

卑南覓雄霸花東縱谷

臺東古稱「寶桑」、「卑南覓」，因在中央山脈之後，又名後山。卑南平原的東方海岸，昔日慣稱其為「寶桑」，後期才逐漸改稱為「卑南街」。

所謂「寶桑」應該是翻譯自原住民語，至於「卑南街」則是因台東平原主要的原住民族為卑南族。卑南族又稱八社番，統轄卑南、檳榔樹格、呂家、射馬干、知本、斑鳩、阿里擺、北絲鬮等八社。

洪敏麟《台灣地名沿革》說：卑南社之名起源於一百七十年前卑南族大頭目「**Pinarai**」，其人聰明無比，卑南族在他的領導下，曾雄霸花東縱谷。

卑南社最早見諸記載被稱做「卑南覓」，同治十三年設立的「卑南廳」，即得自於「卑南覓」。牡丹社事件後清政府分南、北、中三路鑿山開道，正式將後山納入版圖。

光緒元年移駐南路理番同知於卑南。到了 **1886** 年台灣建省才把台東縣與花蓮縣併為台東直隸州。

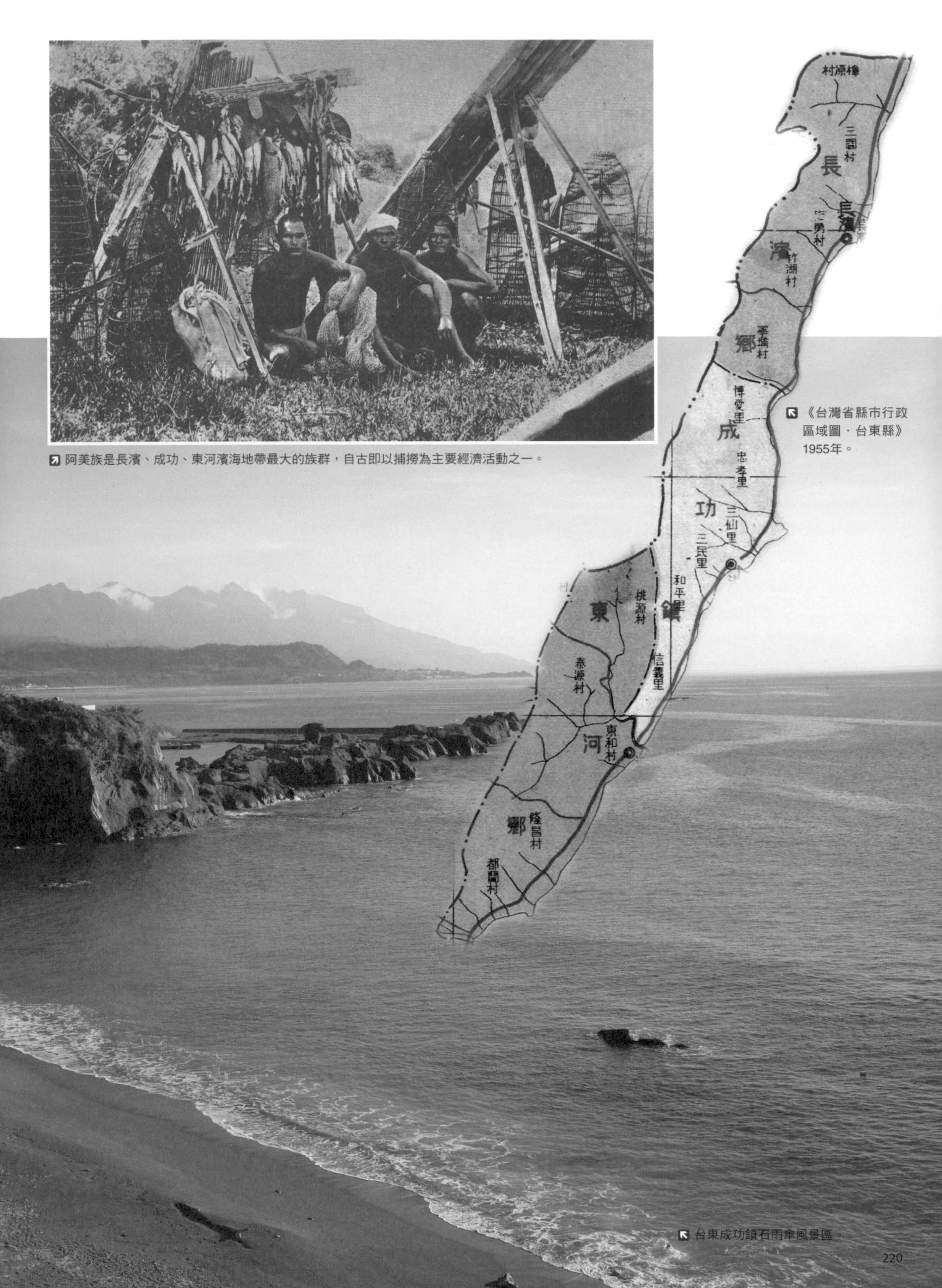

阿美族是長濱、成功、東河濱海地帶最大的族群，自古即以捕撈為主要經濟活動之一。

《台灣省縣市行政區域圖．台東縣》1955年。

台東成功鎮石雨傘風景區。

東河鄉：東河的河字，取自馬武窟溪，東河二字取其馬武窟溪東流入海之意；馬武窟溪阿美族語稱**marongaron**，意指潮水與溪水會合之地。光復後民國三十五年東河建制設鄉。

都巒社：阿美族聚落，一九三七年改名都蘭，沿用至今，屬都蘭村。

八裡芒社：阿美族聚落，一九三七年改名八里，光復後改名興昌，屬興昌村。

大馬武窟社：阿美族聚落，一九三七年改名大馬，光復後改名東河，屬東河村。

夏嘮叭灣社：阿美族聚落，光復後改名泰源，屬泰源村。

加里猛狎社：阿美族聚落，一九三七年改名佳里，光復後改名隆昌，屬隆昌村。

成功鎮：成功是東部地區最大的漁港，為阿美族活躍的生活區域，時至今日，阿美族人口仍占全鎮一半以上。大正九年（一九二〇），日人將成功舊稱「荖漏」（阿美族語，乾燥之意）易名為新港，並新築漁港於此地是台東最重要的港口，光復後則更名為成功鎮。

都歷社：阿美族聚落，現名都歷，現屬信義里。

叭翁翁社：阿美族聚落，現名豐田，現屬信義里。

小馬武窟社：阿美族聚落，現名小馬，現屬信義里。

加只來社：阿美族聚落，阿美語「加只來」為鹹泉之意，一九三七年日人改名鹽濱，光復後改名嘉平，現屬和平里。

蔴荖漏社：阿美語麻荖漏為枯萎之意，此地可能因海嘯造成草木枯萎，而有此地名。一九二〇年日人改名新港，光復後改名成功。

芝路古咳社：阿美語烏龜之意，現名芝田，現屬三仙里。

跋便社：阿美族聚落，現名八邊，現屬忠仁里。

成廣澳：原名蟳廣澳，因海灣形似蟳螯而得名。曾是台東最重要的港口，一九三七年日人改名小湊，光復後改名小港。現屬忠孝里。

石雨傘：因此地海濱一巨石形似雨傘而得名。

都威社：阿美族聚落，一九四七年前後此地災難不斷，遂改名重安，現屬博愛里。

沙汝灣社：阿美族聚落，一九三七年日人改名大濱，現名宜灣，屬博愛里。

微沙鹿社：阿美族聚落，現名美山，屬忠孝里。

白守蓮社：阿美族聚落，附近三仙台為知名景點，屬三仙里。

長濱鄉：長濱原名加走灣，乃由阿美族語轉化而來，原義為瞭望台的意思，也就是說此地原為征戰時巡邏瞭望處所。日昭和十二年（一九三七），因當地海濱綿長達二公里，乃易名為長濱。

大俱來社：阿美族聚落，屬於三間村。

姑仔律社：加禮宛人與阿美族共同聚落，一九三七年日人改名樟原。

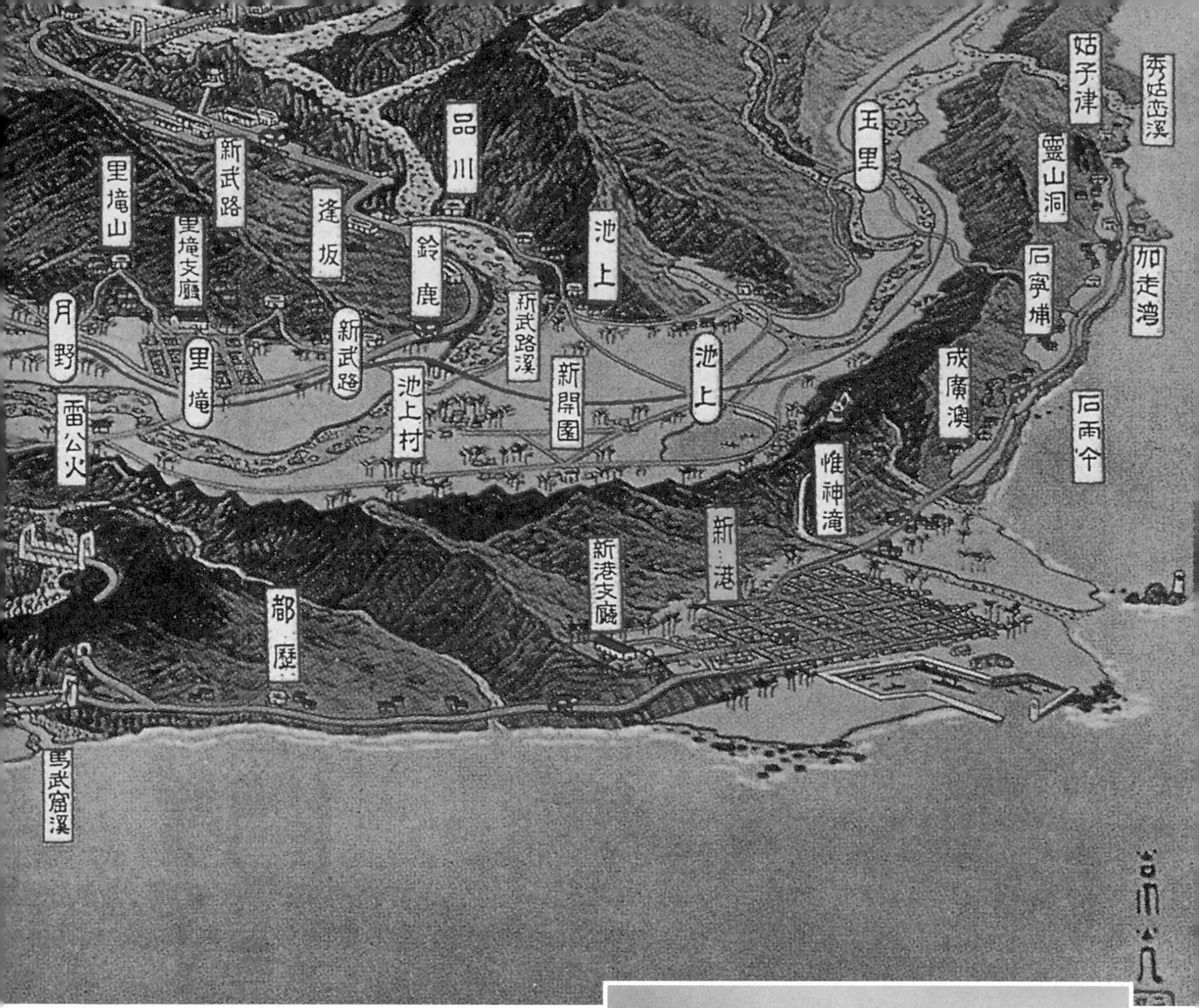

Chapter 16

台東阿美

阿美族是台灣人數最多的原住民族，主要分布於花東的海岸地區，阿美族在台東主要居住在長濱、成功、東河。除此之外，台東市區內的馬蘭社也是阿美族的領域。

東部海岸盛產的鰹魚是製作柴魚的最佳原料。

1914年台東開往花蓮的火車。拍攝者說不遠處可以看到警察鋪設為防止「野人」入侵的電纜。

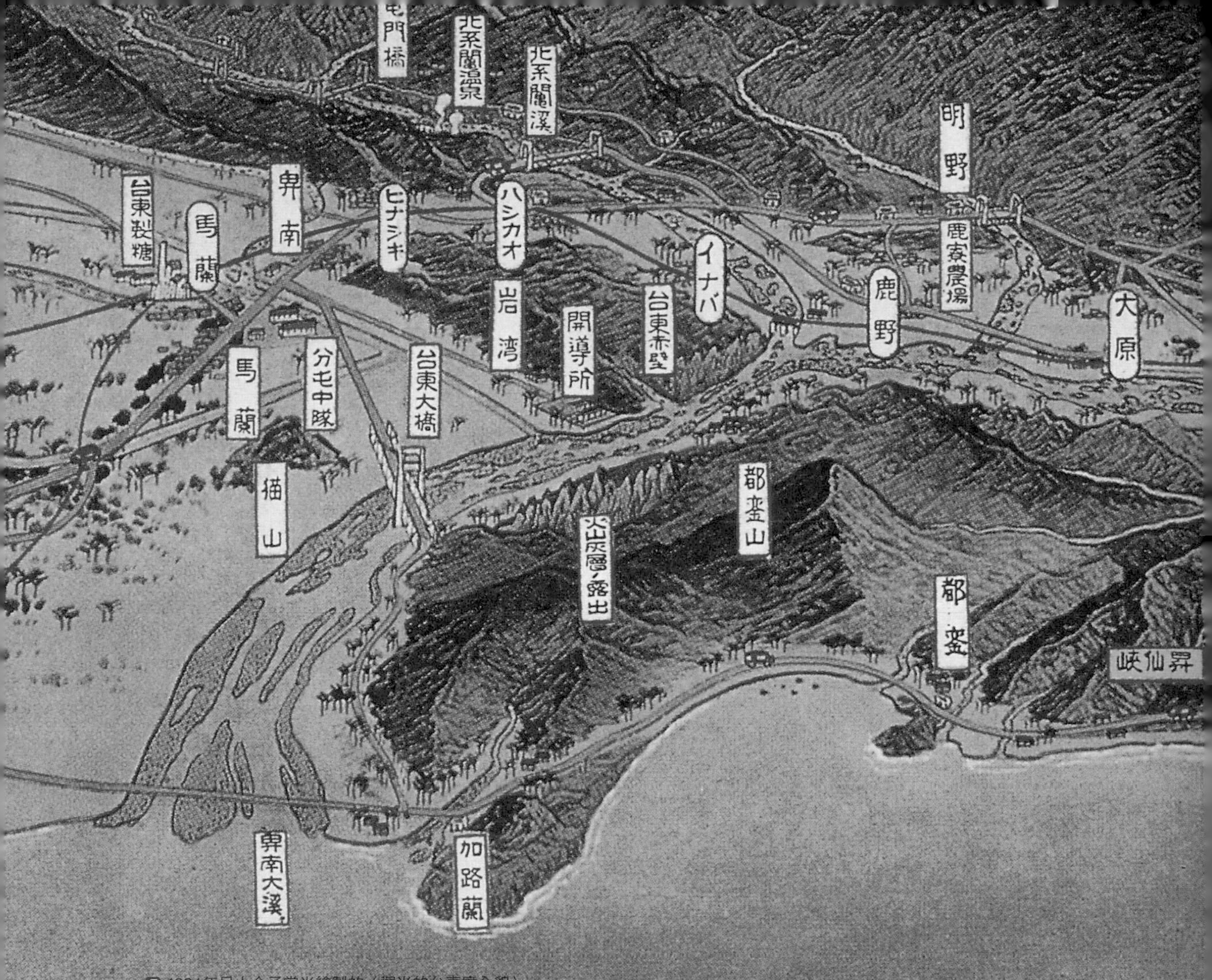

1934年日人金子常光繪製的〈觀光的台東廳全貌〉

盛裝的阿美族。

台東市：台東是指台灣東部，源於清光緒十三年（一八八七），清政府改卑南廳為台東直隸州，此後台東沿用至今。

利基利吉：阿美族部落，現名利吉，屬利吉村。

猴仔山社：卑南阿美族所建之部落，一九三七年日人改名石山，猴仔山社因建置航空基地遷到富岡。

加路蘭社：阿美族所建之部落，一九五四年此地建港，一度稱之為加路蘭港，後改名富岡。

卑南街：台東市舊名，最早稱寶桑，屬卑南舊地。一八八七年設台東直隸州後始有台東之名。一九二○年日人將卑南街改為台東街。

馬蘭社：原為阿美族大社，原意是卑南山，即今台東市區內之鯉魚山，為馬蘭社最早的社址，現屬馬蘭里。

檳榔樹格社：卑南族聚落，卑南八社之一，一九三七年日人改名日奈敷，光復後改為賓朗，屬賓朗村。

卑南社：卑南族聚落，卑南族大社，現為卑南里、南王里。卑南為卑南族一八○○年前後之領袖，據說他曾以卑南王的名義統治整個台東。

知本社：卑南族聚落，卑南八社之一，現為知本里。

射馬干社：卑南族聚落，卑南八社之一，現為建和里，毗鄰知本。

呂家社：卑南族聚落，卑南八社之一，現為利嘉村。

太巴六九社：魯凱族部落，現為泰安村。

北絲鬮社：卑南族聚落，卑南八社之一，一九三七年日人改名初鹿，沿用至今，屬初鹿村。

斑鳩社：卑南族聚落，卑南八社之一，現稱東成，屬美農村。

阿里擺社：卑南族聚落，卑南八社之一，現為上賓朗。

鹿野鄉：鄉名具有濃濃的日本遺風，顧名思義即野鹿成群之田野。鄉內鹿寮（鹿野村）、大埔尾（大原村）二地為日本政府明治四十二年（一九○九）「官營移民」計劃中之日本國內移民墾地。不過首批移民則為大正四年（一九一五）台東製糖株式會社所招募之新潟縣農民，初期為短期移民，大正五年至大正八年並從短期移民中招募永住移民。為表對移民事業之慎重，乃於大正九年改制此地為台東支廳鹿野區。

鹿寮社：古稱霧鹿台，阿美語為多楓樹與鹿之意，平埔族入墾後改稱

卑南族的少年會所，台東市和卑南鄉是卑南族的大本營。

1896年鳥居龍藏拍攝之卑南族人。

鹿寮，後來日人改稱鹿野，沿用至今。

擺仔擺社：阿美族部落，光復後改名和平，屬龍田村。

關山鎮：關山舊名里壟，乃得名自平埔族里壟庄。大正九年改隸台東廳里壟支廳，昭和十二年（一九三七）實施郡制，易名為關山郡關山庄。取名關山主要因此地高山險阻，理番事難。官方於昭和五年橫度關山，完成了霧鹿至高雄的關山越嶺道。故於昭和十二年時，將此地「里壟」之名易為關山以為記。

里隴庄：阿美語里隴為紅蟲之意，一九三七年改名關山，沿用至今。

雷公火社：恆春阿美族聚落，日人更名為日出，光復後改名電光。

德高班寮社：阿美族部落，「德高班」布農語是集會所之意，現屬德高里。

池上鄉：池上得名於此地有一天然濕地大陂池。日治時代，日語稱聚居該池邊生活之村落為池上。池上以富含有機質及礦物質的池上米著稱全台。

新開園：池上鄉最早開發的地方，光復後改名錦園，屬錦園村是著名的「池上米」產區。

大坡社：原阿美族部落 **banao** 社，**banao** 就是水池的意思。現為大坡村。

萬安庄：原名樹林，現為萬安村。

池上197號公路上的指標。

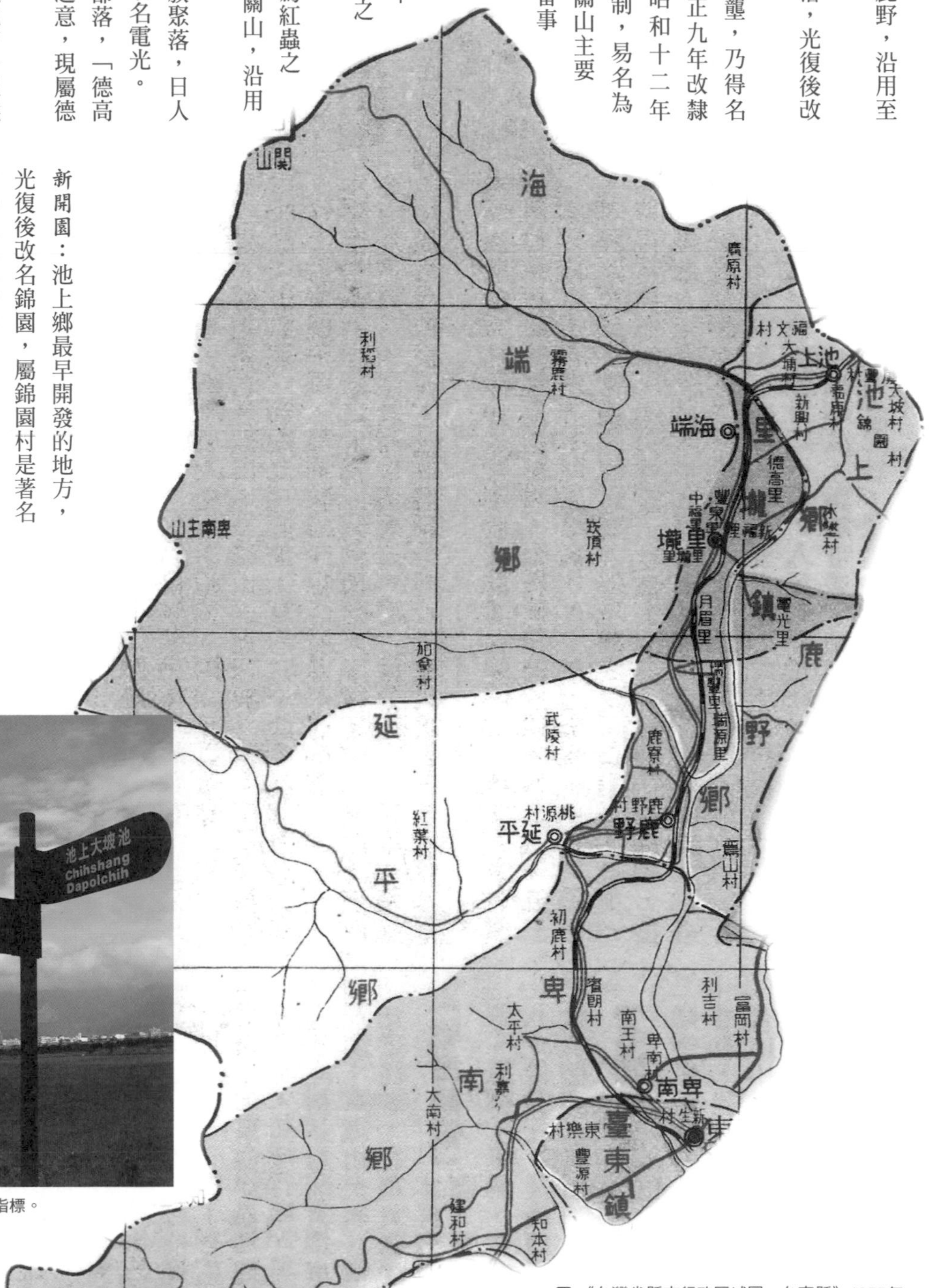

《台灣省縣市行政區域圖．台東縣》1955年。

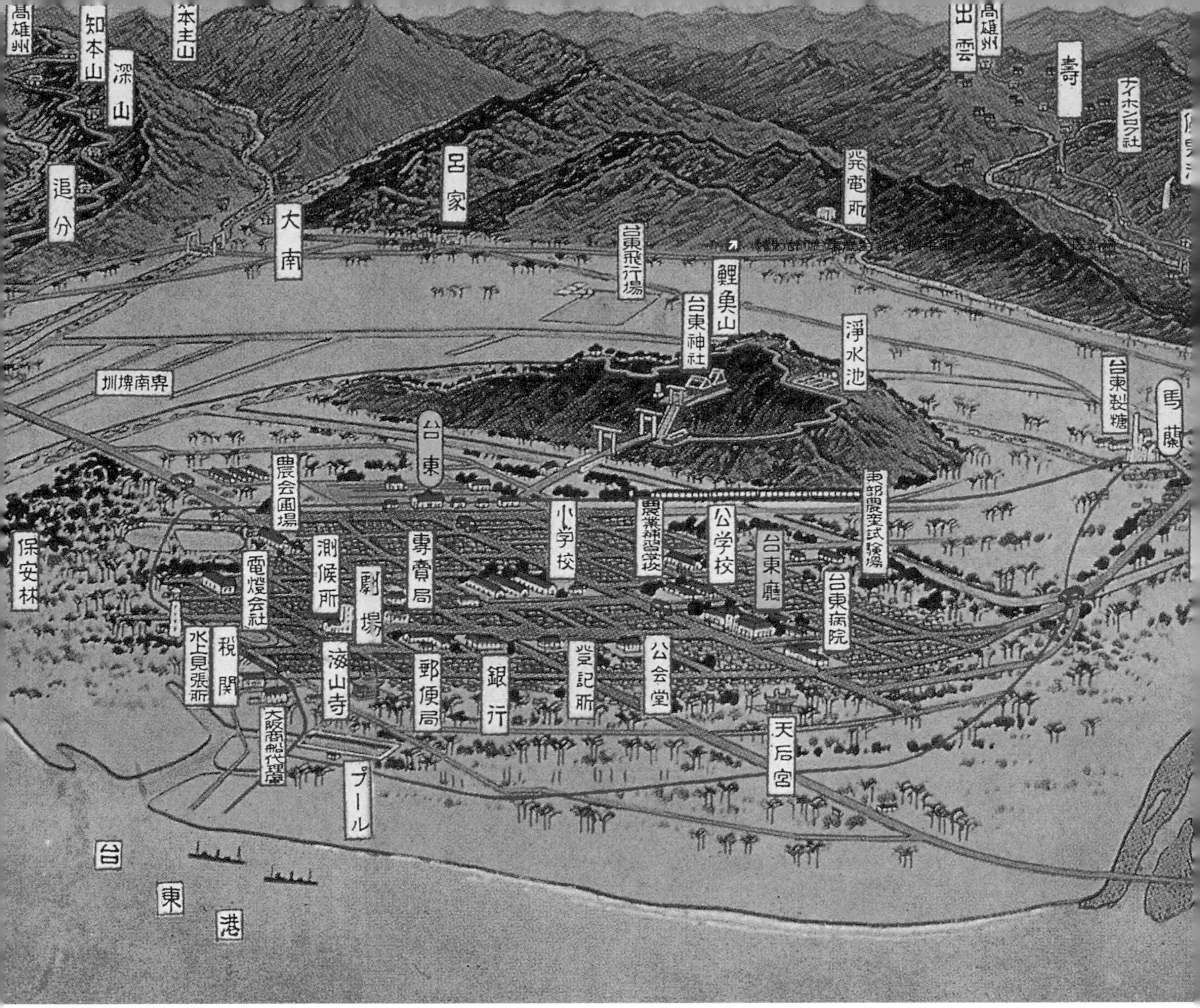

Chapter 16

台東卑南

台東的卑南族人數雖然不多，但卻曾是花東縱谷最有勢力的族群，早年為了爭奪鹿野高台的獵場，與布農族之間進行長達百年的戰爭。卑南族主要分布在卑南、鹿野、知本一帶。

日治時代台東市內沒有港口，人、貨上下都得靠舢舨接駁。

跨越卑南大溪的台東大橋建於1934年，是當時東亞最長的鋼索吊橋，1965年毀於黛納颱風。現在卑南大溪上的水泥橋已是第三代的台東大橋

フンビ
恒春
水営
高雄州
大武山
武山
頭山
出水坡
チヨヲクライ
近黄
ビララウ
カラタラン
カアロワン
白玉ノ滝
知本温泉
姑子崙
大竹高
トアバル
虷子崙温泉
ハジヨロ
大武支廳
大武溪
大鳥
大竹高溪
滝
虷子崙溪
虷子崙
太麻里溪
太麻里
知本
知本溪
呂家溪

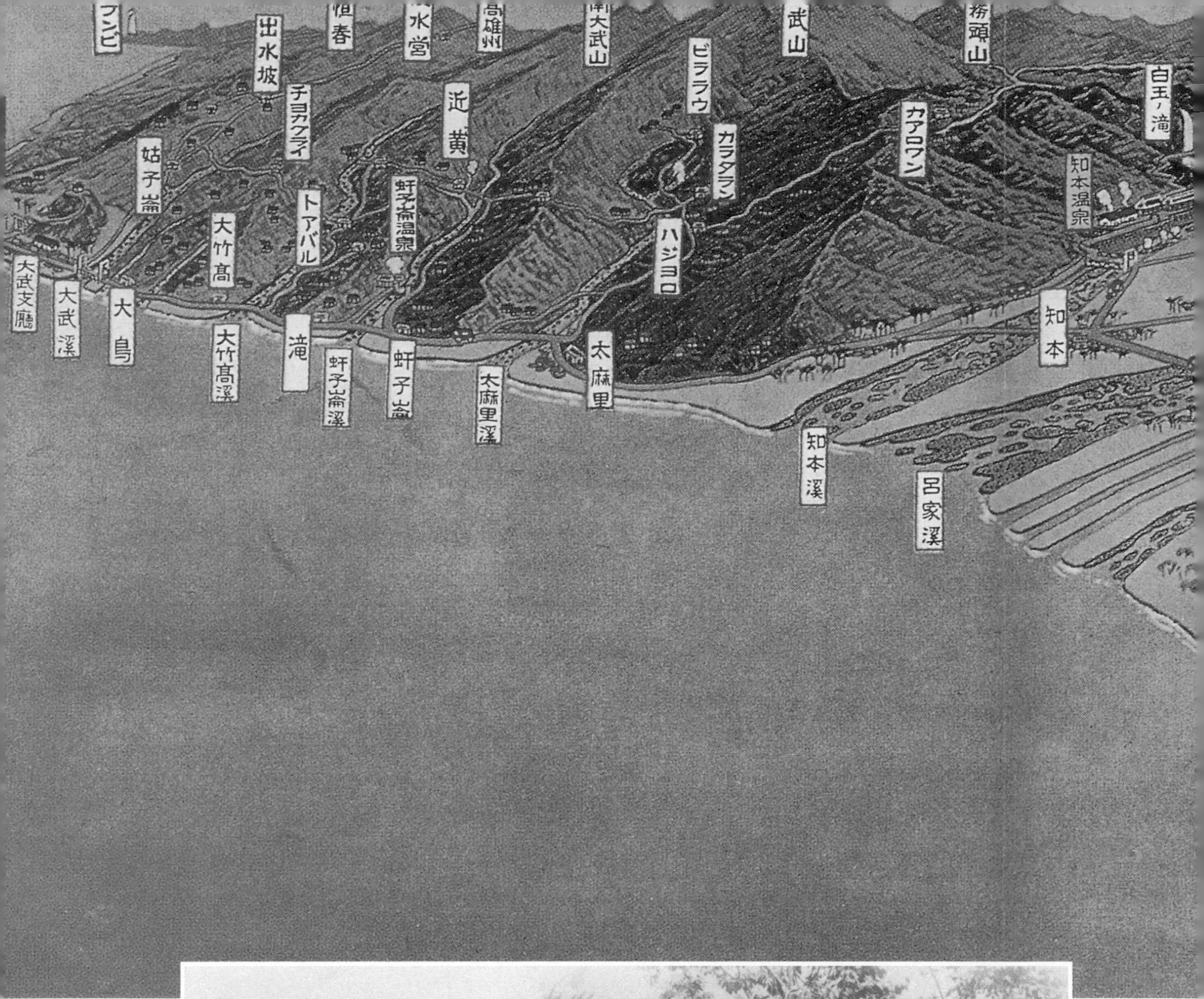

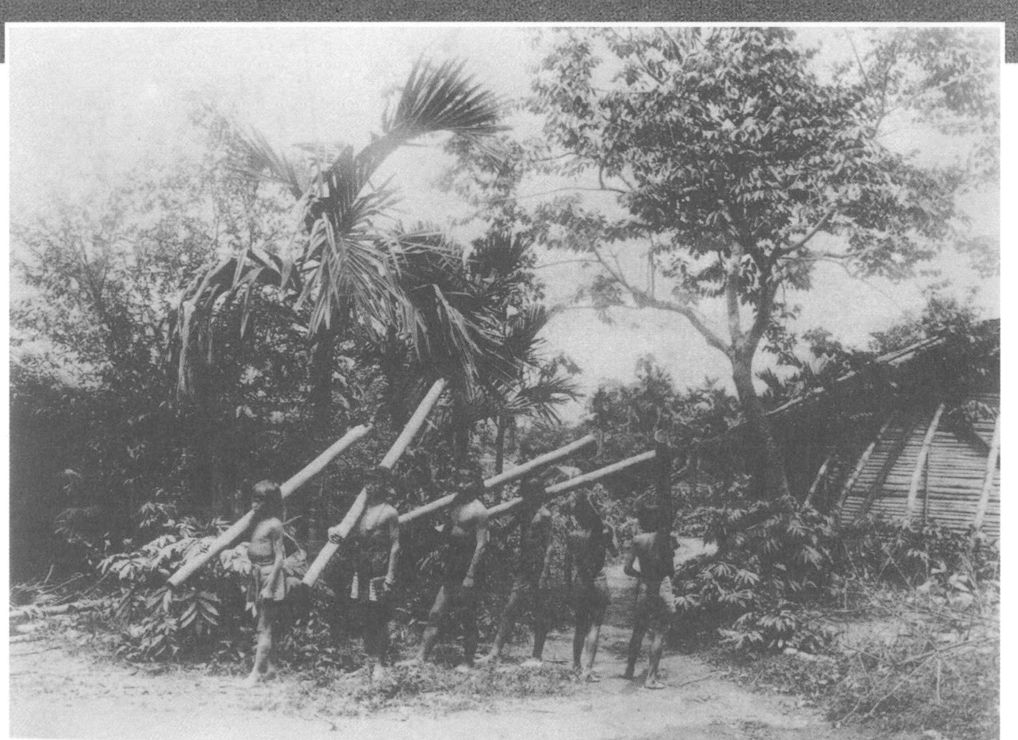

卑南族少年以竹筒汲水。

太麻里鄉：太麻里係原住民排灣族語**chabari**（語義不明）轉音所致，曾被譯為兆貓裡、朝貓籬、大貓狸等等。最早在太麻里活躍的排灣族為巴那巴那彥，於荷人文獻中已有所記載。

巴納巴那樣：現名三合，屬太麻里三合村。此地據說是阿美、卑南、排灣族的發源地，但現已沒有原住民部落。

太麻里社：又稱大貓狸，排灣族聚落。現為太麻里鄉大王村。

猴仔蘭社：卑南阿美部落，一九三七年人改名香蘭，沿用至今，現屬太麻里鄉香蘭村。

文里格社：排灣族聚落，一九三七年改名森川，現屬華源村。

羅打結社：排灣族部，一九三七年改名北太麻里，沿用至今，現屬太麻里鄉北里村。

虷仔崙社：排灣族部，古稱加仔難，一九三七年改名金崙，沿用至今，現屬太麻里鄉金崙村。

打臘打蘭社：排灣族部，一九三七年改名多多良，現屬多良村。

查臘密社：排灣族部，一九三七年改名「瀧」，光復後改上多良，現屬太麻里鄉多良村。

大得吉社：排灣族部，一九三七年改名大溪，光復後改上大溪，現屬太麻鄉多良村。

金峰鄉：原屬太麻里鄉，民國三十五年劃出獨立設鄉，名為金崙鄉。後因鄉治金崙劃歸太麻里鄉，乃易名為金山鄉，復因與新北市金山區同名，故於民國四十七年更名為金峰鄉。

加阿路灣社：**kakaron**排灣語是轎子的意思，現名為嘉蘭。

大武鄉：大武之名，見於大正九年行政區劃調整，將本區劃為大武庄，光復後更名為大武鄉。

大竹高社：排灣族部，一九三七年改名大竹，沿用至今，現屬大武鄉大竹村。

巴塱衛社：排灣族部，一九二〇年改名大武，沿用至今，現屬大武鄉大武村。

甘那壁社：排灣族部，一九三七年改名加奈美，光復後改名富山，現屬大武鄉大竹村。

鴿仔籠社：排灣族部，一九三七年改名加津林，沿用至今，現屬大武鄉大竹村。

獅仔獅社：排灣族部，一九三七年改名彩泉，沿用至今，現屬大武鄉大鳥村。

大鳥萬社：排灣族部，一九三七年

蘭嶼—饅頭山

改名大鳥，沿用至今，現屬大武鄉大鳥村。

拔仔洞社：排灣族部，一九三七年改名初屯，沿用至今，現屬大武鄉大鳥村。

達仁鄉：此地原屬大武鄉，民國三十五年國民政府劃置原住民鄉（彼時稱山地鄉），乃自大武鄉劃出獨立設鄉。達仁鄉內原住民占八成以上，以排灣族居多。

阿塱衛社：排灣族舊部落，一九四六年化為山地鄉，命名為達仁鄉。鄉治原在土坂，一九五八年遷到安朔。

綠島鄉：綠島昔稱火燒島，島民為嘉慶年間自小琉球入墾之泉州人士。民國三十八年，當時的台東縣長黃式鴻有感於島上綠化之迫切，乃遍植林木並將火燒島更名為綠島。

火燒島：又名雞心嶼、青仔嶼，西方稱之為Samasana。一九四九年後改為綠島。

蘭嶼鄉：蘭嶼舊稱紅頭嶼，而當地的原住民族達悟族則稱此地為人之島（**Pongso no tao**）。由於晴天時，自台東海濱遠望可見一赭紅色之島，乃名之為紅頭嶼。民國三十六年因紅頭嶼盛產蝴蝶蘭，乃雅易其名為蘭嶼。

台灣省縣市行政區域圖・台東縣》1955年。

太麻里、大武、金峰、達仁重要地名分布圖。

第十七章 花蓮・迴瀾港

花蓮舊稱迴瀾港
墾民見花蓮溪與海浪互相激盪形成迴流巨浪
乃稱此地為迴瀾
迴瀾與花蓮閩南語發音相近
故清廷欽差大臣沈葆楨上奏的摺子上稱此地為花蓮

花蓮地勢狹長，位居台灣東部，東臨太平洋、西傍中央山脈、南與台東縣相鄰、北接宜蘭縣。花蓮縣為台灣最大的縣市，但中央山脈、海岸山脈縱走其間，平原面積狹小、山地廣闊，台灣百岳中四十三座大山位於花蓮縣境。

花蓮以花蓮港得名，花蓮港舊稱「迴瀾港」，嘉慶年間墾民拓荒至此見花蓮溪與海浪互相激盪，形成迴流巨浪，乃稱此地為迴瀾。迴瀾與花蓮的福佬話發音相近，故清廷欽差大臣沈葆楨上奏的摺子上稱此地為「花蓮」。

沈葆楨撫台與花蓮的開發產生極端密切的關係。沈葆楨為福建海防大臣，他以欽差之命來台處理牡丹社事件，為徹底解決台灣之邊防，乃思「開山撫番」以便將東台灣及原住民納入清朝版圖。其開闢了由西向東拓墾的三條路線，即袁聞柝由鳳山開道進台東的南路、羅大春由蘇澳北路開抵花蓮新城、吳光亮由林圯埔（南投竹山）經八通關古道達璞石閣（花蓮玉里）。沈葆楨並開放了渡台禁令，加速台灣的開發。開山撫番兵分三路打通了台灣西部前進東部的關卡，漢人勢力大舉東侵，光緒元年（一八七五），清廷於東部設置卑南廳，管轄台東、花蓮二地。

花蓮族群文化多元，居此地的原

住民包括了以能歌善舞著稱的阿美族、由南投遷移至太魯閣的泰雅族及布農族。此外平埔族移居此地則與傳統領域受到漢族的侵擾有關，位於新城鄉嘉里村加禮宛的噶瑪蘭族乃因吳沙拓墾蘭陽平原而被迫南移，位於富里的大社平埔族則為高雄道卡斯族與台南西拉雅族越台東大武而北遷。

日治期間為花蓮縣奠定了現代工業基礎。明治三十二年（一八九九），日本大資本家賀田到花蓮開發，經營運輸、郵務、金融、製糖、樟腦等業務，並積極辦理花蓮港航運，使東台灣成為日本殖民母國的原料加工區，明治三十四年完成花蓮港與壽豐之間的鐵道，以運送米、糖；昭和元年（一九二六）花蓮與台東之鐵路通車；昭和十三年（一九三八）建設花蓮港為現代化港口。可以說，日本政府完成了花蓮現代化。不過，我們也必需留意，日本政府如此做是為了榨取台灣物資以完成擴充戰事之準備。

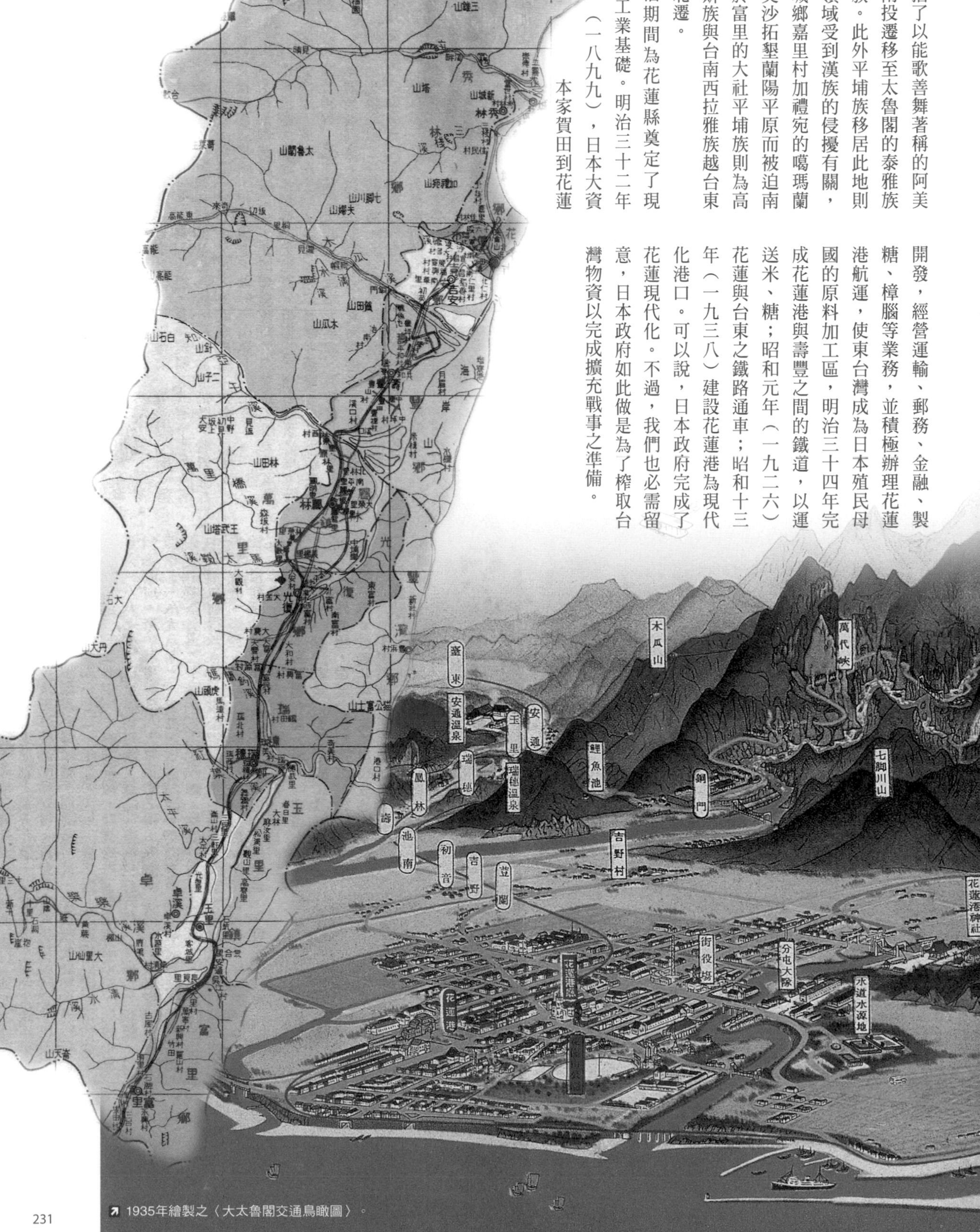

《台灣省縣市行政區域圖‧花蓮縣》1955年。

1935年繪製之〈大太魯閣交通鳥瞰圖〉。

新城鄉：清光緒元年（一八七五），沈葆楨為開築後山三路，乃開築北部由宜蘭蘇澳至花蓮之道路，此地為入花蓮所建第一城，故名新城。

哆囉滿：泰雅族人稱新城一帶的部落為太魯宛，漢人譯為哆囉滿。西班牙人稱此地產金最多。

研海支廳：研海為台灣總督佐久間左馬太之別號，佐久間任職期間主要工作是征討原住民。一九二〇年新城支廳改名研海支廳。

花蓮市：花蓮昔稱洄瀾（迴瀾）、奇萊，皆因水勢山形而得名，洄瀾港是指花蓮港，因海浪洶湧洄旋而得名。

加禮宛：清咸豐三年葛瑪蘭人遷居此地。建武暖、七結、加禮苑、談秉、瑤歌等社，以加禮苑為中心。日人改稱加禮。光復後改嘉里。

七星潭：原為花蓮機場之地名，後因建機場住戶遷居海岸邊，遂將此地改名七星潭。

米崙庄：米崙為砂婆礑溪之舊名，光復後改美崙，現為花蓮市民勤、民德、民立、民樂、民政、民意里。

軍威庄：清嘉慶十七年漢人聚居稱君威園，後清軍駐屯改名軍威。日治後日人建神社（今忠烈祠）於此，將軍威、農兵兩地改為「宮下」。現為花蓮市國聯里。

三仙河：咸豐年黃阿鳳建立的聚落之一。現為花蓮市國強、國富里。

歸化社：原為阿美族竹窩宛社，清代改為歸化社。日人改為佐倉，光復後為花蓮市國福、國慶里。

尾尾社：尾尾是阿美語檳榔葉的意思，日人改為「有名」。現為花蓮市主和、主學、主農里。

飽干社：飽干為阿美族一智勇雙全之酋長，一九三七年日人改稱「藏前」。現為花蓮市主權里。

農兵庄：清嘉慶十七年漢人聚居與軍威毗連稱軍爺團，後清軍駐屯改名農兵。現花蓮市國聯里。

十六股：清咸豐年間台北富農黃阿鳳募眾來此開墾成立十六股等五庄，黃死後眾人散去，地遂荒蕪。後移民接踵而至，以十六股為中心，改名復興庄。日人改為豐川。現為花蓮市國強、國富里。

里漏社：相傳原名里壠的台東關山地區的阿美族遷居此地後，仍以里壠為名，後誤為里漏，現為吉安鄉東昌村。

吉安鄉：吉安鄉鄰花蓮市，為阿美族人生活領域，舊稱「七腳川」，日治時期稱此地為吉野村，光復後因「吉野」二字過於和風，乃改吉安鄉。

賀田：原吳全城，現為吉安鄉志學。

七腳川社：又譯為知卡宣，阿美語是薪柴多之意。昔日為崇爻九社中最強大之社群。日治後日人建移民村於此，改名吉野。光復後改為吉安鄉。

荳蘭社：原為阿美族住地，一九三七年日人改為田埔。光復後畫為吉安鄉宜昌、南昌、北昌村。

薄薄社：原住民語「巴薄薄干」意為如臼之地，漢人簡稱薄薄，後日人改名南埔。光復後改為吉安鄉仁里村。

壽豐鄉：壽豐為一狹長的平原，舊稱鯉魚尾，位於鯉魚山之末端。日治時期設置「壽役農莊」，所以改稱壽豐。

吳全城：漢人初名志學，道光五年吳全募眾來此開墾，築壘以為防禦，人稱吳全城。日治後日人賀田來此經營糖廠，改名賀田。光復後改回壽豐鄉志學村。

豐田：日本移民村。現改名壽豐鄉豐山、豐裡、豐坪里。

月眉庄：阿美族稱此地為阿巴洛，漢人稱之蜆仔埤。現為壽豐鄉月眉村。

日治時代花蓮市日本人社區位於美崙溪北岸，現在依然是花蓮的高級住宅區。

水璉尾：阿美語閩南式的音譯，一九三七年改為水璉。光復後沿用舊名。

鯉魚尾：舊稱里鬧，泰雅語為叢林之意。一九二〇年日人改名壽庄。光復後改名壽豐鄉。

吉野日本移民村，現為吉安鄉。

《台灣省縣市行政區域圖．花蓮縣》1955年。

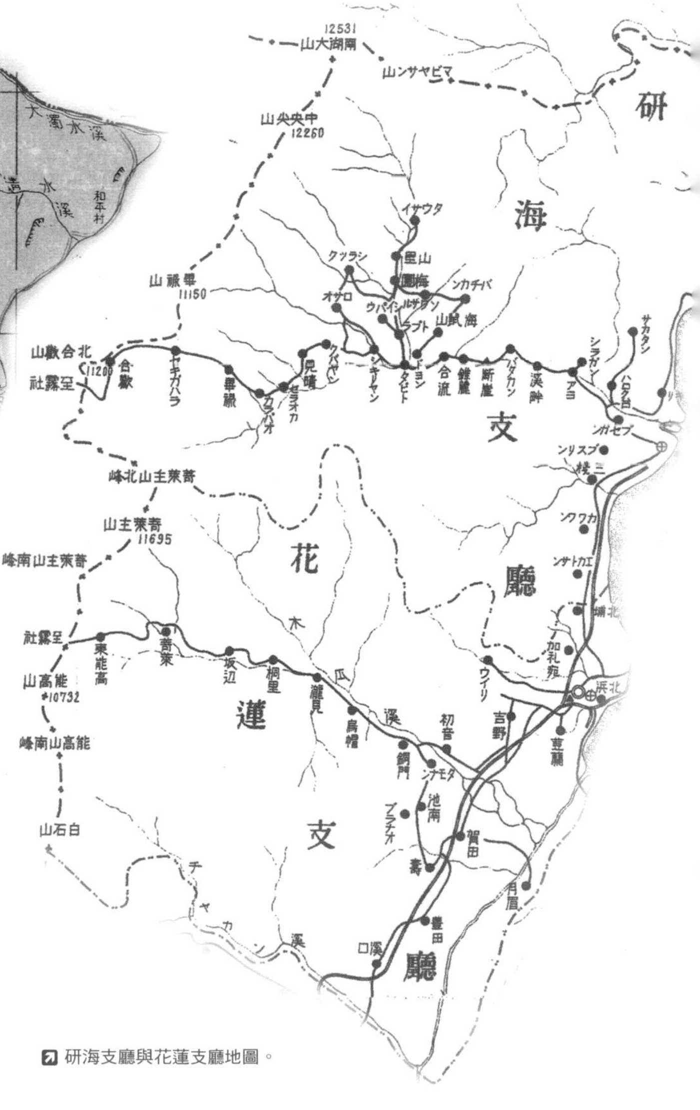

研海支廳與花蓮支廳地圖。

馬偕在花蓮向奇萊平原上的原住民傳教。

《海國圖志・台灣後山圖》花東部份。

《全台前後山輿圖・後山圖》花蓮部份。

後山，傳說中的伊甸園

清初，東部一直是一個傳說的國度。《裨海紀遊》書上記載康熙中葉一則名叫賴科的生意人，到東部探險的故事。後來藍鼎元的《東征集》上說：「山後有崇爻八社（康熙二十四年，賴科等招撫歸附，原是九社，因水輦一社，數年前遭疫沒盡，今虛無人，是以止有八社），東跨汪洋大海，在崇山峻嶺之中。其間密箐深林，巖溪窮谷，高峰萬疊，道路不通。土番分族八社：曰筠椰椰、曰斗難、曰竹腳宣、曰薄薄，為上四社；曰芝武蘭、曰機密、曰貓丹、曰丹郎，為下四社。八社之番，黑齒紋身，野居草食，皮衣革帶，不種桑田。其地所產，有鹿麖、野黍、薯芋之屬；番人終歲倚賴，他無有焉。」

之後，官方對台灣東部的認識便停留在《東征集》所描繪的情況。一直到 **1874** 牡丹社事件發生後，欽差大臣沈葆楨奉命來台督辦防務，同時制定了「開山撫番」的大政方針。所謂「開山」就是分北、中、南三路打通到台灣後山的路上交通，「撫番」就是教化原住民，使之納入平地人的生活形態，不再造成外交事件，以現在的眼光看來，這只能算是消極的政策。

光緒 **4** 年（**1878**）刊刻的《全台前後山輿圖》算是這個政策的成果展示，統治台灣近兩百年的清政府總算有一張完整的台灣地圖，比較清楚的說明台灣東部的情況。

阿美族的海祭。

鳳林鎮：鳳林昔稱馬里勿，原為阿美族生活領域。稱為鳳林，一說由於此地有木蘭會繞樹滋長，如鳳凰展翅。另一說則為「馬里勿」之音雅字。

鳳林庄：現為鳳林鎮鳳仁、鳳義、鳳禮、鳳智、鳳信里。

林田：日本移民村。光復後改名林榮、南平、北林、大榮里。

鹿甲皮：鳳林鎮最早的部落，現為山興里。

馬里勿社：阿美語為上坡之意，漢人改為鳳林。現為鳳林鎮長橋里。

六階鼻：此地有小山六座，狀如凸鼻，日人改為山崎，光復後改為鳳林鎮山興里。

森坂：林田山木材出口處，現改為鳳林鎮森榮里。

光復鄉：光復舊稱馬太鞍，係東台灣最大之阿美族社名，清代史籍即載馬大安社、沙荖社、大巴塱社等社名。為誌此地為台灣光復後新設的鄉鎮，乃命名為光復鄉。

太巴塱社：阿美族原名司巴塱，後誤為太巴塱。一九三七年日人改為富田，光復後改為光復鄉東富、西富、南富、北富村。

鎮平：日治時代日人將部分加禮苑人遷於此地，取名鎮平，光復後屬光復鄉大全村。

馬佛社：日治時代日人將部分加禮苑人遷於此地，取名原居地之名馬佛，光復後屬光復鄉大全村。

馬太鞍社：阿美族以樹豆「馬太鞍」為社名。一九三七年日人改名大和。光復後劃為光復鄉大安、大金、大全、大同、大平、大馬村。

沙荖社：阿美語砂鹽之意。現為光復鄉南富村。

豐濱鄉：豐濱原名貓公，境內阿美族部落有納納、大港口、貓公、新社、加路蘭。光復後國民政府因舊社名不雅，除新社未改名外，乃將地名改為靜浦、港口、豐濱、磯崎等名。

大港口：原名秀姑巒，秀姑巒溪在此入海，清末有開港之議，故名大港口，現為豐濱鄉港口村。

納納社：一九三七年日人改名靜浦，沿用至今。

北頭溪：現為豐濱鄉港口村。

石梯：現為豐濱鄉港口村。

新社：葛瑪蘭人重建之部落。現為豐濱鄉新社村。

加路蘭：一九三七年日人改名磯崎，沿用至今。

姑律：一九三七年日人改名戶敷，紀念失事之飛行員。光復後恢復姑律舊名，屬豐濱鄉豐濱村。

貓公社：一九三七年日人改名豐濱，沿用至今。

瑞穗鄉：瑞穗舊稱水尾。瑞穗係於日治時期，此地稻米結穗纍纍而將水尾改為瑞穗。

水尾：劉銘傳計畫設台東直隸州州治於此，後日人改名瑞美。光復後改為瑞穗鄉瑞美、瑞良、瑞西、瑞穗村。

加納納社：阿美族居處，現瑞穗鄉舞鶴村。

1896年前後，鳥居龍藏拍攝的阿美族舞蹈。

《台灣省縣市行政區域圖．花蓮縣》1955年。

日治時代鳳林支廳地圖。鳳林支廳含蓋鳳林、光復、瑞穗、豐濱等鄉鎮。

奇密社：阿美族的發祥地，一九三七年日人改名奇美。

烏鴉立社：一九三七年日人改名鶴岡，現屬瑞穗鄉鶴岡村。

馬於文社：阿美語為交換之意。一九三七年日人改名舞鶴。

掃叭社：原為阿美族古老部落，荷蘭東印度公司紀錄**Sappat**或**Zapat**，為現瑞穗鄉舞鶴村。

打馬煙庄：葛瑪蘭人居處，沿用宜蘭舊地之名。現為瑞穗鄉瑞北里。

拔仔庄：原包含烏老僧社、周武洞社、人仔山社，一九三七年日人改名白川，現為瑞穗鄉富源、富民、富興村。

大肚壓社：現瑞穗鄉鶴岡村。

烏漏社：現瑞穗鄉鶴岡村。

玉里鎮：玉里舊名璞石閣，為大理石產地。此地向為東部開發重心，一則因玉里為東台灣之中心，二則此地為台灣中部與台灣東部往來八通關古道之門戶。大正六年（一九一七）璞石閣改名玉里。

璞石閣：阿美語灰塵蔽日之意。一九一七年東線鐵路設站於此，日人改名玉里，沿用至今。

客人城：原為客籍人士聚居之處，現為玉里鎮源城里。

紅座社：紅座阿美語是臭的意思，硫磺之臭味。一九三七年日人改名安通，沿用至今。

石公坑：玉里鎮樂合里。

殺牛坑：玉里鎮樂合里。

中城：玉里鎮中城里。

下傍灣：山嶺重疊之意，一九三七年日人改名落合，光復後改為玉里鎮樂合里。

觀音山庄：以山形得名，光復後曾改觀山，現為玉里鎮觀音里。

大科寮：西拉雅人建立之聚落，原名刣狗寮，大科寮為其諧音，光復後改稱高寮，屬玉里鎮觀音里。

馬久答社：現為玉里鎮松浦里。

猛仔蘭社：猛仔蘭阿美語蜣螂之意，一九三七年改名松浦，現為玉里鎮松浦里。

馬打林社：現為玉里鎮松浦里。

蘇汝庄：現為玉里鎮松浦里。

織羅社：一九三七年日人改名春日，現為玉里鎮春日里。

迪加庄：一九一七年日人易名三笠，光復後改玉里鎮三民里。

針朗庄：一九一七年日改名末廣，光復後易名玉里鎮大禹里。

謝得武社：現為玉里鎮德武里。

苓仔濟社：現為玉里鎮德武里。

富里鄉：富里舊名大庄，西部平埔族東移最早拓墾的地方，即為本鄉之大庄（東里），東部平埔族人部分自稱為大庄人，典出於此。大正九年（一九二〇）雅易其名為富里。

石牌：為西拉雅人建立之聚落，現為富里鄉石牌村。

螺仔溪：舊名黎仔坑，為西拉雅人建立之聚落，現為富里鄉羅山村。

頭人埔：舊稱刣人埔，一九三七年日人改名竹田，沿用至今。

馬里旺：阿美族舊地，為富里輕便鐵路終點，又稱鐵枝尾。一九三七年與躼躼埔合併為「堺」，現為富里鄉學田村。

堵港埔：現屬富里鄉富里村。

躼躼埔：現屬富里鄉富里村。

公埔：昔日為西拉雅人公共牧場，一九三七年日人改名富里，現屬富

由富里六十石山眺望花東縱谷。

里鄉富里村。

萬人埔：原名蠻人埔，一九三七年日人改名萬人埔，現屬萬寧村。

馬加錄：原為卑南族人之獵場，現大多為西拉雅人，現屬新興村。

大庄：原阿美族舊地，道光年間西拉雅人遷居此地為富里鄉最早開闢之地。一九三七年日人改名大里，現為富里鄉東里村。

清末西拉雅族人受漢人的壓迫，離開西部平原來到富里大庄一帶建立新的部落。

日治時代，玉里支廳含蓋玉里、富里。

《台灣省縣市行政區域圖．花蓮縣》1955年。

第十八章 平湖・澎湖

澎湖的地名應起自南宋所稱之平湖
平指島上玄武岩熔岩台地平緩
湖是指大山嶼、白沙、西嶼間環水成湖狀

澎湖位於台灣與中國大陸間之重要地位，自古以來，即是軍事要衝，也是移民的中繼站，從開發的角度來看，澎湖群島實早於台灣。

澎湖曾有新石器時代的文物出土，而其開發，或可追溯到南宋年間。元朝在澎湖設置巡檢司，隸屬福建泉州晉江縣。明代沿襲前朝舊制，仍於澎湖設置巡檢司，此時因時有海盜、倭寇侵襲，而廢巡檢司。顧祖禹《讀史方輿紀要》載有：「盡徙嶼民，廢巡檢而墟其地。」

明嘉靖四十二年（一五六三），海盜林道乾被都督俞大猷追趕，經由澎湖進入台灣，此時曾重新設立巡檢司，後因地處偏遠而罷。

明萬曆三十二年（一六〇四），荷蘭人韋麻郎登陸澎湖，於今娘媽宮（今馬公）開設洋貨攤；後來明朝政府派沈有容諭退韋麻郎。熹宗天啟年間，荷蘭將領雷爾生率兵入侵澎湖，並設城防備、建造砲台。天啟四年（一六二四）福建巡撫南居易派遣軍隊到澎湖驅逐荷蘭人，並在此地建築天啟城。

明鄭時期，鄭經再於澎湖設置安撫司；清政府亦在澎湖設巡檢司，隸台灣府台灣縣。清光緒十一年（一八八五），台灣建省；光緒十三年（一八八七）設澎湖廳，隸

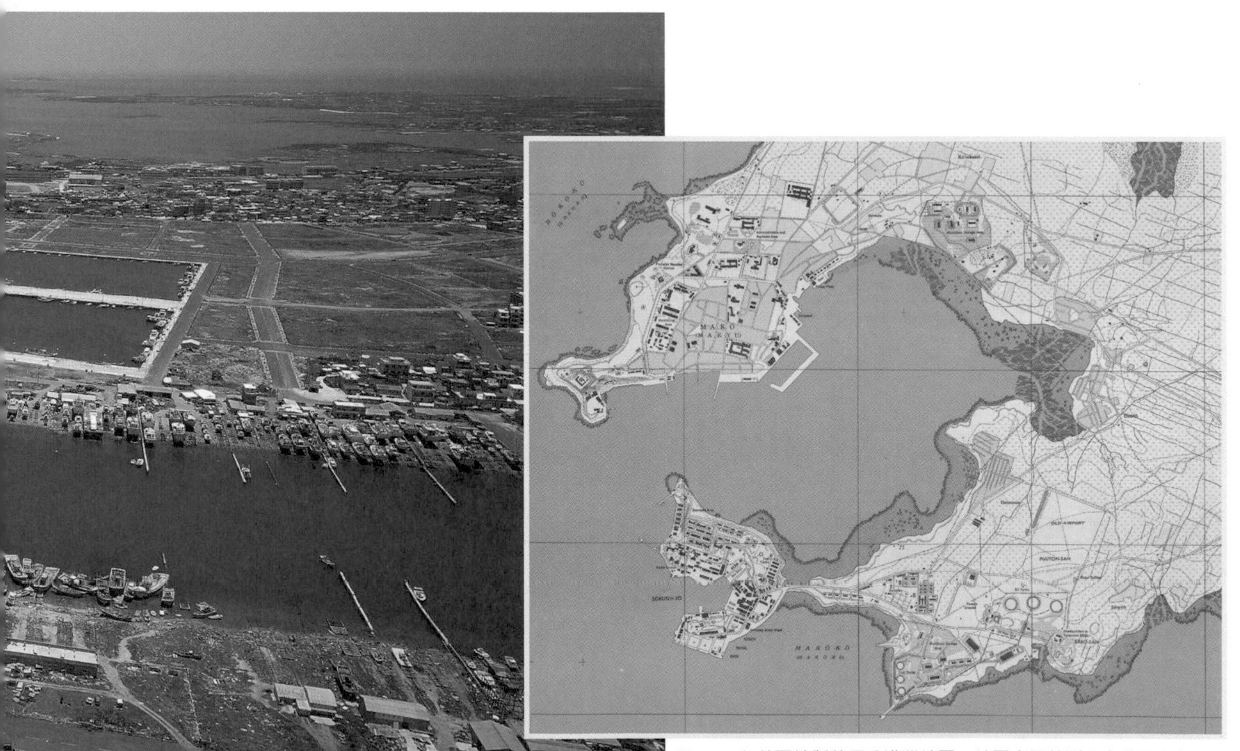

1944年美軍繪製的馬公港灣地圖，地圖中間的測天島是日本海軍在台灣最重要的基地。

台南府。

日治初期，澎湖廳被改為澎湖島廳；於明治三十年（一八九七）又改為澎湖廳，下轄馬公街、湖西庄、白沙庄、西嶼庄、望安庄、大嶼庄。大正九年（一九二〇），併入高雄州，改為澎湖郡。光復後改廳為縣，民國三十五年正式成立澎湖縣政府。

澎湖的地名應起自南宋所稱之「平湖」，「平」指島上玄武岩熔岩台地平緩，「湖」是指大山嶼、白沙、西嶼間環水成湖狀。明鄭以後通稱「澎湖」，並沿用至今。

澎湖縣有六十四個島嶼及其他小礁岩，其中僅有二十個島嶼有人居住，三大島則分別為澎湖本島、西嶼、白沙島。澎湖目前擁有台灣第一座海水淡化廠，以及唯一的地下水庫，以解決當地供水問題。因島嶼風光明媚，自然天成，設有玄武岩自然保留區，以及許多保育類野生動物，再加上特殊的人文背景與聚落景觀，成為熱門的觀光景點。

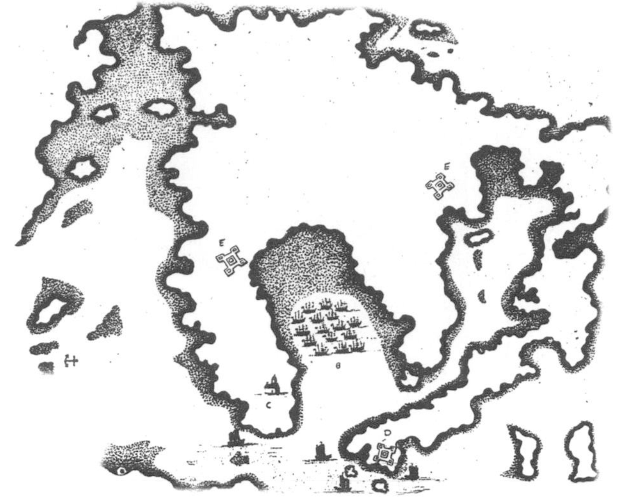

1624年荷蘭東印度公司與福建水師在澎湖對峙的形勢圖。圖中已標示出馬公天后宮及風櫃尾的荷蘭城，以及兩座明軍要塞。

馬公市區、商港與第一、二漁港。馬公市區即媽宮城所涵蓋的範圍。（吳志學／攝）

獸型石敢當。澎湖島上的厭勝物種類繁多，有的造形十分有趣。（吳志學／攝）

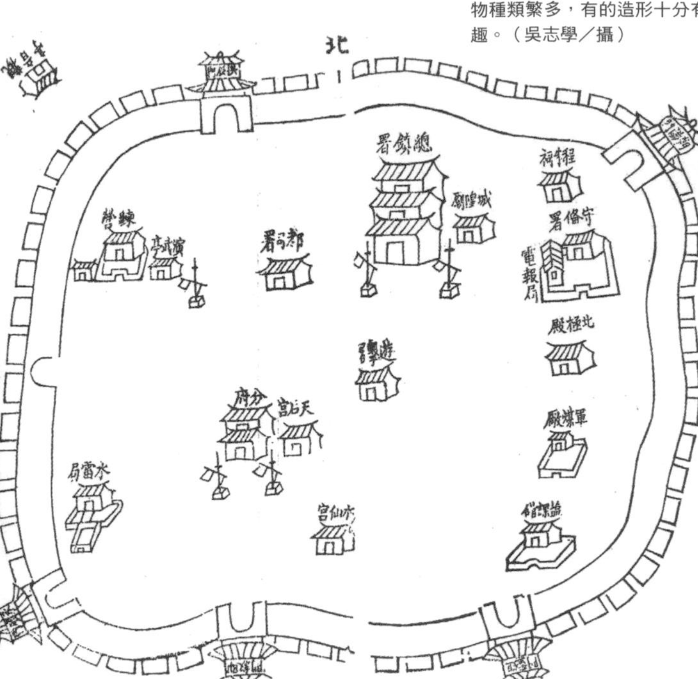

光緒年間出版的《澎湖志》中的附圖〈澎湖城全圖〉

馬公市：有「娘宮嶼」、「媽宮」之稱，其中「媽宮」應與此地媽祖宮有關。大正九年（一九二〇）改為「馬公」，沿用至今。

媽宮街：長安、中央、復興、啟明、重慶、光復里。地名源於中央街的天后宮，此廟年代久遠，應已超過四百年，可能是全台最古老的廟宇。

紅木埕：朝陽里，境內關帝廟後有荷蘭古城遺址，紅木埕即紅毛城，本地人一直以紅毛城稱呼此地。

火燒坪：光明里，境內舊地名有頂社、下社、水蛙窟。

後窟潭：重光里，元代於此設立巡檢司，是全台最早的設治所在。

西衛：西衛里，地名源於明鄭時駐軍所在之衛所。

文澳：東文、西文里，古名暗澳，因港澳隱蔽之故，清代初設文官於此，改名文澳，境內孔廟原為文石書院。

大案山：案山里，案山之名始建於明天起年間，閩南語地名為垵山，應取其地形之故。

小案山：光華里，即測天島，日人在此興建規模宏大的海軍基地，有醫院、船塢、倉庫，沿用至今。

東衛：東衛里，地名源於明鄭時駐軍所在之衛所。

宅腳嶼：安宅里，宅腳是指防風的咾咕石牆。

石泉：石泉里，古名石井，地名源於一口小泉。

菜園：菜園里，荷蘭人曾在此設置堡壘。

前寮：前寮里，古名煙墩仔，清軍在此設炮台。

井仔垵：井垵里，日人曾在此建軍用機場，現已廢棄。

嵵裡：嵵裡里，康熙字典無「嵵」字，閩南語音為 **sien**，可能是某種地形地貌之描述。此地海水浴場媲美夏威夷 **Wikiki** 海灘。

風櫃尾：風櫃里，荷蘭人曾於蛇頭山建城堡，遺跡尚存。

虎井：虎井里，附近海域有沉城之說，曾喧騰一時。

桶盤：桶盤里，全島由列柱狀玄武岩構成，十分壯觀，從海上看島，扁平如「托物之盤」，故名。

雞母塢：五德里，因聚落西面一小丘狀似雞巢而得名。

鎖管港：鎖港里，鎖港為閩南語小卷之諧音，早年此地盛產小卷，故名之。

豬母水：山水里，原名豬母落水，地名起源說法不一。

鐵線尾：鐵線里，地名源於一細長如鐵線之海岬而得名。

雙頭掛：興仁里，因東西兩頭地勢較高，故名。境內「進士第」為澎湖唯一進士出身蔡廷蘭之故居。

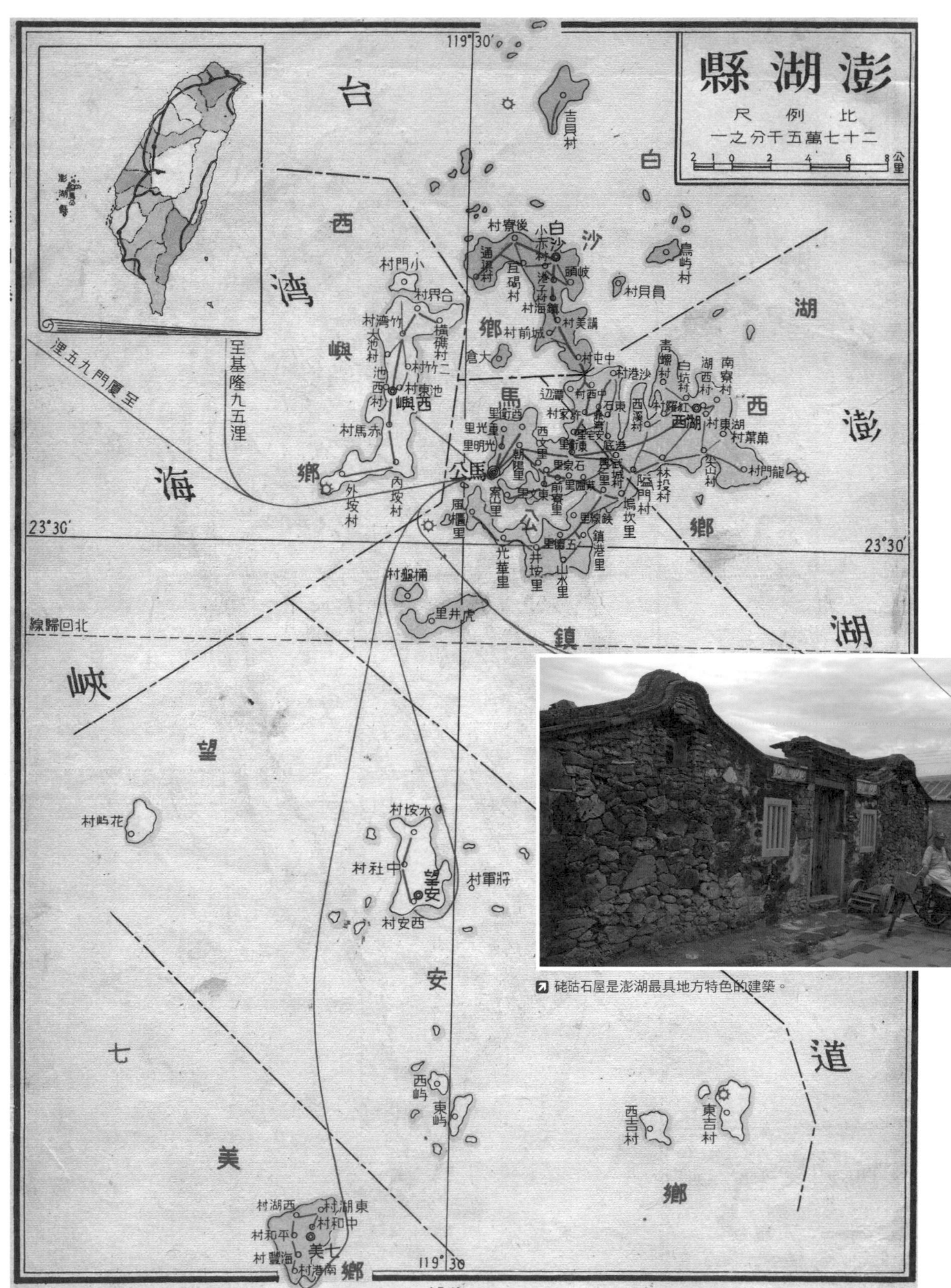

硓𥑮石屋是澎湖最具地方特色的建築。

《台灣省縣市行政區域圖．澎湖縣》1955年。

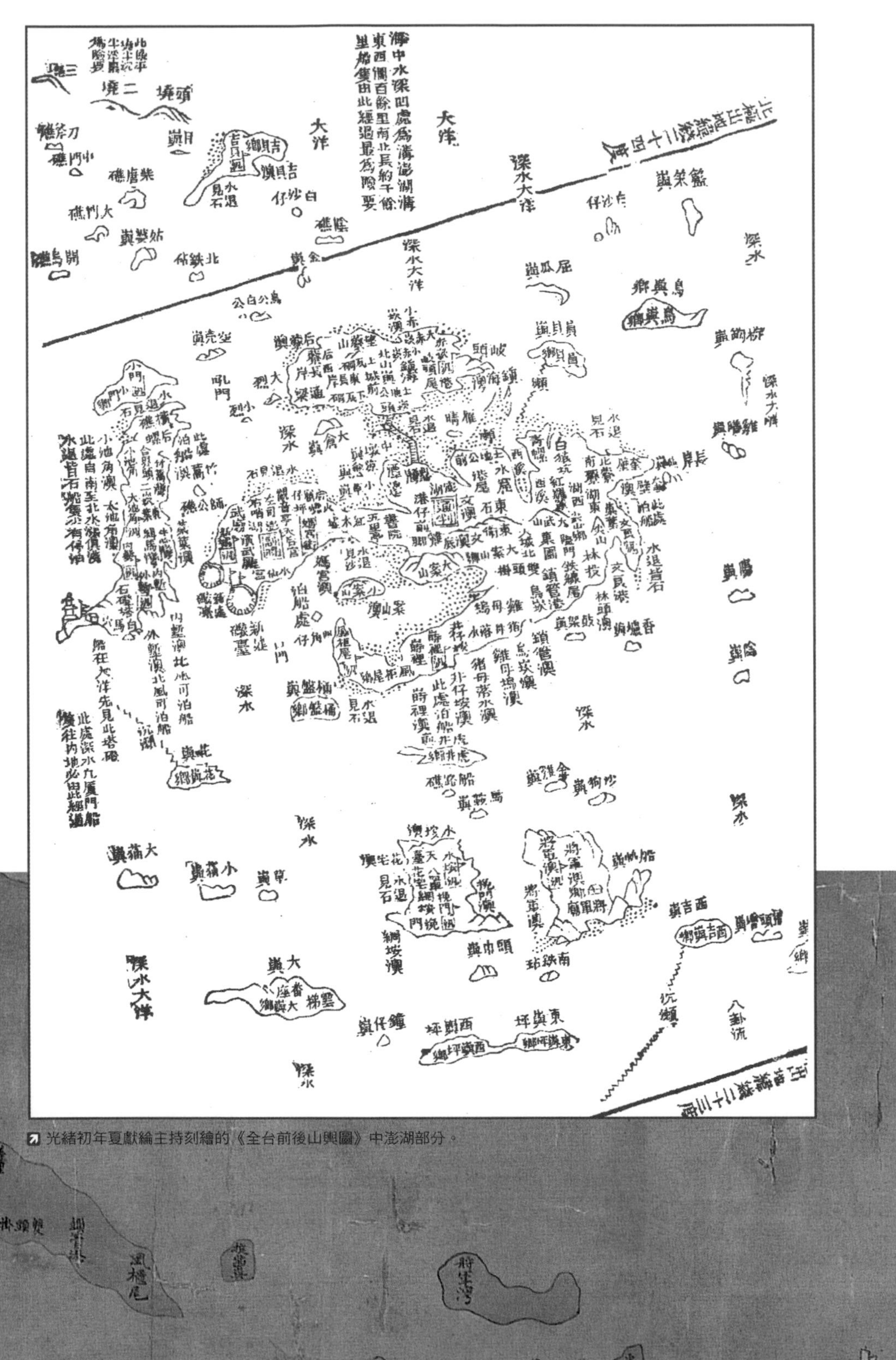

光緒初年夏獻綸主持刻繪的《全台前後山輿圖》中澎湖部分。

澎湖——台灣地名的活化石

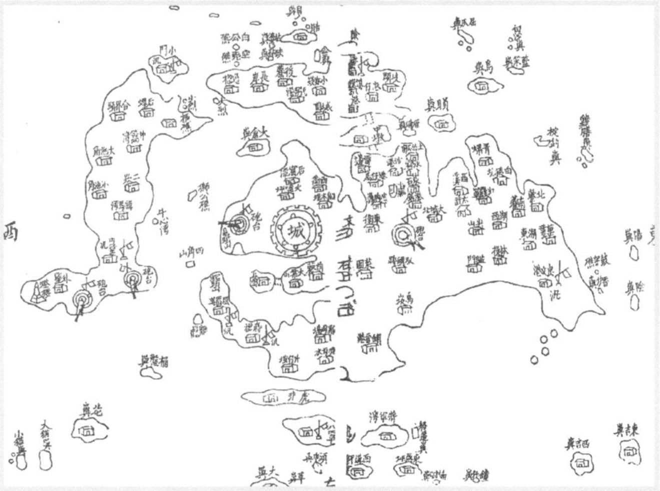

光緒20年（1894）出刊林豪主修《澎湖廳志》中的〈澎湖全圖〉。

乾隆7年（1742）出刊劉良壁主修《重修福建台灣府志》中的〈澎湖圖〉。

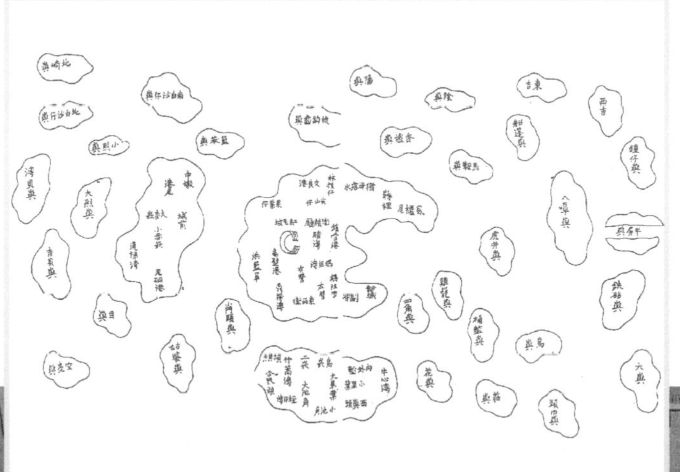

澎湖地名最大的特色就是自有地名記載以來，絕大多數的地名幾乎沒有改變。這對改朝換代、政權更替頻仍的台灣而言是比較少見的。有些地方每換一次政權，地名便會作調整，尤其是通都大邑，像是高雄、台北等地。澎湖沒有這方面的困擾，自清初正式納入版圖以來，如《裨海紀遊》以及康熙中葉高拱乾主修的《台灣府志》中有關澎湖地名的紀錄看來，澎湖的的地名不僅絕大多數沒有改變，甚至沒有增減，澎湖的地名像活化石一般，度過數百年的歷史，這些地名的存在可能比文獻紀錄的還要久遠。

但令人不解的是，澎湖最重要的地名「媽宮」，竟被日本人莫名其妙的改成馬公，音義全失，我們只能無奈的同意澎湖出身的學者許雪姬對此的評論：「這是日本人的『傑作』！」

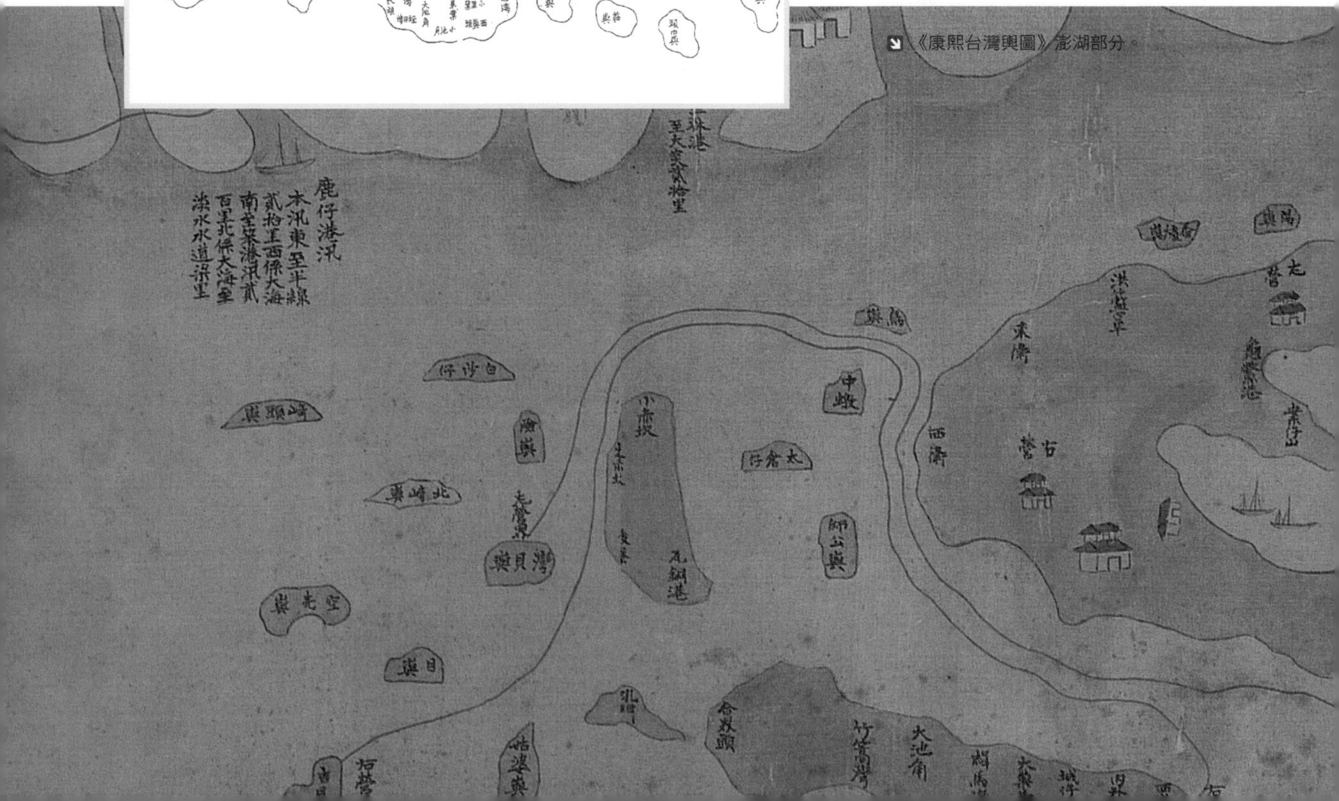

《康熙台灣輿圖》澎湖部分。

湖西鄉：境內各村落，在清康熙年間分屬林投澳、南寮澳、鼎灣澳。明治三十年（一八九七）成立的澎湖廳，設隘門辦務署統轄此三澳，後來改為「湖西出張所」，大正九年劃「湖西庄」，光復後改為「湖西鄉」。

林投：林投村，林投叢生而得名。

隘門：隘門村，隘門為關卡之意，隘門舊址已無考，僅留地名。

太武：太武村，村民先祖來自金門，以金門太武山命名村後之山丘，村又以山得名。

大城北：城北村，村之西南有大城山，據說有荷蘭所築之城堡，大城山又稱拱北山，中法戰爭後建有拱北炮台。六〇年代美軍曾在此布署屠牛士飛彈，及長程雷達。

南寮：南寮村，舊名龜壁港，據說村外的龜鼈山因形似烏龜而得名。

果葉：菓葉村，黃槿閩南語名為菓葉，此地菓葉林繁茂，故名。

北寮：北寮村。

湖西：湖西村，古有一大湖，為一潟湖。後逐漸乾涸，湖東、湖西分據湖之兩邊，故名。

湖東：湖東村。

白猿坑：白坑村，地名和猴穴、猴精的傳說有關。

青螺：青螺村。

紅羅罩：紅羅村，地名來源不明。

良文港：龍門村，良文、龍門之說俱不可考。甲午之戰，還未議和，聯合艦隊已在此登陸，後日人在此樹立「上陸紀念碑」。光復後僅將碑文抹去，原碑改為「台灣光復紀念碑」

尖山：尖山村。

西溪：西溪村，因太武山下一水渠得名。太武山下昔有明兵部尚書盧若騰之墓。明亡，盧若騰流寓於此，逝於此，葬於此。

港底：成功村，《裨海紀遊》曾提及沙港底之名。

東石：東石村，東石為福建晉江之地名，是村民先祖之原鄉。

港仔尾：許家村，古名港仔尾，港頭在潭邊，此地為港路之末端。

中寮：中西村。

鼎灣：鼎灣村，因地勢低，如鼎底而得名。

潭邊：潭邊村，村北海域有一海窟如深潭，為地名之源。

南寮
菓葉鄉
良文港
圖例
三月二十三日下午三時五十分左右之位置
三月二十四日上午六時稍前之位置
三月二十四日上午六時二十五分左右之位
備註
為海軍速射砲隊

1895年日本聯合艦隊入侵澎湖繪製的地形圖，將湖西各村落的位置、地名紀錄的十分詳盡。

湖西鄉的林投海岸。（吳志學／攝）

西寮：中西村。

沙港：沙港村，早年以捕捉海豚而知名。

土地公前：湖西鄉許家村。

白沙鄉：舊名「北山嶼」、「北海嶼」；「北海」可能出自西人之稱呼「**Pehu**」。白沙嶼上沙灘布滿珊瑚礫，在陽光下閃閃發光而得名。光復後改稱白沙鄉。

中墩：中墩村，位於本島嶼白沙島之間，故名。

城前：城前村，村內小地名多與城有關，據說荷蘭人曾在此築堡壘。

港尾：講美村，地名源於此地位於鎮海港之尾端而得名，七〇年代設有越南難民村。

歧頭：岐頭村，岐頭及崎仔頭，小丘之意。

鎮海：鎮海村，明末天啟年福建巡撫南居益，統兵近萬，在此築鎮海城，壓迫荷蘭人退出澎湖，之後荷人轉向安平，開啟荷蘭殖民台灣三十八年的歷史。

港仔：港子村。

吉貝：吉貝村，島上的沙尾長達七百多公尺深入海中，十分奇特，已成觀光景點。

大赤崁：赤崁村，村外的姑婆嶼的紫菜遠近馳名。

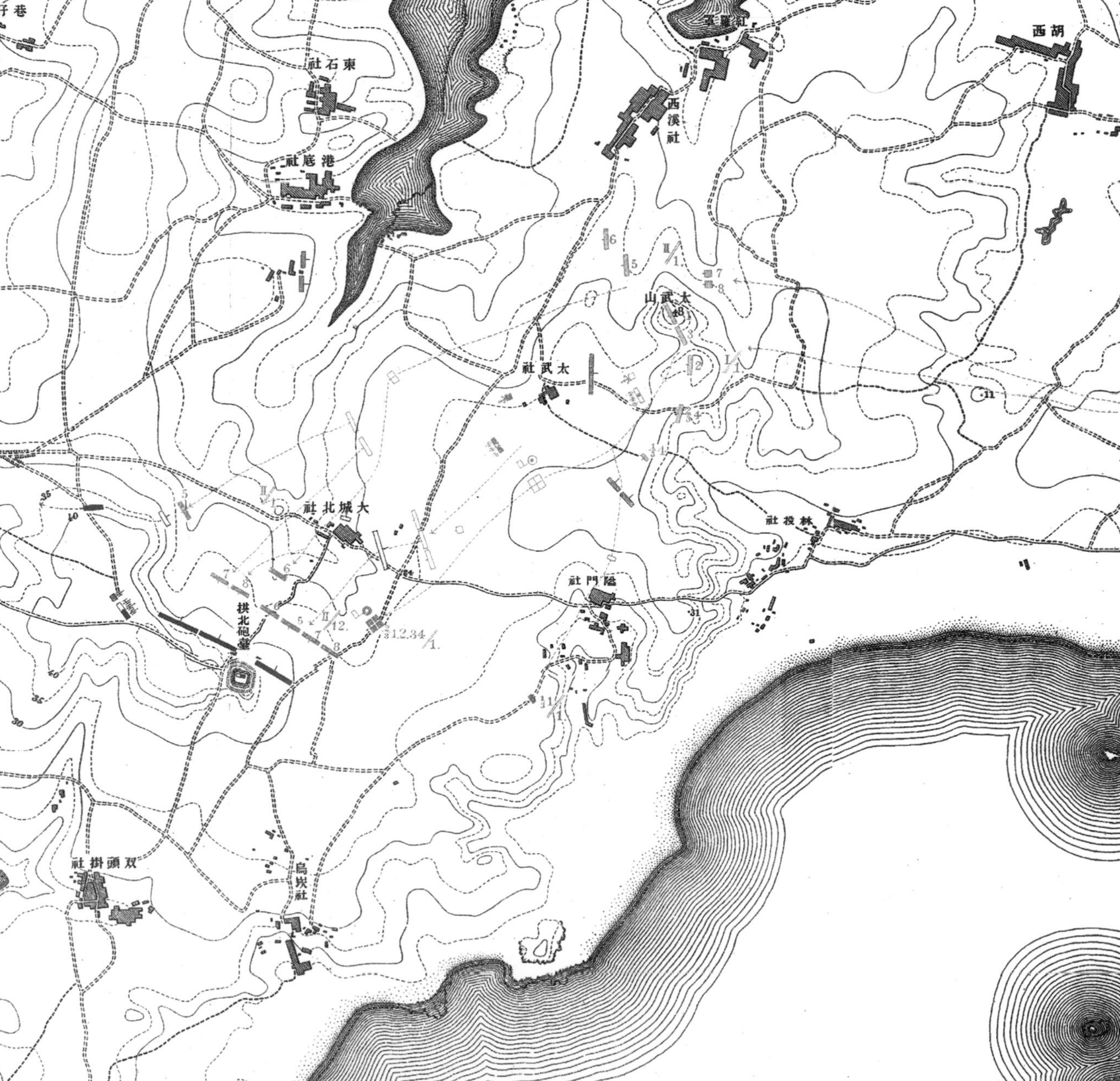

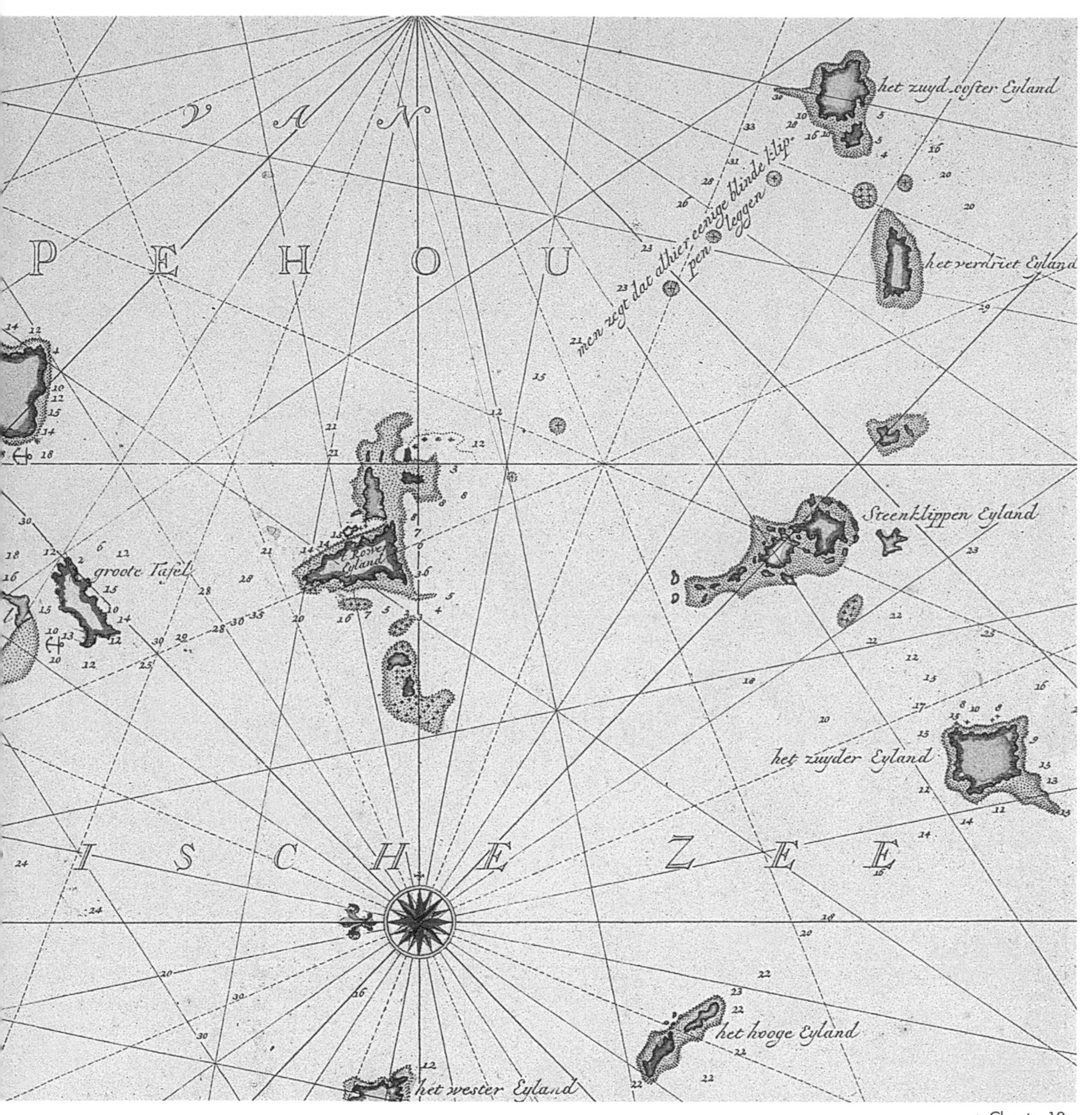

Chapter 18

歷史記憶留存在地名之中

澎湖位於海峽中點，自古是中國東南沿岸的前哨門戶。17 世紀初以來幾次遭到西方國家的入侵，入侵的代價之一是留下許多珍貴的地圖資料，其記載的地理訊息，有時連史書也付之闕如。1624 年荷蘭東印度公司占領澎湖時繪製了不少地圖，其中一張荷蘭東印度公司軍隊與福建水師在澎湖對峙的形勢圖（左頁左圖），說明當時馬公還沒有形成聚落，但天后宮已經是一座規模相當的廟宇，天后宮也是媽宮、馬公地名的由來。

圖上除了眾所周知的風櫃尾紅毛城之外，還標示了兩座明軍要塞。其中一座應該也是紅毛城，也就現在被澎湖地方人士稱為紅毛城 (紅木埕) 的地方。一座四百年前被毀的城堡，竟然能藉由地名將歷史的記憶保留下來，令我們不得不嘆服地名巨大的能量。

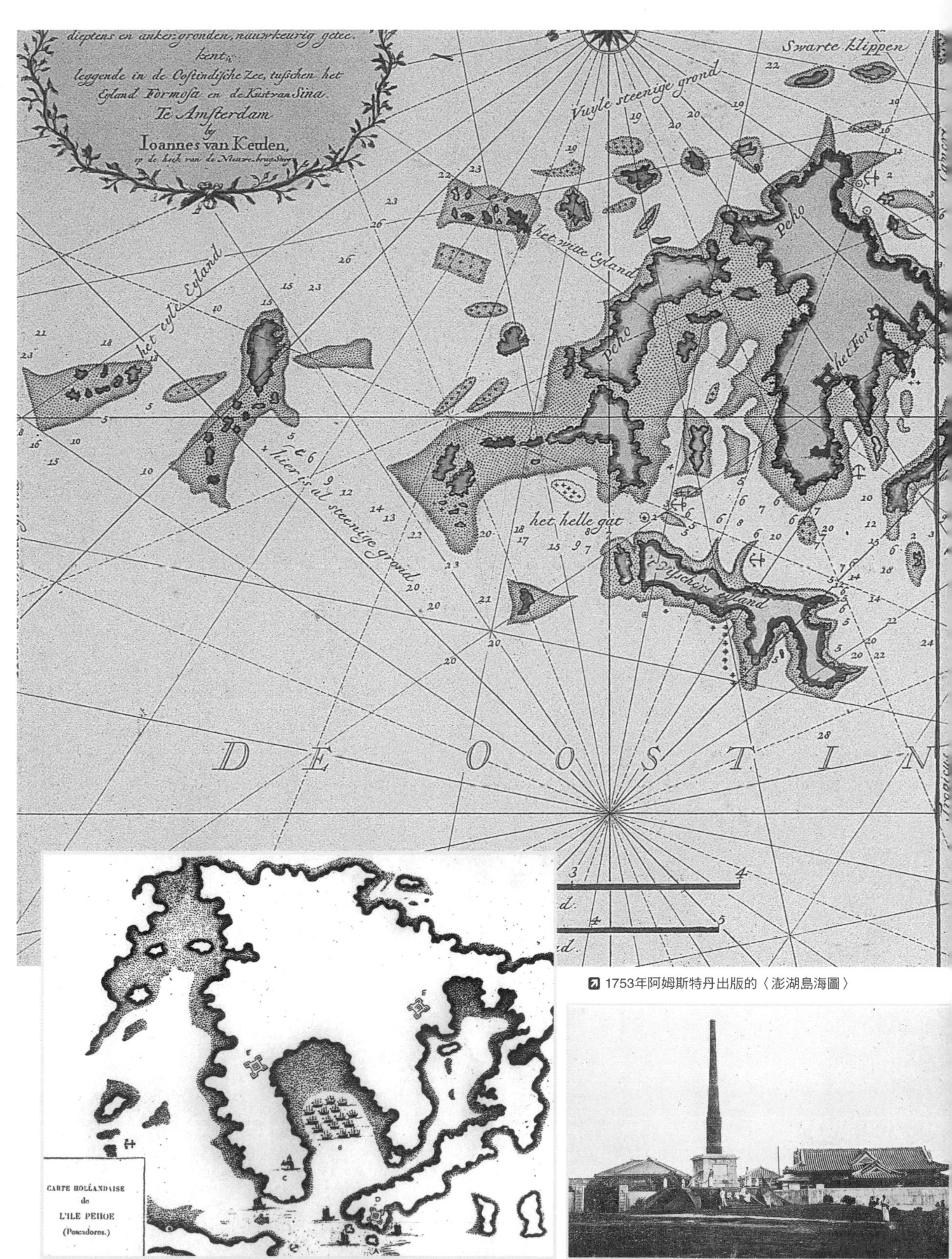

1753年阿姆斯特丹出版的〈澎湖島海圖〉

1624年荷蘭東印度公司與福建水師在澎湖對峙的形勢圖。

日本時代馬公港內以聯合艦隊旗艦松島號主砲、推進器建成的紀念碑。

西嶼鄉：西嶼因位於澎湖本島西側，所以稱為西嶼，又有「漁翁嶼」之稱。昔日歐洲人稱此地為「**Fisher Island**」，即為「漁夫之島」，以島上多漁夫而名之。

小池角：池東、池西村。

大池角：大池村，《澎湖廳志》載：「西嶼有池廣可數畝，大旱不涸，」以此得名。

二崁：二崁村，村內陳氏古宅為知名古蹟。

竹篙灣：竹灣村，地名起源據說和立竿網有關。

合界頭：合界村。

橫礁：橫礁村。

緝馬灣：赤馬村，地名令人費解，有人推測和緝仔網有關。

內垵：內垵村，閩南語垵為鞍部之意，東台古堡為中法戰爭後，李鴻章主持建造的海防建設之一。

外垵：外垵村，村外的西台古堡和東台古堡建造的時間相同，列為一級古蹟。

望安鄉：以鄉境內最大島嶼望安為鄉名。望安舊名八罩嶼、八罩山、挽門嶼等，八罩可能指周圍的八個島嶼。另有網垵之舊名，因當地漁民盛行在泥沙海床的港灣內牽罟（地曳網）捕魚，後訛傳為望安。

花宅：中社村，花宅地名之由來和村外之小丘，如花瓣狀環拱中間名為「花心」的小丘有關。

水垵：水垵村，《裨海紀遊》曾提及水垵尾之名。

花嶼：花嶼村，是澎湖的西極，也是台灣唯一的花崗岩島嶼。

網垵：東安、西安村，是綠蠵龜著名的產卵處。

將軍澳：將軍村，清代志書都說地名起源於島上的將軍廟，施琅上奏康熙的《飛報澎湖大捷疏》便提及將軍澳，可見此廟建廟時間甚早。

東吉嶼：東吉村。

西吉嶼：西吉村。

嶼坪：東坪、西坪村，兩村合稱半坪嶼，宛如一嶼兩坪。

七美鄉：七美舊時有南大嶼、大嶼、南嶼、南天嶼、大嶼澳、大嶼社之稱，光復後設大嶼鄉。民國三十八年，為表彰傳說中明代七位婦女不願受倭寇凌辱而自殺的守節美德，於是研議將鄉名更改為七美鄉。

大嶼：七美鄉，島上七美人塚有個淒美的傳說。據說早年島上的婚禮都是在暗夜中悄悄進行。

望安島西面與南面海岸的沙灘。（吳志學／攝）

七美嶼的望夫石。（曾文鵬／攝）

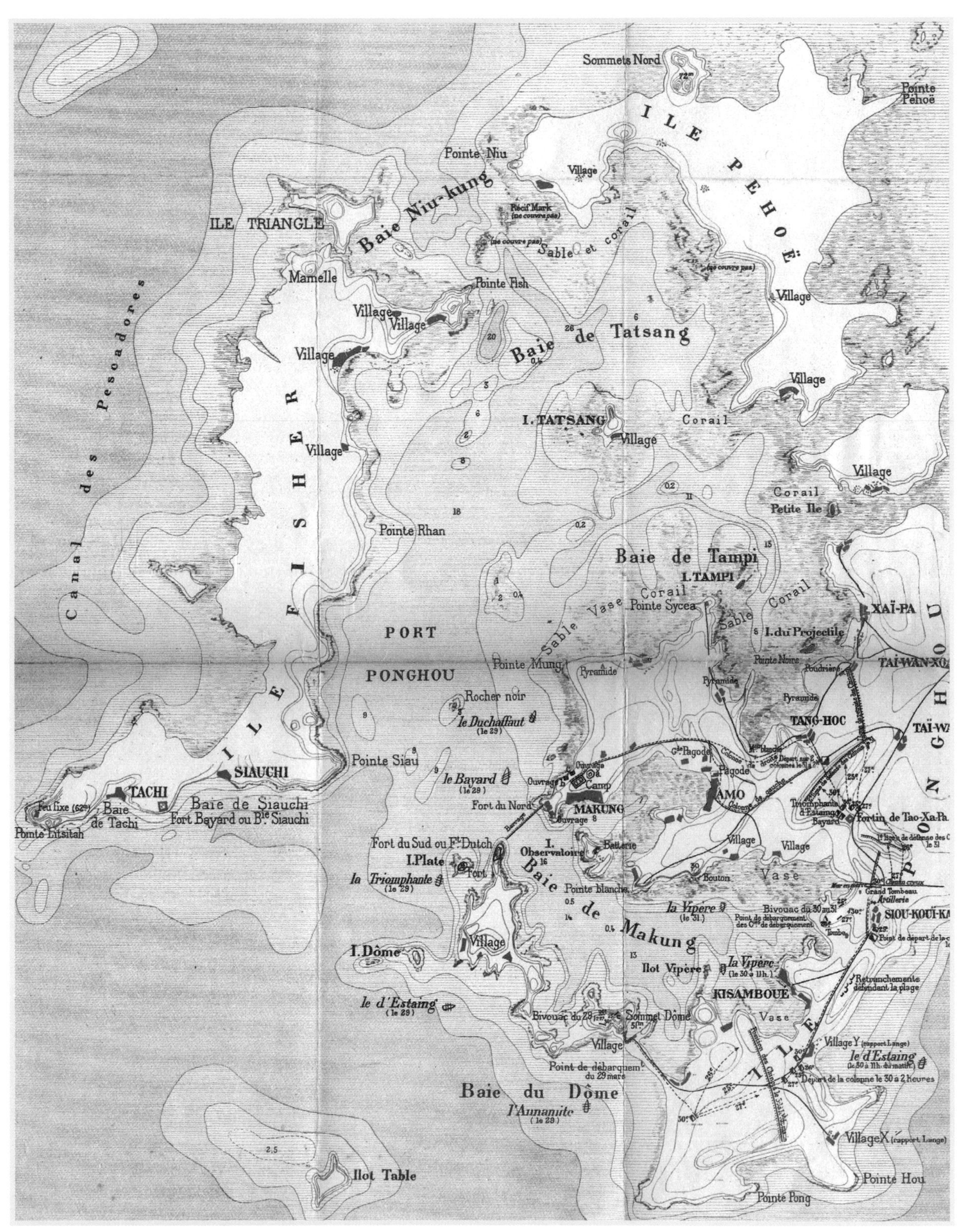

1885法國遠東艦隊入侵澎湖所繪製的澎湖地圖。

地名小故事

阿猴改屏東 媽宮變馬公

乾隆7年（1742）出刊劉良壁主修《重修福建台灣府志》中的〈澎湖圖〉。

一九二〇年對日本殖民政府而言是個欣欣向榮的年代。但也就是在這一年，媽宮變成了馬公，這真是一個莫名其妙、令人百思不得其解的地名變更方案。然而就是這麼一個莫名其妙的地名卻一直延用到現在，迄今沒有恢復舊名的跡象。

一九二〇年，在台灣地名演變的過程中，也是一個極為關鍵的年代。因為從這一年開始，經過二十餘年反反覆覆的行政區域調整，殖民政府終於找到了一個他們認定的最佳方案，五州三廳制。這套體制變一直延用到一九四五年結束殖民統治為止，沒有再變更過。

行政區域調整的同時，許多古老的地名也被新地名取代。一般說來，當時變更的新地名都還算令人耳目一新，例如艋舺改為萬華，阿猴改為屏東，打貓改為民雄，打狗改成高雄、湳仔改為民間。雖然地名變更帶有濃厚的日本色彩，但總算不出格，基本上還是達到雅化地名的目的，意識形態也不算明顯，算是皆大歡喜。日本使用漢字超過千年的歷史，已經發展出某些獨特的漢字使用習慣，但好壞字眼的看法，和中國傳統並沒有太大的差別，這些變更的新地名基本上是可被一般民眾接受的，所以大都沿用到現在。

在所有地名的變更方案，媽宮變為馬公是個很特別的例外，實在想不出其中的道理。

單從字面而言，媽宮這個地名完全清楚的說明，起源於澎湖、乃至全台最古老的廟宇，馬公天后宮。這座廟宇的創建年代相當久遠，甚至比馬公聚落的形成還要古老。現在已經沒有人能說得清楚它具體的創始年代，只能推測大概是不晚於明天啟年間。

根據荷蘭東印度公司的紀錄，一六〇四年荷蘭艦隊第一次抵達澎湖的時候，便發現了這座廟宇。荷蘭人說這座廟宇的周圍並沒有住家，他們猜測這裡是中國水師與漁夫休憩、交換情報的地方。

明代，澎湖是福建水師巡邏台灣海峽的折返點。水師官兵進入澎湖內澳時，需要一處休憩、整補、避風雨的地方，所以這座廟宇的前身可能是水師官兵建造、類似魚寮的小屋。基於海上祈福的習俗，小屋內也供奉了媽祖神位，久而久之便發展成初具規模的廟宇。早期荷蘭東印度公司繪製的澎湖地圖，天后宮幾乎是唯一的人造建築物。

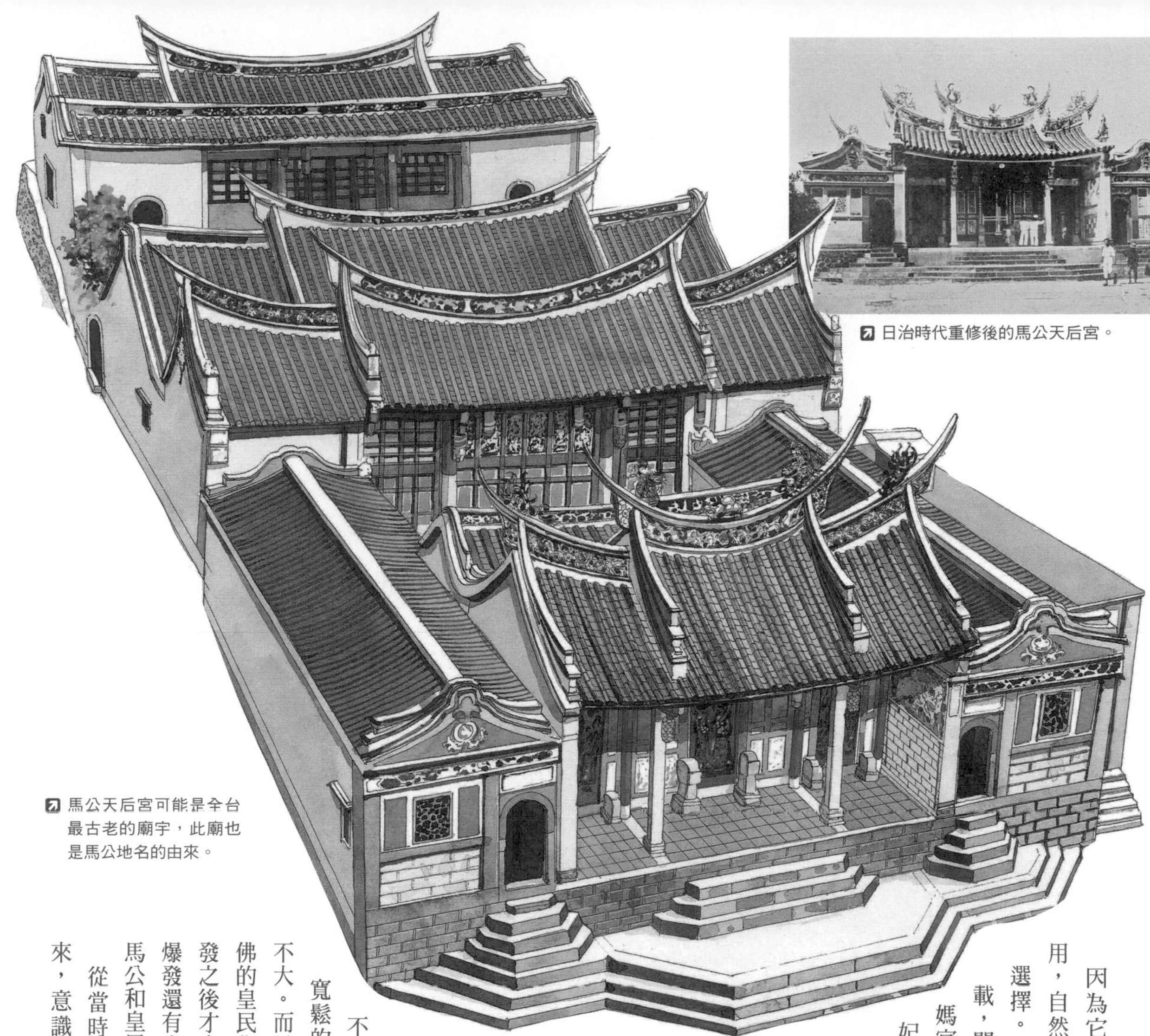

日治時代重修後的馬公天后宮。

馬公天后宮可能是全台最古老的廟宇，此廟也是馬公地名的由來。

因為它的古老與明確的地標作用，自然而然就成了地名最佳的選擇。根據明末清初的文獻記載，關於馬公的地名出現了娘媽宮、娘娘澳、娘宮嶼、天妃宮、媽祖宮與媽宮等幾種寫法。「媽宮」閩南語念起來比較順，所以至今，澎湖人仍以閩南語發音的「媽宮」來稱呼馬公，一般人還真不知如何用閩南語念「馬公」這兩個字。

那麼，日本官員又為什麼會莫名其妙的以馬公取代媽宮？

有人會認為日本官員可能是想淡化中國的傳統信仰，所以才將媽宮改成馬公。這個說不能完全排除，但以當時較寬鬆的政治氛圍而言，可能性不大。而且日本人真正開始毀廟滅佛的皇民化運動也是在中日戰爭爆發之後才實施的，當時離中日戰爭爆發還有十七年的時間，媽宮改名馬公和皇民化運動挨不著。

從當時地名變更的幾個案例看來，意識形態的角度不能說完全沒有，但並不明顯。當時地名變更的主要著眼點還是雅化，尤其是郡縣層級以上的地名，什麼貓呀，猴呀，狗的，日本官員看著一定很不順眼，當然想一改而快之。高明一點的官員在改名的時候會留意到發音的問題，盡量使新地名的發音和老地名不要差太遠，保持地名稱呼的一貫性。

像艋舺改萬華，兩者的日語發音差不多，閩南語的發音雖然風馬牛不相及，但看在換了兩個還不錯的漢字份上，一般民眾也能接受。打狗改名高雄，雖然「山寨」了日本本土的地名，但兩者發音一致，而且從字義與字眼的角度而言，打狗改成高雄無異烏鴉變鳳凰。但媽宮改馬公完全談不上地名的雅化作用，甚至還有反作用。

也有人認為可以從發音的難易的角度，思考日本官員將媽宮改成馬公的原因。日本人將媽宮念作 **ma-ging**，馬公念作 **ma-gon**。日本人將媽宮念作 **ma-ging** 並不是「媽宮」二字的日語漢字訓讀念法，而是根據閩南語的念法。**ma-gon** 則是依據日語「馬公」訓讀的念法。單從發音而言，**ma-gon** 似乎是比 **ma-ging** 好念一點，但是單單是為了好

念，改兩個說不出意思的漢字，發音又不同於當地人的習慣，這個改法和當時更改地名的主流作法並不相同，說服力不夠強。

筆者認為可能還可以從日本人的漢字使用習慣來思考這個改法。首先「媽」不是日本人慣用的漢字，既然不是慣用字，念起來肯定也不會順口，所以得找個發音類似的漢字取代媽。馬便是媽的替代字。

另一點值得注意的是，「宮」在日本是對皇族中親王級別的敬稱，例如「北白川宮」，一般人大概不敢妄用「宮」這個字，以發音相似的漢字換掉「宮」這個可能犯忌的字眼，應該也是可以理解的。

但是要找到兩個發音和媽宮相似，結合起來又有新義、好聽的漢字，便不是件容易的事了。高雄、民雄、民間、屏東、萬華都是高明的改法，馬公則令人錯愕。殖民政府在改名之前，已經使用媽宮這個地名長達二十餘年之久，但日本官員對媽這個既不常用、宮又可能犯忌諱的地名肯定是有意見的。至於為什麼會改成馬公？只能說當時官員行政裁量權是很大，地名改的好壞，就只能看當地官員的漢字水平了。

光復後，許多日本味太重的地名都被改回舊名，或換成八股味十足的「黨化」地名，但是馬公這個毫無意義的地名，竟然被保留了下來。令人洩氣的是，地方上對恢復媽宮舊名似乎也沒那麼熱中，所以便一直沿用到現在。

如今為了表達對原住民的歉意，我們將介壽路改成凱達格蘭大道。在此同時，是否也能恢復一些殖民時代被改掉的老地名？特別是像媽宮這樣古老、又有草根性的地名。改朝換代，被欺凌、被打壓的也不僅僅是原住民。

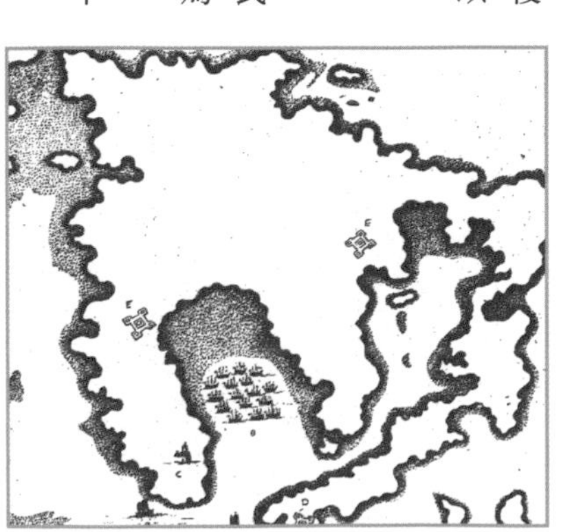

1624年荷蘭東印度公司繪製的澎湖島圖。

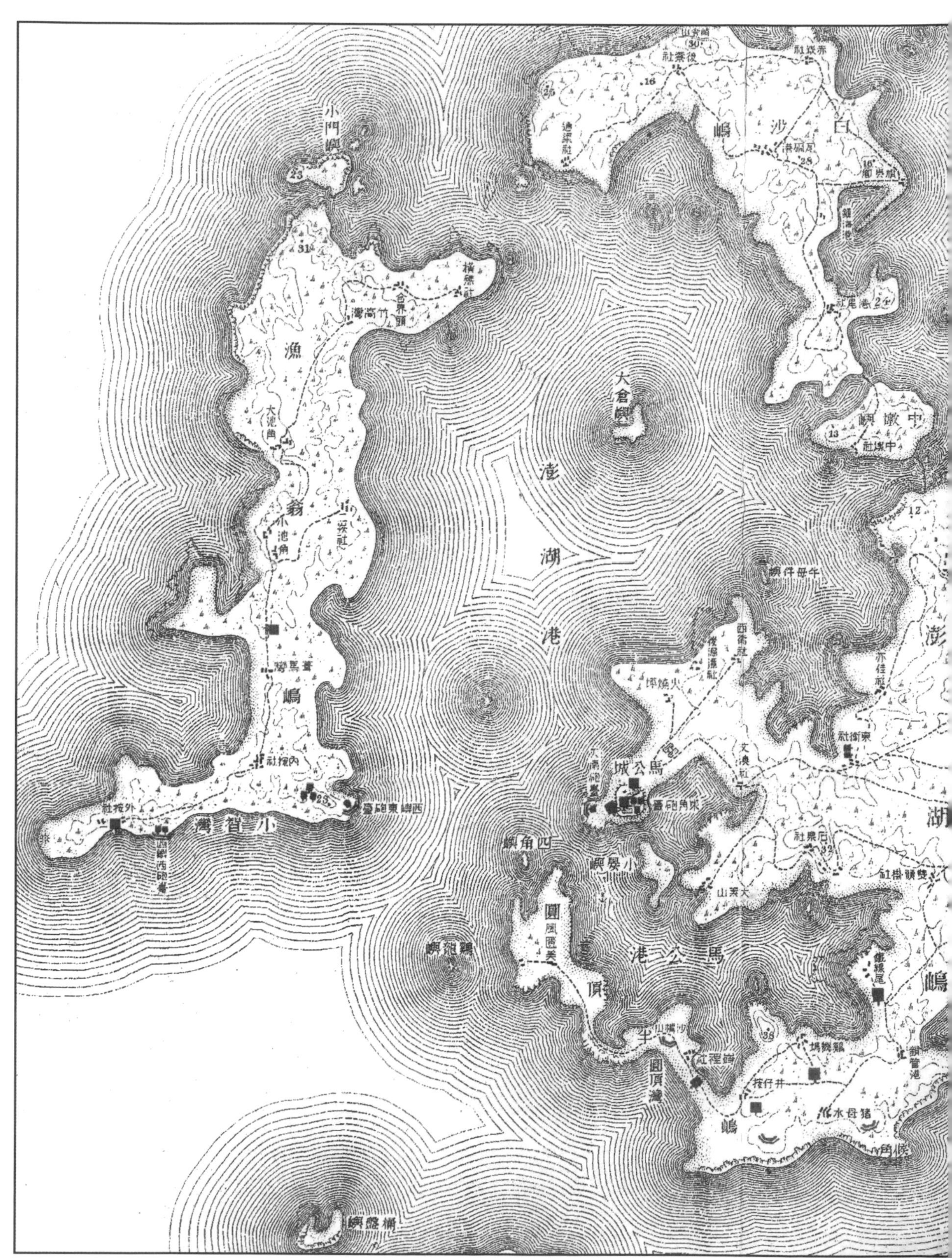

甲午戰爭日軍登陸澎湖作戰地圖，紀錄了與清軍的作戰態勢，也記錄了當時的聚落與地名。

ISBN 978-957-8630-91-8

台灣地名事典

作　　者　蔡培慧、陳怡慧、陸傳傑
責任編輯　陸傳傑
副 主 編　賴虹伶
封面設計　盧卡斯工作室
內頁排版　簡單瑛設
行銷總監　李逸文
執 行 長　陳蕙慧

社　　長　郭重興
發行人兼出版總監　曾大福
出 版 者　遠足文化事業股份有限公司
　　　　　地址：231 新北市新店區民權路 108-2 號 9 樓
　　　　　電話：（02）2218-1417
　　　　　傳真：（02）2218-2027
　　　　　E-mail：service@bookrep.com.tw
郵撥帳號　19504465
客服專線　0800-221-029
部 落 格　http://777walkers.blogspot.com/
網　　址　http://www.sinobooks.com.tw
法律顧問　華洋法律事務所 蘇文生律師
印　　製　呈靖彩藝有限公司

二版二刷　西元 2020 年 2 月

國家圖書館出版品預行編目(CIP)資料

台灣地名事典 / 蔡培慧, 陳怡慧, 陸傳傑著. -- 二版. --
新北市：遠足文化, 2018.11
　面；　公分
ISBN 978-957-8630-91-8（平裝）

1.歷史地名　2.臺灣

733.37　　107019674

本書為《台灣的舊地名》《圖說台灣地名故事》修訂新版

各篇撰文者：

蔡培慧

舊地名新觀念、宜蘭、桃園、新竹、苗栗、台中、彰化、南投、雲林、嘉義、台東、花蓮

陳怡慧

基隆、台北、新北市、台南、高雄、屏東、澎湖

陸傳傑

地名小故事、各篇土名注釋

編者簡介：

陸傳傑

曾任大地地理雜誌總編輯，榮獲金鼎獎雜誌編輯獎（1992年）。著有：
《裨海紀遊新注》（榮獲2002年圖書綜合類金鼎獎、小太陽獎）
《南管賞析入門》（榮獲1995年有聲出版類金鼎獎）
被誤解的台灣老地名：從古地圖洞悉台灣地名的前世今生》(遠足文化)
陽帝國的最後一塊拼圖：隱藏地圖裡的日治台灣真相》(遠足文化)
台灣古地圖：用100+幅世界古地圖，破解12~18世紀台灣地理懸案&歷史謎題》(野人出版)